# 陸游《南唐書本紀》 考釋及史事補遺

鄭滋斌 著

文史哲學集成
文史哲出版社印行

國家圖書館出版品預行編目資料

陸游（南唐書本紀）考釋及史事補遺 / 鄭滋斌
著. -- 初版. -- 臺北市：文史哲，民86
　面；　公分. --（文史哲學集成；383）
參考書目:面
ISBN 957-549-075-4 (平裝)


1. 中國 - 歷史 - 歷代十國（907-960）

624.901　　　　　　　　　　　　　86005257

# 文史哲學集成 ⑱

## 陸游《南唐書本紀》考釋及史事補遺

著　　者：鄭　　　滋　　　斌
出 版 者：文 史 哲 出 版 社
登記證字號：行政院新聞局版臺業字五三三七號
發 行 人：彭　　　正　　　雄
發 行 所：文 史 哲 出 版 社
印 刷 者：文 史 哲 出 版 社
　　臺北市羅斯福路一段七十二巷四號
　　郵政劃撥帳號：一六一八○一七五
　　電話 886-2-23511028・傳眞 886-2-23965656
實價新臺幣五○○元

中 華 民 國 八 十 六 年 六 月 初 版

# 陸游《南唐書本紀》考釋及史事補遺

## 前　言

　　記南唐事者，宋人有專著，然能裒然居首，裒成一集者，則有馬令、胡恢及陸游三家。論者向謂胡書已佚，傳世唯馬、陸之作，今人或有疑陸氏之書不傳，傳者實恢作，然宋世張端耳已引陸氏之言，放翁撰南唐史書，應無可疑。元趙世延作《南唐書序》，謂陸書最有法，沈士龍亦謂以陸視馬令書，雖少十餘卷，而芟薙稗穢，折衷諸家，殊得史氏家法。元戚光作音釋，已作篳檻之功，清世周在浚之注，劉承幹之補注，用力深篤，然所採尚未周遍，且好誕漫之說，作叢脞之語，未能根於史實，此一失也。二家，雖以薛、歐《五代史》、馬《書》、《通鑑》、《宋史》諸史乘證陸《書》，然記事不一者，不作考證，但錄文字，斯二失也。八三年夏，余撰《五代史記之古文》既竟，即有意於南唐史事之研究，而胡恢之書既不傳，馬《書》富於事而劣於法，不若陸《書》之綜事比類，芟蕪去繁，存南唐一代之烈，法度儼然，心獨喜之。又以爲宋去南唐爲近，記南唐之事，或身知之，或聞見而知之，或比事而知之，類皆有足矜者。於是張羅幽渺，繙閱百氏，凡子部方志、詩話文集，至於史書類書，與於南唐者，皆爲之鈔錄，積累既多，遂欲爲陸《書》作注。其後得周、劉二家之書，與己所得相較，同者蓋十之四五，於是排比綜緝，條分縷析，詳爲之考釋，以見陸《書》書法。復以陸氏雖勤於著述，而當日史事，容有未及見者，於是搜討遺佚，爲之補遺。既而以陸《書》本紀三卷，列傳

十五，而本紀之文，具見南唐史事大略，故先考釋，並補其遺，都爲二十餘萬言。至於列傳，請俟他日。

　　計自搜討遺聞，至九四年始作考釋，已駸駸十載，迄今始成書，其間又閱三年，因蘇師文擢、李博士志文先生之勸勉，終克於成，師友之誼，感之至深。是書得以付梓，又因蘇師、李先生之介，並承文史哲出版社印行，今謹此致謝。

一九九七年二月　鄭滋斌　書於二田書室

# 陸游《南唐書本紀》考釋及史事補遺

# 目　　錄

# 《烈祖本紀》第一

烈祖光文肅武孝高皇帝，名昪，字正倫，小字彭奴，①徐州人，②姓李氏，③唐憲宗第八子建王恪之玄孫。④恪生超，早卒。超生志，仕爲徐州判司，卒官，因家焉。志生榮。⑤榮性謹厚，喜從浮屠游，多晦跡精舍，⑥時號李道者。⑦帝以光啓四年十二月二日生於彭城。⑧六歲而孤，遇亂，伯父球攜帝及母劉氏避地淮泗，至濠州。⑨乾寧二年，淮南節度使楊行密見而奇之，養以爲子。⑩行密長子渥⑪惡帝，不以爲兄弟，行密乃以與大將徐溫，⑫曰：「是兒狀貌非常，吾度渥終不能容，故以乞汝。⑬」遂冒姓徐氏，名知誥。⑭帝事溫，盡子道，溫妻李氏，以其同姓，鞠養甚至。⑮及壯，身長七尺，方顙隆準，修上短下，語聲如鐘，⑯精采鑠人。⑰常緩步，而從者疾行莫能及。⑱溫有疾，與其婦晨夜侍旁不去。⑲溫益愛之，行密亦謂溫曰：「知誥雋傑，諸將子皆不逮也。」⑳
天祐六年（九〇九），㉑六月，自元從指揮使遷昇州防遏使，兼樓船軍使，㉒治戰艦於昇。㉓
七年(九一〇)，五月，授昇州副使，知州事。㉔
九年(九一二)，副柴再用平宣州，以功遷昇州刺史。㉕時江淮初定，守令皆武夫，專事軍旅，帝獨褒廉吏，㉖課農桑，㉗求遺書，㉘招延四方士大夫，傾身下之。㉙雖以節儉自勵，而輕財好施，無所愛吝。㉚以宋齊丘、王令謀、㉛王翃主論議，曾禹、張洽、孫魴、徐融爲賓客，馬仁裕、周宗、曹悰爲親吏。

十一年（九一四），加檢校司徒，始城昇州。㉜
十四年（九一七），五月，城成，㉝溫來觀，喜其制度壯麗，徙治焉。㉞而以帝爲檢校太保，潤州團練使。㉟帝本意在宣州，㊱不悅。時溫子知訓以內外馬步都軍副使專制揚州，驕淫失衆。宋齊丘納說曰：「知訓旦暮且敗，是行天所贊也。」㊲
十五年（九一八），朱瑾殺知訓，㊳馬仁裕自蒜山渡，㊴馳告帝，帝即日帥師入廣陵定亂。㊵遂代知訓爲淮南節度行軍副使、內外馬步都軍副使。㊶勤儉寬簡，盡反知訓之政，上下悅服。㊷吳王建國，㊸以帝爲左僕射，參政事。國人謂之政事僕射。㊹乘剝亂之後，曾未期歲，紀綱憲度，粲然并舉。溫雖遙執國政，而人情頗已歸屬於帝。㊺有徐玠者，爲溫金陵行軍司馬，㊻工揣摩捭闔，密說溫曰：「居中輔政，豈宜假之他姓，請更用嫡子知詢。」帝刺知，皇恐，表乞罷政事，出鎮江西。㊼表未上，而溫疾亟，遂止。溫卒，㊽知詢㊾嗣爲金陵節度使，諸道副都統，數與帝爭權。㊿帝乃使人誘之來朝，留爲左統軍，悉奪其兵。(51)而帝以太尉中書令出鎮金陵，如溫故事，(52)吳帝命開大元帥府，置僚屬，進封齊王，用天子制度，改名誥。(53)

〔考釋〕

①南唐主李昪，其名、字及小字，陸游謂是「名昪，字正倫，小字彭奴。」史家所載，不盡相同。

小字彭奴者，與宋馬令《南唐書．先主書》所載同。馬《書》云：「先主，姓李，唐宗室肓裔也。小字彭奴，其父榮，榮之父志，志之父超，超早卒，志爲徐州判司，因家焉，榮性謹厚，適丁世亂，

晦跡民間，號李道者。彭奴以光啓四年生於彭城，〔原注：未名，故書小字。〕流寓濠泗，吳武王楊行密十兄濠州，得之，奇其狀貌，養以爲子。而楊氏諸子不能容，行密以乞徐溫，乃姓徐，名知誥。」按：烈祖之諡，由韓熙載議。《宋史·南唐世家·韓熙載傳》：「昇將葬，以熙載知禮，令兼太常博士。時江左草創，典禮多闕，議者以昇繼唐昭宗之後，廟號合稱宗。熙載建議，以爲古者帝王己失之，己得之，謂之反正；非我失之，自我復之，謂之中興，中興之君廟號稱祖。以爲昇興既墜之業，請號烈祖。景由是益加恩禮。」清平步青《霞外捃屑》二云：「《新書》卷一百三十二《蔣乂傳》：順宗既葬，議祧廟，有司以中宗中興之君，當百代不遷，宰相問乂，乂曰：『中宗正位，春秋已壯，而母后篡奪，以移神器，賴張柬之等，國祚更復，蓋曰反正，不得爲中興。凡非我失之，自我復之，爲中興，漢光武、晉元是也。自我失之，因人復之，爲反正，晉孝惠、孝安是也。今中宗與惠、安二帝同，不可爲不遷主。』〔原注：《顏魯公集·臨淮武穆王李公神道碑》云：「昔宗周之中興也，我皇唐之反正也。」二句最爲分析明白。〕《宋史·南唐世家》：『烈祖廟議咸謂統繼昭宣，合稱宗，熙載議，以古者帝王己失之，己得之，謂之反正；非我失之，自我得之，謂之中興。中興之君，廟號稱祖。』熙載之說，本之蔣乂。」

② 李昇之籍里，陸游謂是「徐州人」，他書所載亦不一。主徐州彭城說者，除陸游外，宋初徐鉉《江南錄》、鄭文寶之《江表志》、龍袞之《江南野史》、釋文瑩之《玉壺清話》卷九《李先主傳》、馬令《南唐書·先主書第一》及歐陽修《新五代史·南唐世家·李昇傳》等主之。薛居正《舊五代史·僭僞·李昇列傳》及王欽若之《冊府元龜》卷二一九《僭僞部·姓系》則主海州，即今江蘇省東海縣人。錢儼《吳越備史》則主湖州，今浙江省吳興縣人，其書卷三云：「昇

本潘氏，湖州安吉縣人。」

③李昇本姓爲何，有數說，茲具列如下。

一、李姓，乃唐之宗裔，就中又別爲數說。

　　㈠出於唐憲宗子建王恪之後者，若徐鉉《江南錄》云：「憲宗第
　　　八子建王恪玄孫。」龍袞《江南野史》云：「江南先主，姓李
　　　名昇，字正倫，其先唐憲宗之子建王恪之後。」陳霆《唐餘紀
　　　傳》亦云：「建王恪生超，早卒；超生志，仕爲徐州判司，卒
　　　官，因家焉，志生榮。」元人趙世延《南唐書序》因云李昇系
　　　出憲宗四世。（見清吳任臣《十國春秋·南唐·烈祖本紀》注
　　　語。）宋釋文瑩《玉壺清話·李先主傳》差同，云：「先主昇，
　　　字正倫，唐憲宗第八子建王恪之玄孫。其父志，去宗室懸遠，
　　　遂飄游他郡，爲徐州判官。安貧謹厚，喜佛書，多游息佛寺，
　　　號爲李道者。」又馬令《南唐書·先主書》：「先主姓李，唐
　　　宗室裔也。」又於《世裔譜第二十八》云：「憲宗子建王恪，先
　　　主之始祖也。恪，元和元年始封，時緇青節度使李師古死，其
　　　弟師道丏符節，故詔恪爲鄆州大都督、平盧軍緇青節度大使。
　　　長慶元年薨，無子，以宗室子爲嗣，史亡其名，其後有李超者，
　　　或以爲建王後，懿、僖之時，宗室世遠，遂與異姓之臣雜而仕
　　　宦，至或流落民間，超之子志，爲徐州判司。志生榮，號李道
　　　者。榮生先主，先主即位，是爲南唐。」明陳霆《唐餘紀傳》
　　　卷一「國紀第一」同馬、陸二《書》。按：馬令語，自「元和
　　　元年始封」至「長慶二年薨，無嗣」止，見《新唐書·十一宗
　　　諸子·憲宗諸子傳》，至所謂「以宗室子爲嗣」，則無聞焉，
　　　《舊唐書·憲宗二十子·建王恪傳》亦無稱其有子嗣，故爲李
　　　恪之後一說，見疑於後代也。

　　㈡爲高祖子鄭王元懿之房裔，鄭文寶《江表志》一主之，曰：「南

唐高祖姓李，諱知誥，生於徐州，有唐鄭王疏屬之枝脈。父志，祖榮，俱不仕。」

㈢爲玄宗第六子永王璘之裔。薛居正《五代史·僭偽列傳·李昇傳》云：「昇自云唐玄宗第六子永王璘之裔，唐天寶末，安祿山連陷兩京，玄宗幸蜀，詔以璘爲山南、嶺南、黔中、江南四道節度探訪等使。璘至廣陵，大募兵甲，有窺圖江左之意，後爲官軍所敗。死於大庾嶺北，故昇指之以爲遠祖。因還姓李氏，始改名昇，國號大唐。」《冊府元龜》卷二一九《僭偽部·姓系》亦持是說，云：「昇自云唐玄宗第六子永王璘之裔，天寶末，安祿山連陷兩京，玄宗幸蜀，詔璘爲山南嶺南黔中，江南四道節度探訪等使，璘至廣陵，大募兵甲，有窺圖江右之志，後爲官軍所敗，死於大庾嶺北，故昇指以爲遠祖，因還姓李氏，始改名曰昇，國號大唐。」

㈣爲睿宗子薛王業之曾孫，李昊《蜀後主實錄》主之，曰：「唐嗣薛王知柔，爲嶺南節度使，卒於官。其子知誥流落江淮，遂爲徐溫養子。」（《資治通鑑》後晉高祖天福四年二月《考異》引）此說最爲可疑。按：《資治通鑑》唐昭宗乾寧二年（八九五）七月，「以薛王知柔爲清海節度使、同平章事，仍權知京兆尹、判度支，充鹽鐵轉運使，俟反正日赴鎮。」明年十二月，「清海節度使薛王知柔行至湖南，廣州牙將盧琚、譚弘玘據境拒之，使弘玘守端州。弘玘結封州刺史劉隱，許妻以女。隱僞許之，託言親迎，伏甲舟中，夜入端州，斬弘玘；遂襲廣州，斬琚；具軍容迎知柔入視事。知柔表隱爲行軍司馬。」又昭宗光化三年(九○○)年十二月載：「清海節度使薛王知柔薨。」李昇生於光啓四年（八八八），至光化三年已十二歲，而不知其父祖之名，此一可疑；薛王死於任上，非遭黜殺，子嗣何至

流落民間，此二可疑。

㈤爲太宗子吳王恪之裔。《通鑑》後晉高祖天福四年，二月載：「唐主欲祖吳王恪，或曰：『恪誅死。〔胡三省注：「吳王恪死於唐高宗朝，爲房遺愛所誣引，非其罪也。」〕不若祖鄭王元懿。』唐主命有司考二王苗裔，以吳王孫禕有功，禕子峴爲宰相。遂祖吳王，云自峴五世至父榮，其名率皆有司所撰。唐主又以歷十九帝、三百年，疑十世太少。有司曰：『三十年爲世，陛下生於文德，已五十年矣。』遂從之。」既謂「欲祖」，則本非吳王恪之後也明。

二、李姓，然非唐之宗裔。清劉承幹《南唐書補注》卷一引《天中記》曰：「金陵李氏，始以唐號國。錢文穆王問之曰：『金陵冒氏族於巨唐，不亦駭人乎！』沈韜文曰：『此可取譬也。且如鄉校間有姓孔氏者，人則謂之孔夫子，復何怪哉！』王大笑，賞巵酒。」觀錢鏐與沈韜文之語，則當時人傳昇爲李姓也明，唯嘲其因李姓而附於唐宗而已。又按：宋吳處厚《青箱雜記》亦以爲李姓，然不謂爲唐宗室之後，云：「李昇先爲徐養子，冒徐姓，名知誥，爲昇州刺史，童謠曰：『東海鯉魚飛上天。』後竟即僞位。」

三、潘姓。宋錢儼《吳越備史》三：「昇本潘氏，湖州安吉縣人。父爲安吉砦將，嘗因淮將李神福侵我吳興，據潘氏而去，昇遂爲神福家奴。徐溫嘗造神神福家，見而異之，求爲養子。至是乃隱本族而冒徐姓焉。後嘗致書於我，以毘陵求易吳興，仍引祊田爲說，則本潘氏明矣。」

四、不知姓氏者。按：《十國春秋·南唐·烈祖本紀》注引劉恕《十國紀年》云：「知誥復姓，附會李氏。吳越與唐讎，亦非實錄。知誥少孤，遭亂，莫知其祖系。其曾祖超，祖志，乃與義祖之曾祖祖同知，皆附會也。」

五、不斷然謂非李姓、非潘姓，仍其本稱是也。今人諸葛計《南唐
　　先生昇年譜》云：「按：昇以齠稚之年而孤獨流落，（按：歐陽
　　修《新五代史·南唐世家·李昇傳》曰：「世本微賤，父榮，遇
　　唐末之亂，不知所終。」）忘其鄉貫、祖系、姓氏，實屬可能。
　　由忘己之名而致無名，可爲一證。路振《九國志》及馬、陸等書
　　皆謂昇小字『彭奴』。彭奴不類原名，或爲李神福家奴時之稱謂
　　也。蓋以其爲奴，年復幼小，人遂以奴呼之，又以其至自淮北，
　　人視之爲彭城人（天寶初，嘗以徐州爲彭城郡，至唐末，徐州仍
　　治彭城），遂名之爲彭奴，如稱徐人、徐兵、徐將爲彭人、彭卒、
　　彭將者然。」又曰：「謂昇之祖系、姓氏難於考究可也，斷然定
　　其絕非李氏亦非潘氏，似可不必，亦未能必。」

④陸游主此說，已見上考釋，不贅。

⑤李志、李榮事，史傳鮮載，龍袞《江南野史》曰：「祖志，授署爲
　　徐州判官，卒於任所。父榮，有器度，不事產業，每交結豪傑，以
　　任俠爲事。屬時離亂，群盜蜂起，朱梁統制天下，而楊行密專據淮
　　南，榮乃感憤，欲圖興復之志，然無少康一旅之眾，數十里之地。
　　久之，聞海賊夏韶眾甚盛，欲因之以成大事，往說韶曰：『僕大唐
　　之後，少失怙恃，遭世多難，先祖基業，蕩然橫流，爲人所有。自
　　料以高祖、太宗之遺德，宗祧社稷，必未杜絕，其間子孫，必有興
　　者。吾雖不調，夙蘊壯志，聞公英雄，士卒勇勁，吾欲因公立事，
　　共取富貴。苟成霸業，古賢魚水，未足爲喻。』韶感其言，於是從
　　之。遂率眾自海入淮，轉掠沿岸郡邑。至濠、梁間，眾至數千人，
　　軍勢頗盛。郡邑與戰，多爲所敗。行密聞之，因帥師攻之，數敗，
　　乃爲所擒。因捕其家，盡誅之。」《十國春秋·南唐·烈祖本紀》：
　　「父榮，性謹厚，喜從浮屠遊，多晦跡精舍，時號李道者。彭奴以
　　唐光啓四年十二月二日生於彭城。」其他見下考釋。

⑥《南唐書補注》曰：「精舍，精潔之舍。唐崔湜謂漢明帝立精舍，以處攝摩騰，即白馬寺故人以佛寺爲精舍。」

《唐餘紀傳》卷一「國紀第一」謂：「母劉氏卒，先主遂托跡於濠梁之開元寺。」《玉壺清話·李先主傳》曰：「家貧，二姊爲尼。」則其先世之依托佛門，蓋世亂家貧所致。

⑦《玉壺清話·李先主傳》：「其父志，去宗室懸遠，遂飄游他都，爲徐州判官。安貧謹厚，喜佛書，多游息佛寺，號爲李道者。」陸《書》殆本此。《唐餘紀傳》卷一「國紀第一」又本之。

⑧《唐餘紀傳》卷一「國紀第一」同，又《十國春秋·南唐·烈祖本紀》：「彭奴以唐光啓四年十二月二日生於彭城。」注云：「相傳先主家有赤黎樹，結一實，大如升。會鄰里共食，剖之，有赤蛇在實中，大驚，已而蛇走先主之母榻下，未幾孕，生先主。」則爲怪誕之言，陸游不取，是也。《南唐書注》引《鳳陽府志》曰：「潛龍殿在庄台寺，南唐主李昇微時，嘗寓寺中，故名昇。徐州李氏子，流寓於濠，楊行密取濠州，得之，方八歲。莊臺即今開元寺，亦名都道場。」「乾明寺在清流門外，昇二姊少時投此寺爲尼。」又引《一統志》曰：「龍鳳磚在舊府城開元寺，南唐主李昇微時，嘗寓寺中，故寺有潛龍殿，而磚尙存。」

⑨宋王存等撰《元豐九域志》濠州屬淮南西路。《十國春秋·十國地理表上》：「濠州」領縣三，鍾離、招義、定遠。又《唐餘紀傳》卷一「國紀第一」云：「遇亂，伯父球攜之避地至濠州。未幾，母劉氏卒，先主遂托跡于濠之開元寺。」又合《江南野史》而言，而《十國春秋·南唐·烈祖本紀》逕採《唐餘紀傳》之說。

⑩《新五代史·吳世家·楊行密傳》：「楊行密字化源，盧州合淝人也。爲人長大有力，能手舉百斤。……唐拜行密淮南節度使。乾寧二年，加檢校太傅、同中書門下平章事。……天祐二年，……十一

月，行密卒，年五十四，諡曰武忠。子渥立，溥僭號，追尊行密爲太祖武皇帝，陵曰興陵。」又《新五代史·南唐世家·李昇傳》曰：「昇少孤，流寓濠泗間，楊行密攻濠州，得之，奇其狀貌。後行密大將徐溫出師濠上，見先主方顙豐頤，隆上短下，乃攜歸，爲己子。」殆本於《江南野史》及《玉壺清話》諸書。《江南野史》：「時先主方數歲，且異常兒，濠上一桑門與行密有故，乞收養以爲徒弟。後行密大將徐溫出師濠上，見先主方顙豐頤，隆上短下，乃攜歸爲己子。」《玉壺清話·李先主傳》：「吳武王楊行密克濠、梁，主爲亂兵所掠，時尚幼，行密見而奇之，育爲己子。」

⑪《新五代史·吳世家·楊渥傳》：「渥字承天，行密長子也。……紀祥……執渥縊殺之，時年二十三，諡曰景。」

⑫楊行密以烈祖與徐溫事，諸書多載，茲舉兩條於下。

《冊府元龜》卷二一九《僭僞部·姓系》：「後唐李昇，本海州人，僞吳大丞相徐溫之養子也。溫字敦美，亦海州人。初從淮南節度使楊行密起兵於盧州，漸至軍校。唐末青州王師範爲梁祖所攻，乞師於淮南，楊行密發兵赴之，溫時爲小將，亦預行其師次青之南鄙，師範已敗淮兵，大掠而還，昇時幼稚，爲溫所虜，溫愛其惠黠，遂育爲己子，名曰知誥。」

馬令《南唐書·義養傳·徐宣祖傳》曰：「徐溫，字端美，海州昫山人。烈祖之養父也。……會唐末大亂，販鹽爲盜，從吳武王楊密起合淝，……行密用其謀，殺朱延壽，以功遷右衙指揮使，始預謀議。行密病，出長子渥爲宣州觀察使，溫私謂渥曰：『今王有疾而出嫡嗣，必有姦人爲謀。若他日召子，非溫使者，愼無應命。』渥涕泣謝溫而去。行密病甚，命判官周隱作符召渥，隱慮渥幼弱不任事，勸行密用舊將有威望者代主軍政，乃薦大將劉威，行密未許。溫與嚴可求入問疾，行密以隱議告之，溫等大驚，遽詣隱所計

事。隱未出，而溫見隱作召符猶存案上，急取遣之。渥見溫使者，乃行。行密卒，渥嗣立，……召隱……殺之。渥……既入立，惡溫與張顥典衙兵，召璠等爲東院馬軍以自備，而溫、顥共惡璠等侵權，因擁衙兵，入拽璠等斬之，渥由是失政，而心憤未能發，溫、顥益不自安，共遣群盜入寢中，弒渥。……隆演乃得立。……遂殺顥及紀祥等，歸以弒渥之罪。……溫遂專政，隆演備位而已。……八年，溫遷行軍司馬、潤州刺史、鎮海軍節度使、同平章事。……十二年，封溫齊國公，〔按：清陳作霖《金陵通紀》卷七：「十二年，淮南封徐溫爲齊國公，鎮潤州、昇、潤、宣、常、歙、池爲其巡屬。」〕兼浙西招討使，始就鎮潤州，以昇、常、宣、歙、池、黃六州爲齊國，城昇州，建大都督府。十四年，溫徙治之，以其子知訓輔隆演於廣陵，而大政溫遙決之。……溫亦自喜爲智詐，尤得吳人之心。初隨行密破趙鍠，諸將皆爭取金帛，溫獨據餘米，作粥食飢者。十六年，溫請隆演即皇帝位，不許，又請以吳王稱制，乃許。遂建國，改元，拜溫大丞相，都督中外諸軍事，封東海郡王。隆演卒，溫越次立其弟溥。順義七年，溫又請溥即帝位，未許，而溫病卒，年六十六，追贈齊王，謚曰武烈祖受禪，謚武皇帝，廟號義祖。」馬《書》多採自宋路振《九國志》卷三《徐溫傳》，不贅。

⑬《玉壺清話・李先主傳》：「長子楊渥驕很恣橫，多或凌之。行密慮爲渥所害，謂大將徐溫曰：『此兒異常，吾深愛之，慮失保佑，汝無子，可賜汝養之。』」《南唐書補注》曰：「乞音器，凡與人物亦曰乞。《晉書・謝安傳》謂甥羊曇曰以墅乞汝。」

⑭烈祖改姓徐氏說，已見上，又《新五代史・南唐世家・李昇傳》曰：「楊氏諸子不能容，行密以乞徐溫，乃冒姓徐。」諸書復載怪異之事，若佚名《釣磯立談》：「義祖嘗夢臨大水，水中有黃龍無數，旁有一古丈夫，冠服如三禮圖所畫節服氏之形，荷一大戟而立，語

義祖曰：『汝可隨意捉之。』義祖祖身而入，捉得一龍而出，驚悸而覺，未幾，掠得烈祖，養以爲子。」陳彭年《江南別錄》曰：「知誥少孤，爲義祖所養，有相者謂義祖曰：『君相至貴，且有貴子，然非君家所生。』又夢爲人引臨大水中，黃龍數十，令義祖捉之，義祖獲一龍而寤。明旦，得烈祖。」陸《書》均所不取，是也。

⑮徐溫妻李氏鞠養烈祖事，《江表志》卷一云：「帝少孤，有姨，出家爲尼，出入徐溫宅，與溫妻李氏同姓。帝亦隨姨往來，溫妻以其同宗，憐其明慧，收爲養子，居諸子之上，名曰知誥。」烈祖亦能孝事徐溫，《江南別錄》：「烈祖奉義祖以孝聞，嘗從義祖征伐，不如意，杖而逐之，及歸，拜迎門，義祖驚曰：『爾在此耶！』烈祖泣曰：『爲人子者，舍父母何適？父怒而歸母，子之常也。』義祖由是益憐惜之。」《江南野史》謂先主「逮十餘歲，溫知其必能幹事，遂試之以家務，令主領之。自是溫家生計食邑采地，夏秋所入，及月俸料，或頒賜物緞，出納府廩，雖有專吏主職，然能於晦朔總其支費存留，自緡匹之數，無不知其多少。及四時伏臘，薦祀特脤，醮饌餚蒸，賓客從吏之費，概量皆中其度。逮嬪婢媵姥，寒燠衣御，紈綺幣帛高下之等，皆取其給，家人之屬，且亡閒言。」又烈祖於兒時已有不凡氣度，爲溫所賞。宋阮閱《詩話總龜》卷五引《古今詩話》云：「南唐烈祖在徐溫家作《燈詩》云：『一點分明值萬金，開時惟怕冷風侵。主人若也勤挑撥，肯向尊前不盡心！』」《南唐書補注》引《詩話類編》錄後二句，又曰：「溫賞歎，遂不以群兒偶之。」《詩話總龜》卷三引《詩史》云：「李昇〔應作昪〕《竹詩》曰：『棲鳳枝梢猶軟弱，化龍形狀已依稀。』唐宣宗《瀑布詩》曰：『溪澗豈能留得住，終歸大海作波濤。』王霸之意可見也。河中府逍遙樓有唐太宗詩曰：『昔乘四馬去，今驅萬乘歸。』氣象尤可見。」

⑯《玉壺清話・李先主傳》謂李先主：「其音如鐘。嘗泛舟渡淮，暴浪中起，舟人合噪，喧號無制，主舉聲指畫，響出數百丈外，兩岸皆聞。」《唐餘紀傳》卷一「國紀第一」曰：「及長，身踰七尺，方顙隆準，修上短下，語聲如鍾，精采鑠人。」

⑰《江南野史》曰：「姿貌瑰特，目瞬如電，語音厚重，望之儼人，與語可愛。」《江南別錄》曰：「長，善書計，性嚴明，不可以非理犯。」《新五代史・南唐世家・李昇》曰：「爲人溫厚有謀。」

⑱《玉壺清話・李先主傳》：「及長，身長七尺，坦額隆準，神彩鑑物。雖緩行，從者闊步追之不及，相者曰：『正所謂龍行虎步也。』」馬令《南唐書・先主書》亦云：「常緩行，從者闊步不能及，相工云：『此龍行虎步也。』」《唐餘紀傳》卷一「國紀第一」同馬《書》。

⑲《江南野史》曰：「既長，溫爲娶婦，其婦亦能奉蘋藻，致柔順之美。溫嘗臥疾，唯先主躬侍左右，至於糞溺，皆親執器，動至連月，踰時扶掖出入。或通宵達曙，曾不解帶；或夜聞謦欬，乃率婦同往者數四。溫於幃間聞人至，則問曰：『汝爲誰耶？』對曰：『知誥在斯。』又問曰：『彼更何人？』對曰：『知誥之婦。』溫見其篤於孝養，而復能幹家，知非常品，而諸子難及，乃曰：『吁！汝雖異族，吾無親疏。』先主聞之，侍衛愈謹。未幾，溫起，先主婦卒，溫知其篤孝爲之，感歎久之。」佚名《五國故事》上謂知誥「侍奉（溫）彌謹。初更睡覺，得有侍於床前者，問之，曰：『知誥。』溫因遣其休息，知誥不退，及再寤，又見之，乃曰：『汝自有政事，不當如此，以廢公家之務。』知誥乃退。及溫中夕而興，又見一女子侍之，問之，曰：『知誥新婦。』亦勞而遣之。他日，溫謂諸子曰：『事在二哥矣！汝輩當善事之。』」

⑳《江南野史》曰：「溫之嫡子，皆好馳田獵，先主惟習書計，暇則

肄射，所志必精，遂用徐姓，名知誥。」又曰：「後溫凡出征討，而疑其帳下，故先主常得奉侍，遂熟武事，因能騎射。」《新五代史·南唐世家·李昇傳》：「昇事徐溫甚孝謹，溫嘗罵其諸子不如昇，諸子頗不能容，而知訓尤甚，嘗召昇飲酒，伏劍士欲害之，行酒吏刁彥能覺之，酒至昇，以手爪搯之，昇悟起走，乃免。後昇自潤州入覲，知訓與飲於山光寺，又欲害之，徐知諫以其謀告昇，昇起遁去。知訓以劍授刁彥能，使追殺之，及於中塗而還，紿以不及，由是得免。」

㉑按：唐哀帝天祐但四年，時西元九〇七年，四月朱溫篡位自立，唐亡，然淮南仍奉唐正朔，故天祐六年，即梁太祖開平三年，時西元九〇九年。

㉒唐李吉甫《元和郡縣圖志》於潤州上元縣謂德宗「至德二年，於縣置江甯郡，乾元元年，改爲昇州，兼置浙西節度使。上元二年，廢昇州，仍改江甯爲上元縣。」《元豐九域志》載昇州於宋屬江南東路，云：「僞唐改江寧府。皇朝開寶八年爲昇州，天禧二年，爲江寧府，建康軍節度。治上元、江寧二縣。」宋樂史《太平寰宇記》卷九十「天祐十四年，僞吳遣部將徐溫城之，爲金陵府。僞唐改爲江寧府，因之建都。皇朝開寶八年十一月削平江表，復爲昇州。」元張鉉《至正金陵新志》卷三中之上「金陵表」云：「開平三年三月，徐溫以金陵形勢，戰艦所聚，以假子元從指揮使知誥爲昇州防遏兼樓船副使，往治之。」

㉓《江南別錄》作「屢爲樓船指揮使」。《十國春秋·十國官表》於吳百官表有元從指揮使，在左右廂馬步都虞候之上，又有防遏使、先鋒指揮使及船軍使等名。按：「防遏使」，陳鱣《續唐書》卷五作「防遇使」。

㉔陸《書》謂徐溫爲昇州副史，馬《書》及《通鑑》無載，《唐餘紀

傳》卷一「國紀第一」、《金陵通紀》卷七、清吳非《三唐傳國編年》及《十國春秋‧南唐烈祖本紀》則載之，疑本陸《書》。《江南野史》曰：「後溫凡出征討，而疑其帳下，故先主常得奉侍，遂熟武事，因能騎射。」

㉕《元和郡縣圖志》於宣州云：「《禹貢》揚州之域，春秋時屬楚，秦爲郡，漢武改爲丹陽郡，領縣十七，理宛陵，即今理是也。漢有《銅官地輿地志》云：『宛陵縣銅山者，漢探銅所治也。』漢順帝立宣城郡，東晉或理蕪湖，或理姑熟，或理赭圻。開皇九年，平陳，改郡爲宣州，移於今理。武德二年，置總管府。七年，改爲宣城郡。乾元元年，復爲宣州州理城。周封楚子熊繹於此，漢丹陽郡亦理此城，俗傳晉桓彝所築。」《元豐九域志》載宣州屬宋江南東路。《十國春秋‧十國地理表上》謂宣州：「吳仍唐舊，南唐分當塗、廣德入江寧府。領縣七。」即宣城、涇、太平、旌德、南陵、綏安及寧國。

《通鑑》後梁太祖乾化二年（九一二）三月載：「吳鎮南節度使劉威，歙州觀察使陶雅，宣州觀察使李遇，常州刺史李簡，皆武忠王〔按：即楊行密〕舊將，有大功，以徐溫自牙將秉政，內不能平；李遇尤甚，常言：『徐溫何人，吾未嘗識面，一旦乃當國邪！』館驛使徐玠使於吳越，道過宣州，溫使玠說遇入見新王，遇初許之；玠曰：『公不爾，人謂公反。』遇怒曰：『君言遇反，殺侍中者非反邪！』侍中，謂威王也。〔胡三省注：「楊渥諡威王。李遇斥言徐溫殺之。」〕溫怒，以淮南節度副使王檀爲宣州制置使，數遇不入朝之罪，遣都指揮使柴再用帥昇、潤、池、歙兵納檀于宣州，昇州副使徐知誥爲之副。遇不受代，再用攻宣州，踰月不克。五月……李遇少子爲淮南牙將，遇最愛之，徐溫執之，至宣州城下示之，其子啼號求生，遇由是不忍戰。溫使典客何蕘入城，以吳王命說之，

曰：『公本志果反，請斬薨以徇；不然，隨薨納款。』遇乃開門請
降，溫使柴再用斬之，夷其族。於是諸將始畏溫，莫敢違其命。」
〔胡三省注：「諸將，謂劉威、陶雅輩。」〕徐知誥以功遷昇州刺
史。知誥事溫甚謹，安於勞辱，或通夕不解帶，溫以是特愛之，每
謂諸子曰：『汝輩事我能如知誥乎？』時諸州長吏多武夫，專以軍
旅爲務，不恤民事；知誥在昇州，獨選用廉吏，脩明政教，招延四
方士大夫，傾家貲無所愛。洪州進士宋齊丘，好縱橫之術，謁知誥，
知誥奇之，辟爲推官，與判官王令謀、參軍王翊專主謀議，以牙吏
馬仁裕、周宗、曹悰爲腹心。仁裕，彭城人；宗，漣水人也。」
《至正金陵新志》卷三中之上「金陵表」云：「宣州觀察使李遇乃忠
武王舊將，有大功，以溫自牙將秉政，不平，對使者有忿辭。乾元
二年，溫以淮南節度使副使王檀爲宣州制置使，數遇不入朝之罪，
遣都指揮柴再用將昇、潤、池、歙兵納檀于宣州。踰月不克，李遇
少子爲淮南牙將，溫執至城下，示之。其子啼號求生，遇不忍，開
門請降。溫使再用斬之，夷其族。徐知誥以功遷昇州刺史。」
《金陵通紀》卷七：「天祐九年夏五月，以徐知誥爲昇州刺史。」
按：《續唐書》繫此事接於七月下，云：「柴再用攻宣州，用其兵
殺李遇，以功遷昇州刺史，時江、淮初定，守皆武夫，專務軍賦！
帝獨好學，求遺書、招賢課農，雖以節儉自勵，而輕財好施，無所
愛吝，以宋齊邱，王令謀，王翊主議論，曾禹、張洽……徐融爲賓
客，馬仁裕、周宗、曹悰爲親吏。」
㉖《玉壺清話·李先主傳》：「時江淮初定，守宰者皆武夫，率以兵
戈爲急務。主獨好文，招儒素，督廉吏，德望著立，物情歸美。徐
知訓爲淮南節度使，驕侈淫虐，爲朱瑾所殺，一方甚擾，主亟往代
之，悉反其治，謙寬惇裕。」《十國春秋·吳春秋·王潯傳》：「王
潯，廬州人。初居太祖幕府，及事高祖，歷官左司郎中，典選事。

時喪亂之後，官失其守，甲簿湮落。潛雍容款接，坐客常滿，隨才而使，人人自以爲得。徐知誥爲相，掄選有序，潛之力也。」

㉗宋洪邁《容齋續筆》卷十六：「大中祥符間，太常博士許載著《吳唐拾遺錄》，所載……《勸農桑》篇正云：「吳順義年中，差官興版簿，定租稅，厥田上上者，每一頃稅錢二貫一百文，中田一頃稅錢一貫八百，下田一頃千五百，皆足陌見錢，如見錢不足，許依市價折以金銀。算計丁口課調，亦科錢。宋齊丘時爲員外郎，上策乞虛抬時價，而折紬、綿、絹本色，曰：『江淮之地，唐季已來，戰爭之所。今兵革乍息，黎甿始安，而必率以見錢，折以金銀，此非民耕鑿可得也，無興販以求之，是爲教民棄本逐末耳。』是時，絹每匹市價五百文，紬六百文，綿每兩十五文，齊丘請絹每匹抬爲一貫七百，紬爲二貫四百，綿爲四十文，皆足錢，丁口課調，亦請蠲除。朝議喧然沮之，謂虧損官錢，萬數不少。齊丘致書於徐知誥曰：『明公總百官，理大國，督民見錢與金銀，求國富庶，所謂擁篲救火，撓水求清，欲火滅水清可得乎？』知誥得書，曰：『此勸農上策也。』即行之。自是不十年間，野無閒田，桑無隙地。」

㉘宋陳后山《後山談叢》卷二：「建業文房，南唐烈祖節度金陵之別室也。趙元考家有《建業文房書目》才三千餘卷，有金陵圖書院印焉。」

㉙《釣磯立談》：「自楊氏奄有江淮，其牧守多武夫悍人，類以威驚相高，平居齋几之閒，往往以斬伐爲事，至有位居侯伯而目不識點畫，手不能捉筆者。及烈祖以軍功牧昇州，初以文藝自好，招徠儒俊，共論治體，總督廉吏，勤恤民隱，由是遠邇宅心，以爲己歸。」

《新五代史·南唐世家·李昇傳》曰：「昇獨好學，接禮儒者，能自勵，爲勤儉，以寬仁爲政，民稍譽之。」

㉚烈祖之節儉，宋陶穀《清異錄》卷三載一事云：「江南烈祖素儉，

寢殿燭不用脂葛，灌以烏臼子油，但呼烏舅。捧燭鐵人高尺五，云是楊氏時馬廄中物。一日黃昏，急須燭，喚小黃門掇過我金奴來，左右竊相謂曰：『烏舅金奴，正好作對。』」

㉛按：王令謀事，見《通鑑》後晉高祖天福二年(九三七)七月：「吳司徒、門下侍郎、同平章事、內樞使、忠武節度使王令謀老病無齒，或勸之致仕，令謀曰：『齊王大事未畢，吾何敢自安！』疾亟，力勸徐誥受禪。是月，吳主下詔，禪位於齊。李德誠復詣金陵帥百官勸進，宋齊丘不署表。〔胡三省注：「宋齊丘以受禪之議不自己發，而爲周宗等所先，遂堅持異議，欲以爲名」〕九月，癸丑，令謀卒。〔胡三省注：「王令謀所見誠不可與王琨同日語也。」〕」又《十國春秋·王令謀傳》：「王令謀，故徐知誥客也。初爲昇州判官，已而改揚府左司馬，轉內樞使。乾貞中，徐知詢握兵金陵，與徐知誥相猜忌，知誥頗患之，令謀說知誥曰：『公輔政日久，挾天子以令境內，誰敢不從？』知詢年少，恩信未洽於人，無能爲也，未幾，遷同平章事。太和三年，進左僕射兼門下侍郎，與宋齊丘同平章事。天祚三年，令謀如金陵，勸知誥受禪，辭不受。九月癸丑卒。令謀素柔猾，鮮志操，老病無齒，或勸其致仕，令謀曰：『齊王大事未畢，吾何敢自安！』疾亟，屢上書勸進。是歲十月禪代，令謀竟先死。」

㉜戚光《南唐書音釋》：「昇州，古金陵，唐稱昇州城。始東南跨淮水，即今城也。」

按：城昇州事，馬《書》無載，《續唐書》、《金陵通紀》卷七、《三唐傳國編年》及《十國春秋·南唐烈祖本紀》均載，疑本諸陸《書》。至於金陵形制規模，據諸書所載，可得梗概。宋陸游《老學菴筆記》曰：「建康城，李景所作，其高三丈，因江山爲險固，其受敵惟東北兩面，而壕塹堅守，至紹興間已二百餘年，所損不及

十之一。」《金陵新志》曰：「建康舊府城，周二十五里，四十四步，上闊二丈五尺，下闊三丈五尺，高三丈五尺，內臥羊城，闊四丈一尺，皆楊吳順義中所築也。六朝舊城在北，去秦淮五里，故淮上皆列浮航，緩急則撤航為備。孫吳沿淮立柵，前史所謂柵塘是也。至吳王楊溥時，徐溫改築，稍遷近南，夾淮帶江，以盡地利。城西隅據石城岡阜之脊，其南接長干山勢，又有伏龜樓在城上，東南隅，宋開寶以來，城皆因之。」又卷三中之中「金陵表」云：「貞明二年，吳昇州刺史徐知誥治城市府舍甚盛。五月，徐溫行部至昇州，愛其繁富，潤州司馬陳彥謙勸溫徙鎮海軍治所於昇州，溫之，徙知誥為潤州團練使。知誥求宣州，溫不許。」清趙弘恩等監修、黃之雋等編纂《江南通志》卷三十：「南唐都城在上元縣，楊吳順義中築。初，六朝舊城在北去秦淮五里，及徐溫改築近南，西據石頭，南接長干，東至白下橋，北臨珍珠河，設東西二水門，貫淮水於城中，內有子城，周四里，是為金陵府。南唐因之建都。宋初，置昇州治。陸游《筆記》云：『李璟所作都城，高三丈，因江山為險固，濠塹重複，可堅守。至紹興間已二百餘年，所損不及十之一。』」《南唐書注》卷一：「按：知誥所築城，比六朝宮城近南，截青溪水於內，外貫秦淮於城中，西據石頭為二門，南接長干，東以白下門為限，北以玄武橋為限，所跨水，皆昔所鑿城濠也。有上下水門，通淮水出入。」又引顧起元《客座贅語》曰：「南唐都城南，止於長干橋，蓋其形局，前倚雨花台，後枕雞籠山，東望鍾山，西帶治城。石頭四顧山巒，無不攢簇中間，最為方幅。內橋以南，大衢直達鎮淮橋，與南門諸司庶府拱夾左右，垣局翼然，當時建國規模，亦不苟矣。」

㉝《南唐書音釋》：「古金陵，唐稱昇州城，始東南跨淮水，即今城也，又見後《周宗傳》。」

《通鑑》後梁均王貞明三年(九一七)載：「吳昇州刺史徐知誥治城市府舍甚盛。五月，徐溫行部至昇州，愛其繁富。潤州司馬陳謙勸溫徙鎮海軍治所於昇州，溫從之，徙知誥爲潤州團練使。知誥求宣州，溫不許，知誥不樂。宋齊丘密言於知誥曰：『三郎驕縱，敗在朝夕。潤州去廣陵隔一水耳，此天授也。』知誥悅，即之官。三郎，謂溫長子知訓也。溫以陳彥謙爲鎮海節度判官。溫但舉大綱，細務悉委彥謙，江、淮稱治。彥謙，常州人也。」

㉞ 馬令《南唐書·先主書》：「（徐）溫聞知誥理昇州有善政，往視之，見其府庫充實，城壁修整，乃徙治之。」《唐餘紀傳》卷一「國紀第一」同載馬《書》。《通鑑》後梁均王貞明六年(九二〇)春，「吳張崇攻安州，不克而還。崇在廬州，貪暴不法。廬江民訟縣令受賕，徐知誥遣侍御史知雜事楊廷式往按之，欲以威崇，廷式曰：『雜端推事，其體至重，〔胡三省注：「唐御史臺侍御史六人，以久次一人知雜事，謂之雜端。〕職業不可不行。」知誥曰：『何如？』廷式曰：『械繫張崇，使吏如昇州，簿責都統。』〔胡三省注：「簿責者，一二而責之。」〕知誥曰：『所按者縣令耳，何至於是！』廷式曰：『縣令微官，張崇使之取民財轉獻都統耳，〔胡三省注：「都統，謂徐溫也。」〕豈可捨大而詰小乎！』知誥謝之曰：『固知小事不足相煩。』以是益重之。廷式，泉州人也。」《金陵通紀》卷七同陸《書》，又云：「是歲，析上元南十九鄉當塗北二鄉置江寧縣。」

㉟ 《元和郡縣圖志》潤州屬江南道浙西觀察使，《元豐九域志》卷五載潤州於宋屬兩浙路。馬令《南唐書·先主傳》曰：「作刺史。」

㊱ 《新五代史·南唐世家·李昇傳》曰：「知誥屢求宣州，溫不與。」

㊲ 《九國志》卷三《徐溫傳》：「十四年，溫徙治金陵，以第三子知訓爲淮南行軍副使，留廣陵以輔政。」《江南野史》曰：「初，知

訓秉政，朝廷譽之爲昌華相公，因是輕肆驕傲，辟命卿將，鎮戍藩翰，多所不道。」《通鑑》後梁均王貞明四年（九一八）六月載：「吳內外馬步都軍使、昌化節度使、同平章事徐知訓，驕倨淫暴。威武節度使、知撫州李德誠有家妓數十，知訓求之，德誠遣使謝曰：『家之所有皆長年，或有子，不足以侍貴人，當更爲公求少而美者。』知訓怒，謂使者曰：『會當殺德誠，并其妻取之！』知訓狎侮吳王，無復君臣之禮。嘗與王爲優，自爲參軍，使王爲蒼鶻，總角弊衣執帽以從。又嘗泛舟濁河，王先起，知訓以彈彈之。又嘗賞花於禪智寺，知訓使酒悖慢，王懼而泣，四座股栗；左右扶王登舟，知乘輕舟逐之，不及，以鐵檛殺王親吏。將佐無敢言者，父溫皆不之知。」

㊳朱瑾殺徐知訓事，爲知誥得以控掌軍政大權之嚆矢，諸書所載甚詳，以見其要也，茲具錄其文以見。

《江南野史》曰：「瑾爲人悍毅勇敢，決烈獨任。唐末，屬朱梁篡逆，瑾爲郡守，拒命不從。梁師屢征不克，會其兄珙以別郡先降，梁祖親討瑾，乃遣珙於城下，諭令歸順。瑾大怒，乃僞開壁，請與兄面語，遂飛刃刺殺珙。梁祖悵歎，攻圍愈急，遂亡歸淮南。時人壯之，呼其小字爲朱憨哥。」陶岳《五代史補》一：「瑾之奔淮南也，時行密方圖霸，其爲禮待，加於諸將數等，瑾感行密見知，欲立奇功爲報，但恨無入陣馬，忽忽不樂。一日晝寢，夢老叟眉髮皓然，謂瑾曰：『君常恨無入陣馬，今馬生矣。』及廄隸報，適退槽馬生一駒，見臥未能起。瑾驚曰：『何應之速也。』行往視之，見骨目皆非常馬，大喜曰：『事辦矣。』其後破杜洪，取鍾傳，未嘗不得力焉。初，瑾之來也，徐溫睹其英烈，深忌之，故瑾不敢預政。及行密死，子溥嗣位，溫與張鎬爭權，襲殺鎬，自是事無大小，皆決於溫。既而溫復爲自安之計，乃以子知訓自代，然後引兵出居金

陵，實欲控制中外。知訓尤恣橫，瑾居常嫉之。一旦，知訓欲得瑾所乘馬，瑾怒，遂擊殺知訓。提其首請溥起兵誅溫。溥素怯懦，見之，掩面而走。瑾曰：『老婢兒不足為計，亦自殺。』中外大駭且懼。溫至，遽以瑾尸暴之市中。」《新五代史·雜傳·朱瑾傳》曰：「瑾，宣從父弟也。從宣居鄆州，補軍校。少倜儻，有大志。……僖宗即拜瑾泰寧軍節度使。……奔淮南。楊行密屢表瑾東南道行營副部統、領平盧軍節度使、同中書門下平章事。行密死，渥及隆演相繼立，皆年少。徐溫與其子知訓專政，畏瑾，欲除之，瑾乃謀殺知訓。嘗以月旦，遣愛妾候知訓家，知訓強通之，妾歸自訴。瑾益不平。屢勸隆演誅徐氏，以去國患，隆演不能為。既而知訓以泗州建靜淮軍，出瑾為節度使。將行，召之夜飲。明日，知訓過瑾謝，延之升堂，出其妻陶氏，知訓方拜，瑾以笏擊踣之，伏兵自戶突出，殺之。初，瑾以二惡馬擊庭中，知訓入而釋馬，使相踶鳴，故外人莫聞其變。瑾攜其首馳示隆演曰：『今日為吳除患矣！』隆演曰：「此事非我敢知！」遽起入內，瑾忿然以首擊柱，提劍而出，府門已闔，因逾垣，折其足。瑾顧路窮，大呼曰：『吾為萬人去害，而以一身死之。』遂自刎。」馬令《南唐書·義養傳·徐知訓傳》曰：「知訓，溫長子也，……怙溫權勢，多為不法。溫出鎮潤州，留知訓輔政，常陵侮諸將，而對吳主隆演無君臣禮。隆演幼懦，嘗飲酒樓上，命優人高貴卿侍酒，知訓為參軍。隆演鶉衣髽髻，為蒼鶻，知訓因使酒罵座，語侵隆演。隆演媿且泣，而知訓愈凌辱之，左右扶隆演起去。知訓追殺一吏乃止。李德誠有女樂，知訓求之，德誠曰：『此輩皆有所生，且年長，不足接貴人，俟求少妙者進之。』知訓對德誠使者罵曰：『吾殺德誠，并取其妻，亦易爾！』初學兵於朱瑾，瑾力教之，後求馬於瑾，瑾不與，遂有隙，夜遣壯士殺瑾。瑾手刃數人，瘞舍後。知訓知曲在已，隱而不聞，俄出瑾為靜淮節

度使，瑾詣知訓別，且願獻前馬，知訓喜，往謁瑾家，瑾妻出拜，知訓答拜，瑾以笏擊蹄，遂斬知訓。」《五國故事》上：「朱瑾，楊氏之名將也。徐溫既出鎮潤州，以其子知訓知廣陵政事，謂之政事僕射。瑾與知訓有通家之好，嘗使知客詣知訓之第。知訓纔二十餘，頗以聲色為務，潛與知客通，取其所佩絹巾。知客懼，歸以告瑾，瑾頗銜之。一日，楊氏會鞠於廣場，知訓與瑾立馬觀之，馬首始接，瑾因揖知訓曰：『那日絹巾，希以見還。』知訓知事泄，且慮瑾為變。翌日，遂諷楊氏出瑾為歷陽。瑾知為知訓所排，將整行計，密有圖知訓之意。及知訓詣瑾告別，時盛暑，瑾以水遍灑廳事，皆汪洋不可駐足，乃直抵其內。瑾大設宴以待之，出愛姬姚氏薦酒，乃獻名馬，瑾愛其馬，夏以羅幃，冬以綿帳覆之，知訓納拜於瑾。瑾以手板擊殺之，截其首，提入以見。楊氏聞變，乃閉諸門，且曰：『伊自有阿爺處置是事。』瑾以楊氏不見納，遂踰城而出，因墮城下折足，乃自刎。吳人暴其尸於市，蟲蛆不犯。即日其事聞於昇州知誥。」宋吳處厚《青箱雜記》七曰：「謠讖之語，在《洪範》五行，謂之詩妖，言不從之罰，前世多有之，而近世亦有焉。昔徐溫子知訓在廣陵，作紅漆柄骨朵，選牙隊百餘人，執以前導，謂之朱蒜。天祐末，廣陵人競服短褲，謂之不及秋。後十三年六月，知訓為朱瑾所殺焉，則朱蒜不及秋之應也。」

㊴《釣磯立談》曰：「客有宋齊丘者，私勸烈祖曰：『昔項羽之叛約，王沛公以漢中之地，時皆謂失職左遷，惟蕭何贊之，以為語有天漢，其稱甚美。今明使君中有大志，而忽得京口，其名殆不可失也。且西朝拱己，知訓童昏，老臣宿將，不甘詬辱，度其勢亂在旦暮。蒜山之津，曾不一昔而可以定事，更舍此利而求入宣城山中，卒卒度歲月，其無聊奈何！』烈祖驚起，執其手曰：『善哉子嵩！非吾子，吾無所聞之。』中夕，促駕而之官。」《至正金陵新志》卷三

中之上「金陵表」云：「知誥不樂，宋齊丘密言於知誥曰：『三郎驕，縱敗在朝夕，潤州去廣陵隔一水耳，此天授也。』知誥悅，即之官。三郎，謂溫長子知訓也。」《南唐書音釋》：「蒜山，在鎮江城西三里。」按：《元和郡縣圖志》潤州丹徒縣云：「蒜山在縣西九里，山臨江絕壁。晉安帝時，海賊孫恩至丹徒，戰卒十萬，率眾登山，鼓譟動地，引陣南出，欲向京城，時宋武帝眾無一旅，率所領橫擊，大破之，山多澤蒜，因以為名。」

⑩《通鑑》後梁均王貞明四年（九一八）六月載：「徐知誥在潤州聞難，用宋齊丘策，即日引兵濟江。」《通鑑考異》曰：「《吳錄》、《九國志》、徐鉉《江南錄》，知訓死，知誥過江，皆無日。（徐鉉）《江南錄》曰：『先主聞亂，即日以州兵渡江，至廣陵。會瑾自殺，因撫定其眾。』《十國紀年·吳史》：『六月乙卯，瑾殺知訓，踰城自殺。戊午，知誥入揚州代知訓執攻。己未，誅瑾黨與。』《廣本》：『戊午，知誥親吏馬仁裕聞知訓死，自蒜山渡，白知誥。知誥即日帥兵入揚州，撫定吏民。』按揚、潤相去至近，知誥豈得四月然後聞之！今從《江南錄》。」又七月載：「吳徐溫入朝于廣陵，疑諸將皆預朱瑾之謀，欲大行殺戮。徐知誥、嚴可求具陳徐知訓過惡，所以致禍之由，溫怒稍解，乃命網瑾骨於雷塘而葬之，責知訓將佐不能匡救，皆抵罪；獨刁彥能屢有諫書，溫賞之。戊戌，以知誥為淮南節度行軍副使，內外馬步都軍副使、通判府事，自餘庶政，皆決於知誥。」又《通鑑考異》曰：「按《十國紀年》，六月乙卯，知訓被殺。至此四十四日，吳之政事必有所出。蓋知誥至廣陵即代知訓執吳政，至此方除官耳。」又馬令《南唐書·徐知訓傳》：「知訓與僧修睦親狎，得偽讖數紙，皆修睦書也。溫求修睦殺之。」

⑪烈祖得代知訓，固由朱瑾之弒，然徐溫未必委政於烈祖，史稱烈祖

示溫知訓之悖倫，然後始得溫授政。《江南別錄》曰：「先是，知訓待烈祖甚悖，每呼為乞子。與諸弟夜飲，遣召烈祖，烈祖不至，知訓怒曰：『不喫酒，喫劍乎？』餘皆類此。及敗，知訓宅中有土室，封閉甚固，烈祖請義祖開視，其中絹圖義祖之形，而身荷五木，烈祖及諸弟皆執縛如就刑之狀，已被袞冕南面視朝，義祖唾曰：『狗死遲矣。』烈祖因疏其罪惡事。」馬令《南唐書·先主傳》曰：「知訓死，溫意潤州預謀，就知訓廨，有土室，繪畫溫像，身被五木，諸弟皆執縛受刑，而畫知訓袞冕正座，皆置其名。溫見之，唾曰：『狗死遲矣。』知誥因得疏其罪。由是內外全活甚眾，而死者猶數家。」又曰：「溫，至以次子知詢等皆少，用知誥猶愈於他人，因留輔政。宋齊邱曰：『潤州之命，實天贊也。』」《五代史補》三：「未幾知訓果為朱瑾所殺。是夜，江都亂，火光互天，……遂引軍渡江，盡誅朱瑾之黨，以待徐溫至。」

㊷烈祖既得委信，處事盡反知訓之行，以建立其聲望。《五國故事》上：「知誥既代知訓，以厚重清儉，鎮撫時俗，頗革知訓之道矣。徐溫嘗入覲，知誥密聞於楊氏曰：『溫雖臣之父，忠孝有素，而節鎮入覲，無以兵仗自從之例，請以臣父為始。』乃命溫悉去兵仗而入。」《通鑑》後梁均王貞明四年(九一八)七月載：「知誥悉反知訓所為，事吳王盡恭，接士大夫以謙，御眾以寬，約身以儉。以吳王之命，悉蠲天祐十三年以前逋稅，餘俟豐年乃輸之。求賢才，納規諫，除奸猾，杜請託。於是士民翕然歸心，雖宿將悍夫無不悅服。先是，吳有丁口錢，又計畝輸錢，錢重物輕，民甚苦之。齊丘說知誥，以為『錢非耕桑所得，今使民輸錢，是教民棄本逐末也。請蠲丁口錢；自餘稅悉輸穀帛，紬絹匹直千錢者當稅三千。』或曰：『如此，縣官歲失錢億萬計。』齊丘曰：『安有民富而國家貧者邪！』知誥從之。由是江、淮間曠土盡闢，桑柘滿野，國以富強。」馬令

《南唐書·義養·徐知訓傳》：「溫出鎮潤州，留知訓輔政，常陵侮諸將，而對吳主隆演無君臣禮。隆演幼懦，嘗飲酒樓上，命優人高貴卿侍酒，知訓爲參軍。隆演鶉衣髽髻，爲蒼鶻，知訓因使酒罵座，語侵隆演。隆演媿且泣，而知訓愈凌辱之，左右扶隆演起去。知訓追殺一吏乃止。李德誠有女樂，知訓求之，德誠曰：『此輩皆有所生，且年長，不足接貴人，俟求少妙者進之。』知訓對德誠使者罵曰：『吾殺德誠，并取其妻，亦易爾！』」又《南唐書·先主書》：「知訓之用事也，常陵弱楊氏，而驕侮諸將，遂以見殺。及知誥秉政，乃寬刑法，推恩信，起延賓亭，以待四方之士，引宋齊邱、駱知祥、王令謀爲館客，士有羈旅於吳者，皆齒用之。常陰使人察視民間，有凶荒匱乏者，賙給之；盛暑未嘗張蓋操扇，左右進蓋，必卻之曰：『士衆尚多暴露，我何用此！』以故溫雖遙大政，而吳人頗歸知誥。」

㊸《新五代史·吳世家·楊隆演傳》曰：「隆演字鴻源，行密第二子。初名瀛，又名渭。……溫奉至冊、寶綬尊隆演即吳王位。……二年五月，隆演卒。……追尊爲高祖宣皇帝，陵曰肅陵。」《通鑑》後梁均王貞明四年十一月載：「嚴可求屢勸溫以次子知詢代徐知誥知吳政，知誥與駱知祥謀，出可求爲楚州刺史。可求既受命，至金陵，見溫，說之曰：『吾奉唐正朔，常以興復爲辭。今朱、李方爭，朱氏日衰，李氏日熾。一旦李氏有天下，吾能北面爲之臣乎？不若先建吳國以繫民望。』溫大悅，復留可求參總庶政，使草具禮儀。知誥知可求不可去，乃以女妻其子續。」又貞明五年（九一九）三月「吳徐溫帥將吏藩鎮請吳王稱帝，吳王不許。夏，四月，戊戌朔，即吳國王位。大赦，改元武義；建宗廟社稷，置百官，宮殿文物皆用天子禮。以金繼土，〔胡三省注：唐，土行也。吳欲繼唐，故言以金德王。〕臘用丑。改謚武忠王曰孝武王，廟號太祖，〔胡三省

注：楊行密初謚武忠王。〕威王曰景王，〔胡三省注：楊渥初謚威
王。〕尊母為太妃；以徐溫為大丞相、都督中外諸軍事、諸道都統、
鎮海‧寧國節度使，守太兼中書令、東海郡王，以徐知誥為左僕射、
參政事兼知內外諸軍事，仍領江州團練使，以揚府左司馬王令謀為
內樞使，〔胡三省注：吳都廣陵，故謂揚州為揚府。〕營田副使嚴
可求為門下侍郎，鹽鐵判官駱知祥為中書侍郎，前中書舍人盧擇為
吏部尚書兼太常卿，掌書記殷文圭為翰林學士，館驛巡官游恭為知
制誥，前駕部員外郎楊迢為給事中。擇，醴泉人；迢，敬之之孫
也。」

㊹《江南別錄》曰：「吳宣王即尊位，烈祖當相，而勳舊有未登三事
者，烈祖不欲自尊大，乃以左僕射參政事。」《玉壺清話‧李先主
傳》曰：「明年建吳國，以主為左僕射參大政。於是百姓始得投戈
息肩。時四境雖定，惟越人為梗，主不欲瀆武，專務安輯，遂許和
好。戢兵薄賦，休養民力，山澤所產，公私同之，戢擾吏，罷橫斂，
中外之情，翕然倚附。雖剛鷙很愎者，率亦馴擾，所統僅三十餘州，
為太平之世者廿年。置延賓亭，待四方豪傑，無貴賤之隔。非意相
干者，亦雍容遣之，漂泛覊游輩，隨才而用之。縉紳之後，窮不能
婚葬者，皆與畢之。義父溫雖鎮金陵，凡朝政，但總大綱而已，台
閣庶政，皆主決之。」《江南餘載》卷上云：「烈祖為政事僕射時，
遣人聘越，問識羅給事否？曰：『不識，亦未聞名。』越人曰：『四
海知有羅江東，爾獨拙於用乎？』對曰：『金榜上無名，所以不知
也。』」又卷下云：「莊布訪皮日休不遇，因以書疏其短失，世頗
傳其文。日休子光鄴嘗為吳越王使江南，輒問江表何人近文最高。
或對曰：『近世無聞，惟莊布贈皮日休書，家藏一本。』光鄴大
慚。」《南唐書補注》：「按：《五國故事》以知訓為政事僕射，
非。」馬令《南唐書‧先主書》：「武義元年，拜左僕射知政事，

漸復朝廷紀綱，修典禮，舉法律，以抑強暴，中外謂之政事僕射。」
㊺按：徐知誥之得民心，已見前，知誥又戢兵薄賦，除越人之寇，延
賓多士，遂掌政焉。《玉壺清話·李先主傳》：「明年，建吳國，
以主為左僕射，參大政，於是百姓始得投戈息肩。時四境雖定，惟
越人為梗，主不欲瀆武，專務安輯，遂許和好。戢兵薄賦，休養民
力，山澤所產，公私同之。戢擾吏，罷橫斂，中外之情，翕然依附，
雖剛鷙很愎者，率亦馴擾。 所統僅三十餘州， 為太平之世者二十
年。置延賓亭待四方豪傑，無貴賤之隔，非意相干者，亦雍容遣之。
漂泛覊游輩，隨才而用之。縉紳之後，窮不能婚葬者，皆與畢之。
義父溫雖鎮金陵，凡朝政但總大綱而已，臺閣庶攻，皆主決之。」
馬令《南唐書·先主書》：「知誥秉政，起延賓亭，待四方之士。」
《江南野史》：「乃治府署之內，立亭，號之曰延賓。命宋齊丘為
記，以待多士。於是四方豪傑，翕然歸之，或因退居休沐之暇，親
與之宴飲，諮訪闕失，問民疾苦，夜央而罷。時中原多故，名賢夙
德，皆亡身歸順，乃使人於淮上，以厚幣資之。既至，縻以爵祿，
故北土士人，嚮風而至者迨數十人，羽翼大成，裨佐彌眾。」《江
南別錄》曰：「時諸國交兵，江淮為強盛，烈祖增修法度，人獲乂
安，識者歸心焉。」馬令《南唐書·先主書》：「越人寇毗陵，溫
伐越，知誥以王府兵會戰於無錫，前軍敗，賊乘之甚急，溫暴得熱
疾，不能治軍，知誥率所領疾戰，大破之，斬首數千級，越人棄輜
重夜遁，時四境底定，惟越人為梗，因此請平，而兵甲遂戢。」
㊻《十國春秋·十國百官表·吳百官表》：「節度使」下有「副大使、
行軍司馬、行軍副使」諸官。
㊼徐玠，陸《書》有傳，《玉壺清話·李先主傳》：「金陵司馬徐玠
者，性詭險，深忌於主，屢諷溫曰：『輔政之權，不宜假也。請以
嫡子知詢代之，以收其勢。』主知之，連上疏求罷政事。表將上，

會溫卒，知詢果襲之，所為不法，不久亂萌已兆。主使諭之亟令入朝，以逭蕭牆之禍。朝廷以為左統軍，悉罷兵柄。主時始專大任，秉執益謹。一旦，臨鏡理白髭，喟然歎曰：『丈夫此物懸於頷，壯圖已矣，時不待人，惜哉！』有周宗者，廣陵人，少孤貧，事主為左右給事，敏黠可喜。聞主之歎，請入廣陵，告宋齊丘以禪代之事。」《唐餘紀傳》卷一「國紀第一」所載與《玉壺清話》差近。

⑱《江南別錄》曰：「其夕，宋齊丘與術士劉通微同宿，聞鼓聲，通微曰：『事必中變，且有大喪。』書至，義祖殂。義祖晚有氣疾，歲中數發，發則困躓，將殂之夕，氣暴作，醫者進藥，無效而絕。」《釣磯立談》曰：「宋齊邱夜召知術者劉通微同宿而微其事，坐久聞鼓聲。通微投袂而起曰：『子嵩，事必中變，政事僕射，安若泰山，不足多慮也。彼懷惡志者，自當受禍。金鼓之聲漸漸然，殆有大喪與！』夕未曙，捷步至，白：『義祖死矣。』」《至正金陵新志》卷三中之上「金陵表」云：「天成二年十月，吳徐溫卒。初，溫子知詢以其兄知誥非徐氏子，數請代之。嚴可求、徐玠亦屢勸焉。陳夫人曰：『知誥自我家貧賤時養之，奈何富貴而棄之！』可求等言不已。溫欲勸吳王稱帝，遣知詢奉表勸進，因留代知誥執政。知說堯表，求洪州節度使，俟旦上之，是夕，凶問至，乃止，知詢亟歸金陵。」《五國故事》曰：「徐溫好披白袍，子知誥每遇溫生日，必獻。一日既獻，而座客有諂溫者曰：『白袍不如黃袍好。』知誥遂斥之而謂溫曰：『令公忠孝之德，朝野所仰，一旦惑諂佞之說，聞於中外，無乃玷烜赫之名，願令公無聽其邪言。』溫亦然之。知誥慮溫急於取國，而己非其嫡，不得以嗣，故以是言之，然內謀其家，外謀其國，勞心役慮，數倍於曹馬矣。」《南唐近事》：「烈祖鎮建業日，義祖薨于廣陵，致意將有奔喪之計，康王已下諸公子謂周宗曰：『幸聞兄長，家國多事，宜抑情損禮，無勞西渡也。』

宗度王似非本意，堅請報簡示信於烈祖，康王以忽遽爲詞，宗袖中出筆，復爲左右取紙，得故茗紙貼，乞手札，康王不獲已而札曰：『幸就東府舉哀，多壘之秋，二兄無以奔喪爲念也。』明年烈祖朝覲廣陵，康王及諸公子果執上手大慟，誣上不以臨喪爲意，詛讓百端，冀動物聽，上因出王所書以示之，王靦顏而已。」

《通鑑》後唐明宗天成二年（九二七）十月又詳載其事云：「初，溫子行軍司馬、忠義節度使、同平章事知詢以其兄知誥非徐氏子，數請代之執吳政，溫曰：『汝曹皆不如也。』嚴可求及軍副使徐玠屢勸溫以知詢代知誥，溫以知誥孝謹，不忍也。陳夫人曰：『知誥自我家貧賤時養之，奈何富貴而棄之！』可求等言之不已。溫欲帥諸藩鎮入朝，勸吳王稱帝，將行，有疾，乃遣知詢奉表勸進，因留代知誥執政。知誥草表欲求洪州節度使，俟旦上之，是夕，溫凶問至，乃止。知詢亟歸金陵。吳主贈溫齊王，謐曰忠武。」司馬光《稽古錄》唐明宗天成二年：「徐溫卒，子知詢代爲副都統，鎮昇州。」

㊽馬令《南唐書·義養傳·徐知詢傳》曰：「知詢，溫第二子也。」

㊿《江南別錄》曰：「知詢暗懦，待諸弟不厚，徐玠知其終敗，輸誠於烈祖。知詢內爲諸弟所構，外爲徐玠所賣，而不知也，意以已控強兵，居重地，烈祖雖管大政而無兵士，制之甚易。義祖喪，將終，遣使請烈祖至金陵，烈祖表十餘上，而讓皇不允。」又《通鑑》後唐明宗天成四年(九二九)十月載：「吳諸道副都統、鎮海寧國節度使兼侍中徐知詢自以握兵據上流，意輕徐知誥，數與知誥爭權，內相猜忌，知誥患之；內樞密使王令謀曰：『公輔政日久，挾天子以令境內，誰敢不從！知詢年少，恩信未洽於人，無能爲也。』知詢待諸弟薄，諸弟皆怨之。徐玠知知詢不可輔，反持其短以附知誥。吳越王鏐遺知詢金玉鞍勒、器皿，皆飾以龍鳳；知詢不以爲嫌，乘用之。知詢典客周廷望說知詢曰：『公誠能捐寶貨以結朝中勳舊，

使皆歸心於公，則彼誰與處！』知詢從之，使廷望如江都諭意。廷望與知誥親吏周宗善，密輸款於知誥，亦以知誥陰謀告知詢。知詢召知誥詣金陵除公溫喪，知誥稱吳主之命不許，周宗謂廷望曰：『人言侍中有不臣七事，宜亟入謝！』廷望還，以告知詢。十一月，知詢入朝，知誥留知詢爲統軍，領鎮海節度使，遣右雄武都指揮使柯厚徵金陵兵還江都，知誥自是始專吳政。知詢責知誥曰：『先王違世，兄爲人子，初不臨喪，可乎？』知誥曰：『爾挺劍待我，我何敢往！爾爲人臣，畜乘輿服御物，亦可乎？』知詢又以廷望所言詰知誥，知誥曰：『以爾所爲告我者，亦廷望也。』遂斬廷望。」

(51)馬令《南唐書·義養傳·徐知詢傳》曰：「知詢，溫第二子也。烈祖秉吳政，威權寖盛，金陵行軍司馬徐玠諷溫曰：『居中輔政之重，不宜假於他人，宜以親子代之。』溫即遣知詢入覲，謀代烈祖輔政。而溫暴卒，知詢奔還金陵，爵位如溫，而知詢暗懦，待諸弟不厚，徐玠知其終敗，乃輸誠於烈祖。知詢內爲諸弟所構，外爲徐玠所賣，而不知也。意以已控強兵，居重地，烈祖雖管大政而無兵，去之甚易。溫喪未終，屢請烈祖至金陵。烈祖反使人諭之入朝，因疏其罪狀，責授左統軍。知詢面數烈祖曰：『先王之喪，爾爲人子，而不親臨，反罪我耶！』烈祖曰：『聞爾懸劍待我，我亦不憚，獨迫於君命，不得往爾。爲人臣而畜乘輿，非反而何？』周廷望者，知詢之親吏，嘗僞貢款於烈祖，時得烈祖陰謀，以告知詢。將入朝，廷望諫止，不從。知詢既行，廷望曰：『公之此行，有往日而無還日。』泣送之，至是知詢以廷望言質烈祖。烈祖曰：『以爾所爲告我者，亦廷望也。』遂斬廷望。知詢被譴，金陵爲之一空，後數歲，復起爲潤州節度使。往時幕府皆去，獨李建勳隨之。知詢至鎮，常會寮佐，譚宴終日，遂絕顧望。移鎮江西，卒於任。」《五國故事》

上：「知誥之兄知詢以徐溫既卒，乃代爲金陵節制，爲政暴急，仍與知誥爭權。知誥患之，遂紿以楊氏將申輔相之命，使知詢入朝。知詢信之，亟請入覲，及至江都，舍於知誥之第，且不得見，知詢詰之，知誥曰：『吾兄爲政暴急，上知之，將加譴責，希待罪於私第，尚恐未暇，況欲見乎！』知詢由是始悔入覲，尋處環衛之列焉。」

《通鑑》後唐明宗長興二年(九三一)秋九月載：「吳鎮南節度使、同平章事徐知諫卒；以諸道副都統、鎮海節度使、守中書令徐知詢代之，賜爵東海郡王。徐知誥之召知詢入朝也，知諫豫其謀。知詢遇其喪於塗，撫棺泣曰：『弟用心如此，我亦無憾，然何面見先王於地下乎！』」其餘參前說第四十七條。司馬光《稽古錄》載知誥誘知詢入朝事載於後唐明宗天成三年（九二八），云：「徐知詢與李昇爭權，冬，昇誘知詢入朝，奪其兵柄，兼領之。」疑誤，應據《通鑑》改。

㊄馬令《南唐書・先主書》：「吳主僭帝號，改元乾貞。知誥累遷侍中、中書令、太尉、都督中外諸軍事，封潯陽公，改封豫章公。」

《通鑑》後唐明宗長興三年（九三三）二月：「知誥作禮賢院於府舍，〔胡三省注：作之於金陵府舍。〕聚圖書，延士大夫，與孫晟、陳覺談議時事。」又後唐明宗長興四年（九三四）五月，「吳宋齊丘勸徐知誥徙吳主都金陵，知誥乃營宮城於金陵。」又按：《稽古錄》後唐明宗長興三年：「冬，吳李昇出鎮昇州，留子景知政事。」諸書均無此載，然據《通鑑》後唐長興二年十月載：「徐知誥以其長子大將軍景通爲兵部尚書、參政事，知誥將出鎮金陵故也。」則《稽古錄》說爲有徵，惟長興二年作三年耳。又參下注。又《至正金陵新志》卷三中之上「金陵表」云：「知誥作禮賢院於府舍，聚圖書，延士大夫，與孫晟及海陵陳覺談議時事。四年，宋齊丘勸知

誥徙吳主都金陵，知誥乃營宮城於金陵。」此外，《南唐近事》曰：「上以諸將跋扈，非老成無以彈壓，遂服藥變其髭鬢，一夕成霜。」則當日知造之登大極，殊多阻力。

㊼《通鑑》後唐潞王清泰二年(九三五)十月：「吳加中書令徐知誥尚父、太師、大丞相、大元帥、進封齊王，備殊禮，以昇、潤、宣、池、歙、常、江、饒、信、海十州爲齊國；知誥辭尚父、丞相，殊禮不受。」又後唐明宗長興二年(九三一)十一月，「吳中書令徐知誥表稱輔政歲久，請歸老金陵。乃以知誥爲鎮海寧國節度使，鎮金陵，餘官如故，總錄朝政如徐溫故事。〔按：《至正金陵新志》卷六上：「昇州大都督府，尋改金陵府，以徐溫爲尹，又以徐知誥爲鎮海寧國節度使，鎮金陵。徐景通爲節度副大使，尋以昇潤等十州爲齊國，封知誥齊王。」〕以其子兵部尚書參知政事景通爲司徒，同平章事，知中外左右諸軍事，留江都輔政；以內樞使、同平章事王令謀爲左僕射，兼門下侍郎，以宋齊丘爲右僕射，兼中書侍郎，並同平章事，兼內樞使，以佐景通。」又《至正金陵新志》卷三中之上「金陵表」云：「於是吳宮多妖，吳主曰：『吳祚其終乎？』左右曰：『此乃天意，非人事也。』」

昇元元年(九三七)冬，十月，吳帝禪位於我。①甲申，即皇帝位，改吳天祚二年(九三六)爲昇元元年，國號齊。②以十二月二日爲仁壽節，尊吳帝爲高尚思玄弘古讓皇帝。③上冊稱受禪老臣誥，④追尊考溫爲太祖武皇帝。丙申，以平章事張延翰爲右僕射，兼門下侍郎、同平章事，門下侍郎張居詠⑤、中書侍郎李建勳，皆爲同平章事。以建康爲西都，廣陵爲東都。⑥改尚書省爲尚書都省，東都尚書省爲留守院。

丙戌，改齊明門爲朝元門。

丁亥，封弟知證爲江王，知鍔饒王。

戊子，降吳太子璉爲弘農郡公。

辛卯，降吳建安王琪、江夏王璘等⑦十一人爵一等，而加官增戶邑。詔獄訟未經本處論決者，毋得詣闕訴。

乙未，降吳公主爲國君。

甲午，立王后宋氏爲皇后。

丙申，封女弟杞國君爲廣德長公主。

庚子，遣使如漢、閩、吳越、荆南，告即位。

辛丑，追封吳歷陽公濛爲臨川王，諡曰靈。以禮改葬。⑧

戊申，封子景通爲吳王，諸道副元帥，判六軍諸衛事。⑨

十一月，庚戌，朔，改東都舊第爲崇德宮。

癸丑，改承宣院爲宣徽院。

丙辰，追冊故妃魏國君楊氏爲順妃。

丁巳，追封長子⑩景遷爲高平郡王，長女爲豐城公主，改辭狀司爲清訟院，立姪景邁爲晉陵郡公，景遜爲上饒郡公，景邈爲桂陽郡公，景逸爲平陽郡公。封女五人爲盛唐、太和、永興⑪、建昌、玉山公主。

戊午，立子景遂爲吉王，景達爲壽陽郡公。以景遂爲東都留守、江都尹，赴東都。

己未，升東都海陵縣爲泰州。⑫割鹽城、泰興、如皋、興化縣屬焉。

丁卯，高從誨表請置邸建康，從之。⑬

己巳，吳越王使將軍袁韜來賀即位。⑭

乙亥，追封故高平王景遷妃吳上饒公主爲燕國君，諡貞莊。

十二月，庚寅，上太祖武皇帝陵曰定陵，追尊高祖以下皆

爲公王，而稱宗，配皆稱國君及妃，墓皆稱陵，惟武皇帝
之配李氏曰明德皇后。

丙午，有星孛北方。⑮

〔考釋〕

① 《新五代史・吳世家・楊溥傳》曰：「冬十月，溥遣江夏王璘奉冊
　禪位於齊王。」又《南唐世家・李昇傳》曰：「十月，溥遣攝太尉
　楊璘傳位於昇，國號齊，改元昇元。昇以冊尊溥曰：『受禪老臣知
　誥，謹上冊皇帝爲高尙思玄弘古讓皇帝。』追尊徐溫爲忠武皇帝，
　封子景爲吳王，封徐氏子知證江王，知諤饒王。」馬令《南唐書・
　先主書》曰：「冬十月，受吳禪，攝太尉楊璘奉上皇璽綬。」《通
　鑑》後晉高祖天福二年(九三七)十月，「甲申，齊王誥即皇帝位于
　金陵，大赦，改元昇元，國號唐。」《至正金陵新志》卷三中之上
　「金陵表」云：「是月，吳主下詔禪位於齊，李德誠等復詣金陵，
　帥百官勸進。宋齊丘不署表。」諸書所載同。又《江南別錄》曰：
　「受禪之日，白雀見于庭，江西楊化爲李，信州李生連理。……初，
　吳武王諱行密，謂杏爲甜梅，及是復呼爲杏，父老有泣下者。」
② 《冊府元龜》卷二一九《僭僞部・年號》但載李昇於天福二年即位，
　《通鑑》則載於是年八月，云：「吳司徒、門下侍郎、同平章事、
　內樞使、忠武節度使王令謀老病無齒，或勸之致仕，令謀曰：『齊
　王大事未畢，吾何敢自安！』疾亟，力勸徐誥受禪。是月，吳主下
　詔，禪位於齊。李德誠復詣金陵帥百官勸進，宋齊丘不署表。〔胡
　三省注：「宋齊丘以受禪之議不自己發，而爲周宗等所先，遂堅持
　異議，欲以爲名。」〕九月……丙寅，吳主命江夏王璘奉璽綬于齊。
　冬，十月，甲申，齊王誥即皇帝位于金陵，大赦，改元昇元，國號
　唐。」按：《玉壺清話・李先主傳》曰：「齊丘險刻，忌其謀非己

出，手疏切諫，言天時人事未可之際，請斬宗爲謝。主怒其專，輒將斬之，徐玠力援獲免。後數年，徐玠請禪之說行，宗方復職，後竟爲樞密使。後五載，壬辰歲，出鎭金陵，以長子璟爲兵部尙書、參政事，如溫之制。」《稽古錄》後晉高祖天福二年載：「冬，李昇受吳禪，稱唐帝。」

又烈祖即位，諸書多載異事，茲摘數則以見。《南唐近事》曰：「烈祖輔吳，將有禪讓之事，人情尙懷彼此。一二不樂，周宗請之，上曰：『吾夜夢人引劍斷吾頭，意所惡之。』宗遽下階拜賀，曰：『當策立耳！』居數日而內禪。」《五國故事》曰：「知誥在相府，嘗一日不悅，其夫人問之，知誥乃告之曰：『夜夢不吉，以是爲憂耳。』夫人曰：『夢無凶吉，在人譣之耳。有善譣者，請召之，庶解憂慮。』知誥因出廳事，俄見周宗於庭下，乃謂曰：『我昨夜夢過順天府，俄而仆地，非吉兆邪？』宗亟拜賀曰：『此明公宜令人策立也。』知誥大悅。」《江表志》一：「(知誥)嘗以讖詞有『東海鯉魚飛上天』之語，由是懷逼禪位之心矣。吳帝加以九錫，封齊王。丙申年，執政者欲盡楊氏一朝，然後受禪，不許。遂以國稱唐，改元昇元，姓李氏，名昇，追尊四廟諡曰孝高，陵曰永陵，元敬皇后宋氏祔焉，年號昇元。」《釣磯立談》曰：「吳王稱號淮海時，廣陵殷盛，士庶駢闐，忽一旦，有黃冠道人，狀如病狂，手持一竿，竿首挂一木刻爲鯉魚形，自云鍾離人也，行歌於市曰：『盟津鯉魚肉爲角，濠梁鯉魚金刻鱗，盟津鯉魚死欲盡，濠梁鯉魚始驚人。』又云：『橫排三十六條鱗，個個圓如紫磨眞。爲甚竿頭挑著走，世間難遇識魚人。』大率如此意者凡數十篇，時人莫能曉。歲餘忽不知所之，其後武義年中，江南謠言又有東海鯉魚飛上天之語。及烈祖受命，復姓李氏，立唐社稷，其言方驗。」《玉壺清話·李先主傳》曰：「天祐中，童謠曰「東海鯉魚飛上天」，蓋謂主素育於徐

氏，後竟復唐姓。一狂僧走金陵城中，猖狂荒急，每見人則尋「飛龍子」，凡十餘年，逮主來爲昇州刺史，狂僧見之，乃不復尋矣。」

③《五國故事》上作「高尙思玄崇古讓皇帝」，以「弘」爲「崇」。《新五代史・南唐世家・李昇傳》曰：「十月，溥遣攝太尉楊璘傳位於昇，國號齊，改元昇元。昇以冊尊溥曰：『受禪老臣知誥，謹上冊皇帝爲高尙思玄弘古讓皇帝。』」《通鑑》後晉高祖天福二年十月，「乙酉，遣右丞相（徐）玠奉冊詣吳主，稱受禪老臣誥謹拜稽首上皇帝尊號曰高尙思玄弘古讓皇，宮室，乘輿，服御皆如故，宗廟，正朔，徽章，服色悉從吳制。」是《通鑑》作「讓皇」，無「帝」字。《金陵通紀》卷七：「奉吳主爲讓皇，是日，白雀翔於中庭，改齊明門爲朝元門。」

④《江南別錄》曰：「信州李德誠、廬州周本，皆楊氏舊老，言吳王已遜位，宜依晉魏故事，降封王公，出居別邸。烈祖曰：『曹馬之事，非朕志也。』」《通鑑》後晉高祖天福二年冬十月，「乙酉，遣右丞相玠奉冊詣吳主，稱受禪老臣誥謹拜稽首上皇帝尊號曰高尙思玄弘古讓皇，宮室，乘輿，服御皆如故，宗廟，正朔，徽章，服色悉從吳制。」「己丑、唐主表讓皇改東都宮殿名，皆取於仙經，讓皇常服羽衣，習辟穀術。辛卯，吳宗室建安王珙等十二皆降爵爲公，而加官增邑。」「讓皇以唐主上表，致書辭之；唐主表謝而不改。」

⑤徐鉉《徐公集・張居詠制》曰：「門下。昔在先王，任賢尙齒，出將入相，所以任賢也；尊師重傅，所以尙齒也。況乎擇藩屛之寄，膺輔導之求，高步承華，誕揚師訓，克堪其選，我有人焉。某負貞幹之才，稟純厚之德，亟更庶尹，歷事累朝。昇元始基，賴其獻納，故陟鸞臺之位，爰立作相。保大逾歲，藉其綏懷，故委龍節之權，受脤之社，懋乃嘉績，協於朕心，展邦政成，輯瑞來覲，方圖位著，

爰得僉諧，而昔自故相，已嘗爲保，重煩耆德，俾傅東朝，尊敬之
儀，典章斯在。噫！昔者叔孫疏廣，善於其職，克繼來躅，可不愼
哉！勉著嘉猷，以副時望。可。」

⑥《新五代史·吳世家·楊溥傳》：「天祚三年，知誥建齊國，立宗
廟、社稷，置左、右丞相已下，以金陵爲西都，廣陵爲東都。」按：
唐許嵩《建康實錄》一：「建康者，本楚金陵邑，秦改爲秣陵，吳
改爲建康。晉愍帝諱業，改爲建康。元帝即位，稱建康宮，五代仍
之不改。」又曰：「建業者，古之金陵地。……楚……因山立號，
置金陵邑也。楚之金陵，今石頭城是也。或云：地接華陽金壇之陵，
故號金陵。……始皇東巡，自江乘渡，望氣者云：『五百年後金陵
有天子氣。』因鑿鍾阜，斷金陵長隴以通流，至今呼爲秦淮，乃改
金陵邑爲秣陵縣。……後漢初，還爲丹陽郡。」宋李昉等撰《太平
御覽》卷四一《地部六》引《金陵地記》：「秦始皇時，望氣者云：金
陵有天子氣。乃東巡埋金玉雜寶於鍾山，仍斷其地，更名曰秣陵。」

⑦按：吳王溥稱帝，立子璘爲江夏王。

⑧《五國故事》曰：「行密四子，渥、渭悉襲僞位，唯濛爲溥之長，
濛第十六，溥第十七，而長於弓馬，徐氏忌之，故不立，而終搆其
罪。自臨川王廢爲歷陽公，幽於歷陽，濛聞將有禪讓，遂殺監守者，
與其下貳馳赴廬江，詣周本。本時爲廬江節帥，即濛之婦翁也。本
之子祚，閉門不納。本聞之曰：『我家郎君，何以不見？』祚不答，
因執濛，宮之於外。濛因殺數人而卒。徐氏使溺其屍於江中。」《通
鑑》後晉紀二高祖天福二年（九三七），八月：「吳歷陽公濛知吳
將亡，甲子，殺守衛軍使王宏；宏子勒兵攻濛，濛射殺之。以德勝
節度使周本吳之勳舊，引二騎詣廬州，欲依之。本聞濛至，將見之，
其子弘祚固諫，本怒曰：『我家郎君來，何爲不使我見！』弘祚合
扉不聽本出，使人執濛于外，送江都。徐誥遣使稱詔殺濛于采石，

追廢爲悖逆庶人，絕屬籍。〔胡三省注：「絕楊氏屬籍。」〕侍衛
軍使郭悰殺濛妻子於和州，誥歸罪於悰，貶池州。」

⑨《通鑑》後晉紀二高祖天福二年，十月：「戊申，以諸道都統、判元
帥府事景通爲諸道副元帥、判六軍諸衛事、太尉、尚書令、吳王。」

⑩按：陸游謂景遷爲李昇長子，則李景爲次子矣，馬令《南唐書·先
主書》、《十國春秋·南唐本紀》均同，惟《新五代史·南唐世家
·李景傳》則謂「景，初名景通，昇長子也。」

⑪《通鑑》後晉高祖天福二年：「十一月，乙卯，唐吳王景通更名璟。
唐主賜楊璉妃號永興公主；妃聞人呼公主則流涕而辭。」胡三省注
引宋白曰：「永興縣本漢鄂縣地，陳置永興縣，唐屬鄂州。」

⑫《江南錄》曰：「李昇天福二年丁酉十二月，以揚州海陵爲泰州，
取通泰之義。」《太平寰宇記》卷一三〇「淮南道八」：「泰州，
理海陵縣，本揚州海陵縣。僞吳乾貞年中，立爲制置院。僞唐昇元
元年，升爲泰州，乃折海陵南五鄉爲泰興縣，割楚州之鹽城縣，改
招遠場爲縣。至保大十年，又改如皋場爲縣，並立泰州。」《江南
通志》卷三十三：「海陵監在泰州東北百二十里，五代煮鹽之務也。
南唐昇元初，於海陵置州，以轄其監，管鹽場八，南四北四，開寶
七年，置監於如皋縣。」

⑬《唐餘紀傳》卷一「國紀第一」、《金陵通紀》卷七同。
《五代史補》四：「高從誨，季興之庶子而處長。爲性寬厚，雖士
大夫不如也。天成中，季興叛，從誨力諫之，不從，及季興卒，朝
廷知從誨忠，使嗣亦封南平王。初，季興之事梁也，每行軍，常以
愛姬張氏自隨，一旦事敗，攜之而竄，遇夜，誤入深澗中。時張氏
方妊，行遲，季興恐爲所累，俟其寢酣，以劍刺岸邊而壓殺之，然
後馳去。既而岸欲崩，張氏且驚，起呼季興曰：『妾適夢大山崩而
壓妾身，有神人披金甲執戈以手托之，遂免。』季興聞之，謂必生

貴子，遂挈之行，後生從誨。」《新五代史·南平世家·高從誨傳》
曰：「從誨字遵聖。季興時，入梁爲供奉官，累遷鞍轡庫使，賜告
歸寧，季興遂留爲馬步軍都指揮使、行軍司馬。季興卒，吳以從誨
爲荊南節度使。從誨以父自絕於唐，懼復見討，乃遣使者聘於楚。
楚王馬殷爲之請命於唐，而從誨亦遣押衙劉知謙奉表自歸，進贖罪
銀三千兩，明宗納之。長興元年正月，拜從誨節度使，追封季興楚
王，謚曰武信。三年，封從誨渤海王。應順元年，封南平王。……
荊南地狹兵弱，介於吳、楚爲小國。自吳稱帝，而南漢、閩、楚皆
奉梁正朔，歲時貢奉，皆假道荊南。季興、從誨常邀留其使者，掠
取其物，而諸道以書責誚，或發兵加討，即復還之而無媿。其後南
漢與閩、蜀皆稱帝，從誨所嚮稱臣，蓋利其賜予。俚俗語謂『奪攘
苟得無媿恥者爲賴子。』猶言無賴也。故諸國皆目爲高賴子。從誨
自求郢州不得，遂自絕於漢。逾年，復通朝貢。乾祐元年十月卒，
年五十八，贈尚書令，謚曰文獻。」

⑭《唐餘紀傳》卷一「國紀第一」、《十國春秋·南唐本紀》俱載此
事，疑據陸《書》。

吳越王，非錢鏐，乃其子元瓘。《新五代史·吳越世家·錢元瓘傳》
曰：「元瓘字明寶，少爲質於田頵。頵叛於吳，楊行密會越兵攻之，
頵每戰敗歸，即欲殺元瓘。頵母嘗蔽護之。後頵將出，語左右曰：
『今日不勝，必斬錢郎。』是日頵戰死，元瓘得歸。鏐臥病，召諸
大將告之曰：『吾子皆愚儒，不足任後事，吾死，公等自擇之。』
諸將泣下，皆曰：『元瓘從王征伐，最有功，諸子莫及，請立之。』
鏐乃出莞籥數篋，召元瓘與之曰：『諸將許爾矣！』鏐卒，元瓘立，
襲封吳越國王，玉冊、金印，皆如鏐故事。王延政自立於建州，閩
中大亂，元瓘遣其將仰銓、薛萬忠等攻之，逾年，大敗而歸。元瓘
亦善撫將士，好儒學，善爲詩。使其國相沈崧置擇能院，選吳中文

士錄用之。然性尤奢僭，好治宮室。天福六年，杭州大火，燒其宮室迨盡。元瓘避之，火輒隨發。元瓘大懼，因病狂，是歲卒，年五十五，諡曰文穆。子佐立。」

⑮《十國春秋·南唐本紀》昇元元年十二月丁巳據陸游此文云：「丙午，有星孛於北方。」然又記怪異之事曰：「是時餘干民以母抱其子墜地，拔刃斫母，刃未及母，自腰以下忽陷地中，帝命作闊刃鏟之。」不知何所據。

### 〔史事補遺〕

一、月日可考之事：

①十二月，廬州周本卒，帝輟視朝一日，食不舉樂。」（馬令《南唐書·先主書》昇元元年。按：據《通鑑》後晉高祖天福三年（九三八）春載：「唐德勝節度使兼中書令西平恭烈王周本以不能存吳愧恨而卒。」與馬令《南唐書》所載異。陸游《南唐書·周本傳》云：「吳宗室臨川王濛，廢居歷陽，聞將傳禪，乃殺監守者，與親信兩人，走詣本。本即欲出見之，(其子)祚固執不可，本怒曰：『我家郎君也，奈何不使我一見？』祚拒閉中門，令外人執濛告之，濛遂誅死。本愧恨，屬疾數月卒。年七十七……既卒，（南唐）太常言準令廢朝三日，烈祖以本舊將，命有司講求優典，禮官言：『前朝嘗為汾陽王郭子儀廢朝五日。』詔用之。」無明載周本卒年時日。馬《書》及《通鑑》所載，未知孰是，茲兩傳之。又《玉壺清話·李先主傳》：「初，主將受禪也，時吳之宗室臨川王濛久囚廢于歷陽，司馬徐玠素不悅於主，欲濛受禪，陰諷太尉、中書令西平王周本及趙王李德誠輩，倚以德爵勳舊之重，欲使推戴於濛，蓋玠之謀也。濛聞將受禪，殺監守者，與親信走騎投西平王周本。本已昏耄，不知時變，皆其子祚左右其事，故拒之，不令入報。濛懇祈再三，

亦不許，閉中門外，執濛以殺之。本知之，怒曰：『我家郎君，何不使吾一見？』濛既被害，吳室遂移，本力疾扶老，隨衆至建康，但勸進而已。自是心頗內媿，數月而卒，實素無推翊之誠，而主寬裕，置而不辨，及其死也，厚葬之，優恤其孤。」

十二月壬午，詔以國事委宋齊丘，惟軍旅以聞，群臣固諫，詔以墨縗聽政。（《唐餘紀傳》卷一「國紀第一」）

二、月日不可考之事：

① 方樂院，《乾道志》：在城東北六十里神泉鄉，本梁方樂寺基，南唐昇元元年重建，今亦名常樂院。（《至正金陵新志》卷十一下）

② 南唐昇元元年，置海陵鹽監。（《江南通志》卷八十一引《古今鹺略》）

③ 五代南唐昇元元年，知丹陽縣呂延正濬練湖。附呂延正浚治練湖狀：「當縣有練湖，源出潤州高麗長山下，注官河一百二十里。臣考之碑志，訪諸鄉老，當爲湖日，湖水放一寸，河水漲一尺，旱可引灌溉，潦不致奔衝，其利田幾逾萬頃。皆環湖而居，衣食於漁者凡數百家，有斗門四所，由前唐季湖廢，近湖人戶，耕湖爲田，後農家失恃，漁樵失業，民復思湖以禦災，而無所實力。臣頻承條制，修葺陂塘，竊度其湖，爲利甚溥，遂聚財役工於斗門基上，以土堰堰捺及塡補破缺處。初，謗議震動，謂臣不良圖，且廢湖豐己者不十餘家，有湖無災者，四縣之地。臣明知利害，獨如弗聞，自今秋後不雨，河道乾枯，累放湖水灌注，使商旅舟楫往來，免役牛牽，當縣及鄰縣人戶，請水救田，臣並掘去湖岸給水。如將久遠，須置斗門，方得通濟。其斗門木植，須用楠木，乞給省場板木起，建下所司處分。」（《江南通志》卷六十四）

昇元二年（九三八），春，正月，己酉朔，日有食之，避

殿停朝賀。①

甲子，高從誨使龐守規來賀即位。

甲戌，詔臣僚三品以上追贈父母將相贈三世。

二月，壬戌，閩使內客省使朱文進來賀即位。②

夏，五月，讓皇屢請徙居，南平王李德誠等亦引漢隋故事以請。

戊午，改潤州州治爲丹陽宮，以平章事李建勳充迎奉讓皇使。③

已未，漢使集賢殿學士鄒禹謨來賀即位。④

甲寅，徙讓皇居丹陽宮，⑤

丁卯，廣濟倉災，焚米二十萬石。作渾天儀。⑥

六月庚辰，月入太微西華門，犯右執法。

辛巳，犯東垣上相。

甲申，升池州爲康化軍。⑦

是月，高麗使正朝廣評侍郎柳勳律來朝貢。⑧

秋，七月，壬申，以左丞相宋齊丘爲平章事。

八月，戊寅，升洪州瀟灘鎮爲清江縣，不隸州。⑨

丁亥，契丹使摩哩尼嚕古來聘。⑩

冬，十月，丙子，立太學，命刪定禮樂。⑪

癸未，新羅使來朝貢。

壬辰，命吳王璟勒步騎八萬，講武銅駝橋。⑫

十二月辛丑，讓皇殂。⑬詔不視朝二十七日，帝率百官素服舉哀。⑭是歲，徙吳王璟爲齊王。⑮


〔考釋〕

①《舊五代史·晉高祖紀》天福三年，正月「戊申朔」，「己酉，百

官守司，以太史先奏日有蝕故也。」《通鑑》後晉高祖天福三年，春，正月，己酉云：「日有食之。」今陸游以己酉爲朔日，疑非，應據薛《史》、《通鑑》改正。

②按：時閩主爲王昶。《新五代史·閩世家·王繼鵬傳》云：「繼鵬，鏻長子也。既立，更名昶，改元通文，以李倣判六軍諸衛事。倣有弑君之罪，既立昶，而心常自疑，多養死士以爲備。昶患之，因大享軍，伏甲擒倣殺之，梟其首于市。倣部曲千人叛，燒啓聖門，奪倣首，奔於錢塘。晉天福二年，昶遣使朝貢京師，高祖遣散騎常侍盧損冊昶閩王，拜其子繼恭臨海郡王。……昶愈惑亂，立父婢春鶯爲淑妃，後主以爲皇后。又遣醫人陳究以空名堂牒賣官。昶弟繼嚴判六軍諸衛事，昶疑而罷之，代以季弟繼鏞而募勇士爲宸衛都以自衛，其賜予給賞，獨厚於佗軍。控鶴都將連重遇、拱宸都將朱文進，皆以此怒激其軍。是歲夏，術者言昶宮中當有災，昶徙南宮避災，而宮中火，昶疑重遇軍士縱火。內學士陳郯素以便佞爲昶所親信，昶以火事語之，郯反以告重遇。重遇懼，夜率衛士縱火焚南宮，昶挾愛姬、子弟、黃門衛士斬關而出，宿于野次。重遇迎延羲立之。延羲令其子繼業率兵襲昶，及之，射殺數人，昶知不免，擲弓于地，繼業執而殺之，及其妻、子皆死無遺類。延羲立，謚昶曰康宗。」

③《通鑑》後晉高祖天福三年（九三八）曰：「吳讓皇固辭舊宮，屢請徙居；李德誠等亦亟以爲言。五月，戊午，唐主改潤州牙城爲丹楊宮，以李建勳爲迎奉讓皇使。」《十國紀年》云：『是年夏四月，唐人遷讓皇之族於泰州，號永寧宮，守衛甚嚴，不敢與國人通婚，久而男女自爲匹偶。』按：唐烈祖受禪，使讓皇居故宮，稱臣上表，慕仁厚名，若惡楊氏，滅之而已，何必如此之迂也。他書皆未見，不知紀年據何書？」《五代史》所載與《紀年》同。按：《江南餘載》下云：「讓皇在泰州，賦詩曰：『江南江北舊家鄉，二十年前

夢一場。吳苑宮闈今冷落，廣陵臺榭亦荒涼。煙凝遠岫愁千疊，雨滴孤舟淚萬行。兄弟四人三百口，不堪回首細思量。」《五國故事》上：「李氏以海陵爲泰州，置永寧宮於州之門右，遷其族，以處使親信褚仁規爲刺史，以專防護。」

《南唐書注》引《方輿紀勝》曰：「永寧宮，州廨是也。僞唐遷楊行密子孫於海陵，號爲永陵宮，嚴兵守之，絕不通入。久之，兒女自爲配偶。及周世宗征淮南，詔撫楊氏子孫，李景遣人盡殲其族。」又引《九域志》曰：「泰州譙樓，是楊行密子孫所居舊址。」

④按：時南漢主爲劉龑。《新五代史·南漢世家·劉龑傳》：「龑，初名巖，謙庶子也。其母段氏生龑於外舍，謙妻韋氏素妒，聞之怒，拔劍而出，命持龑至，將殺之，及見而悸，劍輒墮地，良久曰：『此非常兒也。』後三日，卒殺段氏，養龑爲己子。及長，善騎射，身長七尺，垂手過膝。……隱卒，龑代立。乾化二年，除清海軍節度使，檢校太保、同平章事。三年，加檢校太傅。末帝即位，悉以隱官爵授龑。龑封南海王。……九年，白龍見南宮三清殿，改元曰白龍，又更名龑，以應龍見之祥。有胡僧言：『讖書：滅劉氏者龑也。』龑乃采《周易》『飛龍在天』之義爲『龑』字，音儼，以名焉。四年，楚人以舟師攻封州，封州兵敗於賀江，龑懼，以《周易》筮之，遇《大有》，遂赦境內，改元曰大有。……十五年，龑卒，年五十四，諡天皇大帝，廟號高祖，陵曰康陵。子玢立。」又《五國故事》下：「僞漢先主名巖，後名俊，又名龑，龑之字曰儼，本無此字，龑自大，乃以龍天合成其字，以其不典，故不書之。其先上蔡人，徙閩之仙游，復遷番禺，因家焉。父謙，爲賀水鎮將，既卒，以其子隱嗣。隱即巖之兄也。先時，唐末天下征鎮不受代，而薛王知柔以石門屆躓功授廣帥，丞相齊公徐彥若復代知柔，隱皆迎納，朝論嘉之。尋自爲廣帥，隱卒，巖代其任。初，巖之正母韋氏頗妒，聞

其生，乃仗劍於中門，使取其兒，至，將殺之，家人不敢匿，乃持
去。既見之後，劍輒墜地，乃跪而抱之，曰：『此我家之寶。』遂
取爲己子。梁朝命冊南平王，以中原多事，乃僭號，改元乾亨，封
其子十有八人爲王。九年八月，白虹入其僞三清殿中，頗憂畏，中
外震懼。會有詞臣王宏欲說巖，乃以白虹爲白龍見，上賦以賀之，
巖大悅，乃改元白龍，更名龔，又改爲龑，見前註。謙初爲封州刺
史，而其母段氏生巖，有日者視之，謂謙曰：『公之諸子，唯少者
貴甚。』又巖性嚴酷，果於殺戮，每視事，則垂簾於便殿，使有司
引罪人於殿下，設其非法之具而屠膾之，故有湯鑊鐵床之獄，又有
投湯鑊之慘，後更加日曝，沃以鹽醋，肌體腐爛，尚能行立，久之
乃死。其餘則錘鋸互作，血肉齊飛，腥穢之氣，冤痛之聲，充沸庭
廡，而巖之唇吻必垂涎及頤頷，吞吸膏血之氣者，久之方復常態。
有司候其復常，乃引罪人而退，蓋妖蜃毒龍之類，非可待以人倫
也。巖暴政之外，惟以治宮殿爲務，故作昭陽諸殿，秀華諸宮，皆
極瑰麗。昭陽殿以金爲仰陽，銀爲地面，檐楹榱桷，亦皆飾之以銀。
殿下設水渠，浸以珍珠，又琢水晶琥珀爲日月，列於東西二樓之
上，巖親書其榜，以見進士王宏昭陽殿賦詞之，越人皆非虛也。其
餘宮殿室宇悉同之。每引領行商以示奢侈，非由之而稱強盛。涼台
之寶，不亦疏乎！巖末年乃天福壬寅歲，是歲夏四月，避暑於甘泉
宮，時長星見，乃誦宋孝武萬歲之說，未幾而殂焉。巖既卒，而其
子玢嗣位，是爲殤帝。昏暴益甚，爲長夜之飲。二年春三月，其弟
晟因人之情，乃使壯士夜以角抵進，因而弒之於長春宮。玢卒，晟
乃襲僞位，改元應乾。」

⑤馬令《南唐書·先主書》昇元二年，夏四月，「遷讓皇于丹陽，以
　王輿爲浙西節度使留後，馬思讓爲丹陽宮使，以嚴兵守之。」《新
　五代史·南唐世家·李昇傳》云：「二年四月，遷楊溥於潤州丹陽

宮。以王輿爲浙西節度使、馬思讓爲丹陽宮使，以嚴兵守之。」《江南野史》曰：「吳主恭默勞謙，……忽謂左右曰：『孤克己雖勤，爲下所奉，然徐氏制馭，名存實喪，今欲求爲一田舍翁，將安歸乎！』遂泣下數行。宋齊丘聞之，乃還建康，議遷都金陵。吳主既半渡，遂引至潤州安置，號丹陽宮。未幾使諷吳主立禪。」按：諸書所載，皆禪位後方徙丹陽宮，《江南野史》疑誤。

⑥《金陵通紀》卷七、《唐餘紀傳》卷一「國紀第一」同。

⑦《十國春秋・十國地理表上》謂池州：「舊有青陽、銅陵二縣，後改隸江寧府。領縣三。」即貴池、石棣及建德。清練恕《五代地理考》：「池州府，春秋屬吳，後屬越國。戰國屬楚，漢爲丹陽郡地。晉屬宣城郡。唐時屬江南西道，五代爲池州，楊吳、南唐據此。」馬令《南唐書・永興公主傳》：「永興公主，烈祖女也。烈祖爲吳相，秉政，以女爲吳世子璉妃，……以吳世子爲中書令，池州節度使，璉卒，主亦繼卒，吳人哀之。」

⑧《金陵通紀》卷七：「六月……高麗使貢方物，帝御武功殿，設細仗受之。命學士承旨孫晟宴其使於崇英殿，奏龜茲樂，作番戲以爲樂。」

⑨《唐餘紀傳》卷一「國紀第一」作「丁亥，契丹使梅里捺盧古來聘。」譯音有異而已。

⑩清謝旻等監修《江西通志》卷二引《南唐書》：「南唐洪州，置鎮南軍。顯德五年，東都入於周，以州建南都，撫州置昭武軍，以東南境別置建武軍，虔州置百勝軍。保大十年，復置筠州。」

⑪《續唐書》卷五、《唐餘紀傳》卷一「國紀第一」、《十國春秋・南唐烈祖本紀》、《金陵通紀》卷七同。

⑫《新五代史・南唐世家・李昇傳》：「十一月，以步騎八萬講武於銅橋。」馬《書》亦作銅橋。《南唐書音釋》曰：「即今金陵城東十

里銅橋，據《五代史》、《金陵志》，『駝』衍文。」宋馬光祖修、
周應合纂《景定建康志》卷十九云：「銅橋，在城東一十五里，《五
代史》：『李昇天祚三年十一月，以步騎八萬講武於銅橋，今字作
桐，訛也。」謂在天祚三年，非是，《至正金陵新志》卷四下「銅
橋」下注作「昇元三年十月」，與陸《書》異，《金陵通紀》卷七亦在
十月，又曰：「南平王李德誠自洪州來朝，帝遣內夫人逆勞於道，
百官班謁於都門，入對曰朝堂，設次以待，復賜曲宴於天泉閣。」

⑬《通鑑》後晉天福三年十二月「辛丑，吳讓皇卒。唐主廢朝二十七
日，追謚曰睿皇帝。是歲，唐主徙吳王璟爲齊王。」胡三省注：「年
三十八。」馬令《南唐書·先主書》：「十有一月……讓皇殂。」
《通鑑考異》曰：「薛《史》、《唐餘錄》皆云溥禪位踰年以幽卒，
歐陽《史》但云卒。《九國志》云：『溥能委運授終，不罹篡殺之
禍，深於機者也。』《十國紀年》曰：『辛丑，唐人弒讓皇。』事
不可明，今但云卒。」《江表志》一：「讓皇遷於泰州永寧宮，數
年未卒，每有枯楊生枝葉及子，五歲即有中使賜衫笏加官，即日而
終。」《江南餘載》下所載略同，云：「讓皇在泰州數年，每有嗣
息，及五歲，必有中使至，賜品官章服，然即日告卒。」又《五國
故事》上：「聲言將遷楊氏於江南，改白沙爲迎鑾鎮。俄而逼禪，
稱楊氏欲入道，乃營室於茅山，遷溥居之，冊曰受禪老臣知誥謹上
尊號曰高尚思玄崇古讓皇帝。溥既渡江，賦詩略曰：『煙凝楚岫愁
千點，雨滴吳江淚萬行。兄弟四人三百口，不堪回首細思量。』」
按：迎鑾鎮，宋歐陽忞《輿地廣記》卷二十「眞州，自五代以前，
地理與揚州同。南唐以永貞縣地置迎鑾鎮。皇朝乾德二年，置建安
軍。大中祥符六年，以聖像成功，升爲眞州統縣二。」

⑭馬令《南唐書·先主書》：「讓皇殂，帝率百官素服哀臨，命有司
供具，如吳舊禮，謚曰睿。」

⑮《唐餘紀傳》卷一「國紀第一」作「是歲，景通改名璟，徙封齊王。」

### 〔史事補遺〕

一、月日可考之事：

①四月，庚辰，朝享于太廟。（《唐餘紀傳》卷一）

　　辛巳，有事于南郊，以高祖神堯皇帝配用上辛也，大赦境內，百官進位，將士勞賜有差，民三年藝桑三千本者，賜帛五十疋，每丁墾田及八十畝者賜錢二萬，皆五年勿收租稅。（《唐餘紀傳》卷一）

　　群臣請上尊號，詔曰：「朕以眇躬，託于民上，常懼弗類，以墜高祖太宗之遺業，群公鄉士，顧欲舉上尊號之禮，朕甚不取，其勿復以聞。」（《唐餘紀傳》卷一。按：此事《通鑑》、陸《書》均載於昇元三年，陳霆則據馬《書》載於此年，以事理推之，《通鑑》之載為是。）

　　戊子、進封李德成趙王，徐知證韓王，知諤梁王。（《唐餘紀傳》卷一）

②六月，改吳興閣為昇元閣，瓦官封為昇元寺。（《金陵通紀》卷七。按：宋祝穆《方輿勝覽》卷十四「昇元寺」：「即瓦棺寺也，在城西隅，前瞰江面，後據崇岡，最為古跡。李主時，昇元閣猶在，乃梁朝故物，高二百四十尺，……今西南隅戒壇，乃是故基。」《景定建康志》卷二十一《城闕志二》云：「昇元閣，舊在昇元寺，即瓦棺寺也。在城西南隅。」又引《考證》曰：「《京師記》：『瓦棺寺有瓦棺閣，乃梁朝所建，高二百四十尺。』……偽吳順義中，改寺為吳興寺，閣為吳興閣。南唐昇元初，改寺為昇元寺，閣為昇元閣。……《南唐書》云：『昇元閣因山為基，高可十丈，平旦閣影半江。』開寶中，王師收復士大夫暨豪民富商之家美女少婦避難

於其上，治數千人。越兵舉火焚之，哭聲動天，一旦而燼。」宋張敦頤《六朝事跡類編》卷十一「寺院門」謂「寺之名起自西晉，長興年中，長沙城阿陸地生青蓮兩朵，民間聞之官司，掘得一瓦棺，開之見一僧，形貌儼然，其花從舌根頂顚生出。詢及父老，曰：『昔有一僧，不說姓名，平生誦《法華經》萬餘部，臨死遺言曰：以瓦棺葬之。』此地所司具秦朝廷，乃賜建蓮花寺，五代兵火焚之。」）

二、月日不可考之事：

①二年春，升上元爲赤縣，以張易爲令。（《金陵通紀》卷七）

②以虔州李章鎭廬州，神武統軍王安爲百勝軍節度使。（馬令《南唐書·先主書》）

③儒童寺，舊名孔子寺，在溧水州南七十五里，大唐景福二年置，南唐昇元二年改今額。〔原注：舊傳孔子適楚，經此地，後人因建祠，尋改爲寺。〕（元張鉉《至正金陵新志》卷十一下）

④溧陽縣，南唐昇元二年始築土城，周四里許，河貫城中。（《江南通志》卷二十）

昇元三年（九三九），春，正月，庚戌，江王知證、饒王知謂表請帝復姓李氏，不許。①

癸亥，右丞相齊丘，平章事居詠、建勳，樞密使同平章事宗等表請復姓。

甲子，御札詳議復姓。

乙丑，齊丘等議宜如所請，從之。

丙寅至壬申，齊王璟等三上尊號，曰應乾紹聖文武孝明皇帝，不許。②詔曰：「逎者干戈相尋，地萊而不藝，桑殞而弗蠶，衣食日耗，朕甚憫之，民有嚮風來歸者，授之土

田，仍給復三歲。」③

二月，乙亥，改太祖武皇帝廟號義祖。④

己卯，帝御興祥殿，復姓。⑤為考妣發哀，與皇后皆服斬縗，居廬如始喪禮服，考妣喪各二十七日，凡五十四日，不視朝，且暮臨，詔國事委宋齊丘，惟軍旅以聞。群臣固諫，詔以墨縗聽政。⑥帝初欲更名昂，以犯文宗諱，乃名晃，或曰：朱全忠名也。又更名坦，御史王鵠言，字從旦，犯睿宗諱。

庚寅，詔更名昇。

甲午，月犯南斗第六星。

乙未，契丹使赫嚕來，以兄禮事帝，蜀使來賀即位。⑦追尊高祖建王恪曰定宗孝靜皇帝，貞妃程氏曰貞靜皇后；曾祖超曰成宗孝平王 ，配崔氏曰平貞妃 ；祖志曰惠宗孝安王，配盧氏曰安莊妃；考榮曰慶宗孝德皇帝，配劉氏曰德恭皇后。⑧

庚午，作南郊行宮千間。⑨

夏四月庚辰，朝享於太廟。⑩

辛巳，有事於南郊，以高祖神堯皇帝，配用上辛也。⑪大赦，百官進位，將士勞賜有差，民三年藝桑及三千本者，賜帛五十匹，每丁墾田及八十畝者，賜錢二萬，皆五年勿收租稅。⑫詔曰：「朕以眇躬，託於民上，常懼弗類，以羞高祖太宗之遺業，群公卿士，顧欲舉上尊號之禮，朕甚不取，其勿復以聞。⑬」

戊子，進封李德誠趙王，徐知證韓王，知諤梁王。

辛亥，進封景遂壽王，景達宣城王。⑭

丙寅，以齊王璟為諸道兵馬大元帥。⑮

丁未，吳越王使左武衛上將軍沈韜文、荊南高從誨使王崇
嗣來賀南郊。作北郊於玄武湖西。⑯熒惑犯月。

秋，七月，丙午，放諸州所獻珍禽奇獸於鍾山。⑰命有司
作《昇元格》，與吳令并行。⑱

甲寅，歲星晝見。自五月不雨，至於閏七月。⑲

冬，十月，丁丑，御後樓，閱戰馬。⑳

〔考釋〕

①《通鑑》後晉高祖天福四年（九三九）正月：「唐群臣江王知證等
累表請唐主復姓李，立唐宗廟，乙丑，唐主許之。」馬令《南唐書
·先主書》曰：「帝謙抑，不忍忘徐氏，下其議百官。」

②《通鑑》後晉高祖天福四年（九三九）正月：「群臣又請上尊號，
唐主曰：『尊號虛美，且非古。』遂不受，其後子孫皆踵其法，不
受尊號，又不以外戚輔政，宦者不得預事，皆他國所不及也。」《新
五代史·南唐世家·李昇傳》載尊號於四月，云：「群臣請上尊號。
昇曰：『尊號，非古也。』不許。」馬令《南唐書·先主書》同載
此事於四月，云：「夏，四月上辛，始郊祀於圓丘，大赦境內。是
夜，月當以子初沒，而升壇之際，皎然如晝，眾咸異之，遍行封賞，
群臣請上徽號，不許。固請之，帝曰：『朕以眇躬，託于民上，夙
夜祗畏，常恐弗類，矧迺徽號，用揚虛美，是重弗類。』固不許，
因此廢徽號之禮。州郡言符瑞者十數，帝曰：『譴告在天，聰明自
民，魯以麟削，莽以符亡，常謹天戒，猶懼或失之，符瑞何爲哉！
皆抑而勿揚。』」

③馬令《南唐書·先主書》：「三年，春，正月丙申，詔曰：『比者
干戈相接，人無定主，地易而弗藝，桑隕而弗蠶，衣食日耗，朕甚
憫之，其嚮風面內者，有司計口給食，願耕植者，授之土田，仍復

三歲租役。於嘻！仁不異遠，化無泄邇，其務宣流，以稱朕意。』」

④《通鑑》後晉高祖天福四年（九三九）：「二月，乙亥，改太祖廟號義祖。」

⑤按：《新五代史》馬令《南唐書·先主書》，帝復姓在昇元二年。
《通鑑》後晉高祖天福四年則同陸《書》，然無載復姓於某日，於己卯日載爲李氏考妣發哀，陸《書》蓋據事理作推論也。《通鑑》二月己卯日：「唐主爲李氏考妣發哀，與皇后斬衰居廬，如初喪禮，朝夕臨凡五十四日。〔胡三省注：初喪之禮，自古無五十四日之制，唐主亦是依傍漢、晉以日易月之制，居父喪、母喪各二十七日，故爲五十四日。〕江王知證、饒王知諤請亦服斬衰；不許。〔胡三省注：知證、知諤皆徐溫子。〕李建勳之妻廣德長公主假衰経入哭盡禮，如父母之喪。〔胡三省注：李建勳妻、徐溫女也；勢利所在，非血氣之親而親。長，知兩翻。〕」又曰：「唐主又以歷十九帝、三百年，疑十世太少。有司曰：『三十年爲世，陛下生於文德，已五十年矣。』遂從之。」胡三省注：「文德，唐僖宗末年之號，言唐主之生至是年爲五十年。」

⑥《通鑑》後晉高祖天福四年二月：「辛巳，詔國事委齊王璟詳決，惟軍旅以聞。」

⑦《新五代史·後蜀世家·孟昶傳》：「昶，知祥第三子也。知祥爲兩川節度使，昶爲行軍司馬。知祥僭號，以昶爲東川節度使、同中書門下平章事。知祥病，昶監國。……昶立，不改元，仍稱明德，至五年始改元曰廣政。……昶好打球走馬，又爲方士房中之術，多採良家子以充後宮。樞密副使韓保貞切諫，昶大悟，即日出之，賜保貞金數斤。有上書者，言臺省官當擇清流，昶歎曰：『何不言擇其人而任之？』左右請以其言詰上書者，昶曰：『吾見唐太宗初即位，獄吏孫伏伽上書言事，皆見嘉納，奈何勸我拒諫耶！』然昶年

少不親政事，而將相大臣皆知祥故人，知祥寬厚，多優縱之，及其事昶，益驕蹇，多逾法度，務廣第宅，奪人良田，發其墳墓，而李仁罕、張業尤甚。……十二年，置吏部三銓、禮部貢舉。十三年，昶加號睿文英武仁聖明孝皇帝。封子玄喆秦王、判六軍事；次子玄珏褒王；弟仁毅夔王，仁贄雅王，仁裕嘉王。十八年，周世宗伐蜀，攻自秦州。昶以韓繼勳爲雄武軍節度使，聞周師來伐，歎曰：『繼勳豈足以當周兵耶！』客省使趙季札請行，乃以季札爲秦州監軍使。季札行至德陽，聞周兵至，遽馳還奏事。昶召問之，季札惶懼不能道一言。昶怒殺之。乃遣高彥儔、李廷珪出堂倉，以拒周師。彥儔大敗，走青泥，於是秦、成、階、鳳，復入於周。昶懼，分遣使者聘於南唐、東漢，以張形勢。」

《五國故事》上：「孟昶嗣僞位，昶尙年少，乃與其母后同宮。數年餘，遂遷新宮而居。以其宮宇稍廣，乃選民間女子有殊色者充之，及有司引至後苑，昶親選擇佳者，亦賜諸王，餘皆縱去，而民間懼其搜選，皆立求媒伐而嫁之，謂之驚婚。昶之幼年，有日者周玄豹視之，謂知祥曰：『此兒骨法非常，宜愛之。』知祥不聽，後又遣玄豹同昶於戲劇之處，熟視之，既而告曰：『此四十年，偏蜀之主也，非等閒也。』知祥始喜，由是特加愛念。昶之母后，即後唐積慶公主之後車也，嘗在并州，累從征伐，備歷艱難，由是頗務慈儉，戒昶以固福壽爲懷，而昶亦能稟之，寢處惟紫羅，帳紫碧，綾帷褥而已，無加錦繡之飾，至於盥漱之具，亦但用銀，兼以黑漆木器耳。每決死刑，多所矜減，而儉止一身，惟容惡乃匹夫之小節耳。然仁道至大，玄鑒孔昭，及歸皇朝，終訖天命，遠視李氏，近觀王衍，禍福之道，蓋相方焉。蜀之末年，百官競執長鞭，自馬至地，婦人競戴高冠子，皆謂之朝天。又制新曲，名之曰《萬里》。及歸降之後，崎嶇川陸，至於京師，乃萬里朝天之驗矣。昶性畏懦，

在位唯每年春一拜知祥之陵，及十一月誕日，僞號明慶節，幸佛寺
燒香而已，他無所適。每出，則乘步輦，垂以重簾，環結珠香囊，
至於四角，香聞數里，人亦不能見其面。昶出外，則以其輿輦崇飾
奢麗，居常在內，惟銅裝朱漆，小輦而已。故三十年不南郊，不放
鐙，率由懼非常也。昶后體重，遂不乘馬，內廐惟飼一打毬馬，而
久不按習，亦不堪乘跨，其餘名馬，多屬之親王近臣耳。」

⑧《通鑑》後晉高祖天福四年三月：「庚戌，唐主追尊吳王恪爲定宗
　孝靜皇帝，自曾祖以下皆追尊廟號及諡。」《新五代史‧南唐世家
　‧李昇傳》「孝平王」作「孝平皇帝」，云：「立唐高祖、太宗廟，
　追尊四代祖恪爲孝靜皇帝，廟號定宗；曾祖超爲孝平皇帝，廟號成
　宗；祖志孝安皇帝，廟號惠宗；考榮孝德皇帝，廟號慶宗。」馬令
　《南唐書‧先主書》亦作「孝平皇帝」云：「進尊吳王恪爲孝靜皇
　帝，廟號定宗；超爲孝平皇帝，廟號成宗；志爲孝安皇帝，廟號惠
　宗；榮爲孝德皇帝，廟號慶宗。奉徐武皇廟號義祖，徐氏二王如初，
　諸孫皆郡公，女郡縣主。」

⑨《金陵通紀》卷七：「三月庚午，作南郊行宮千閒。」《南唐書音
　釋》：「南郊，牛頭山有廢宮址，相傳爲是山，見《浮屠傳》。」
　《唐餘紀傳》卷一載同陸《書》。

⑩《通鑑》後晉高祖天福四年二月：「詔百官議二祚合享禮。〔胡三
　省注：二祚，徐、李二姓之先也。〕辛卯，宋齊丘等議以義祖居七
　室之東。唐主命居高祖於西室，太宗次之，義祖又次之，皆爲不祧
　之主。群臣言：『義祖諸侯，不宜與高祖、太宗同享，請於太廟正
　殿後別建廟祀之。』帝曰：『吾自幼託身義祖，鼅非義祖有功於吳，
　朕安能啓此中興之業？』群臣乃不敢言。」

⑪馬令《南唐書‧先主書》曰：「詔公卿以下議定郊祀，門下侍郎平
　章事(張)居詠，中書侍郎平章事(李)建勳等，議曰：『孔子云：郊

祀后稷，以配天宗，祀文王於明堂，以配上帝。此萬世不易之法也。
昔長孫無忌請祀高祖於圓丘，以配昊天上帝，祀太宗於明堂，以配
上帝，蓋得之矣。今國家嗣興唐祚，追尊孝德，而以神堯爲肇祀之
祖，宜以神堯配天於圓丘，以孝德配上帝於明堂，禮也。其服物制
度，古有常儀，一切僞飾，願皆罷去。』奏可。司徒齊丘請依《春
秋》，郊以四月上辛。常夢錫駁曰：『按禮：天子之郊以冬至，不
卜日，魯侯之郊以仲春，卜上辛。今之四月，非郊之時。』齊丘固
爭，遂用夏四月，議者多哂之。詔曰：『禮莫重於享帝，孝莫重於
隆親，事實重大，承以輕眇，可謂無其德而用其事，祇加畏焉。於
嘻，爾公爾侯，各揚厥職，不供洒事，國有常典。』」《江南野史》
曰：「仁孝之誠，頗動天地。圜邱之際司天奏月延三刻，是時上旬，
月當三更沒，而升壇之際，皎然如日，禮畢而落。」

⑫《唐餘紀傳》卷一「國紀第一」載同陸《書》。又《新五代史·南
　唐世家·李昪傳》則載先主之德云：「州、縣言民孝悌五代同居者
　七家，皆表門閭，復其繇役；其尤盛者江州陳氏，宗族七百口，每
　食設廣席，長幼以次坐而共食，有畜犬百餘，共一牢食，一犬不至，
　諸犬爲之不食。」馬令《南唐書·先主書》同歐《史》，云：「言
　五代同居者七家，其尤著者，江州陳氏，元和給事中京之後，宗族
　七百口，每日設廣席，長幼以次坐共食，有畜犬百餘，共一牢食，
　一犬不至，諸犬爲之不食。建書樓於別墅，以延四方之士，肄業者
　多依焉，鄉里率化，獄訟希少，遠近歎異之，皆蠲復征役，旌表門
　閭。」

⑬《新五代史·南唐世家·李昪傳》：「三年四月，昪郊祀昊天上帝
　於圓丘。」馬令《南唐書·先主書》：「夏，四月上辛，始郊祀於
　圓丘，大赦境內。」

⑭《通鑑》後晉高祖天福四年四月同載，云：「辛亥，唐徙吉王景遂

　　爲壽王，立壽陽公景達爲宣城王。」

⑮《通鑑》後晉高祖天福四年四月：「唐主將立齊王璟爲太子，固辭；
　　乃以爲諸道兵馬大元帥、判六軍諸衞、守太尉、錄尚書事、昇·揚
　　二州牧。」按：《至正金陵新志》卷六上：「齊王璟嘗爲昇、揚二
　　州牧，設金陵尹，兼諸道兵馬元帥。」《金陵通紀》卷七同《金陵
　　新志》。

⑯《金陵通紀》卷七：「是月，作北郊於玄武湖西。」《至正金陵志》
　　卷五下：「玄武湖，亦名蔣陵湖、秣陵湖、後湖。在縣西北二里，
　　周迴四十里，東西有溝流入秦淮，深七尺，灌田一百頃。」《南唐
　　書補注》：「徐爰《釋問》云：『湖本桑泊，晉元帝太興玔爲北湖，
　　宋築堤，南抵西塘，以肄舟師也。』又《京都記》云：『從北湖望
　　鍾山，似宮亭湖望盧岳也。』按宋元嘉二十三年，築堤以堰水爲
　　池，《輿地志》云：『齊武帝理水軍於此池中，號曰昆明池。』故
　　沈約《登覆舟山》詩云：『南瞻儲胥館，北瞻昆明池』，即此。其
　　湖通後苑，又於湖側作大寶，引湖水入宮城內，天泉池中，經歷宮
　　殿，縈流回轉，不舍晝夜。宋元嘉末有黑龍見湖內，故改爲玄武湖
　　也。」

⑰《金陵通紀》卷七載同。《南唐書注》引《金陵志》：「鍾山在金
　　陵城東北，東連青龍山，西接青溪，南有鍾浦，北接雉亭。山周回
　　六十里，高一百五十八丈，諸葛亮對吳大帝云：鍾山龍蟠，即此。
　　又名蔣山，紫金山，聖游山，北山。」

⑱《南唐近事》：「《昇元格》，盜物直三緡者，處極法。盧陵村落
　　間有豪民，暑雨初霽，曝衣篋于庭中，失新潔衾服不少許，計其資
　　直不下數十千，居遠僻遠，人罕經行，唯一貧人鄰垣而已。周訪蹤
　　狀，必爲鄰人盜之，乃訴于邑。邑白郡，郡命吏按驗，歸罪于貧人，
　　詐服爲盜，詰其贓，即言散鬻于市，蓋不勝捶掠也。赴法之日，冤

聲動人，長吏察其詞色似非盜者，未即刑戮，遂具案聞於朝廷。烈祖命員外郎蕭儼覆之，儼持法明辯，甚有理聲，受命之日，乃絕葷茹，齋戒理棹，冥禱神祇，晝夜兼行，佇雪冤枉。至郡之日，索案詳約始末，迄無他狀。儼是夕復焚香于庭，稽首冥禱，願降儆戒，將行大辟。翌日天氣融和，忽有雷雨自西北起至失物之家，震死一牛，盡剖其腹，腹中得所失衣物，乃是牛所噉，猶未消潰。遂赦貧民，而儼驟獲大用。」

⑲《金陵通紀》卷七：「自五月不雨，至於是月。」

⑳《金陵通紀》卷七：「冬十月，丁丑，帝御後樓，閱戰馬。」


〔**史事補遺**〕

一、月日可考之事：

①是年二月池州楊璉卒，以統軍王彥濤爲康化軍節度使。（馬令《南唐書·先主書》）

②四月，乙卯，唐鎮海節度使兼中書令梁懷王徐知諤卒。（《通鑑》後晉高祖天福四年）

　唐人遷讓皇之族於泰州，號永寧宮，防衛甚嚴。〔胡三省注：泰州本楊州海陵縣，吳乾貞中立制置院，南唐昇元元年升爲泰州。〕康化節度使兼中書令楊珙稱疾，罷歸永寧宮。乙丑，以平盧節度使兼中書令楊璉爲康化節度使；璉固辭，請終(讓皇)喪，從之。（《通鑑》後晉高祖天福四年）

③秋七月庚子，日有食之。（馬令《南唐書·先主書》）

　八月，鄂州張宣卒，以潤州留後王輿代，金吾衛大將軍馬仁裕出爲鎮海軍節度使留後。（馬令《南唐書·先主書》）


二、月日不可考之事：

①至保寧戒壇二寺。……法堂後有片石，瑩潤如黑玉，乃宋子嵩詩題
　云：「鳳凰山亭子，陳獻司空，鄉貢進士宋齊丘。」司空者，徐知
　誥也。後改姓名曰李昇，是為南唐烈祖，而齊丘為大臣。後又有題
　字云：「昇元三年，秦勒刻石。」蓋烈祖既有國，追念君臣相遇之
　始，而表顯之。昇、齊丘雖皆不足道，然當攘奪分裂橫潰之時，其
　君臣相遇，不如是，亦不能粗成其功業也。（陸游《渭南文集·入
　蜀記》二）

昇元四年（九四〇），春，二月，詔罷營造力役，毋妨農
時。
三月，丁未，頒中正歷，歷官陳承勳所撰也。
丙戌，漢人、閩人來聘。
夏，五月，晉安州節度副使李金全來降。①
六月，癸亥，罷宣州歲貢木瓜雜果。太師中書趙王李德誠
卒。②
秋，八月，立齊王璟為皇太子，仍兼大元帥，錄尚書事。
璟固讓，從之。③
丁卯，月掩歲星。
九月，戊辰，契丹使摩哩魯庫梅稜來聘，獻狐白裘。④
冬，十月，癸巳，朔，日熒惑填歲星，聚於南斗。
壬寅，以齊王璟讓儲貳，赦殊死以下，京師賜酺，內外諸
軍給優賜，禁表奏言聖睿二字，違者以大不敬論。⑤
乙巳，詔幸東都。⑥命齊王璟監國。⑦
庚戌，帝自保德門御舟。⑧
辛亥，次迎鑾鎮。⑨
甲寅，至東都，⑩入建元門。帝感念疇昔，泫然流涕不已，

遣使問東畿士民不能自存者。⑪

己未，高麗使廣評侍郎柳兢質⑫來貢方物。

十一月，乙丑，宴群臣於崇德宮故第也。以廳事爲光慶殿。

庚辰，改東都文明殿爲乾元殿，英武殿爲明光殿，應乾殿爲垂拱殿，朝陽殿爲福昌殿，積慶宮爲崇道宮。西都崇英殿爲延英殿，⑬凝華內殿前爲昇元殿，後爲雍和殿，興祥殿爲昭德殿，積慶殿爲穆清殿。⑭

乙酉，賜東畿高年疾苦煢獨米，人二石。漢使都官郎中鄭翱，閩使客省使葛裕，吳越使刑部尙書楊嚴來賀仁壽節。⑮

十二月，丙申，帝至自東都。⑯

〔考釋〕

①尹洙《五代春秋》曰：「五年五月，安州李金全叛附於吳，馬全節帥師討安州。吳人救安州，全節敗吳師，克安州。金全奔吳。六月，放吳俘還。」《通鑑》後晉高祖天福四年（九四〇）載此事亦在五月，云：「丙戌，帝聞金全叛，命馬全節以汴，洛，汝，鄭，單，宋，陳，蔡，曹，濮，申，唐之兵討之，以保大節度使安審暉爲之副。審暉，審琦之兄也。李金全遣推官張緯奉表請降於唐，唐主遣鄂州屯營使李承裕、段處恭將兵三千逆之。」六月「癸卯，唐李承裕等至安州。是夕，李金全將麾下數百人詣唐軍，妓妾資材皆爲承裕所奪，承裕入據安州。甲辰、馬全節自應山進軍大化鎮，與承裕戰于城南，大破之。承裕掠安州南走，全節入安州。丙午，安審暉追敗唐兵於黃花谷， 段處恭戰死。丁未、 審暉又敗唐兵於雲夢澤中，虜承裕及其衆。唐將張建崇據雲夢橋拒戰，審暉乃還。馬全節斬承裕及其衆千五百人于城下，送監軍杜光業等五百七人于大梁。上曰：『此曹何罪！』皆賜馬及器服而歸之。初，盧文進之奔吳也，

唐主命祖全恩收兵逆之，戒無入安州城，陳于城外，俟文進出，殿之以歸，無得剽掠。及李承裕逆李金全，戒之如全恩，承裕貪剽掠，與晉兵戰而敗，失亡四千人。唐主悵恨累日，自以戒敕之不熟也。杜光業等至唐，唐主以其違命而敗，不受，復送於淮北，遺帝書曰：『邊校貪功，乘便據壘。』又曰：『軍法朝章，彼此不可。』帝復遣之歸，使者將自桐壚濟淮，唐主遣戰艦拒之，乃還。帝悉授唐諸將官，以其士卒為顯義都，命舊將劉康領之。」《新五代史·南唐世家·李昪傳》則載此事於六月，云：「四年六月，晉安州節度使李金全叛，送款于昪，昪遣鄂州屯營使李承裕迎之。承裕與晉將馬全節、安審暉戰安陸南，三戰皆敗，承裕與裨將段處恭皆死，都監杜光鄴及其兵五百人被執送于京師，高祖厚賜之，遣還。昪致書高祖，復送光鄴等，請以敗軍行法，高祖又遣之，昪以甲士臨淮拒之，乃止。」馬令《南唐書·先主書》載同歐《史》，不贅。

②馬令《南唐書·先主書》：「洪州李德誠卒，以宣州徐玠代。」

③《通鑑》後晉高祖天福四年五月：「丁巳，唐主立齊王璟為太子，兼大元帥，錄尚書事。……唐齊王璟固辭太子。九月，乙丑，唐主許之，詔中致牋如太子禮。」

④《唐餘紀傳》卷一「國紀第一」作「梅里掠姑米里」。

⑤《金陵通紀》卷七：「冬十月，以齊王璟讓儲，赦殊死以下，京師賜酺。」《通鑑》後晉高祖天福四年十月：「壬寅，唐大赦，詔中外奏章無得言「睿」、「聖」犯者以不敬論。

⑥《通鑑》後晉高祖天福四年十月：「壬寅，術士孫智永以四星聚斗，分野有災，勸唐主巡東都。」

⑦《通鑑》後晉高祖天福四年十月：「乙巳，唐主命齊王璟監國。」

⑧《通鑑》後晉高祖天福四年十月：「庚戌，唐主發金陵。」

⑨《通鑑》後唐莊宗同光二年(九二四)十月：「吳王如白沙觀樓船，

更命白沙曰迎鑾鎮。徐溫自金陵來朝。」胡三省注：「路振《九國志》曰：『楊溥巡白沙，太學博士王轂上書請改白沙爲迎鑾，其略曰：日月所經，星辰盡爲黃道；鑾輿所止，井邑皆爲赤縣。』白沙，楊子縣地。五季之末改楊子爲永貞縣，宋朝乾德二年以揚州永貞縣迎鑾鎮爲建安軍，大中祥符六年升爲眞州，而永貞縣先是復改爲楊子。其地東至揚州六十里，南臨大江，渡江而南至金陵亦六十里。」

⑩《通鑑》後晉高祖天福四年十月：「甲寅，至江都。」

⑪《玉壺清話·李先主傳》曰：「冬十月，主巡幸東都，邀故老宴于舊宅；親戚有亡者，弔撫慰勞；勳臣義士之墓，親設祭誄；披決囚繫，踰月而歸。時貢條未備，士有仗策獻文，稍可采錄者，委平章事張延翰收試院，量材補用，皆得其職。」馬令《南唐書·先主書》曰：「冬十月，幸東都，存省故老，宴於故宅。」按：《唐餘紀傳》卷一「國紀第一」作「感念疇昔，滋然流涕。丁巳，遣使問東畿士民不能自存者。」據干支推算，《唐餘紀傳》無誤，可據是正陸《書》之誤。

⑫《唐餘紀傳》卷一「國紀第一」作柳兟。

⑬《江南餘載》下：「元宗罷朝，多御延英殿，聽公卿奏事，因即其處爲閣，甚壯，有司請置額名，上以生月在孟春，御題爲千春閣。」據此，則延英殿於元宗時易名爲千春閣矣。

⑭明王士性《廣志繹》二「兩都」云：「南都，春秋本吳地，無城邑可考。……隋平陳，建康城邑俱廢，于石頭旁置蔣州，後又改爲丹陽郡，而揚州治縣移于江都，唐改爲昇州。南唐復爲都。宋滅南唐，復昇州建制，尋改建康府。……南唐、宋行宮在今內橋，直對鎮淮爲御街。」
《南唐書注》引顧起元《客座贅語》曰：「南唐故宮，在今內橋北上元縣中城，兵馬司盧妃巷是其地，相傳內橋爲宮之正門所直，南宋

行宮亦在此地，改內橋爲天津橋，而橋北大街，東西相距數百步，
有東虹西虹二橋。東虹自上元縣左北達娃娃橋，有石嵌古河遺跡。
西虹在盧妃巷大街，穿人家屋，而北達園地，亦有石嵌河跡，土人
言此南唐護龍河者是也。自盧妃巷北直走里許，又有一橋，亦名虹
橋，而東虹西虹兩橋，北達之水，環絡交帶，俱縮轂於此，想當日
宮內小河，四周相通，形跡顯明，第近多堙塞，不復流貫耳。」
按：《至正金陵新志》卷四下「東虹橋」注云：「在行宮之左，今
臺治之北，馬光祖書榜。」又於「西虹橋」注云：「在景定橋北，
今龍翔寺東，馬光祖書榜。戚氏云：『橋北皆南唐以來廢宮，橋若
小虹飛虹之屬是也。」

⑮《唐餘紀傳》卷一「國紀第一」、《十國春秋·閩景帝本紀》繫此
　事於十二月，《南漢紀》二《高祖本紀》、《南漢書》卷三《高祖
　本紀》作「九月」，俱與陸《書》異。按：烈祖生辰爲十二月二日，
　九月則太早，十二月則太遲，陸《書》較合事理。

⑯《通鑑》後晉高祖天福四年十二月：「丙申，至金陵。」《金陵通
　紀》卷七所載同。


〔**史事補遺**〕

一、月日可考之事：

①正月，樞密使周宗出爲奉化軍節度使。（馬令《南唐書·先主書》）

②二月，唐康化節度使兼中書令楊璉謁平陵還，〔胡三省注：平陵，
　蓋楊璉之父讓皇陵也。〕一夕，大醉，卒於舟中，〔胡三省注：唐
　主使然也。路振《九國志》曰：楊璉拜陵，至竹篠口，維舟大醉，
　一夕而卒。〕追封諡曰弘農靖王。〔胡三省注：因楊氏其先受封之
　郡追封爲弘農王，諡曰靖。〕（《通鑑》後晉高祖天福五年。《金
　陵通紀》卷七：「春二月，吳故太子璉謁平陵歸，至竹篠口暴卒，

其妃永興公主還居金陵宮，縞素，誓佛以終身。」）

③是年夏四月，樞密使周宗出爲奉化軍節度使，以江州徐知證爲寧國軍節度使，梁王徐知諤卒。（馬令《南唐書·先主書》）

④五月，唐主遣客省使尙全恭如閩，和閩王曦及王延政。（《通鑑》後晉高祖天福四年）

⑤六月，唐主使宦者祭廬山，還，勞之曰：「卿此行甚精潔。」宦者曰：「臣自奉詔，蔬食至今。」唐主曰：「卿某處市魚爲羹，某日市肉爲胾，何爲蔬食？」宦者慚服。倉吏歲終獻羨餘萬餘石，唐主曰：「出納有數，苟非掊民刻軍，安得羨餘邪！」（《通鑑》後晉高祖天福四年）

⑥秋八月，廬州李章卒，以潤州馬仁裕代。以天威統軍盧文進爲鎮海軍節度使。（馬令《南唐書·先主書》）

⑦十月，光政副使、太僕少卿陳覺以私憾奏泰州刺史褚仁規貪殘。丙午，罷仁規爲扈賀都部署，覺始用事。（《通鑑》後晉高祖天福四年）

⑧十一月，唐主欲遂居江都，以水凍，漕運不給，乃還。（《通鑑》後晉高祖天福四年）

⑨十二月，唐右僕射兼門下侍郎，同平章事張延翰卒。（《通鑑》後晉高祖天福四年，馬令《南唐書·先主書》同，但「右僕射」作「左僕射」。）十有二月，左僕射平章事張延翰卒。（馬令《南唐書·先主書》）


昇元五年（九四一），春，二月，己未，殺泰州刺史褚仁規。①

五月，戊辰，契丹使來。②

秋，七月，詔曰：「右僕射兼中書侍郎同平章事監修國史

李建勳，幸處台司，且聯戚里，靡循紀律，敢瀆彝章，其罷歸私第。」

八月，有星孛於天市，長數丈，廣數尺，七十日沒。遣使振貸黃州旱傷戶口。

是歲，吳越水民就食境內，遣使振恤，安集之。

　〔考釋〕

①宋陶穀《清異錄》卷一：「僞唐賊臣褚仁規，竊錄泰州刺史，惡政不可縷舉，有智民請夌儒爲二詩，皆隱語，幾寫數千幅，詣金陵黏貼，乃上聞。詩曰：『多求囊白昧蒼蒼，兼取人間第一黃』云云。白黃隱金銀字。」《玉壺清話・李先主傳》：「十月，誅泰州刺史褚仁規。仁規，廣陵人，暴遷至廣陵鹽監使，凡爲治屬於威刑，民吏戢懼。所部皆富於漁鹽竹葦之產，國家每有大役，常賦不能給者，仁規視民中所有，舉籍取之，以應國調。事訖，償之。略無逋負，民亦無怨。主甚賞之。仁規晚年，掊克無度，率入私門，驅掠婦女，刑法橫濫。會陳覺與之有隙，密暴其狀，遣御史劾之，主盡釋不問。將東巡，召爲靖江軍使，督舟師爲從。及還，遂留之，以罷其郡使，再下書責其殘暴。仁規豪粗無術，乘患上書，頗肆抵忤，幾無君臣之分。下其事，委陳覺就泰州按鞫。仁規聞使者往按，大懼，遂自首，收付大理，數日賜死。」

②《通鑑》後晉高祖天福六年（九四一）四月：「唐主遣通事舍人歐陽遇求假道以通契丹，帝不許。自黃巢犯長安以來，天下血戰數十年，然後諸國各有分土，兵革稍息，及唐主即位，江、淮比年豐稔，兵食有餘，群臣爭言『陛下中興，今北方多難，宜出兵恢復舊疆。』唐主曰：『吾少長軍旅，見兵之爲民害深矣，不忍復言。使彼民安，則吾民亦安矣，又何求焉！』漢主遣使如唐，謀共取楚，分其地；

唐主不許。」按：宋葉隆禮《契丹國志》卷二大遼太宗會同元年，即昇元五年，「五月，吳徐誥欲結遼取中國，遣使以美女、珍玩泛海修好，遼帝亦遣使報之。」可據補。

〔**史事補遺**〕

一、月日可考之事：

①五年，春正月，虔州王安卒，以統軍賈浩爲百勝軍節度使。（馬令《南唐書·先主書》）

②四月，唐主以陳覺及萬年常夢錫爲宣徽副使。（《通鑑》後晉高祖天福六年）四月，遣使如唐，謀共取楚分其地。唐主不許。（清吳蘭修《南漢紀》卷二，清梁廷楠《南漢書》卷三同。）

③六月，唐主自以專權取吳，尤忌宰相權重，以右僕射兼中書侍郎、同平章事李建勳執政歲久，欲罷之。會建勳上疏言事，意其留中，既而唐主下有司施行。建勳自知事挾愛憎，密取所奏改之。（《通鑑》後晉高祖天福六年）

④秋七月，戊辰，罷建勳歸私第。（《通鑑》後晉高祖天福六年）吳越府署火，宮室府庫幾盡。吳越王元瓘驚懼，發狂疾，唐人爭勸唐主乘弊取之，唐主曰：「奈何利人之災！」遣使唁之，且賙其乏。（《通鑑》後晉高祖天福六年。按：《新五代史·南唐世家·李昇傳》編於昇元六年，云：「六年，吳越國火，焚其宮室、府庫，甲兵皆盡，群臣請乘其弊攻之，昇不許，遣使弔問，厚賙其乏。錢氏自吳時素爲敵國，昇見天下亂久，常厭用兵，及將篡國，先與錢氏約和，歸其所執將士，錢氏亦歸吳敗將，遂通好不絕。」）

秋七月，吳徐誥稱帝，國號南唐。後復姓名李昇。（《契丹國志》卷二大遼太宗會同元年，即南唐烈祖昇元五年。按：葉隆國《契丹國志》所載誤，此書所繫時，多有不確者，除此條外，又於會同七

年，即南唐中宗保大二年二月云：「是月，南唐主昇殂，齊王璟立。」亦大誤，然不以此而廢書，其可探者，酌而用之。）

⑤十一月，唐主性節儉，常躡蒲屨，盥沫用鐵盎，暑則寢於青葛帷，左右使令惟老醜宮人，服飾粗略。死國事者，皆給祿三年。分遣使者按行民田，以肥瘠定其稅，民間稱其平允。自是江，淮調兵興役及他賦斂，皆以稅錢為率，至今用之。唐主勤於聽政，以夜繼晝，還自江都，不復宴樂；頗傷躁急，內侍王紹顏上書，以為「今春以來，群臣獲罪者眾，中外疑懼。」唐主手詔釋其所以然，令紹顏告諭中外。（《通鑑》後晉高祖天福六年，《金陵通紀》卷七簡略敘說：「五月冬十一月，詔定民田稅，以肥瘠為準。」）


昇元六年（九四二），春，正月，甲子，月犯填星，退行在畢。

閏月，甲申，朔，改天長制置使為建武軍。

庚寅，漢使區延保來聘。

癸巳，閩使尚食使林弘嗣來聘。①都下大水，秦淮溢。②東都火，焚數千家。

二月，己丑，以左丞相太保宋齊丘知尚書省事。③初，齊丘累求預政，帝許中書視事，又以西省事多委給事舍人，劇務多在尚書省。又求知省事，許之。④

夏，五月，左丞相太保宋齊丘罷為鎮南節度使。⑤

六月，常、宣、歙三州大雨，漲溢。漢使蕭規來告哀，廢朝三日。⑥

庚午，契丹使魯庫梅稜來聘⑦，獻馬五駟。大蝗自淮北，蔽空而至。

辛巳，命州縣捕蝗，瘞之。

庚辰，熒惑犯房，次將。

辛巳，禁節度刺史給攝署牒。

秋，八月，甲申，漢使法物使公孫惠來謝襲位。⑧

九月，庚寅，頒《昇元刪定條》。⑨

冬，十月，詔曰：「前朝失御，四方崛起者眾，武人用事，德化壅而不宣，朕甚悼焉。三事大夫，其為朕舉用儒者，罷去苛政，與吾民更始。」⑩

十二月，閩使徐弘績，⑪漢使滕紹英，⑫吳越使右武衛大將軍蔣璠來賀仁壽節。⑬

〔考釋〕

①《十國春秋·閩景帝本紀》永隆四年開正月「遣尚食使林宏嗣聘於唐。」

②《金陵通紀》卷七：「春正月，都下大水，秦淮溢東關，尤被害。左街使刁彥能請築隄為斗門疏導之，患乃稍息。」

唐許嵩《建康實錄》一於秦淮一詞下注云：「秦淮本名龍藏浦，其上有二源：一發自華山，經句容，西南流。一發自東廬山，經溧水，西北流入江甯界。二源合自方山埭，西注大江。其二源分派，屈曲不類人功，疑非秦始皇所開。古老相傳，方山西瀆江土山三十里，是秦始皇開。又鑿石硊山西，而疏決此浦，後人因名秦淮也。」

③徐鉉《徐公文集》七有《宋齊丘知尚書省制》。

④《通鑑》後晉高祖天福七年（九四二）二月：「唐左丞相宋齊丘固求豫政事，唐主聽入中書；又求領尚書省，乃罷侍中壽王景遂判尚書省，更領中書、門下省，以齊丘知尚書省事，其三省事并取齊王璟參決。」

⑤《通鑑》後晉高祖天福七年五月：「齊丘視事數月，親吏夏昌圖盜

官錢三千緡，齊丘判貸其死，唐主大怒，斬昌圖。齊丘稱疾，請罷省事，從之。唐丞相、太保宋齊丘既罷尚書省，不復朝謁。唐遣壽王景遂勞問，許鎮洪州，始入朝。唐主與之宴，酒酣，齊丘曰：『陛下中興，臣之力也，奈何忘之！』唐主怒曰：『公以遊客干朕，今爲三公，亦足矣。乃與人言朕鳥喙如句踐，難與共安樂，有之乎？』齊丘曰：『臣實有此言，臣爲遊客時，陛下乃偏裨耳。今日殺臣可矣。』明日，唐主手詔謝之曰：『朕之褊性，子嵩平昔所知，少相親，老相怨可乎？』丙午、以齊丘爲鎮南節度使。」馬令《南唐書·先主書》編齊丘爲鎮南節度使於七月，詳一、月日可考之事。

⑥《南漢紀》卷三《殤帝紀》：「四月，即皇帝位，更名玢，……遣使蕭規如南唐告哀。」《南漢書》卷三同。

⑦《唐餘紀傳》卷一「國紀第一」作「掠姑米里」。

⑧《南漢紀》卷三《殤帝紀》：「六月，遣法物使公孫惠如南唐告即位。」《南漢書》卷三則編於四月，《十國春秋·南漢·殤帝本紀》同《南漢書》。要之，三書俱與陸《書》異。

⑨《通鑑》後晉高祖天福七年九月：「唐主自爲吳相，興利除害，變法甚多，至是命法官及尚書刪定爲《昇元條》三十卷，行之。」

⑩馬令《南唐書·先主書》：「冬，十月，詔曰：『前朝失御，強梗崛起，大者帝，小者王，不以兵戈，利勢弗成；不以殺戮，威武弗行，民受其弊，蓋有年也。或有意於息民者，尚以武人用事，不能宣流德化。其宿學巨儒，察民之故者，嶔巖之下，往往有之。彼無路光亨，而進以拊偪爲嫌，退以清寧爲樂，則上下之情，將何以通？簡易之政，將何所議乎？昔漢世祖數年之間，被堅執銳，提戈斬馘，一旦晏然。而兵革之事，雖父子之親，不以一言及之，則兵爲民患，其來尚矣。今唐祚中興，與漢頗同，而眇眇之身，坐制元元之上，思所以舉而措之者，煢煢在疚，罔有所發。三事大夫，可不務乎？

自今宜舉用儒者，以補不逮。』」

⑪《十國春秋·閩景帝本紀》同陸《書》。

⑫《唐餘紀傳》卷一「國紀第一」同陸《書》，而《南漢紀》卷三《殤帝紀》作「十月丙子」，《十國春秋·南漢·殤帝本紀》作九月。按：烈祖以十二月二日爲仁壽節，若十二月始成行，必不能及時致賀，然九月、十月又似過早。《南漢書》卷三則但云：「是歲，使滕紹英如南唐賀仁壽節。」則較小心。

⑬《十國春秋·吳越忠獻王世家》載同陸《書》。


〔史事補遺〕

一、月日可考之事：

①是年春三月，盧州馬仁裕卒，以滁州刺史周鄴爲保信軍節度使留後。（馬令《南唐書·先主書》）

②夏，四月，南漢劉龑卒，玢嗣位，葬劉龑，僭諡天皇大帝。（馬令《南唐書·先主書》原注云：以其僭極惡重，故書與吳越異。龑音儼，劉氏僞撰此字，以爲名，自云取飛龍在天之義。）

遷讓皇子孫於海陵，號永寧宮，嚴兵守之，絕不通人。久而男女自爲匹偶，吳人多哀憐之。〔原注云：猶書吳人者，以其思舊之民也。〕（馬令《南唐書·先主書》）

詔吳王景通爲太子，景通表曰：「古之立太子，所以崇正嫡，息覬覦。如臣兄弟，稟承聖教，實爲敦睦，願寢此禮。」三表，許之。乃以大元帥總百揆，改封齊王。以駕部郎中馮延巳爲元帥府掌記。（馬令《南唐書·先主書》）

壽州高審思卒，以侍衛諸軍都虞候姚景爲清淮軍節度使。（馬令《南唐書·先主書》）

③秋，七月，丞相大司徒宋齊邱爲鎭南軍節度使，以洪州徐玠爲司徒

侍中。帝曰：「豫章，大司徒維桑也，衣錦晝行，古人所貴，以錦
袍賜之。」齊邱至鎮，衣以視事，群臣咸謂江淮之地，頻年豐稔，
兵食既足，士樂爲用，天意人心，未厭唐德，宜廣土宇，攻自潭越
始。帝曰：「吾少長軍旅，見干戈之爲民患甚矣，吾不忍復言兵革，
使彼民安，則吾民亦安矣。」吳越災，宮室府庫甲兵殆盡，群臣復
請乘其弊，帝曰：「今大敵在北，北方平，則諸國可尺書召之，何
以兵爲？輕舉者，兵之大忌，宜畜財養銳，以俟時焉！」使使唁越
于武林，厚幣以賙其闕。（馬令《南唐書・先主書》）


二、月日不可考之事：

①聖母廟，在溧水州東十四里。〔原注：南唐昇元六年，邑宰廢淫祀，
　惟此廟獨加修建。秘書省正字賈彬作記。石刻已亡，耆老能倍記。
　元豐元年春，旱禱雨而應，邑人胡無競重刻石。〕（《至正金陵新
　志》卷十一上）


昇元七年（九四三），春，正月，契丹使達嚕噶等二十七
人來聘，獻馬三百，羊三萬五千。①
二月，庚午，帝崩於昇元殿。年五十六。②
十一月，壬寅，葬永陵。③
帝臨崩，謂齊王璟曰：「德昌宮儲戎器金帛七百萬，汝守
成業，宜善交鄰國，以保社稷。吾服金石，欲延年，反以
速死，汝宜視以爲戒。」④
帝生長兵間，知民厭亂，在位七年，兵不妄動，⑤境內賴
以休息。⑥性節儉，常躡蒲履，用鐵盆盎。暑月，寢殿施
青葛帷。左右宮婢裁數人，服飾樸陋。建國始，即金陵治，
所爲宮，惟加鴟尾，⑦設闌檻而已，終不改作。⑧元宗爲

太子，欲得杉木作板障，有司以聞。帝曰：「杉木固有之，但欲作戰艦，以竹代障可也。」江淮間連年豐樂，兵食盈溢，群臣多請恢拓境土，帝歎曰：「吾少在軍旅，見兵之爲民害深，誠不忍復言，使彼民安，吾民亦安矣。」吳越國大火，焚其宮室，帑藏甲兵幾盡，將帥皆言乘其弊可以得志，帝一切不聽，遣使厚持金幣唁之。⑨仁厚恭儉，務在養民，有古賢王之風焉。⑩

〔考釋〕

①《唐餘紀傳》卷一「國紀第一」作「達羅干」。

②《新五代史·南唐世家·李昇傳》：「七年，昇卒，年五十六，諡曰光文肅武孝高皇帝，廟號烈祖，陵曰永陵。子景立。」馬令《南唐書·先主書》昇元七年，春二月，詔曰：「迺公迺侯，越百執事，欽承嗣命，命爾保元子璟，祗肅天鑒，社稷宗廟永有終，我不敢知。曰其基永昌，我亦不敢知。曰墜命罔後，天不爾諶，祐于有德。厥位艱哉。」翌日，殂于路寢，壽五十六。葬永陵。諡光文肅武孝高皇帝，廟號烈祖。」《通鑑》後晉高祖天福八年（九四三）二月：「會疽發背，祕不令人知，密令醫治之，聽政如故。庚午、病亟，太醫吳廷裕遣親信召齊王璟入侍疾。……是夕，殂。祕不發喪，下制：「以齊王監國，大赦。」《玉壺清話·李先主傳》曰：「先是，數載前，一漁者持蓑笠綸竿，擊短板，唱《漁家傲》，其舌爲鳴根之聲以參之，自號「回同客」。人後疑爲呂洞賓，音韻悲如煙波間，聽者無厭。唱曰：『二月江南山水路，李花零落春無主。一箇魚兒無覓處。風兼雨，土龍生甲歸天去。』人或與錢，則擺首不接，唱於金陵凡半年，了無悟者。里巷村落皆歌焉。『土龍生甲』，主果以甲辰歲二月殂於正寢。『魚兒』乃向所謂鯉魚也。歌中之語，皆

驗焉。」

按：諸書載烈祖殂於二月，而《南漢書》卷三《殤帝紀》作「三月乙卯朔，南唐主昇殂，子璟立，改元。」非是。

③《金陵通紀》卷七：「十一月壬寅葬，烈祖高皇帝於永陵。」

④《江南別錄》曰：「大漸，嚙元宗指，見血，曰：『北方有事，不可忽也。』」

《江南野史》曰：「殂落之日，四方黔首歎息，涕泣而輟其食。」

《資治通鑑》後晉齊王天福八年二月：「唐主謂璟曰：『吾餌金石，始欲益壽，乃更傷生，汝宜戒之？』是夕，殂。」又云：「唐主常夢吞靈丹，且而方士史守沖獻丹方，以爲神而餌之，浸成躁急。左右諫，不聽。嘗以藥賜李建勳，建勳曰：『臣餌之數日，已覺躁熱，況多餌乎！』唐主曰：『朕服之久矣。』群臣奏事，往往暴怒，然或有正色論辯中理者，亦斂容慰謝而從之。」

⑤《釣磯立談》曰：「烈祖……一日內讌，中坐有詔曰：『知足不辱，道祖之至戒；革廓則裂，前哲之元龜，予喜與一二卿士大夫，共斯服箴，討伐之議，勿復關白也』。」

⑥《江南野史》謂先主「末年，愍敦慈恕，山林藪澤，禁止以時，恩澤渙汗及被我民，曰：『民各生父母，安用爭城廣地，使之膏血塗於草野乎？』自握王權至禪位凡數十年，止一拒越師，蓋不得已而爲之。」

⑦宋馬光祖修、周應合纂《景定建康志》卷二一《城闕志二》云：「南唐宮，即皇朝舊府治，中興修爲行宮。」又《考證》云：「《五代史》：『清泰元年，吳徐知誥治私第於金陵。乙未，遷居於私第，虛舍以待吳王，吳王詔知誥還府舍。甲申，金陵大火，乙酉，又火，知誥疑有變，勒兵自衛。〔按：此事《通鑑》載於清泰元年二月。〕己丑，復入府舍。天福二年，徐知誥建太廟、社稷、牙城，曰宮城

廳，堂曰殿。《南唐書》云：『先主建號，即金陵府爲宮，惟加鴟尾欄檻而已，終不改作。』《江南野錄》云：『初，臺殿閣各有鴟吻，自乾德之後，天王使至，則去之，還則復用，至是遂除。』《通鑑長編》曰：『慶歷八年正月壬午，江寧府火。初，李璟在江南大建宮室府寺，其制皆擬帝京。時營兵謀亂，事覺，伏誅，既而火，知府事李宥懼有變，闔門不救，延燒幾盡，惟存一便廳，乃舊玉燭殿也。』」

《南唐書補注》曰：「鴟尾，本作螭尾，方以智《通雅》云：『蘇鄂曰：螭·海獸也，漢武作柏梁，有上疏曰：螭尾，水精，能辟火災。顏之推曰：東宮舊事呼鴟尾爲祠尾，又呼爲鴟吻。黃朝英按：《倦游雜錄》言漢以宮殿多災，術者言天上有魚尾星，宜爲象冠，屋以鑲之。《陳書》蕭摩訶以功寢室并置鴟尾。」按：宋龐元英《文昌雜錄》卷二云：「二十日，國忌，相國寺行香，同集金部，晁員外問殿上鴟吻義如何？余因言唐開元十五年七月四日，震興教門兩鴟吻欄檻及柱災，蘇晁駁曰：『東海有魚虬，尾似鴟，因以爲名。噴浪則降雨，漢柏梁殿災，越巫上厭勝之法，及大起建章宮，遂設鴟魚之象於屋脊，又畫藻井於梁上，用厭火祥，今呼之爲鴟吻，豈不謬哉！鴟尾之說蓋如此。」

⑧《五國故事》上：「知誥自以取國艱難，乃志於勤儉，金陵雖升都邑，但以舊衙署爲之，唯加鴟尾闌檻而已。其餘女妓音樂，園苑器玩之屬，一無增加。故宋齊丘爲其挽辭曰：『宮砌無新樹，宮衣無組繡，宮樂盡塵埃。』皆其實也。」陸游《南唐書》卷十五《劉承勳傳》云：「自吳建國有江淮之地，比他國最富饒。山澤之利，歲入不貲。烈祖勵以節儉，一金不妄用，其積如山。太子嘗欲一杉木作版障，有司以聞。烈祖書奏後曰：『杉木不乏，但欲作戰艦，以竹代可也。』」

⑨《釣磯立談》：「其後錢塘大火，宮室器械，爲之一空。宋齊丘乘
間進言曰：『夫越與我，脣齒之國也。我有大施而越人背之，虔劉
我邊陲，污濁我原泉，股不附髀，終非我用。今天實棄之，我師晨
出而暮踐其庭，願勿失機，爲後世憂。』烈祖愀然久之曰：『疆域
雖分，生齒理一，人各爲主，其心未離。橫生屠戮，朕所弗忍。且
救災睦鄰，治古之道。朕誓以後世子孫，付之於天，不願以力營也。
大司徒其勿復以爲言。』於是特命行人厚遺之金粟繒綺，蓋車相望
於道焉。暮年先理治命，引元宗而告之曰：『德昌宮凡積兵器繒帛
七百餘萬，吾棄代後，汝善和鄰好，以安宗祐爲意，不宜襲隋煬帝
之跡，恃食阻兵，以自取亡覆也。』于時中外寢兵，耕織歲滋，文
物彬煥，漸有中朝之風采。元宗之初，尙守先訓，改元保大，蓋有
止戈之旨。三四年閒，皆以爲守文之良主。會元老去位，新進後生
用事，爭以事業自許，以謂盪定天下，可以指日而就，上意熒惑，
移於多口，由是構怨連禍，蹙國之勢，遂如削肌。其後宋齊邱復起
於遷謫之中，謀爲自固，更相唱和，兵結而不得解矣。未及十年，
國用耗半，有杜昌鄴者，經事永陵，還自外鎮，復領計司，撫桵大
慟曰：『國事去矣，夫鴻鵠養護六翮，將致千里，今拔取之以傅斥
鷃，寧不使人恨恨也！』……唐祚中興，大臣議廣土宇，往往皆以
爲當自潭越始，烈祖不以爲是，一旦召宋齊丘、馮延巳等數人俱
入，元宗侍側，上曰：『天下之勢，低昂如權衡，要當以河山爲腹
背。腹背奐，然後手足有所運。朕藉楊徐遺業，撫有東夏，地勢未
便，猶如繪事，窘於邊幅，雖有手筆，無所縱放。毛遂云：錐未得
處囊中故也，如得處囊中，則必穎脫而出矣。我之所志，大有以似
此。每思高祖太宗之基緒，若墜冰谷，痿人不忘起，盲人不忘視，
以方我心，未足以訓其勤。然所以不能躬執干戈爲士卒先者，非有
所顧怯也，未得處囊中故也。』馮延巳越次而對曰：『河山居中，

以制四極，誠如聖旨。然臣愚以謂羽毛不備，不可以遠舉；旌麾黯闇，不可以號召；輿賦不充，不可以興事。陛下撫封境之內，共己靜默，所以自守者足矣。如將有所志，必從跬步始。今王潮餘孽，負固閩徼，井蛙跳梁，人不堪命；錢塘君臣孱駑，不能自立，而又刮地重斂，下戶斃踣；荆楚之君，國小而夸·以法論之，皆將肇亂。故其壤接地連，風馬相及，臣愚以爲興王之功，當先事於三國。』
上曰：『不然，土德中否，日失其序。儻天人之望，或未之改，朕尚庶幾從一二股肱之後，如得一拜陵寢，死必目瞑。然嘗觀劉德興乘累捷之威，群胡斂衽之際，不得據有中原，乃留弱子而狼狽東歸，朕甚陋之。及聞李密勸玄感鼓行入關，意壯其言，至密自王，亦不能決意以西也。近徐敬業起江淮之衆，鋒銳不可當，不能因人之心，直趨河洛，而反游兵南渡，自營割據，識者知其不能成事矣。此皆已事之驗也，朕每傷之。錢氏父子，動以奉事中國爲辭，卒然犯之，其名不祥。閩土險瘠，若連之以兵，必半歲乃能下，恐所得不能當所失也。況其俗怙彊喜亂，既平之後，彌煩經防。惟諸馬在湖湘間，恣爲不法，兵若南指，易如拾芥。孟子謂齊人取燕，恐動四鄰之兵，徒得尺寸地而享天下之惡名，我不願也。孰若悉輿稅之入，君臣共爲節儉，惟是不腆之圭幣，以奉四鄰之歡，結之以盟誼，要之以神明，四封之外，俾人自爲守，是我之存三國，乃外以爲蔽障者也，疆場之虞，不警於外廷，則寬刑平政，得以施之於統內，男不失秉耒，女無廢機織，如此數年，國必殷足，兵旅訓練，積日而不試，則其氣必倍，有如天啓其意，而中原忽有變故，朕將投袂而起，爲天下倡。倘得遂北平潛竊，寧乂舊都，然後拱揖以招諸國，意雖折簡可致也，亦何以兵爲哉！於是孫忌及宋齊邱同辭以對曰：『聖志遠大，誠非愚臣等所及也。』」《通鑑》後晉高祖天福六年：「漢主遣使如唐，謀共取楚，分其地；唐主不許。」

⑩烈祖死，江淮人爲之立廟，《江南通志》卷三十七於江寧府載：
「李王廟，在府城東南，祀南唐李知誥。」則必有惠政於民。《通
鑑》載唐烈祖仁德之處，綜而言之，可有以下數則。

後晉天福三年：「六月壬午，或獻毒酒方於唐主，唐主曰：「犯吾
法者自有常刑，安用此爲！」群臣爭請改府寺州縣名有吳及陽者，
留守判官楊嗣請更姓羊，徐玠曰：「陛下自應天順人，事非逆取，
而諂邪之人專事改更，咸非急務，不可從也。」唐主然之。

後晉天福五年五月：「唐主使宦者祭廬山，還，勞之曰：『卿此行
甚精潔。』宦者曰：『臣自奉詔，蔬食至今。』唐主曰：『卿某處市
魚爲羹，某日市肉爲饊，何爲蔬食？』宦者慚服。倉吏歲終獻羨餘
萬餘石，唐主曰：『出納有數，苟非培民刻軍，安得羨餘邪！』」

後晉天福六年十一月：「分遣使者按行民田，以肥瘠定其稅，民間
稱其平允。自是江淮調兵興役，及他賦斂皆以稅錢爲率，至今用
之。死國事者，皆給祿三年。」

後晉齊王天福八年：「自烈祖相吳，禁壓良爲賤，令買奴婢者通官
作券。馮延巳及弟禮部員外郎延魯，俱在元帥府，草遺詔聽民賣男
女；意欲自買姬妾，蕭儼駁曰：『此必延巳等所爲，非大行之命也。
昔延魯爲東都判官，已有此請；先帝訪臣，臣對曰：陛下昔爲吳相，
民有鬻男女者，爲出府金，贖而婦之，故遠近歸心，今即位而反之，
使貧人之子爲富人廝役，可乎？先帝以爲然，將治延魯罪。臣以爲
延魯愚，無足責，先帝斜封延魯章，抹三筆，持入宮，請求諸宮中，
必尙在。』齊王命取先帝時留中章奏三千餘道，皆斜封一抹，果得
延魯疏。然以遺詔已行，竟不之改。」

除《通鑑》外，其餘稱頌烈祖者如下：

《江南別錄》曰：「烈祖日於勤政殿視政，有言事者，雖徒隸必引
見，善揣物情，人不能隱。千里之外，如在目前。」

《玉壺清話·李先主傳》：「主自受代以來，台閣多俗吏，細大之務，主親決之。末年，始用儒雅，雜用簡易之政，悉罷苛細，將修復典故，以爲著令。因感疾，漸至殘廢，遂寢焉。晚爲方士所誤，餌硫黃丹砂，吐納陰修之術，忽躁怒。居常最寬和，殆病，百司奏事，或厲聲呵詬，然無他害。群有司案牘，果事理明白者，則收斂顏色，殷勤謝而從之。既覺，數屯，多布德澤，文武官沒者，子孫隨收敘，不限資蔭。孤露者，營其婚葬；幼未堪任及無嗣者，出內帑以賑之；死王事者，下至卒伍，皆給二年之廩。士之貴賤長幼，卒無身後之患。」

徐鉉《江南錄》曰：「烈祖少長喪亂，知人艱苦，不以富貴自處，身爲宰相，事養父母如禮，飲食皆親侍，或遇疾不解帶，溫常責諸子曰：『汝輩能如是乎！』接見親族，如家人禮。尊長者，親拜之。晚年服金石，藥性多躁怒，百司奏事，必厲聲訶責。群臣或正色，對事理明白，必斂容慰勉之。旬日後，多有恩澤，故人思盡力。決死刑，用三覆三奏法，文武亡歿，子孫隨才敘用，不限資蔭。或營其婚嫁，幼未堪任，與無嗣者，內帑給之。有親老者，倍其數。死王事者，下至卒伍，皆三年給全俸。故士無貴賤，悉無身外憂。」

《新五代史·南唐世家·李昇傳》：「昇客馮延巳好論兵，大言，嘗誚昇曰：『田舍翁安能成大事！』而昇志在守吳舊地而已，無復經營之略也，然吳人亦賴以休息。」

馬令《南唐書·先主書》論曰：「嗚呼！積厚者流澤遠，積薄者流澤狹，不其然乎？舜之後千餘年而有陳，陳亡而田氏專政於齊。禹之後千餘年而有杞，杞削而句踐得志於越。後世之君，建大義於一時，而德不若舜禹者，亦隨其澤之遠近而興起。故晉以天下喪於狄人，而琅琊繼之。唐以天下篡於朱梁，而烈祖紹之。烈祖之起，雖無雄才大略，而深沈寬裕，本於天性。幸丁中原擾攘，故數年間，

有足觀者。」

《唐餘紀傳》卷一「國紀第一」：「論曰：南唐先主以憲宗遺胤，得國江左，僅延一脈，祖孫纔四十年而宋滅之，是殄唐祀者，不獨朱溫也。宋承周後，以周為正統，故於南唐，謂其與故朝族屬不明，紹續非正，於是斥為僭偽，而貶其名號。大抵主於紹周，故其立論如此，疑未足憑也。南唐為國，雖境土褊小，歷年不永，然觀其聲明文物，當時諸國莫之與並，其賢才碩輔，固不逮蜀漢武侯，而文武才業，忠節聲華，炳耀一時者，亦不可揜；矧其間政化得失，興衰治亂之跡，有可為後世鑒戒者，尤不可泯也。方是時，契丹雄盛虎視，中原晉漢之君，以臣子事之惟謹，顧獨拳拳於江淮小國，聘使不絕；高麗亦歲貢方物，豈非久服唐之恩信，仰唐餘風，以唐為猶未亡也耶？然則唐餘之目，當時既不以為非，則後世亦難於終貶，故予少仍前書之文，略變《綱目》蜀漢繼統例，自先主而下，列為國紀，俾後之追修前史者，得有據焉。」

論曰：昔馬元康、胡恢皆嘗作《南唐書》，①自烈祖以下，元康謂之書，恢謂之載紀。②蘇丞相頌③得恢書而非之曰：「夫所謂紀者，蓋摘其事之綱要，繫於歲月，屬於時君。秦莊襄王而上與項羽，皆未嘗有天下，而史遷著於本紀。范曄《漢書》又有皇后紀，以是質之，言紀者不足以別正閏。陳壽《三國志》吳蜀不稱紀，是又非可法者也。」蘇丞相之言，天下之公言也，今取之。自烈祖而下，皆為紀，而用史遷法，總謂之《南唐紀》云。

〔考釋〕

①胡恢，《宋史》無傳，唯於《郭申錫傳》一見，謂「張貴妃追冊、

起園陵，張堯佐爲使相，陳執中嬖妾殺婢，余靖引胡恢有醜行，高
若訥引范祥啓邊釁，申錫皆奏劾之。」則胡恢行有可議。又宋沈括
《夢溪筆談》曰：「金陵人胡恢，博物強記，善篆隸，臧否人物。
坐法失官十餘年，潦倒貧困，赴選集於京師。是時韓魏公當國，恢
獻小詩自達，其一聯云：『建業關山千里還，長安風雨一家寒。』
魏公深憐之。令篆太學石經，因此得復官，任華州推官而卒。」清
王士禎《香祖筆記》卷八：「《南唐書》有馬令、胡恢、陸游三家，
馬、陸二書盛行于世，近吳門又有合刻，惟胡書世罕傳之。聞江陰
李忠毅（原注：應昇）家有藏本，廿年前屬江陰令陸雲士（原注：
次雲）訪之，久不見報，又屬門人楊侍講賓實(原注：名時)求之，
亦不得。按恢，金陵人，博物強記，工篆隸，客京師，久不得調，
《上韓忠獻公》詩云：『建業關山千里還，長安風雨一人寒。』公
深憐之，使篆太學石經，因此得復官，任華州推官，卒。」

② 《南唐書音釋》曰：「宋陽羨馬令祖，太學博士。元康世家金陵，
多記唐事，書未成而卒。令於崇寧間，繼成《南唐書》三十卷。恢，
金陵人，宋華州推官，嘗篆太學石經。博學強記，臧否人物，能詩。
按：南唐諸書有《烈祖開基志》十卷，唐滁州刺史王顔撰，起天祐
乙丑，止昇元癸卯。《烈祖實錄》十三卷，內闕二卷。《吳錄》二
十卷，并高遠撰。遠傳書未成，卒，焚其草，故多遺落。《江南錄》
十卷，宋太宗以徐鉉、湯悅皆唐舊臣，命撰之。晁無咎曰：『王
安石言：鉉書至亡國之際，不惟厚誣忠臣，其欺君亦甚。世多以此
言爲然。獨劉道原得佑子華所上父事跡，略與《江南錄》同，乃知
鉉等非欺誣也。』悅即殷崇義，避宋諱改姓，因并易名。《江南別
錄》四卷，宋陳彭年撰。吳唐四主傳也。《南唐近事》二卷、《江
表志》三卷，并鄭文寶撰。《江南野史》二十卷，宋龍袞撰，凡八
十四傳。《江南館載》二卷，其序言鉉等奉詔爲《江南錄》。後王

舉、路振、陳彭年、楊億皆有書，大概皆不足以史稱，而袞尤甚。熙寧八年，得鄭君所遺於楚州，其事有人家所遺，或小異者，刪落是正，以類相從云。鄭君序者皆不著名，已上并馬胡二家，凡十一書，惟陸游遍取折衷，成此書也。游亦不著名，以他書考而知。豈時以私著避也？」

《南唐書注》：「按：馬令《南唐書·序》云『先祖元康』，似元康爲其祖字，後皆以爲令之字，恐誤。」

《南唐書補注》引《四庫總目》：「《南唐書》三十卷，馬令撰。令宜興人。陳振孫《書錄解題》載令自序，稱其祖太博元康，世家金陵，多知南唐故事，未及撰次，今續先志而成之。實崇寧已酉云云。則令乃北宋末人，此本不載令自序，蓋偶佚也。」劉承幹又曰：「元趙世延所作《陸游重修南唐書序》稱馬元康、胡恢等，迭有所述，今復罕見。竟以爲令祖元康所作，殆當時未見其本，故傳聞致誤，與其書每序贊之首，必以嗚呼發端，蓋欲規仿《五代史記》，頗類效顰，於詩話小說，不能割愛，亦不免蕪雜瑣碎，自穢其書。又如《建國譜》之敘地理，有軍州而無縣，則省不當省。《世系譜》不過出自唐吳王恪，於《先主書》首一句，句畢而復述於唐書以前，尤繁不當繁，亦乖史體，均不及陸游重修之本。然椎輪之始，令亦有功，且書法亦謹嚴不苟，故今從新、舊《唐書》之例，並收錄焉。」

《南唐書·序傳》曰：「太熙之後，述史者幾乎罵矣。唐季五代，大盜割據，各亦有史，而太熙之風，往往有之。南唐浸滅，史官高遠，慮貽後悔，悉取史草焚之而死。徐鉉、湯悅奉太宗皇帝敕錄所聞，而忘遠取近，率皆疏略，先祖太博，世家金陵，多知南唐故事，旁搜舊史遺文，並集諸朝野之能道其事者，未及撰次，遽損館舍。令輒不自料，纂先志而成之，列爲三十卷，雖有媿於筆削，而誅亂尊王，亦庶幾焉。崇寧乙酉春正月。陽羨馬令。」

③《宋史·蘇頌傳》：「蘇頌字子容，泉州南安人。父紳，葬潤州丹
陽，因徙居之。第進士，歷宿州觀察推官、知江寧縣。時建業承李
氏後，稅賦圖籍，一皆無藝，每發斂，高下出吏手，頌因治訊他事，
互問民鄰里丁產，識其詳。及定戶籍，民或自占不悉，頌警之曰：
『汝有某丁某產，何不言？』民駭懼，皆不敢隱。遂剗剔夙蠹，成
賦一邑，簡而易行，諸令視以爲法。……頌器局閎遠，不與人校短
長，以禮法自持。雖貴，奉養如寒士。自書契以來，經史、九流、
百家之說，至於圖緯、律呂、星官、算法、山經、本草，無所不通。
尤明典故，喜爲人言，亹亹不絕。朝廷有所制作，必就而正焉。」

# 《元宗本紀》第二

元宗明道崇德文宣孝皇帝，①名璟，字伯玉，烈祖長子。②母曰宋皇后。初名景通。③風度高秀，④幼工屬文，⑤起家駕部郎中，累進諸衛大將軍。⑥烈祖爲齊王，立爲王太子，固讓。

昇元初，烈祖受禪，封吳王，徙齊王。

四年（九四〇）八月，立爲皇太子，復固讓，曰：「前世以嫡庶不明，故早建元良，示之定分。如臣兄弟友愛，尚何待此！」烈祖爲下詔，稱其「守廉退之風，師忠貞之節，有子如此，予復何憂」。⑦赦殊死以下，臣民奉賤齊王，如太子禮。

〔考釋〕

① 《五國故事》作至道文宣孝皇帝，廟號太宗。《宋史·南唐世家·李景傳》無「宣」字。《十國春秋·南唐元宗本紀》同陸《書》。

② 《江表志》卷二：「元宗名璟，烈祖元子也。母曰宋太后。」馬令《南唐書·嗣主書第二》：「嗣主，諱璟，字伯玉，初名通，烈祖元子也。」《十國春秋·南唐元宗本紀》云：「母元敬皇后。」又《南唐元敬皇后宋氏傳》云：「元敬皇后宋氏，小名福金。……生元宗。」

③ 《十國春秋·南唐元宗本紀》同陸《書》，又注云：「陳彭年《江南別錄》云初名景，非是。《五代史》、《宋史》稱景者，蓋從顯德時改名耳。」按：《新五代史·南唐世家·李景傳》云：「景，初名景通，……既立，又改名璟。」《宋史·南唐世家·李景傳》：

「南唐李景，本名景通，後改爲璟。避周廟號，復改爲景。」陸《書》與歐《史》、《宋史》同，吳任臣說可信。

又，諸書載元宗生有異像，若《南唐近事》曰：「烈祖嘗晝寢，夢一黃龍，繚繞殿檻，鱗甲炳煥，照耀庭宇，殆非常狀。逼視，蜿蜒如故。上既寤，使視前殿，即齊王憑檻而立，偵上之安否。問其至止時刻，及視向背，皆符所夢。上曰：『天意諄諄，成吾家事，其此子乎？』旬月間，遂正儲位。」《五國故事》上：「或云：知誥在位，嘗晝寢，夢黃龍繞其殿檻，使人視之，報曰：齊王抱小殿之柱而立。知誥心喜，乃定其儲位。……又嘗以其事質於江南一朝士，曰：『非也。徐溫既與張顥將謀弑渥，而先擇其嗣主。溫夢入宮中，見白龍抱其殿柱，明日且入，果見渥弟渭衣白衣，抱殿柱而立，心乃定之，非李氏』。」《釣磯立談》：「烈祖一日晝寢，夢一黃龍出殿之西檻，矯首內向，如窺伺狀。烈祖驚起，使人偵之，顧見元宗方倚檻而立，遣人候上動靜，于是立嫡之意遂決。」以上不經之說，陸《書》概不載，是也。

④《玉壺清話·江南遺事》：「嗣主璟，幼有奇相。惟義祖徐溫器之，曰：『此子殆非人臣相。』溫食，即命同席，南向以坐之，曰：『徐氏無此孫。』溫自金陵迎吳王於迎鑾江，大閱水嬉，還至百家灣，向夕，暴風忽起，舟人束手於駭浪中，溫四望無計，遂祖褐負璟於背。回語賓御曰：『吾善游，不暇救爾輩，所保者，此子爾。』言訖，風息，若神護。」

⑤馬令《南唐書·嗣主書第二》：「有文學。甫十歲，吟《新竹詩》云：『棲鳳枝梢猶軟弱，化龍形狀已依稀。』人皆奇之。」按：《江南別錄》曰：「義祖幼而器之，嘗曰：『諸孫中，此子獨貴。』」可注馬《書》。又馬令《南唐書·嗣主書第二》曰：「吳讓皇見之曰：『吾諸子皆不及也。』」《十國春秋·南唐元宗本紀》載同陸

《書》。

⑥《徐公文集》十六《唐故常州團練判官檢校尙書左僕射劉君墓誌》云：
「……諱郜，字巨源。……有唐受禪，烈祖嘉君盡忠，亟召之還，
除常州長史，悉還其官階田宅。未幾，又改和州長史，聽歸廣陵舊
居。初，元宗方在膠庠，吳帝使君召拜郎中，賜以章綬。」《十國
春秋·南唐元宗本紀》載同陸《書》。《南唐書補注》：「元宗乃
南唐主李璟也。是元宗由秀才起，猶梁武出自諸生也。」

⑦《十國春秋·南唐元宗本紀》載同陸《書》。


（昇元）七年（九四三），二月，烈祖病疽，祕之，人皆
莫知。
庚午，疾亟，太醫吳廷紹密遣人告帝。帝馳入宮，侍疾於
東閣。是夕，烈祖崩，
祕不發喪，而下詔帝監國，①大赦，頒賚有差。
丙子，始宣遺詔。②


〔考釋〕

① 《稽古錄》於後晉齊王重貴天福八年（九四三）載：「唐主昇殂，
　　子景立。以弟齊王遂爲元帥，燕王達副之；約以傳國。」

② 《十國春秋·南唐元宗本紀》所載差同。


保大元年（九四三），春三月，己卯朔，烈祖崩已旬日，
帝猶未嗣位，方泣讓諸弟。奉化節度使周宗①手取袞冕衣
帝曰：「大行付陛下神器之重，豈得固守小節！」②是日
即皇帝位，大赦，改元。③不待逾年，遽改元，識者非
之。④百官進位二等，將士皆有賜，蠲民逋負租稅，賜鰥

寡孤獨粟帛。尊皇后爲皇太后，立妃鍾氏爲皇后。以鎮南軍節度使宋齊丘爲太保，兼中書令。⑤奉化軍節度使周宗爲侍中。⑥徙封壽王景遂爲燕王，宣城王景達爲鄂王。⑦閩使來弔祭。⑧升濠州爲定遠軍。⑨

秋七月，徙燕王景遂爲齊王，鄂王景達爲燕王。仍以景遂爲諸道兵馬元帥，居東宮，景達爲副元帥，仍詔中外以兄弟傳國之意。⑩

八月，乙卯，立弟景逿爲保寧王。⑪

冬十月，庚戌，有星孛於東方。嶺南妖賊張遇賢犯虔州。⑫詔遣洪州營屯都虞候嚴恩帥師討之⑬，以通事舍人邊鎬監其軍，其後擒遇賢及其黨黃伯雄、曹景全，斬於金陵市。⑭

十二月，以太保中書令宋齊丘爲鎮海軍節度使。⑮


〔考釋〕

①馬令《南唐書·嗣主書第二》作「徐玠」，與陸《書》異。

②馬令《南唐書·嗣主書第二》又云：「侍中徐玠以袞冕被之曰：『大行付殿下以神器之重，殿下固守小節，非所以遵先旨，崇孝道也。』乃嗣位，改元保大。」《十國春秋·南唐元宗本紀》所載與陸《書》差同，又採馬《書》語。

③《通鑑》後晉齊王天福八年（九四三）三月云：「唐元宗即位，大赦，改元保大。」《釣磯立談》：「元宗之初，尙守先訓，改元保大，蓋有止戈之義。」

④《通鑑》後晉齊王天福八年三月云：「秘書郎韓熙載請俟踰年改元，不從。尊皇后曰皇太后，立妃鍾氏爲皇后。」馬令《南唐書·嗣主書第二》曰：「太常博士韓熙載上疏曰：『逾年改元，古之制也。事不師古，弗可以訓。』時雖可其奏，而制書已行，遂改元。」《十

國春秋·南唐元宗本紀》載同馬《書》。《金陵通紀》卷七逕曰：
「祕書郎韓熙載請俟明年改元，不從。」

⑤《通鑑》後晉齊王天福八年三月云：「唐主以鎮南節度使宋齊丘爲
太保兼中書令，奉化節度使周宗爲侍中。唐主以齊丘、宗先朝勳
舊，故順人望召爲相，政事皆自決之。」馬令《南唐書·嗣主書第
二》以宋齊邱作左丞相。《十國春秋·南唐元宗本紀》同陸《書》，
又注云：「馬氏《南唐書》作左丞相，今從陸游《南唐書》。」

⑥馬令《南唐書·嗣主書第二》：「洪州宋齊丘入爲左丞相，周宗入
爲右丞相，以元帥府掌書記，馮延巳爲諫議大夫翰林學士。」《十
國春秋·南唐元宗本紀》載同陸《書》。

⑦《通鑑》後晉齊王天福八年三月云：「徙壽王景遂爲燕王，宣城王
景達爲鄂王。」馬令《南唐書·嗣主書第二》：「冊母宋氏爲皇太
后，妃鍾氏爲皇后，弟景遂改封燕王，弟景達改封鄂王，弟景逿改
封保寧王，長子冀南昌王。文武進位有差。」《宋史·南唐世家·
李景傳》：「尊母宋氏爲皇太后，立妻鍾氏爲皇后。」按：嗣主長子
李冀爲南昌王，馬《書》載之，而陸《書》缺載，宜據補，蓋《徐
公文集》六有《南昌王制》一篇，俱載冀封南昌王事。云：「門下。
昔西周之分陝服，則曰風聲所存，南朝之治揚州，則曰本根攸寄。
非親賢碩望，不足以表東夏，非輔相重位，不足以副具瞻。天下爲
公，百王不易，肆予敷命，匪敢有私。長子某，敦信厚之風，秉孝
恭之德，允迪前烈，率由生知。自剖麟符，往綏淮甸，尊敬師保，
奉行詔條，有所問而不干，知爲善之最樂。東楚之俗，向風而安，
時以爲能，朕亦自慰。夫陟明賞善，有國大典，苟得其所，雖親何
嫌！是用特就留臺，寵開相府，崇貴之數，儀制存焉。噫！爲政無
他，勤則有繼，舉德甚易，終之實難，無以安佚自居，而忘夙夜之
戒；無以驕貴自負，而忽藥石之言，治亂善敗，則有先聖之遺經；

憲章文物，則有中朝之成式。諮訪佩服，身先行之，敬哉愼哉，無忝多訓。可。」

⑧《十國春秋·南唐元宗本紀》載同陸《書》。又《閩春秋·景宗本紀》：「永隆五年，三月，已卯，唐王殂，遣使如金陵弔祭。」

⑨《通鑑》後晉齊王天福八年三月：「唐置定遠軍於濠州。」

⑩《新五代史·南唐世家·李景傳》曰：「景盟於昪柩前，約兄弟世世繼立。」疑陸《書》採自歐《史》。《金陵通紀》卷七、《十國春秋·南唐元宗本紀》亦載此事，《十國春秋》又注云：「歐《史·南唐世家》云：『景盟于昪前，約兄弟世世繼立。』」可爲證。又吳《十國春秋·南唐元宗本紀》云：「景遂固讓，不許。給事中蕭儼上疏曰：『夏、商之後，父子相傳，不易之典，惟仰循古道，以裕後尾。』疏奏，不報。」《通鑑》後晉齊王天福八年七月：「唐主緣烈祖意，以天雄節度使兼中書令、金陵尹燕王景遂爲諸道兵馬元帥，徙封齊王，居東宮；天平節度使、守侍中，東都留守鄂王景達爲副元帥，徙封燕王；宣告中外，約以傳位。立長子弘冀爲南昌王。景遂，景達固辭，不許。景遂自誓必不敢爲嗣，更其字曰退身。」馬令《南唐書·嗣主書第二》：「秋，七月，燕王景遂改封齊王，拜諸道兵馬大元帥、太尉、中書令。鄂王景達改封燕王，拜副元帥。宣告中外，以兄弟相傳之意。」

⑪《通鑑》後晉齊王天福八年八月：「乙卯，唐主立弟景逿爲保寧王。宋太后怨种夫人，屢欲害景逿，唐主力保全之。」據馬令《南唐書·嗣主書第二》所載，景逿爲保寧王，不在八月，乃在四月前。與陸《書》及《通鑑》所載異。《南唐書補注》：「《十國藩鎮表》、《五代會要》云：『天成四年，十月，升閬州爲保寧軍節度。一云：割閬、果二州，置直保寧軍。』」《徐公文集》六《保寧王制》：「門下。昔先王聰明時憲，文質載周，親親之義，莫之或改。乃知

封建之重，宗社攸賴；友愛之美，風教攸先。寅奉舊章，敢忘循舉。二十弟某，稟質沖粹，愼德孝恭，出言有章，好學不倦，故我文考，慈訓備隆，而能踐修嘉猷，惠迪前哲，卓爾令器，時惟老成。粵予眇沖，肇當纘服，賴貽謀之啓後，仰垂鑒之在天，尙念多艱，懼弗克荷，是用睦懿親以佑涼德，班宗彝以懷萬邦。錫爾以山川，表爾以車服，師長之任，申而寵之，敦敍之恩，於是乎在。於戲！苴茅侯社，禮莫縟焉；連華棣萼，親莫暱焉。履信思順，可以無悔，尊師重道，事以多聞。盡愛敬以奉親顏，極惠和以厚宗室，勿恌勿墮，有初有終，服我訓詞，永光懿烈。可。」又卷七《封保寧王冊》：「維保大元年八月丁未朔某日，皇帝若曰：稽古夷庚，祗協皇極，建侯樹屏，保乂王家，用能乘運會昌，歷世重光，先哲所以啓後，列辟所以時憲者也。我思立愛，宜有加焉。咨爾二十弟某，中和萃靈，寬裕成德，戲必俎豆之禮，學無城闕之遊，聰明仁智，仰遵前訓，孝友姻睦，率由生知。昭此玉音，應於麟趾。朕以不德，凜乎丕承，文武之功，期無獨享，契龜胙土，抑爲舊章，今使使某官某持節，冊爾爲保寧王，食邑二千戶，敬之哉。昔我文考，對越上帝，敷佑下民，克儉於家，無縱於逸，再造之業，與世無窮。予以爾有邦，膺受繁祉，今爾尙迪遺烈，保終令圖，無從非尋，無狎非正，耇老是聽，訓典是師，綏寧乃封，以永元吉。」

⑫《玉壺清話·江南遺事》：「虔州妖賊張遇賢，循州縣小吏也。縣村有神降於民，與人交語，不見其形，言禍福輒中，民競依之。遇賢因置香果於神，神謂衆曰：『張遇賢是第十八尊羅漢，可留事我。』遇賢親聞之，遂留其家，奉事甚謹。既而群盜大起，無所統一，乃禱於神，求當爲王者，曰：『張遇賢當爲汝主。』衆因推爲中天八國王，改元爲長樂，辟置百官。神曰：『汝輩可度嶺取虔。』群賊奉遇賢襲南康，虔州節度使賈浩始甚輕之，殊不設備，賊衆蟻

聚，遂至十萬。遇賢自擇巖際，據白雲洞造宮室。群劫四出，攻掠
無度。李主璟遣都虞候嚴思討之，邊鎬監軍，璟諭鎬曰：『蜂蟻空
恃妖幻，中無英雄，至則可擒。』果至，連敗其衆。遇賢日窘，告
神，神曰：『吾力謝福衰，庇汝不及，善自爲處。』遂執之，斬於
建康市。」《通鑑》後晉齊王天福七年秋七月：「有神降於博羅縣
民家，與人言而不見其形，閭閻人往占吉凶，多驗，縣吏張遇賢事
之甚謹。時循州盜賊群起，莫相統一，賊帥共禱於神，神大言曰：
『張遇賢當爲汝主。』於是共奉遇賢，稱中天八國王，改元永樂，
置百官，攻掠海隅。遇賢年少，無他方略，諸將但告進退而已。漢
主以越王弘昌爲都統，循王弘杲爲副以討之，戰于錢帛館。漢兵不
利，二王皆爲賊所圍；指揮使陳道庠等力戰救之，得免。東方州縣
多爲遇賢所陷。」馬令《南唐書·嗣主書第二》：「冬十月，……
妖賊張遇賢聚衆十餘萬，陷虔州諸縣，虔州城守，遇賢據白雲洞，
命洪州營屯都虞候嚴思禮、通事謀主僧曹景全，斬於建康市。」《十
國春秋·南唐元宗本紀》云：「遇賢兵皆絳衣，時謂之赤軍子。」
《徐公文集》七《招討妖賊制》曰：「朕聞先王之靜人也，四夷咸
賓，尚先愼德之誠。一夫不獲，則軫納隍之心，是故導以仁聲，浹
之惠澤，猶不可化。遂威有刑。昨者嶺表遺甿，聚爲寇盜，違其上
命，犯彼戰鋒，而敢乘我國哀，伺我邊隙，侵軼我封部，誘惑我黔
黎。保據谿山，肆爲剽掠。朕以肇膺丕業，先洽德音，矧彼狂徒，
皆爲赤子，弗忍盡殺，冀其自新，所以雖命師徒，且令招撫。而凶
愚不革，結聚愈繁，暴害吏民，攻圍縣邑，一至於此，其能久乎！
國有常刑，吾又何愛？仍聞衆軍致討，累有殺傷，平人無辜，暴骨
於野，興言及此，永惻朕心。況常賦及期，三農失業，特申矜恤，
更示懷來。虔州今年應屬省租稅，并可放免。仍委諸縣長吏，安存
編戶，宣示國恩，防護警巡，勿令擾動。妖賊張茂賢首爲劫盜，罪

在難容，若能束身歸降，亦與洗滌收錄，如聞命之後，因循未賓，即令招撫諸軍，分路進討，如所在百姓及徒黨中，有能擒斬茂貞者，不計有官無官，并賜三品，賞錢一萬貫，莊一區，并已分產業，并永放苗稅差役，傳之子孫。此恩不改，若能同心計畫及數內，或擒獲得稱王，稱統軍軍使之屬，并次第首級，止於一隊一寨頭領者，即約此例等降優賞，放免苗稅差役，或能自出身歸投，有田畝者，各令歸業，仍放三年賦租，無田者委本道錄奏，各與逐便，優穩安排，及重加賞賚。如凶惡不回，爲諸軍擒獲者，不問人數，即便處斬。明申威信，汝自擇焉。諸軍將士有能斬獲茂貞，殺戮餘黨，官賞之制，并越常規。予不食言，爾宜自勵。朕永惟止殺，許彼悛心。且妖賊等燒毀倉儲，蹂踐禾稼，聚食則資糧立盡，外取則穀實不收。進則大軍扼其前，退則領兵掎其後，況烏合之衆，本不同心。緩則苟避征租，急則各圖恩賞，函首來獻，翹足可期。咨爾群黨等，自保家鄉，共思寧息。與其碎身於鋒刃，孰若樂業於閭里！咨爾將士等，各奮驍雄，早成功績，與其暴師於境上，孰若受賞於轅門！體我深懷，速清邊徼。布告本道，咸使聞知。」

⑬「嚴恩」，馬令《南唐書·嗣主書第二》作「嚴思禮」。《通鑑》作「嚴恩」，《五代史》、釋文瑩《玉壺清話》卷十同《五代史》、《十國春秋·南唐元宗本紀》同，然《十國春秋》又注云：「馬令《南唐書》作『嚴思禮』，《五代史》作『嚴思』，今從《通鑑》、陸游《南唐書》、《唐餘紀傳》。」然則吳所見之陸《書》不作「嚴思禮」。

⑭《通鑑》後晉紀齊王天福八年十月載：「唐主遣洪州營屯都虞侯嚴恩將兵討張遇賢，以通事舍人金陵邊鎬爲監軍。鎬用虔州人白昌裕爲謀主，擊張遇賢，屢破之。遇賢禱於神，神不復言，其徒大懼。昌裕勸鎬伐木開道，出其營後襲之，遇賢棄衆奔，別將李台，台知

神無驗，執遇賢以降，斬於金陵市。」《十國春秋·南唐元宗本紀》載同陸《書》。

⑮《通鑑》後晉天福八年十二月載：「唐侍中周宗年老，恭謹自守，中書令宋齊丘廣樹朋黨，百計傾之。宗泣訴於唐主，唐主由是薄齊丘。既而陳覺被疏，乃出齊丘為鎮海節度使。齊丘忿懟，表乞歸九華舊隱。唐主知其詐，一表，即從之，賜書曰：『明日之行，昔時相許。朕實知公，故不奪公志。』仍賜號九華先生，封青陽公，食一縣租稅。齊丘乃治大弟於青陽，服御將吏，皆如王公，而憤邑尤甚。」馬令《南唐書·嗣主書第二》：「時宋齊邱、周宗為左右丞相，齊邱專執，而宗純謹自守，及上心既悟，齊邱乃言其非便。帝曰：『公何不早誨我？』遂罷齊邱為浙西節度使。」

## 〔史事補遺〕

一、月日可考之事：

①三月，唐主未聽政，〔胡三省注：以居喪，未御正朝聽政。〕馮延己屢入白事，一日至數四。唐主曰：「書記有常職，何為如是其煩也！」（《通鑑》後晉齊王天福八年）

三月，初，唐主為齊王，知政事，每有過失，常夢錫常直言規正；始雖忿懟，終以諒直多之。及即位，許以為翰林學士，齊丘之黨疾之，坐封駁制書，貶池州判官。池州多遷客，節度使上蔡王彥儔，防制過甚，幾不聊生，惟事夢錫如在朝廷。宋齊丘待陳覺素厚，唐主亦以覺為有才，遂委任之。馮延巳、延魯、魏岑，雖齊邱舊僚，皆依附覺，與休寧查文徽更相汲引，侵蠹政事，唐人謂覺等為「五鬼」。延魯自禮部員外郎遷中書舍人、勤政殿學士，江州觀察使杜昌業聞之，歎曰：「國家所以驅駕群臣，在官爵而已。若一言稱旨，遽躋通顯，後有立功者，何以賞之！」未幾，唐主以岑及文徽皆為

樞密副使。岑既得志，　會覺遭母喪，岑即暴揚覺過惡，　擯斥之。
（《通鑑》後晉齊王天福八年）

②唐以中書侍郎、同平章事李建勳爲昭武節度使，鎮撫州。（《通鑑》
後晉齊王天福八年，《十國春秋·南唐元宗本紀》同之。）

③五月，司徒兼侍中徐玠卒。（《十國春秋·南唐元宗本紀》）

④冬十月朔，清涼寺僧休復疏辭，帝取三日子時入滅，帝令本院至期
擊鐘，因登臺遙禮，收其舍利，建塔貯之。（《金陵通紀》卷七，
又注云：「時清涼寺有帝八分書，題名李蕭遠草書，董羽畫海水，
爲三絕。」）

④唐葬光文蕭武孝高皇帝于永陵，廟號烈祖。（《通鑑》後晉齊王天
福八年。按：《通鑑》無載葬於何月，《金陵通紀》卷七謂在十一
月壬寅。）


二、月日不可考之事：

①南唐保大元年，修孟瀆水門。（《南唐書補注》引《江南通志》，
劉氏《辨訛》云：「唐元和間，常州刺史孟簡，開泰伯瀆，復濬一
瀆，後人名曰孟瀆。自是兩河。泰伯瀆在無錫縣東五里，西連運河，
達蠡湖。孟瀆河在常州府西三十里奔牛鎮，東南接運河，北流六十
里入於江。舊志併兩河爲一，誤矣。」）

②是歲，遣公乘鎔航海使于契丹，以繼舊好。〔原注：鎔既至契丹，
契丹主述律遺元宗書曰：「大契丹天順皇帝謹致書大唐皇帝闕下，
貴朝使公乘鎔等自去秋已達東京海岸，適遭國禍，今年正月二十六
日部署一行，并諸儀物兵鎧已至燕京。茲蒙敦念先朝，踐修舊好，
既增摧痛，又切感銘。貴國長直官王朗、陳篆取間道先回，用附咨
報。公乘鎔等已遣伴送使陳植等同回，止俟便風，即令引道。』」〕
（《十國春秋·南唐元宗本紀》）

保大二年（九四四），春正月，侍中周宗罷爲鎭南軍節度使；左僕射兼門下侍郎平章事張居詠罷爲鎭海軍節度使。①辛巳，詔齊王景遂總庶政，惟樞密副使魏岑、查文徽得奏事，餘非召對，不得見。②初，烈祖尤愛景遂，帝奉先志，欲傳以位，故有是詔。③宋齊丘、蕭儼皆上書切諫，④未見聽。侍衛都虞候賈崇叩閤請見，⑤曰：「臣事先帝三十年，孜孜詢察，下情猶患壅隔；陛下始即位，所委何人，而頓與臣下疏絕如此！」⑥因嗚咽流涕 。 帝感悟 ， 命坐賜食，遂收所下詔。⑦

夏五月，閩將朱文進弑其君曦，⑧自稱閩王，遣使來告。帝囚其使，將討之，議者謂閩亂由王延政，⑨當先討，乃釋閩使遣還。⑩

秋九月，庚午，朔，日有食之。⑪

冬十二月，樞密院使查文徽請討王延政，⑫詔以文徽爲江西安撫使，往覘建州。文徽固請，乃以邊鎬爲行營招討，共攻延政，敗績于蓋竹。⑬

〔考釋〕

①《通鑑》後晉齊王開運元年(九四四)正月：「唐以侍中周宗爲鎭南節度使，左僕射兼門下侍郎、同平章事張居詠爲鎭海軍節度使。」馬令《南唐書·嗣主書第二》所載同。

②《通鑑》後晉齊王開運元年春：「唐主決欲傳位於齊、燕二王。翰林學士馮延巳等因之欲隔絕中外以擅權。辛巳，敕：「齊王景遂總庶政，百官惟樞密副使魏岑、查文徽得白事，餘非召對不得見。」國人大駭 。 給事中蕭儼皆上疏極論 ， 不報。〔《通鑑考異》曰：「《江南錄》，此敕在去年十二月；今從《十國紀年》。《紀年》

云齊丘上疏；今從《江南錄》。〕侍衛都虞候賈崇叩閣求見，曰：
『臣事先帝三十年，觀其延接疏遠，孜孜不怠，下情猶有不通者。
陛下新位，所任者何人，而頓與臣下疏絕？臣老矣，不得復奉顏
色。』因涕泗嗚咽。唐主感悟，遽收前敕。」

按：馬令《南唐書・嗣主書第二》載此事於去年十二月，云：「十
有二月，下令，中外庶政，並委齊王景遂參決，文武百司，唯樞密
副使魏岑、查文徽，得白事，餘非召對，不得見。蕭儼上書極論曰：
『元帥開府，人猶驚駭，況委之大政，而群臣不得時見。臣恐中外
隔絕，奸人得志，非陛下之利也。』書奏，不報。侍衛軍都虞候賈
崇詣閣求見，曰：『臣事先朝二十餘年，每見延接，疏遠未嘗壅隔，
群下之情，罔有不達。今陛下始即位，所委任者何人，而頓與群臣
謝絕，深居邃處，而欲聞民瘼，猶惡陰而入乎隧道也。臣老矣，長
不復奉顏色。』因涕泗嗚咽，帝深為感動，引與之坐，賜食而出，
始以手扎批喻儼等曰：『昊天不弔，降此鞠凶，越予小子，常恐弗
類于厥德，用災于厥躬，故退處恭默，思底于道，而壅隔之弊，以
為卿憂。惟予小子，實生厲階。』由是所下之令遂寢。」歐陽修《新
五代史・南唐世家・李景傳》亦載此事於去年十二月。《通鑑考異》
則考見此事本於《十國紀年》，宜從之，故《十國春秋・南唐元宗
本紀》載此事後，注云：「《江南錄》此敕在去年十二月。今從《十
國紀年》作正月。」

③《玉壺清話・江南遺事》：「晉王景遂，先主第三子。天資雍睦，
美姿容，性和厚。讓皇殂於丹陽，遣送葬，望柩哀慟雨淚，觀者為
之出涕。兄璟繼位，立為儲副，固讓不從，改字退夫以見志。」據
《冊府元龜》卷二二四《僭偽部・宗族》所載：「唐李景僭號，以
仲弟遂為皇太弟，季弟達為齊王。」則景果有意以遂為嗣。

④馬令《南唐書・嗣主書第二》載蕭儼之諫書，已見前考釋。至宋齊

丘之諫書，《江南野史》：「宋齊丘上疏極諫，不聽，其略云：『臣事先朝，迨三十年，每論議之際，常恐朝廷百官之中有忠赤苦口之人，壅蔽不得達其意懇。今始即位，而不與群臣相見，是陛下偏專獨任，自聖特賢而已。是以古帝王一人不能獨聞，假天下耳以聽；一人不能獨明，假天下目以視，故無遠邇，群情世態，不必親見躬聞而可得知之。蓋能延接疏越，異方之人，未嘗隔絕也。今深居邃處，而欲聞民間疾苦，猶惡陰而入於隧道也。然臣老矣，墓木亦既拱矣，桑榆之景，而可待以旦乎！』」惟《十國春秋·南唐元宗本紀》則以為宋齊丘無極諫之事，注云：「《十國紀年》、陸氏《南唐書》俱云宋齊丘亦極諫，《江南野史》載齊丘疏云……今不取。」茲並存之。

⑤《南唐近事》曰：「賈崇自統軍拜使相，鎮江都，周師未及境，盡焚其井邑，棄壘而渡。元宗引見於便殿，責其奔潰之由，且曰：『朝野謂卿為賈尉遲，朕甚賴卿，一旦敵兵未至，棄甲宵遁，何施面目至此！』崇扣首具陳『舒元既叛，大軍失律，城孤氣寡，無數旅之兵以禦要害，雖真尉遲亦無所施其勇，臣當拏戮，惟陛下裁之。』以忤旨釋罪，長流撫州。」

⑥《新五代史·南唐世家·李景傳》有載賈崇之語，最後有「臣老即死，恐無復一見顏色」句，而馬《書》作「長不復奉顏色」，意不及歐《史》明暢。

⑦《十國春秋·南唐元宗本紀》云：「帝感悟，遂諭儼等曰：『昊天不弔，降此鞠凶，越予小子，常恐弗類厥德，用災于厥躬。故退處恭默，思底于道。而壅隔之弊，以為卿憂。惟予小子，實生厲階。』由是所下之令遽寢。」此本諸馬《書》，詳見前考釋。

⑧《新五代史·南唐世家·李景傳》：「二年二月，閩人連重遇、朱文進弒其君王延羲，文進自立。是時，延羲弟延政亦自立於建州，

國號殷。王氏兄弟連兵累年，閩大亂，景因其亂遣查文徽及待詔臧循發兵攻建州。延政聞唐且攻之，遣人紿福州曰：『唐兵助我討賊矣。』福州信之，共殺文進等以降，延政遣其從子繼昌守福州。文徽軍屯建陽，福州將李仁達殺王繼昌自稱留後，泉州將留從效亦殺其刺史黃紹頗，皆送款於文徽。」又《新五代史·閩世家·王延羲傳》云：「延羲，審知少子也。既立，更名曦。遣使朝貢，於晉改元永隆……曦性既淫虐，而妻李氏悍而酗酒，賢妃尚氏有色而寵。李仁遇，曦甥也，以色嬖之，用以爲相。曦嘗爲牛飲，群臣侍酒，醉而不勝，有訴及私棄酒者，輒殺之。諸子繼柔棄酒，并殺其贊者一人。連重遇弒昶，懼爲國人所討，與朱文進連姻以自固。曦心疑之，常以語誚重遇等，重遇等流涕自辯，李氏妒尚妃之寵，欲圖曦而立其子亞澄，乃使人謂重遇等曰：『上心不平於二公，奈何！』重遇等懼。六年三月，曦出游，醉歸，重遇等遣壯士拉於馬上而殺之，謚曰景宗。」《五國故事》曰：「延曦，審知第二十八子也。先時，得罪於昶，昶囚之。私第有庭石一根。一日，有白煙一穗起於石上，久之方散。延曦懼，乃密召道士陳守元，即僞號陳天師者也，使禳剋之，守元曰：『未必不爲嘉兆也。』是夕，兵至其門而迎之。延曦謂昶使人收之，乃逃於廁中，久之方出。延曦即位，改元永隆，移書於鄰國曰：『六軍踊躍於門前，群臣歡呼於日下』是也。延曦在位，爲長夜之飲，鍛銀葉爲酒杯，以賜飲群臣下。銀葉既柔弱，因目之爲多瓜片。又名之曰醉如泥，酒既盈，即不許復置他所，惟飲盡乃可舍。自宗室泊宰臣而下，多以拒命見誅。嘗一夕醉甚，命其僞宰相李準棄市，而準方大醉，臥於市中，惟呼其婢春鶯而已。行刑者不敢殺，因致之他所。明日，延曦視朝，使召準，左右以夜來之命對之，延曦都不能知，乃急召，仍復其位。是日，又宴，翰林學士周維岳復被怒，下獄，獄吏拂榻而迎之曰：『尙書

無苦憂，昨夕相公方宿此，今亦無恙。』既醒果然。末年，爲僞客省使朱文進所殺。王氏遂滅。」馬令《南唐書‧嗣主書第二》載：「夏，閩人朱文進連重遇，弑其君曦，重遇立文進，使來告亂，囚其使。議代閩，以民疫，釋閩使，遣之。」《資治通鑑》後晉紀齊王開運元年夏四月載：「閩主曦果於誅殺，嘗游西園，因醉殺控鶴指揮使魏從朗。從朗，朱、連之黨也。又嘗酒酣，誦白居易詩曰：『惟有人心相對間，咫尺之情不能料。』因舉酒屬二人。二人起，流涕再拜，曰：『臣子事君父，安有他志？』曦不應，二人大懼。李后妒尚賢妃之寵，欲弑曦而立其子亞澄，使人告二人曰：『主上殊不平於二公，奈何？』會后父李眞有疾。乙酉，曦如眞第問疾，文進、重遇使拱宸馬步使錢達弑曦於馬上。召百官集朝堂，告之曰：『太祖昭武皇帝，光啓閩國，今子孫淫虐，荒墜厥緒。天厭王氏，宜更擇有德者立之。』衆莫敢言。重遇乃推文進升殿，被袞冕，帥群臣北面再拜稱臣。文進自稱閩主，悉收王氏宗族延喜以下少長五十餘人，皆殺之。葬閩主曦，謚曰睿文廣武明聖元德隆道大孝皇帝，廟號景宗。以重遇總六軍。禮部尚書、判三司鄭元弼抗辭不屈，黜歸田里，將奔建州，文進殺之。文進下令，出宮人，罷營造，以反曦之政。」《五國故事》曰：「僞朱文進者，王氏時爲客省使，既弑其君延曦，乃稱藩於朝廷。行天福年號，朝廷授文進福州節度使，同中書門下平章事，封閩國王。泉州指揮使劉從效殺文進，所署刺史黃紹頗以王繼勳代之，遙應建州。文進發兵攻之，爲泉人所敗，連重遇方殺文進，傳首建州，以從子繼昌來守福州，爲淮兵所阻，不得進，指揮使李孺贇乃推僧卓儼明爲主。卓儼明本神光寺僧，住上方，達將自立，懼人情不附，乃假立之，示衆曰：『儼明在神光寺，上方嘗睡庵中，有赤蛇出入其鼻中，此異人也，當迎立之。』衆從其議，未幾殺之，遂自立。李孺贇本名達，既自立，乃表朝廷

授檢校太尉同平章事，充福建節度使，知閩國事，後求爵於朝廷，不允，遂歸江南，編入屬籍，賜名弘義，預其僞皇子之列。既而召之，使入覲。孺贇復不聽命，遂爲江南所攻，告急於浙，救兵之圍解，乃覲於浙，孺贇未幾還本任，復謀叛，爲浙兵所戮，其弟孺賓亦誅焉。」徐鉉《稽神錄》五：「閩王(審知)初知泉州刺史，州北數十里，地名桃林。光啓初，一夕，村中地震，有聲如鳴鼓數百面，及明視之，禾稼方茂，了無一莖，掘地求之，則皆倒懸在土下。其年，審知剋晉安，盡有甌閩之地，傳國六十年，至子延羲，立桃林地中，復有鼓聲，時禾已收穫，稌粳在田，及時視之，亦無一莖，掘地求之，則亦倒懸土下。其年，延曦爲左右所殺，王氏亦遂滅。」

⑨《資治通鑒》後晉紀四齊王開運元年（九四四）春，「唐主遣使閩主曦及殷主延政書，責以兄弟尋戈。曦復書，引國公誅管，蔡，唐太宗誅建成、元吉爲比。延政復書，斥唐主奪楊氏國。唐主怒，遂與殷絕。」

⑩馬令《南唐書·嗣主書第二》於是年秋載云：「七月，鄂州王輿卒。以神武統軍韋建爲武清軍節度使。〔原注：備書官職者，新命也。書某州某人代者，移鎮也。〕壽州姚景卒，以濠州劉崇俊代，以楚州刺史劉彥貞爲濠州觀察使。」按：夏五月之事，《十國春秋·南唐元宗本紀》所載同陸《書》。至於劉崇俊爲濠州都團練觀察處置使，見《徐公文集》七有《劉崇俊起復制》，可參。

⑪《十國春秋·南唐元宗本紀》所載同，疑據此。

⑫《新五代史·閩世家·王延政傳》：「延政，審知子也。曦立，爲淫虐，延政數貽書諫之。曦怒，遣杜建崇監其軍。延政逐之，曦乃舉兵攻延政，爲延政所敗。延政乃以建州建國，稱殷，改元天德。……是時，南唐李景聞閩亂，發兵攻之，延政遣其從子繼昌守福州，而南唐兵方急攻延政。」《稽古錄》於後晉齊王重貴開運元年

載：「唐將邊鎬、查文徽攻王延政。」

⑬《資治通鑑》後晉紀四齊王開運元年十二月：「初，唐翰林待詔臧循，與樞密副使查文徽同鄉里，循常為賈人，習福建山川，為文徽畫取建州之策，文徽表請用兵擊王延政，國人多以為不可。唐主以文徽為江西安撫使，循行境上，覘其可否；文徽至信州，奏言攻之必克，唐主以洪州營屯都虞候邊鎬為行營招討諸軍都虞候，將兵從文徽伐殷。文徽自建陽進屯蓋竹，〔胡三省注：唐武德四年，分建安縣置建陽縣，屬建州。建陽在建州西一百三十里，建陽縣之南二十五里，有地名蓋竹。〕聞漳、泉、汀三州皆降服于殷，殷將張漢卿自鏞州將兵八千將至，文徽懼，退保建陽。臧循屯邵武，〔胡三省注：邵武亦本漢冶縣之地，吳於此立昭武鎮；晉平吳，更昭武鎮曰邵武縣；隋廢而復置，唐屬建州。《九域志》：在州西南二百七十里。宋白曰：邵武縣本東候官縣之北鄉也，孫策置南平縣。吳景帝三年，置昭武縣；晉太唐三年，改為邵武。〕邵武民導殷兵襲破循軍，執循送建州斬之。」

馬令《南唐書·嗣主書第二》云：「冬，十有二月，馮延巳為翰林學士承旨，水部員外郎馮延魯為中書舍人。延魯銳於功名，欲興建州之役，乃贊中書舍人查文徽為江西安撫使。翰林待詔臧循者，嘗賈於閩，具知山川險易，為文徽陳進兵之計。文徽因是請伐閩。乃命邊鎬率洪州屯兵，與文徽俱行遂入建陽。王延政遣統軍使吳承祐以遊兵巡福州境，紿曰：唐助我討賊，大軍至矣。福州信之。連重遇殺朱文進，裨將林仁翰殺重遇，函其首，歸承祐，延政以其子繼昌守福州，親率眾以拒我師。五郡之兵大集，敵勢甚盛。文徽等次于蓋竹，退，復屯建陽，啟求濟師。」又《查文徽傳》云：「查文徽，不知何許人也。用宋齊邱薦，授元帥府掌書記，遷祕書郎。元宗即位，拜中書舍人。保大中，閩人連重遇、朱文進弒其君曦，遣使告

亂，馮延巳請執其使，以伐閩。俄以民疫，寢其議。文徽獨以爲可
討。王延政首亂，宜攻自建州。議者多不從，唯馮延魯贊之。翰林
待詔臧循者，與文徽同閈，嘗賈於閩，具知山川險易，爲陳進兵之
計，文徽因是決行。邊鎬帥洪州屯兵，與文徽會。建安之民，苦王
氏亂政，皆伐木開道，以迎我師，遂下建陽，方且傳檄諭福州，而
王延政遣統軍使吳承祐以遊巡福州境，紿曰：『唐爲我討賊，大軍
至矣。』福州信之，裨將林仁翰殺連重遇，函其首，歸承祐。延政
以其子繼昌守福州，親率衆以拒文徽，文徽始以福州之亂伐閩，至
此延政已平福州。五郡之兵大集，敵勢甚盛，文徽等次于蓋竹，退
復屯建陽，啓求濟師。臧循監偏師屯邵武縣，縣民擒之，斬于建州
市。元宗復遣祖全恩、何敬洙率萬人至建陽，與延政隔谿水而陣，
全恩使建陽降將孟堅潛師出後，裨將武彥暉、馬存貴以輕銳繼之，
腹背夾擊，延政大敗。退而城守，福州復亂。」又：《十國春秋·
南唐元宗本紀》載同陸《書》。

### 〔史事補遺〕

一、月日可考之事：

①正月，唐主於宮中作高樓，召侍臣觀之，衆皆歎美。蕭儼曰：「恨
　樓下無井。」唐主問其故。對曰：「以此不及景陽樓耳。」唐主怒，
　貶於舒州，觀察使孫晟遣兵防之，儼曰：「儼以諫諍得罪，非有他
　志。昔顧命之際，君幾危社稷，〔胡三省注：謂孫晟欲使太后臨朝
　也。〕其罪顧不重於儼乎？今日反見防邪！」晟慚懼，遽罷之。
　（《通鑑》後晉齊王開運元年。按：《景定建康志》卷二十一《城
　闕志二》云：「南唐宮中有百尺樓、綺霞閣。」又引《考證》云：
　「《類說》云：唐主於宮中作高樓，召群臣觀之，衆皆歎美，蕭儼
　曰：『恨樓下無井耳！』唐主問其故，對曰：『恨不及景陽樓。』

唐主怒，貶於舒州。」又《至正金陵新志》卷十二上所述略同。）

唐主遣使遺閩主曦及殷主延政書，責以兄弟尋戈。曦復書，引國公誅管、蔡，唐太宗誅建成、元吉爲比。延政復書，斥唐主奪楊氏國。唐主怒，遂與殷絕。（《資治通鑑》後晉齊王開運元年）

②二月辛卯，日有白虹二。（《十國春秋·南唐元宗本紀》）

③三月，左衛上將軍范陽王盧文進薨。（《十國春秋·南唐元宗本紀》）

④朱文進遣使如唐，唐主囚其使，將伐之，〔胡三省注：唐主欲討朱文進弒君之罪。〕會天暑、疾疫而止。（《通鑑》後晉齊王開運元年）

⑤秋七月，鄂州王輿卒，以神武統軍韋建爲武昌軍節度使。壽州姚景卒，以濠州劉崇俊代，以楚州刺史劉彥貞爲濠州觀察使。（《十國春秋·南唐元宗本紀》）

⑥八月，幸飲香亭觀蘭。〔原注：《清異錄》云：「中主賞新蘭，詔苑令取滬溪美土爲馨烈侯擁培之具。」〕（《十國春秋·南唐元宗本紀》。按：《清異錄》見卷一。《金陵通紀》卷七亦載此事於八月。又曰：「召前校書郎史虛白至金陵，訪以國政，不對，賜宴便殿，溺於陛閒，帝曰：『眞隱者也。』放還山。」）

⑦九月庚午朔，日有食之。（《十國春秋·南唐元宗本紀》）

保大三年(九四五)，春二月，以何敬洙①爲福建道行營招討，祖全恩爲應援使，姚鳳爲諸軍都監，會查文徽進討。②

秋，七月，星見而風雨。

八月，甲子朔，日有食之。克建州，執王延政歸於金陵，③拜羽林大將軍。④升建州爲永安軍。⑤

冬十月，皇太后宋氏殂。⑥

是歲，升建州延平津爲劍州，以建州之劍浦，汀州之沙縣

隸焉。⑦

〔考釋〕

①《南唐近事》：「何敬洙善彈射，性勇決，微時爲鄂帥李簡家僮。……洎成立，擢爲小校，以軍功累建旌鉞，建隆初自江西移鎮鄂渚，……其後何位至中書令，守太師致仕，功算崇極，時莫與比。」

②《通鑑》後晉齊王開運二年（九四五）春二月，「唐查文徽表求益兵，唐主以天威都虞候何敬洙爲建州行營招討馬步都指揮使，將軍祖全恩爲應援使，姚鳳爲都監，將兵數千會攻建州，自崇安進屯赤嶺。閩主延政遣僕射楊思恭、統軍使陳望將兵萬人拒之，列柵水南，旬餘不戰，唐人不敢逼。思恭以延政之命督望戰，望曰：「江、淮兵精，其將習武事，國之安危，繫此一舉，不可不萬全而後動。」思恭怒曰：「唐兵深侵，陛下寢不交睫，委之將軍，今唐兵不出數千，將軍擁衆數萬，不乘其未定而擊之，有如唐兵懼而自退，將軍何面目以見陛下乎！」望不得已，引兵涉水與唐戰。全恩等以大兵當其前，使奇兵出其後，大破之。望死，思恭僅以身免。」《宋史·南唐世家·李景傳》：「天福末，遣其將祖思全、何洙侵福建漳、泉之地。」《十國春秋·南唐元宗本紀》所載同陸《書》。

③《新五代史·南唐世家·李景傳》載閩王延政歸金陵在保大四年。云：「四年八月，文徽乘勝克建、汀、泉、漳四州，景分延平、劍浦、富沙三縣，置劍州，遷王延政之族于金陵。」宋宋敏求《春明退朝錄》下：「江南李璟發兵攻建州王延政，有白虹貫城，未幾城陷，舍宇焚爇殆盡。」《稽古錄》於後晉齊王重貴開運二年載：「唐人拔建州，虜王延政。」

《南唐書補注》引陳致雍《光山王延政謚議》：「光山王延政，昔者無諸舊壤，閩越分封，惟嗣承慶基立爲極。洎乎末途弗諼，景祚

中零，因懷順軌之風，永感安宗之念；加以敬恭事上，慎重寡言，作牧鄱陽，民安其化。舉是美者，俱爲謚焉。謹按謚法：敬恭事上曰恭，安民法故曰定。請以恭定爲謚。」

⑤《通鑑》編封王延政事於後晉開運二年冬十月，云：「王延政至金陵，唐主以爲羽林大將軍。」《稽古錄》於後晉齊王重貴開運二年載：「唐人拔建州，虜王延政，福州將李孺贇、泉州將留從效皆降於唐。」

《五國故事》下：「延政，延羲弟也。延羲即位，乃請以建州爲威武軍，延羲不許，因授延政爲建州鎮安軍節度使。延政乃自更爲鎮武，後僭號稱大殷皇帝，改元天德。延曦遇害，閩人有迎延政者，會延政爲淮兵所攻，不能下，使其子繼雄至，又追拒而殺之。延政終歸於江南，封自在王。尋改光山王，終鄱陽焉。」馬令《南唐書·嗣主書第二》：「八月……遂克建州，執王延政，歸于建康。授羽林大將軍，安軍節度使，封鄱陽王。泉州刺史王繼勳、漳州刺史王繼成、汀州刺史許文縝，皆請降。因而鎮撫之。諸將下建州，兵無節制，剽掠甚衆，閩人失望。帝以出師有功，不錄其過。升建州爲永安軍。以祖全恩爲節度使，查文徽爲撫州刺史，何敬洙爲楚州刺史，偏將王建封先登，功第一，爲信州刺史。全恩未拜而卒，以廬州王崇文鎮建州，泉州裨將劉從效劫刺史王繼勳，使之入朝。從效自領州事……冬十月，皇太后宋氏殂。以延平津爲劍州，割建州之劍浦、汀州之沙縣屬焉。以建州裨將陳誨爲劍州刺史，以龍衛都虞候劉仁贍爲武清軍節度使，升泉州爲清源軍，以泉州刺史劉從效爲節度使。」

⑥《通鑑》編封王延政事於後晉開運二年冬十月：「唐元敬宋太后殂。」《十國春秋·南唐元宗本紀》同之。

⑦《十國春秋·閩地理表》：「建州，領縣七。後入南唐。」而《蜀

地理表》有「劍」領縣九。今南唐併閩，以其建州易名爲劍州，而兩地不同。《南唐書補注》云：「南唐改劍州，取寶劍化龍於延平津以立州也。宋始加南，以別於蜀之劍州。」《新五代史·南唐世家·李景傳》：「文徽乘勝克建、汀、泉、漳四州，景分延平、劍浦、富沙三縣，置劍州，遷王延政之族于金陵。」

〔史事補遺〕

一、月日可考之事：

①五月，唐兵圍建州，屢破泉州兵。〔胡三省注：泉州兵，董思安、王忠順所將以救建州者也。〕許文稹敗唐兵于汀州，執其將時厚卿。（《通鑑》後晉齊王開運二年）

夏五月，李仁達以福州來附，詔以仁達爲威武節度使、同平章事，賜名弘義。己未，閩許文稹敗我兵于汀州，軍將時厚卿被執。（《十國春秋·南唐元宗本紀》）

②七月，唐邊鎬拔鐔州，查文徽之黨魏岑、馮延巳、延魯以師出有功，皆踴躍贊成之，徵求供億，府庫爲之耗竭，洪、饒、撫、信之民尤苦之。（《通鑑》後晉齊王開運二年）

秋七月，邊鎬拔鐔州。（《十國春秋·南唐元宗本紀》）

七月乙未，追封許國太妃。（《徐公文集》七《追封許國太紀冊》）

③八月，唐兵圍建州既久，建人離心，或謂董思安：「宜早擇去就。」思安曰：「吾世事王氏，危而叛之，天下其誰容我！」衆感其言，無叛者。（《通鑑》後晉齊王開運二年）

丁亥，唐先鋒橋道使上元王建封先登，遂克建州，閩主延政降。王忠順戰死，董思安整衆奔泉州。（《通鑑》後晉齊王開運二年）

初，唐兵之來，建人苦王氏之亂與楊思恭之重斂，爭伐木開道以迎之。及破建州，縱兵大探，焚宮室廬舍俱盡；是夕，寒雨，凍死者

相枕，建人失望，唐主以其有功，皆不問。（《通鑑》後晉齊王開運二年）

秋八月，我師克建州，執閩王王延政，送金陵。後建陽進茶油花子，大小形製各別，宮女皆鏤金於面，以此花餅施額上，號北苑妝。時有軍士耿謙女，通黃白術，因宋齊邱以入宮，帝處之別院，號曰先生。是秋，太后宋氏與耿忽失所在，中外大駭，月餘或告在方山寶華宮。帝亟命景遂迎太后入宮。（《金陵通紀》卷七）

④冬十月，皇太后宋氏崩。以百勝節度使王崇文爲永安軍節度使。是月，遣燕王景達召宋齊丘于青陽。（《十國春秋·南唐元宗本紀》。按：《通鑑》後晉齊王開運二年作十二月，云：「唐齊王景達府屬謝仲宣言於景達曰：『宋齊丘，先帝布衣之交，今棄之草萊，不厭衆心。』景達爲之言於唐主曰：『齊丘宿望，勿用可也，何必棄之以爲名！』唐主乃使景達自至青陽召之。」）

冬十月太后殂，耿遂不復見焉。（《金陵通紀》卷七）


二、月日不可考之事：

①《稽神錄》：「保大三年，筠州州治火。」（《南唐書補注》引）錢大昕《金石文跋尾》：「謙公、安公搆造殘碑記，碑已碎裂，僅存中間一段，有云：『保大三年起首，迄於四載與功。』又云：『昇元歲末，保大維新。』知其爲南唐碑也。予初見碑右有宋代字，疑爲宋初刻。及讀元僧伯元所撰記云：寺建於宋營陽王義符，景平元年。始悟碑云宋代，乃追敘之詞，謂劉宋，非趙宋也。觀碑文匡字，並未迴避，其爲南唐石刻無疑。碑載會首姓名，有嚴五娘、張十六娘、夏八娘、戴五娘、張八娘、吳四娘、嚴四娘、薛六娘等，錯列於男子之中，與大安寺鐵香鑪題名正同。使秀水朱氏見之，又當譏爲丁口無別矣。」按：謙公，謂德謙；安公，謂智安。（《南唐書

補注》引）

②三義井，在石頭城後，清涼寺莊及石子岡七里鋪，共三井。〔原注：
　南唐保大三年置井闌，上有僧□刻字。又《金陵故事》有三井，在
　瓦官寺後，汲一井則二井俱沸，因名其地爲三井。〕（《至正金陵
　新志》卷五下。）

③太平府，府城肇築於吳黃武間，東晉太和七年桓溫重築。唐保大三
　年，復高廣之，高三丈，周十五里。跨姑溪河。（《江南通志》卷
　二十一。清練恕《五代地理考》云：「太平府，春秋屬吳，後屬越，
　戰國屬楚，漢爲丹陽郡地。晉初，分置于湖縣，仍屬丹陽郡，後僑
　置淮南郡。又僑置豫州。唐時屬江南西道。五代爲宣州，楊吳南唐
　據此。」）

保大四年（九四六），春正月，以青陽公宋齊丘爲太傅，
兼中書令，昭武軍節度使李建勳爲右僕射，兼門下侍郎，
及中書侍郎馮延巳，皆同平章事。①
夏五月，以樞密使陳覺爲福建宣諭使，使諭李弘義入朝，
不克。②覺擅發汀、建、撫、信州兵趨福州，帝遂命王崇
文、魏岑、馮延魯會攻福州。③
秋九月，淮南蟲食稼。除民田稅。
冬十月，庚辰，圍福州。改漳州爲南州。④

〔考釋〕

①《通鑑》編封王延政事於後晉開運三年（九四六）：「春，正月，
　以齊丘爲太傅兼中書令，但奉朝請，不預政事。以昭武節度使李建
　勳爲右僕射兼門下侍郎，與中書侍郎馮延巳皆同平章事。建勳練習
　吏事，而懦怯少斷；延巳工文辭，而狡佞，喜大言，多樹朋黨。水

部郎中高越，上書指延巳兄弟過惡，唐主怒，貶越蘄州司士。初，唐主置宣政院於禁中，以翰林學士、給事中常夢錫領之，專典機密，與中書侍郎嚴續皆忠直無私。唐主謂夢錫曰：「大臣惟嚴續中立，然無才，恐不勝其黨，卿宜左右之。」未幾，夢錫罷宣政院，續亦出爲池州觀察使。夢錫於是移疾縱酒，不復預朝廷事。續，可求之子也。」馬令《南唐書·嗣主書第二》云：「四年，春，正月，陳覺諷齊王景遂言：『宋齊邱先朝布衣之舊，委諸山林，不允中外之望。』帝使景遂至青陽，召之起，拜太傅，奉朝請而已。以撫州李建勳爲左僕射、門下侍郎、平章事，中書侍郎馮延巳拜平章事，吏部尚書徐連爲鎮海軍節度使。」《江南餘載》下：「馮延巳、李建勳拜相，張義方獻詩曰：『兩處沙提同日築，其如啓沃藉良謀。民間有病誰開口？府下無人只點頭。』」又《唐餘紀傳》卷二「國紀第二」謂「以青陽公宋齊丘爲太傅、中書令，封衛國公」。

② 《玉壺清話·江南遺事》：「建州老僧卓嚴明，戒檢清潔，精持無怠，徒衆甚盛。其目右重瞳，垂手過膝，嚴明自厭之，謂其徒曰：『此吾宿世冤業，有此異相，必爲身累，出家兒安用此爲？』及江南收建州，以上將祖全思，查文徽率衆襲建，□師夜出，隔水而戰，陣酣，文徽潛師以出，繼之以輕銳，腹背夾擊，建人大敗，逾城而遁，保建安。及歸，無主，內臣李弘義者，以嚴明有重瞳之異，可立爲主，遂推戴爲建安主。嚴明笑謂衆曰：『檀越何誤耶？吾修眞斷妄，觀身如夢，君雖推我，奈無統御之術。』果爲李弘義所殺，弘義自稱留後。」《新五代史·南唐世家·李景傳》編此事在四年八月，云：「文徽乘勝克建、汀、泉、漳四州，景分延平、劍浦、富沙三縣，置劍州，遷王延政之族于金陵。以延政爲饒州節度使、李仁達爲福州節度使、留從效爲清源軍節度使。景遂欲罷兵，而查文徽、陳覺等皆言：『仁達等餘孽猶在，不若乘勝盡取之。』陳覺

自言可不用尺兵致仁達等。景以覺爲宣諭使，召仁達朝金陵，仁達不從。覺慚，還至建州，矯命發汀、建、信、撫州兵攻仁達。」《通鑑》後晉齊王開運二年三月，云：「初，光州人李仁達，仕閩爲元從指揮使，十五年不遷職。閩主曦之世，叛奔建州，閩主延政以爲將。及朱文進弒曦，復叛奔福州，陳取建州之策。文進惡其反覆，黜居福清。浦城人陳繼珣，亦叛閩主延政奔福州，爲曦畫策取建州，曦以爲著作郎。及延政得福州，二人皆不自安。王繼昌闇弱嗜酒，不恤將士，將士多怨。仁達潛入福州說黃仁諷曰：『今唐兵乘勝建州孤危，富沙王不能保建州，安能保福州？昔王潮兄弟，光州布衣耳，取福建如反掌。況吾輩乘此機會，自圖富貴，何患不如彼乎！』仁諷然之。是夕，仁達等引甲士突入府舍，殺繼昌及吳成義。仁達欲自立，恐衆心未服，以雪峰寺僧卓巖明素爲衆所重，乃言：『此僧目重瞳子，手垂過膝，眞天子也。』相與迎之。已亥，立爲帝，解去衲衣，被以袞冕，帥將吏北面拜之。然猶稱天福十年，遣使奉表稱藩于晉。延政聞之，族黃仁諷家，命統軍使張漢眞將水軍五千，會漳、泉兵討巖明。」四月，「閩張漢眞至福州，攻其東關，黃仁諷聞家夷滅，開門力戰，大破閩兵。執漢眞，入城，斬之。卓巖明無他方略，但於殿上噀水散豆，作諸法事而已。又遣使迎其父於莆田，尊爲太上皇。李仁達既立巖明，自判六軍諸衛事，使黃仁諷屯西門，陳繼珣屯北門。仁諷從容謂繼珣曰：『人之所以爲人者，以有忠、信、仁、義也。吾頃嘗有功於富沙，中間叛之，非忠也；人以從子託我而與人殺之，非信也；屬者與建兵戰，所殺皆鄉曲故人，非仁也；棄妻子，使人魚肉之，非義也。此身十沈九浮，死有餘愧！』因拊膺慟哭。繼珣曰：『大丈夫徇功名，何顧妻子！宜置此事，勿以取禍。』仁達聞之，使人告仁諷、繼珣謀反，皆殺之。由是兵權盡歸仁達。」五月，「丁巳，李仁達大閱戰士，請卓巖明

臨視。仁達陰教軍士突前登階，刺殺巖明。仁達陽驚，狼狽而走；軍士共執仁達，使居巖明之坐。仁達乃自稱威武留後，用保大年號，〔胡三省注：「是年，南唐保大三年。」〕奉表稱藩於唐，亦遣使入貢於晉；并殺巖明之父。唐以仁達爲威武節度使、同平章事，賜名弘義，編之屬籍。弘義又遣使脩好於吳越。」

《南唐書補注》引《補音釋》曰：「按：李達即弘義，以犯吳越諱，故去弘字，後更改名孺贇。馬令《嗣主書》：『二月，壬戌，朔，日有食之。』又曾敏行《獨醒雜志》：『北苑產茶，有四十六所，廣袤三十餘里，分內外園。江南李氏初置使，本朝丁晉公行漕事，始置龍鳳團以進。』」又引《潛研堂金石文字目錄》：「祈澤寺殘碑，在上元縣高橋門外，祈澤寺，保大四年十月建。」按：宋蔡絛《鐵圍山叢談》六：「建谿龍茶，始江南李氏，號『北苑龍焙』⋯『正焙』、『外焙』，色香必迥殊，此亦山秀地靈所鍾之，有異色已。『龍焙』又號「官焙」，始但有龍鳳、大團二品而已。」

③《新五代史・南唐世家・李景傳》：「時魏岑安撫漳、泉，聞覺起兵，亦擅發兵會覺。景大怒，馮延巳等爲言：『兵業行，不可止。』乃以王崇文爲招討使、王建封爲副使，益兵以會之，以馮延魯、魏岑、陳覺皆爲監軍使。」

④馬令《南唐書・嗣主書第二》於是年載數事，云：「是歲，中原無主，密州刺史皇甫暉、青州刺史王建及沿淮諸戍，皆來降。方且疲兵東南，不暇北顧，馮延巳、延魯、魏岑、陳覺，皆以姦回得用，人情不平。既流延魯及覺，而延巳爲相，岑亦居近密，於是御史中丞江文蔚疏其罪曰：『二凶雖去，未稱民情，四罪盡除，方明國典。』帝大怒，貶文蔚江州司士參軍，亦罷延巳爲太子少傅，岑爲太子洗馬。漳州裨將林贊殺監軍周承義以叛，討平之。以泉州裨將董思安爲漳州刺史，思安辭以父名章，命改漳州爲南州。副使劉從

願殺思安，自領州事。南州復爲漳州。」

## 〔史事補遺〕

一、月日可考之事：

①二月，唐泉州刺史王繼勳致書脩好於威武節度使李弘義，弘義以泉
　州故隸威武軍，怒其抗禮。（《通鑑》後晉齊王開運三年）

　二月，命建州制的乳茶，號曰京鋌，臘茶之貢，自此始。罷貢陽羨
　茶。（馬令《南唐書·嗣主書第二》）

　二月……命建州製的乳茶，號曰京挺臘茶之貢。〔原注：毛先舒
　《南唐拾遺記》云：「南唐時建陽進茶油花子，大小形製各別，宮
　嬪縷金于面，皆淡妝，以此花餅施額上，時號北苑妝。」《談苑》
　云：「江左李氏別令取茶之乳作片，或號京鋌的乳及骨子等名。」〕
　始罷貢陽羨茶。（《十國春秋·南唐元宗本紀》。按：《清異錄》
　卷一：「僞唐徐履掌建陽茶局，弟復治海陵鹽政，鹽檢烹練之亭，
　牓曰金鹵。履聞之，潔敞培舍，命曰玉茸。」）

　江南晚季，建陽進茶油花子，大小形制各別，極可愛，宮嬪鏤金於
　面，皆以淡妝，以此花餅施於額上，時號北苑妝。」（《南唐書注》
　又引《清異錄》）

　江左李氏，別令取茶之乳作片，或號京鋌的乳，及骨子等名。」
　（清周在浚《南唐書注》引《談苑》）

②夏四月，葬元恭皇后於永陵。（《南唐書注》）

③六月，初，唐人既克建州。欲乘勝取福州，唐主不許。樞密使陳覺
　請自往說李弘義，必令入朝，宋齊丘薦覺才辯，可不煩寸刃，坐致
　弘義。唐主乃拜弘義母、妻皆爲國夫人，四弟皆遷官，以覺爲福州
　宣諭使，厚賜弘義金帛。弘義知其謀，見覺，辭色甚倨，待之疏薄；
　覺不敢言入朝事而還。（《通鑑》後晉齊王開運三年）

④八月，唐陳覺自福州還，至劍州，恥無功，矯詔使侍衛官顧忠召弘
　義入朝，自稱權福州軍府事，擅發汀、建、撫、信州兵及戍卒，命
　建州監軍使馮延魯將之，趣福州迎弘義。延魯先遺弘義書，諭以禍
　福。弘義復書請戰，遺樓船指揮使楊崇保將州師拒之。覺以劍州刺
　史陳誨爲緣江戰棹指揮使，表：「福州孤危，且夕可克。」唐主以
　覺專命，甚怒；群臣多言：「兵已傅城下，不可中止，當發兵助
　之。」丁丑，覺、延魯敗楊崇保於候官。戊寅，乘勝進攻福州西關。
　弘義出擊，大破之，執唐左神威指揮使楊匡鄴。唐主以永安節度使
　王崇文爲東南面都招討使，以漳泉安撫使、諫議大夫魏岑爲東面監
　軍使，延魯爲南面監軍使，會兵攻福州，克其外郭。弘義固守第二
　城。（《通鑑》後晉齊王開運三年）

⑤十月，唐漳州將林贊堯作亂，殺監軍使周承義。劍州刺史陳誨、泉
　州刺史留從效舉兵逐贊堯，以泉州裨將董思安權知漳州。唐主以思
　安爲漳州刺史，思安辭以父名章，唐主改漳州爲南州，命思安及留
　從效將州兵會攻福州，庚辰，圍之。（《資治通鑑》後晉齊王開運
　三年）

　冬十月，彰州將贊堯作亂，殺監軍使周承義。劍州刺史陳誨、泉州
　刺史留從效舉兵逐之，以裨將董思安權知州事。帝即命思安爲漳州
　刺史；思安以父名章，辭州務，詔改漳州爲南州。（《十國春秋·
　南唐元宗本紀》）

　是月，我兵據福州東武門，以諸將爭功，不能克。帝以江州觀察使
　杜昌業爲吏部尙書，判省事。（《十國春秋·南唐元宗本紀》）

　按：杜昌業爲江州觀察使，必於是年前，故《徐公文集》七有《杜
　昌業江州制》。

⑥十一月，唐主遺信州刺史王建封助攻福州。時王崇文雖爲元帥，而
　陳覺、馮延魯、魏岑爭用事，留從效、王建封倔強不用命，各爭功，

進退不相應，由是將士皆解體，故攻城不克。唐主以江州觀察使杜昌業爲吏部尚書，判省事。先是昌業自兵部尚書判省事，出江州，及還，閱簿籍，撫案歎曰：「未數年，而所耗者半，其能久乎？」（《通鑑》後晉齊王開運三年）

二、月日不可考之事：

①景方以覺等疲兵東南，不暇北顧。御史中丞江文蔚劾奏宰相馮延巳、諫議大夫魏岑亂政，與覺等同罪而不見貶黜，言甚切直。景大怒，自答其疏，貶文蔚江州司士參軍，亦罷延巳爲少傅、岑爲太子洗馬。（《新五代史·南唐世家·李景傳》）

是歲，契丹滅晉，中原無主，方疲兵東南，不暇北顧。（馬令《南唐書·嗣主書第二》）

②普光寺，在城南門外。〔原注：《乾道志》：宋置，爲天王寺，至梁爲昭明太子果園。吳爲徐景通園，南唐保大四年，更置奉先禪院，葬景雲師，起塔，因名寶光塔院，本名普光寺。〕（《至正金陵新志》卷十一下）

③齊興寺，在寶應縣治西八十里，南唐保大四年建。宋乾德四年賜額，內有梁武帝讀書臺。（《江南通志》卷四十六）

保大五年(九四七)，春正月，立齊王景遂爲皇太弟，徙燕王景達爲齊王，拜諸道兵馬元帥。徙南昌王弘冀爲燕王，副元帥。①晉密州刺史皇甫暉、棣州刺史王建來歸。②契丹耶律德光以滅晉來告捷，且請會盟於境上，帝不從。③遣工部郎中張易聘之，④請命使者如長安修奉諸陵，契丹亦不從。⑤三月，己亥，吳越救福州，兵自海道至。我師與之戰，敗績，諸營皆潰。⑥

夏四月，壬申，詔即軍中斬陳覺、馮延魯，餘將帥皆赦不問。已而復詔械覺、延魯還都。既至，貸死，覺流蘄州，延魯流舒州。⑦

五月，帝聞契丹棄中原遁歸，詔曰：「乃眷中原，我之故地。」以李金全爲北面行營招討使。⑧

六月，聞漢入汴，兵遂不出，而金全猶不罷。⑨

秋，閏七月，丁丑，夜有彗出東方，近濁，其尾跡近側，掃少微及長垣，至八月壬辰乃沒。⑩

八月，太傅兼中書令宋齊丘罷爲鎭南軍節度使。⑪

〔考釋〕

①《通鑒》後漢高祖天福十二年(九四七)，春：「唐主立齊王景遂爲皇太弟。徙燕王景達爲齊王，領諸道兵馬元帥；徙南昌王弘冀爲燕王，爲之副。」馬令《南唐書·嗣主書第三》亦編於五年正月，云：「以齊王景遂爲太弟，燕王景達爲元帥，改封齊王。元子南昌王冀爲副元帥，封燕王，依前東都留守，安樂公茂爲侍衛軍都虞候。」

②《通鑒》後漢高祖天福十二年，春：「晉密州皇甫暉，棣州刺史王建，皆避契丹，帥衆奔唐；淮北賊帥請命於唐。唐虞部員外郎韓熙載上疏，以爲：『陛下恢復祖業，今也其時。若虜主北歸，中原有主，則未易圖也。』時方連兵福州，未暇北顧；唐人皆以爲恨，唐主亦悔之。」

《金陵通紀》卷七：「是歲，契丹入中原，密州刺史皇甫暉來奔，懼不爲時所容，至秦淮，赴水求死，舟人亟援出之。入朝，除歙州刺史。」

③馬令《南唐書·嗣主書第三》載契丹使來告曰：「晉少帝逆命背約，自貽廢黜，吾主欲與唐繼先世之好，將冊命唐爲中原主，命近臣對

曰：『唐守江淮，社稷已固，與梁宋阻隔，若爾主不忘先好，惠錫行人，受賜多矣，其他不敢拜命之辱。』遣兵部侍郎賈潭報聘。帝歎曰：『閩役憊矣，其能抗衡中原乎！』」

按：《江南野史》：「耶律德光〔按：即太宗〕陷梁宋，遣二使來告，其价言語通於中國，嗣主問其故，曰：『臣本范陽人，歷世冠冕仕郡爲從事，昔後唐清泰主失御，晉高祖以太原叛，與契丹通好，結爲父子，事之爲君臣。晉主既因虜兵入洛陽登極，割幽州五城之地入蕃以奉朝貢，故令臣事於虜主，守職爲郎焉。』嗣主曰：『契丹爲治何如？』對曰：『蕃不治漢，漢不治蕃，蕃漢不同治，自古而然。』嗣主曰：『朝見何如？』對曰：『詔則呼漢兒。』曰：『蕃家既無翰墨，何以徵賦？』對曰：『蕃地不產五穀，故無徵賦。然臣事單于迨方數歲，亦未嘗睹虜廷之事，或傳徵兵適以箭爲號，每一部落傳箭一雙。』曰：『何以限多少？』曰：『以皮爲約。』曰：『何謂皮約。』曰：『築隘巷，以一皮籍之，兵騎過而踐焉，以糜爛爲度。徵多則以駱駝，次以羊以兔爲準。』曰：『卿主所以命孤者將奚爲？』對曰：『晉少主逆命背約，既遣入藩，虜主欲與君繼先君之，好將冊君爲中原之主矣。』嗣主曰：『孤守江南，社稷系嗣，與梁宋阻修，若契丹不忘先好，惠錫行人，孤受賜多矣，其他不敢，拜命之辱。』蕃使聞之遂行。」

④馬令《南唐書·嗣主書第三》作「遣兵部侍郎賈潭報聘。」《江南野史》作「賈淡」，云：「明年，命兵部書賈淡入契丹報聘。」

⑤《通鑒》後漢高祖天福十二年二月：「唐主遣使賀契丹滅晉，且請詣長安脩復諸陵，契丹不許，而遣使報之。」《契丹國志》卷三大遼太宗會同十一年正月「唐主遣使賀帝滅晉，且請詣長安修復諸陵，帝不從。」

《南唐書補注》引洪亮吉《乾隆府廳州縣圖志》：「陝西西安府三

原縣。唐高祖獻陵在縣東北四十二里白鹿原上，敬宗莊陵在縣東北三十里，武宗端陵在縣東十里醴泉縣。唐太宗昭陵在縣東北四十里九嵕山，肅宗建陵在縣北十八里武將山涇陽縣，唐德宗崇陵在縣西北嵯峨鄉，宣宗貞陵在縣西北仲山富平縣，唐中宗定陵在縣西北十五里龍泉山，代宗元陵在縣西北四十里檀山，順宗豐陵在縣東北三十三里甕金山，文宗章陵在縣西北二十里，懿宗簡陵在縣四十里同州府蒲城縣，唐睿宗橋陵在縣西北豐山，明皇泰陵在縣東北金粟山，憲宗景陵在縣東北金熾山，穆宗光陵在縣北堯山乾州，唐高宗乾陵在州西北，僖宗靖陵在州東北十里。」按唐二十帝，昭宗和陵在河南緱氏縣懊來山，哀帝陵莫考，是長安衹十八陵，唐末喪亂，諸陵多遭發掘，故請修奉。

《十國春秋・南唐元宗本紀》載同陸《書》，又注云：「陳桱《通鑑綱目續篇》云：「唐遣使賀契丹滅晉，且請詣長安修復諸陵。」

⑥《五代史補》卷二：「（王）審知之嗣位也，楊行密方盛，常有吞東南之志氣。審知居常憂之。因其先常爲上藍所知，乃使人齎金帛往遺之，號曰送供，且問國之休咎。使回上藍以十字爲報，其詞曰：『不怕羊入屋，只怕錢入腹。』審知得之，歎曰：『羊者，楊也；腹者，福也。得非福州之患，不在楊行密，而在錢氏乎！今內外將吏無姓錢者，必爲子孫後世之憂矣。』至延羲，爲連重遇所殺，諸將爭立，江南乘其時，命查文徽領兵伐之，經年不能下，會兩浙救兵至，文徽腹背受敵，遂大敗。自是福州果爲錢氏所有，入腹之讖始應。」

⑦《通鑑》後漢高祖天福十二年三月：「吳越復發水軍，遣其將余安將之，自海道救福州。己亥，至白蝦浦，海岸泥淖，須布竹簀乃可行，唐之諸軍在城南者，聚而射之，簀不得施。馮延魯曰：『城所以不降者，恃此救也。今相持不戰，徒老我師，不若縱其登岸盡殺

之，則城不攻自降矣。』裨將孟堅曰：『浙兵至此，不能進退，求一戰而死不可得。若縱其登岸，彼必死致於我，其鋒不可當，安能盡殺乎！』延魯不聽，曰：『吾自擊之。』吳越兵既登岸，大呼奮擊，延魯不能禦，棄衆而走，孟堅戰死。吳越兵乘勝而進，城中兵亦出，夾擊唐兵，大破之。唐城南諸軍皆遁，吳越兵追之；王崇文以牙兵三百拒之，諸軍陳於崇文之後，追者乃還。或言浙兵欲棄福州，拔李達之衆歸錢唐，東南守將劉洪進等白王建封，請縱其盡出而取其城。留從效不欲福州之平，建封亦忿陳覺等專橫，乃曰：『吾軍敗矣，安能與人爭城！』是夕，燒營而遁，城北諸軍亦相顧而潰；馮延魯引佩自刺，親吏救之，不死，唐兵死者二萬餘人，委軍棄資器械數十萬，府庫爲之耗竭。余安引兵入福州，李達舉所部授之。留從效引兵還泉州，謂唐戍將曰：『泉州與福州世爲仇敵，南接嶺海瘴癘之鄉，地險土瘠。比年軍旅屢興，農桑廢業，冬徵夏斂，僅能自贍，豈勞大軍久戍於此！』置酒餞之，戍將不得已引兵歸。唐主不能制，加從效檢校太傅。」馬令《南唐書·嗣主書第三》載流覺等事於四年夏，云：「吳越以兵三萬應之，覺等爭功，進退不相應，延魯及吳越戰，延魯敗績，諸軍皆潰。帝怒，遣使者鎖覺、延魯至金陵，而馮延巳爲宰相，宋齊邱亦預三公，稍解之，員外郎韓熙載諫曰：『臣觀覺等罪不容誅，但齊邱、延巳，內爲陳請，所以得全，且擅興者不罪，則疆場生事；喪師者獲存，則行陣解體，請行顯戮，以重軍威。』帝曰：『齊邱、延巳有自咎之表，無請赦之辭。覺等五木被體，一家狼藉，永不錄用，與死何殊？』乃流覺蘄州，流延魯舒州，齊邱惡之，貶熙載和州司馬。」又《宋史·南唐世家·韓熙載傳》：「晉開運末，中原多事，江南方盛，其臣陳覺、馮延魯建討福州，師敗而還，景釋不問罪。熙載與徐鉉同上疏，請置于法。覺、魯，宋齊丘之黨也。熙載爲齊丘所排，貶和州司馬。」

《十國春秋·南唐元宗本紀》云：「夏四月，詔即軍中斬陳覺、馮延魯，赦諸將不問。御史中丞江文蔚彈馮延巳、魏岑同罪異誅，坐貶江州司士參軍。是月，復詔械覺、延魯還都。既至，貸死。覺流蘄州，延魯流舒州。知制誥徐鉉、史館修撰韓熙載論宋齊丘、馮延巳朋黨，帝罷延巳爲太子少傅，貶岑太子洗馬。未幾，帝命岑復故官。齊丘譖熙載嗜酒，貶和州司士參軍。」

⑧李金全事，見《舊五代史·晉書·李金全傳》，云：「李金全，本唐明宗之小豎也。……天福五年夏，高祖命馬全節爲安州節度使，以代金全。漢筠自以昔嘗拒命，復聞仁紹二子將訴置毒之事，居不自安，乃紿謂金全曰：『邸吏劉珂使健步倍道兼行，密傳其意，云受代之後，朝廷將以仁紹之事詰公之罪。』金全大駭，命從事張緯函表送款於淮夷。淮人遣僞將李承裕以代金全，金全即日南竄，其妓樂、車馬、珍奇、帑藏，皆爲承裕所奪。與其黨數百人束身夜出，曉至汊川，引領北望，泣下而去。及至金陵，李昪授以節鎮。後卒於江南。」

⑨《通鑑》後漢高祖天福十二年三月，「（契丹主）復以汴州爲宣武軍，以蕭翰爲節度使。翰，述律太后之兄子，其妹復爲契丹主后。翰始以蕭爲姓，自是契丹后族皆稱蕭氏。壬寅，契丹主發大梁，晉文武諸司從者數千人，諸軍吏卒又數千人，宮女、宦官數百人，盡載府庫之實以行，所留樂器儀仗而已。夕，宿赤岡，契丹主見村落皆空，命有司發牓數百通，所在招撫百姓，然竟不禁胡騎剽掠。丙午，契丹自白馬渡河，謂宣徽使高勳曰：『吾在上國，以射獵爲樂，至此令人悒悒。〔胡三省注：「『契丹』之下，當逸『主』字。」〕今得歸，死無恨矣。』」又「六月，甲寅，朔，蕭翰至恆州。……乙卯，帝至新安，西京留司官悉來迎。……丙辰，帝至洛陽居。宮中、汴州百官奉表來迎。詔論以受契丹補署者皆勿自疑，聚其告牒

而焚之。……戊辰，帝下詔大赦。凡契丹所除節度使，下至將吏，各安職任，不復變更。復以汴州爲東京，改國號曰漢，仍稱天福年，曰：『余未忍忘晉也。』復青、襄、汝三節度。」

⑩馬令《南唐書·嗣主書第三》於八月無星、災之記，而云：「秋，八月，以太傅宋齊邱爲鎭南軍節度使，周宗爲寧國軍節度使，錢佐卒，倧襲位。」

《南唐書音釋》云：「《唐·天文志》：『流星尾長丈餘，出紫微，入蜀。大星自東濁際西流，有聲如雷。』竇苹《音訓》曰：「天與地際處曰濁。」』按：《宋·天文志》：『有星出濁，有星出東壁，東北速行至濁沒。六月，朔，日食五分，至酉六刻帶二分，入濁不見。七月，月食，丑五刻虧見東北方，食及二分半，入濁不見，食甚，及復五分，月食戌一刻，虧見東南方，出濁未員六分，在東井度中，至五刻復。』以日月食朔望出沒之際，觀竇說益明矣。又凡此書星變，《五代史》、《通鑑》皆不載，蓋其史失之。」又曰：「少微長垣各四星，在南方張度。」

⑪《稽古錄》漢高祖天福十二年載：「馬希範薨，弟希廣嗣。」馬令《南唐書·嗣主書第三》載：「夏，四月，丙子，太白晝見。冬，十有一子，壬子，雨木冰。辛酉，雨木冰。十有二月，越人胡進思廢其君倧，囚於義和院。錢俶入。是歲，馬希範卒，希廣襲位。」

〔**史事補遺**〕

一、月日可考之事：

①保大五年元日大雪。詔太弟以下會宴，登樓賦詩，遣中使就李建勳第示之。建勳與中書舍人徐鉉、勤政殿學士張義方，皆和進呈，復召建勳、義方鉉入，夜艾乃散，鉉爲之敘，太弟使名士畫爲圖障。（《江南餘載》下，又原注云：「按：元宗《元日大雪登樓》詩云：

「珠簾高捲莫輕庶，往往相逢隔歲華。春氣昨宵飄律管，東風今日
放梅花。素姿好把芳姿掩，落勢還同舞勢斜。坐有賓朋尊有酒，可
憐清味屬儂家。」又《十國春秋·南唐元宗本紀》注引《清異錄》
云：「保大五年元日大雪，李主命太弟以下展燕賦詩，令中人就私
第賜李建勳繼和。時建勳方會中書舍人徐鉉、勤政學士張義方于溪
亭，即時和進。乃召建勳、鉉、義方同宴，夜艾方散。侍臣皆有詩
詠，徐鉉爲前後序。仍集名手圖畫，畫圖盡一時之技：眞容，高沖
古主之；侍臣法部絲竹，周文矩主之；樓閣宮殿，朱澄主之；雪竹
寒林，董源主之；池沼禽魚，徐崇嗣主之。圖成，皆絕筆也。」）
立景遂爲皇太弟。

按：《徐公文集》卷五《春雪應制》詩，疑作於是時。云：「紫陰
連曙景，瑞雪灑芳辰。勢密猶疑臘，風和始覺春。縈林開玉蕊，飄
座裊香塵。欲識宸心悅，雲謠慰兆人。」又有《進雪詩》云：「欲
使新正識有年，故飄輕絮伴春還。近看瓊樹籠銀闕，遠想瑤池帶玉
關。潤逐來麰鋪綠野，暖隨杯酒上朱顏。朝來花萼樓中宴，數曲賡
歌雅頌間。」又明焦竑《焦氏筆乘·金陵舊事二》載此事云：「南
唐元宗性友愛，弟景遂、景逿、景達，出處遊宴，未嘗暫捨。元日
雪，上召諸弟登樓展宴賦詩。詩成，李建勳。建勳方會徐鉉、張義
方於溪亭，即時和進。元帝召三同入，夜分方散。景遂集名公圖其
事：御容，高沖古主之；太弟以下侍臣，法部絲竹，周文矩主之；
樓閣宮殿，朱澄主之；雪竹寒林，董元主之；池沼禽魚，徐崇嗣主
之。圖成，無非絕筆，侍臣屬詠，徐鉉爲前後序，文多不載。」又
《江表志》二：「上友愛之分，備極天倫，登位之初，太弟遂、燕
王逿、齊王達出處遊宴，未嘗相捨，軍國之政，同爲參決。保大五
年元日，大雪，上詔太弟以下登樓，展燕咸命賦詩，令中使就私第，
賜李建勳。建勳方會中書舍人徐鉉、勤政殿學士張義方於浮亭，即

時和進。元宗乃召建勳、鉉、義方同入，夜艾方散。侍臣皆有圖有詠，徐鉉爲前後序，太弟以下侍、法部絲竹，周文矩主之；樓閣宮殿，朱澄主之；雪竹寒林，董元主之；池沼禽魚，徐崇嗣主之。圖成，無非絕筆，侍宴詩纔記數篇而已。御詩云：『珠廉高卷莫輕遮，往往相逢隔歲華。春氣昨朝飄律管，東風今日散梅花。素姿好把芳姿比，落勢還同舞勢斜。坐有賓朋樽有酒，可憐清味屬儂家。』建勳詩云：『紛紛忽降當元會，著物輕明似月華。狂灑玉池初放仗，密沾宮樹未妨花。回風雙闕千尋冷，峭壓南山萬仞斜。寧意晚來中使出，御題宣示老僧家。』鉉詩云：『一宿東林正氣加，便隨仙仗放春華。散飄白獸難分影，輕輟青旗始見花。落砌更依宮舞轉，入樓偏向御衣斜。嚴徐幸得金門詔，願布堯年賀萬家。』義方詩云：『憐當歲日紛紛落，天讚瑤華助物華。自古醉仙標瑞牒，有誰輕擬此楊花？密飄粉蕊先同冷，靜壓庭枝勢欲斜。豈但小臣添興味，狂歌醉舞一千家。』」

《南唐書注》引徐鉉序曰：「臣聞堯尙文思，《書》有永言之目；漢崇儒學，史稱好道之名。所以澤及四海，化成天下。其後迂闊，王道蕩搖，淳風正始之音，闕而莫續。魏帝浮雲之句，不接輿詞，王融曲水之篇無聞。聖作將興，古義允屬昌期。我皇帝陛下，尙武功，成右文，業廣明踰日月，不以聖智自居，思掞雲天，不以才能格物。其或南薰有愇，東作無憂，民思秋稼之娛，物茂冬蒸之禮，恩覃在鎬，調振橫汾，天籟發音，疇非聳聽。乾文垂象，寧隔瞻仰！信可以暢列聖之謨猷，變生人之耳目者也。於是祚纏作噩，序首青陽。玄鳥司啓之明晨，白獸稱觴之節日，有唐中興之一紀·皇上御麻之七年，地平天成，時和歲稔，衢樽之味，普洽玄風；擊壤之聲，散爲和氣。同雲暗野，朔雪飛空，急勢隨風，影亂東郊之仗；凝華接睹，光浮元會之筵。星躔既移，雲罍乃啓。太弟以龍樓之盛，入

奉垂旒，齊王以鳳沼之崇來參，御几霞軒，結轍革履，齊趨唯陳韶
護之音，無取魚龍之戲。喜油油之既洽，顧奕奕之方呈。筆落天波，
言成帝典。七言四韻，宣示群臣。乃命太弟太傅建勳、翰林學士給
事中朱鞏、常夢錫，翰林學士中書舍人殷崇義、游簡言，吏部尙書
毘陵郡公景運，工部尙書上饒郡公景遜、左常侍，勤政殿學士張義
方，諫議大夫勤政殿學士潘處常、魏岑，駕部員外郎知制誥喬匡
舜，主客員外郎知制誥徐鉉，膳部員外郎知制誥張緯，光祿卿臨汝
郡公景遼，鴻臚卿文安郡公景游，太府少卿陳留郡公景道，左衛將
軍樂安郡公弘茂，駕部郎中李瞻等，或賡元首之歌，或和陽春之
曲，如葵心之向日，馭似蟄戶之環，雷門二十一篇，咸從奏御，皆
所以美豐年之兆，申萬物之情，非徒載言載笑，一詠一吟而已。昔
者白雲之唱，七萃驅馳；黃竹之詩，萬人凍餒。王猷且塞，後嗣何
觀？孰若偃仰大庭，優游六藝，初筵有秩，而六宮不移；夜漏未央，
而百官已事，被之樂府，授以史官，煥乎文章，無得而稱焉。』有
詔爲記，以紀歲月。」御批云：「宿來健否，酒醒詩畢，可有餘力，
何妨一爲之序，以紀歲月。呵呵，天慈過聽，猥屬微臣，徐樂上書，
徒慚暮入。其日內宴，臣鉉迨夜方赴，安國作序，幸冠首篇，柱簡
僅成，兢憂罔措。謹上。」其後序曰：「昔者漢宮故事，著成王負
目之圖；魯殿宏規，紀黃帝垂衣之象。用能昭文昭物，雖十世而可
知；如玉如金，更百王而不易，況乎天統建寅之首，皇猷累洽之晨，
上瑞方呈，宸游載穆，拱北極而眾星咸在，祝南山而萬壽無渝。明
皇花萼之樓，風流不泯；德祖中和之節，雅頌常垂。實奕世之耿光，
爲中朝之盛觀，固當騰之竹帛，飾以丹青，襲六藝以同明，與天文
而共麗。皇太弟重離普照，博望凝思，敦古道以致君，法前經而作
事，命千秋而指書，召立本以趨馳，粲乎後素之功，焯爾彰施之象。
煦如就日，肅不違顏，萬國式瞻，若奉衣裳之會。群臣仰止，似聞

與馬之音。盛德形容，於斯大備者也。初，外朝既罷，內宴方陳，赴召者，上自副君，逮於戚里，銅壺憶宴，聖藻爰飛，或逡巡而載歌，或蹈詠而不作。既而有詔出示群官，臣建勳、義方、鉉等聞命在前，援簡先就，固承中旨，久奉斯筵，而兩省衆篇，翌日咸集，故奉和者二十一首，而侍宴者十有四人，前序闕遺，補令重述。謹上。」

② 三月 …… 東南守將劉洪進等請俟吳越兵去而取城，留從效不欲城平，王建封忿陳覺等專恣，遂燒營而遁。辛丑，從效還泉州，遣我戍兵而據之，謂戍將曰：「比年軍旅屢興，冬徵夏斂，僅能自贍，豈勞大軍久戍。」帝不能制，加從效檢校太傅。宣州徐知證薨。（《十國春秋·南唐元宗本紀》）

③ 夏四月，丙子，太白晝見。以皇甫暉爲神衛軍都虞候。（《十國春秋·南唐元宗本紀》）

## 二、月日不可考之事：

① 是歲，以羽林大將軍王延政爲安化軍節度使、鄱陽王，鎮饒州。（《十國春秋·南唐元宗本紀》）

② 是歲，契丹入中原，密州皇甫暉來奔，懼不爲時所容，至秦淮，赴水求死，舟人亟援出之。入朝，除歙州刺史。（《金陵通紀》卷七）改六合爲雄州。（《金陵通紀》卷七）

保大六年（九四八），夏六月，庚寅朔，日有食之。①
九月，漢護國軍節度使李守貞②開道表求援師，③以鎮海軍節度使李金全爲北面行營招討使，④救河中。師次沂州。⑤
冬十一月，退保海州。⑥

〔考釋〕

①馬令《南唐書·嗣主書第三》所載同。

②《舊五代史·漢書·隱帝紀上》：「漢乾祐元年三月，西道諸州奏，河中李守貞謀叛，發兵據潼關。……四月，辛卯，削奪李守貞在身官爵。」又《漢書·李守貞傳》：「李守貞，河陽人也。少桀黠落魄，事本郡爲牙將。晉高祖鎭河陽，用爲典客，後移數鎭，皆從之。及即位，累遷至客省使。……高祖晏駕，杜重威被誅，守貞愈不自安，乃潛畜異計。乾祐元年三月，先致書於權臣，布求保證，而完城郭，繕甲兵，晝夜不息。守貞以漢室新造，嗣君纔立，自謂舉無遺策。又有僧總倫者，以占術干守貞，謂守貞有人君之位。未幾，趙思綰以京兆叛，遣使奉表送御衣於守貞，守貞自謂天時人事合符於己，乃潛給草賊，令所在竊發，遣兵據潼關。朝廷命白文珂、常思等領兵問罪，復遣樞密使郭威西征。官軍初至，守貞以諸軍多曾隷於麾下，自謂素得軍情，坐俟叩城迎己，及軍士詬譟，大失所望。俄而王景崇據岐下，與趙思綰遣使推奉，守貞乃自號秦王，思綰、景崇皆受守貞署置。又遣人齎蠟彈於吳、蜀、契丹，以求應援。既而城中糧盡，殺人爲食，召總倫詰其休咎，總倫至曰：『王自有天分，人不能奪。然分野災變，俟磨滅將盡，存留一人一騎，即王鵲起之際也。』守貞深以爲信。泊攻城，守貞欲發石以拒外軍，砲竿子不可得，無何，上游汎一筏至，其木悉可爲砲竿，守貞以爲神助。又嘗因宴會將佐，守貞執弧矢，遙指一虎舐掌圖曰：『我若有非常之事，當中虎舌。』引弓一發中之，左右拜賀，守貞亦自負焉。及周光遜以西砦降，其勢益窘，人情離散。官軍攻城愈急，守貞乃潛於衙署多積薪芻，爲自焚之計。二年七月，城陷，舉家蹈火而死。王師入城，於煙中獲其屍，斷其首函之，并獲數子二女，與其黨俱獻於闕下。隱帝御明德樓受俘馘，宣露布，百僚稱賀。禮畢，以俘

馘徇於都城，守貞首級梟於南市，諸子并賊黨……並磔於西市，餘皆斬之。」《宋史・南唐世家・李景傳》：「漢乾祐初，李守貞以河中叛，潛遣舒元、楊訥間道求援於景。景命其將李金全、郭全義出師應之。金全以聲勢不接，初不願行，景固遣之。」

③《吳越備史》四：「初，守貞之叛求援金陵，偽齊王景達舉兵應之，未幾，守貞就擒，淮人壓境而退。」《通鑑》後漢高祖乾祐元年（九四八）三月，「始，守貞聞杜重威死而懼，陰有異志。自以晉世嘗爲上將，有戰功，素好施，得士卒心。漢室新造，天子年少初立，執政皆後進，有輕朝廷之志。乃招納亡命，養死士，治城塹，繕甲兵，晝夜不息。遣人閒道齎蠟丸結契丹，屢爲邊吏所獲。浚儀人趙修已，素善術數，自守貞鎮滑州，署司戶參軍，累從移鎮，爲守貞言：『時命不可，勿妄動！』前後切諫非一，守貞不聽。乃稱疾歸鄉里，僧總倫，以術媚守貞，言其必爲天子。守貞信之。又嘗會將佐置酒，引弓指《舐掌虎圖》曰：『吾有非常之福，當中其舌。』一發中之，左右皆賀，守貞益自負。會趙思綰據長安，奉表獻御衣於守貞，守貞自謂天人協契，乃自稱秦王。遣其驍將平陸王繼勳據潼關，以思綰爲晉昌節度使。」

④馬令《南唐書・嗣主書第三》：「秋，漢伐河中，圍李守貞。守貞遣從事朱元、李平奉表來乞師。」又《江南野史》：「隱帝命周太祖征之，攻其城且急，守貞懼，乃竊遣元等至，其表略曰：『臣之先世，乃唐之遠裔。祖侯禰將，代不絕人。茂績殊勳，著於簡策。昔者巢寇犯闕，僖昭失御，宗社板蕩，爲人所有。臣生於梁末，幼失怙恃，零丁孤苦，遭世多難，迨能執戈，捐身事晉，征討攻伐，屢立戰功，爲高祖見擢，俾典禁衛，頗著勞績。尋屬顧命，出守蒲津。洎少主厄運，遂歿戎虜。晉鼎覆餗，天下橫流，疆宇無主。臣不勝憤惋，痛心疾首，欲效愚忠，誅鉏蛇豕，恢復先業，庶安宇內。

功未及立，凶黨俄臨，衆寡不敵，遂罹圍迫。臣雖躬當矢石，以帥
群下，悉力固守，冀殄犬羊，殞首不顧，臣之分也。然預備不虞，
有備不敗，古之善教也。臣遠聞君王霸有江左，雄跨淮甸，禁暴弭
亂，推亡固存，有王者之風，將繼巨唐有土者，非君而誰？況臣忝
宗盟，敢罄誠款，苟君王察臣忠勇，憐顧本枝，救患卹鄰，遏強撫
順，爰遣偏將，出爲東援，則君有五霸之風，不讓桓文之主。苟獲
全濟，實君之惠』云云。嗣主覽表，遂遣潤州節度使李金全爲西面
行營招討使，帥諸軍並進至淮甸，聞河中城已陷，守貞勢屈，遂與
妻子酣讌於樓上，使樓下舉火自焚，於是班師，而元等留江南。」
馬令《南唐書·嗣主書第三》：「以潤州李金全爲西面行營招撫使，
壽州劉彥貞爲副，諫議大夫查文徽爲監軍使，兵部侍郎魏岑爲壽州
劉彥貞爲副，諫議大夫查文徽爲監軍，使兵部侍郎魏岑爲沿淮巡撫
使。」

⑤馬令《南唐書·嗣主書第三》：「聞河中平，遽班師。」《新五代
　史·南唐世家·李景傳》曰：「兵攻流陽，聞守貞已敗，乃還。是
　時，漢隱帝少，中國衰弱，淮北群盜多送款於景，景遣皇甫暉出海、
　泗諸州招納之。」

⑥《通鑑》後漢高祖乾祐元年十一月：「初，沈丘人舒元，嵩山道士
　楊訥，俱以遊客干李守貞；守貞爲漢所攻，遣元更姓朱，訥更姓李，
　名平，間道奉表求救於唐，唐諫議大夫查文徽、兵部侍郎魏岑請出
　兵應之。唐主命北面行營招討使李金全將兵救河中，以清淮節度使
　劉彥貞副之，文徽爲監軍使，岑爲沿淮巡檢使，軍于沂州之境。金
　全與諸將方會食，候騎白有漢兵數百在澗北，皆羸弱，請掩之，金
　全令曰：『敢言過澗者斬！』及暮，伏兵四起，金鼓聞十餘里，金
　全曰：『曩可與之戰乎？』時唐士卒厭兵，莫有鬥志，又河中道遠，
　勢不相及，丙寅、唐兵退保海州。唐主遺帝〔按：指漢高祖〕書謝，

請復通商旅，且請赦守貞，朝廷不報。」《唐餘紀傳》卷二「國紀
第二」編唐師還於十月。

〔史事補遺〕

一、月日可考之事：

①正月，越人立俶，遷倧于東府。丁丑，天子崩。〔原注：漢高祖。〕
　以太子少傅馮延巳爲昭武軍節度使。（馬令《南唐書‧嗣主書第三》）

②夏，四月，廬州周鄴卒。（馬令《南唐書‧嗣主書第三》）

③五月，葬楚文昭王，葬吳越忠獻王。〔原注：越亂故緩。〕（馬令
　《南唐書‧嗣主書第三》）

④夏六月，庚寅朔，日食。（《十國春秋‧南唐元宗本紀》）

⑤冬，十有一月，高從誨卒。保庸嗣位。葬南平文獻王。（馬令《南
　唐書‧嗣主書第三》）

⑥冬十一月。……是月，遺漢主書，求復通商，且請赦李守貞罪，不
　報。（《十國春秋‧南唐元宗本紀》）

二、月日不可考之事：

①杜桂院在上元縣丹陽鄉，乾道志在城東南六十里，南唐保大六年
　建，在杜桂村，因爲院額今名。香林寺又曰香林院，在赤山西。
　（《至正金陵新志》卷十一下）

保大七年(九四九)，春正月，淮北盜起。以神衛都虞候皇
甫暉，將軍張巒、蕭處贇，監軍散騎常侍張義方，帥師萬
人，出海泗。招降。①納亳州蒙城鎮將咸師朗等以歸。②
夏，六月，癸酉，朔，日有食之。③
冬十月，我師渡淮攻正陽。④敗績。⑤

十二月，泉州刺史劉從效兄南州刺史從願殺刺史董思安，據南州，自稱刺史。⑥我不能問，因升泉州爲清源軍，以從效爲節度使。⑦

〔考釋〕

①按：《新五代史·南唐世家·李景傳》於保大六年曰：「是時漢隱帝少，中國衰弱，淮北群盜多送款於景，景遣皇甫暉出海泗諸州招降之。」今陸游書之於七年，疑有所據，《通鑑》後漢隱皇帝乾祐二年(九四九)正月：「淮北群盜多請命於唐，唐主遣神衛都虞候皇甫暉等將兵萬人出海、泗州招納之。蒙城鎮將咸師朗等降於暉；徐州將成德欽敗唐兵於峒峿鎮，俘斬六百級，暉等引歸。」馬令《南唐書·嗣主書第三》所載與陸《書》同，《十國春秋·南唐元宗本紀》亦繫此事於七年，疑皆本諸《通鑑》。

②薛居正《舊五代史·周書·世宗紀第三》：「顯德三年，春，正月……辛亥，李重進奏：大破淮賊於正陽，斬首二萬餘級，伏尸三十里，臨陣斬賊大將劉彥貞，生擒偏將咸師朗已下，獲戎甲三十萬副、馬五百匹。」

《江南野史》：「時中原無主，寇盜縱橫，嗣主歎曰：『孤不能因其厄運，命將興師，抗衡中國，恢復高、太之土宇，而乃勞師於海隅，實先代之罪人也。』至於悔恨百端，不能自解。」

③馬令《南唐書·嗣主書第三》所載同。

④《通鑑》繫此事於後漢隱帝乾祐二年冬十一月，「唐兵渡淮，攻正陽。」胡三省注引《九域志》曰：「潁州潁上縣有正陽鎮，臨淮津。」

⑤《舊五代史·漢隱帝紀中》乾祐二年冬十二月「潁州奏，破淮賊於正陽。」《資治通鑒》亦繫此事於後漢隱帝乾祐二年冬十二月，曰：「潁州將白福進擊，敗之。」

⑥《通鑑》後晉齊王開運三年（九四六）二月，「泉州都指揮使留從效謂刺史王繼勳曰：『李弘通兵勢甚盛，士卒以使君賞罰不當，莫肯力戰，使君宜避位自省！』乃廢繼勳歸私第。代領軍府事，勒兵擊李弘通，大破之。表聞于唐，唐主以從效為泉州刺史，召繼勳還金陵，遣將將兵戍泉州。」留從效之為泉州節度使，在保大七年，即後漢隱帝乾祐二年，馬令《南唐書》謂「劉從效為節度，在保大三年」，即後晉齊王開運二年，非是，應據改。

⑦《徐公文集》六《泉州節度使劉從效檢校太師制》曰：「門下。望高於朝，則享師保之任，惠加於物，則進士田之封，所以啓佑沖人，蕃屏王室者也。我有寵數，屬於元侯。某山嶽儲精，星芒稟異，挺全才而應用，激大義以致身，而自際會先朝，奮揚奇策，靜一方之多難，越萬里以來庭。故得倚作藩宣，誓之帶礪，而能恩威洽著，紀律修明，戎政有經，理聲日遠。黎獻有不欺之頌，朝廷無南顧之憂。茂績忠規，古難其比。粵予眇質，嗣德弗明，賴我友邦，越乃賢帥，推誠翼戴，克荷景靈，渙汗之恩，唯恐不至。是用增以井賦，崇為太師，美號峻階，并伸殊渥。噫！乞言之禮，可以觀德，殿邦之寄，可以樹勳。勉揚令圖，永錫繁祉。可。」又馬令《南唐書·叛臣傳》：「劉從效，泉州人也，仕本郡為統軍使。閩亡，從效說其刺史王繼勳入朝，而自領州事。元宗即以從效為泉州刺史。」

〔史事補遺〕

一、月日可考之事：

①春，正月，召大臣宗室赴內香宴。〔原注云：凡中外名香九十二種，皆江南所無也。〕詔摹勒古今法帖上石。（《金陵通紀》卷七）夏，四月，壬申，太白晝見。贈故廬山江夢孫國子司業。（馬令《南唐書·嗣主書第三》）

②七月，唐主復進用魏岑；吏部郎中會稽鍾謨、尚書員外郎李德明始
　以辯慧得幸，參預國政；二人皆恃恩輕躁，雖不與岑爲黨，而國人
　皆惡之 。 戶部員外郎范沖敏，性狷介 ， 乃教天威都虞候王建封上
　書，歷詆用事者，請進用正人；唐主謂建封武臣典兵，不當干預國
　政，大怒，流建封於池州，未至，殺之，沖敏棄市。唐主聞河中破，
　以朱元爲駕部員外郎，待詔文理院李平爲尚書員外郎。（《資治通
　鑑》後漢隱皇帝乾祐二年）
　秋七月，殺天威都虞候王建封、戶部員外郎范仲敏。是月，帝聞河
　中破，以朱元爲駕部員外郎，待詔文理院李平爲尚書員外郎。（《十
　國春秋·南唐元宗本紀》）
③冬，十有二月，日暈三重。」（馬令《南唐書·嗣主書第三》）
④是歲，命倉曹參軍王文炳摹勒古今法帖上石，即所謂昇元帖。（《十
　國春秋·南唐元宗本紀》）
⑤是歲，唐泉州刺史留從效兄南州副使從願，酖刺史董思安而代之，
　〔胡三省注：「晉齊王開運二年，唐改漳州爲南州，以董思安爲刺
　史，唐之保大三年也，事見二百八十四卷。」〕唐主不能制，置清
　源軍於泉州，以從效爲節度使。（《通鑑》後漢隱皇帝乾祐二年）

二、月日不可考之事：

①陶宗儀《輟耕錄》：「大梁劉衍卿世昌云：『大德已亥，婦翁張君
　錫攜余同觀淳化祖石帖，卷尾各有題識，及見吳郡陸友仁，又云嘗
　觀褚伯秀所記江南李後主命徐鉉以所藏古今法帖入石，名昇元帖，
　此則在淳化之前，當爲法帖之祖。」（《南唐書補注》引）
②劉跂《暇日記》亦載此事云：「馬傳慶說此帖，本唐保大間摹上石，
　題云：『保大七年，倉曹參軍王文炳摹勒，校對無差。』二說不同。
　周密《雲煙過眼錄》從褚伯秀。」（《南唐書補注》引）

③姜紹書《韻石齋筆談》：「按：石刻，三代及秦漢即有之，皆豐碑
　及磨崖也。法帖之成帙，而可置案頭者，自《昇元帖》始。」（《南
　唐書補注》引）

④《楊慎外集》：『南唐《昇元帖》，以匱紙摹拓李延珪墨拂之，爲
　絕品。匱紙者，打金箔紙也。其次即用澄心堂紙，蟬翅拂爲第二品。
　濃墨本爲第三品也。《昇元帖》在淳化祖刻之上，隋開皇帖之下。」
　（《南唐書補注》引）

⑤王昶《金石萃編》：「大明寺殘碑，唐保大七年，歲次己酉，廿一
　日記。考《寶祐志》云：『大明寺爲古棲靈寺，在江都縣北五里，
　以其在隋宮西，故又名西寺。寺有浮圖九級，即《大觀圖經》所載
　隋仁壽元年詔海內立塔三十所之一。又《高僧傳》云：『會昌三年，
　欲滅教法。劉隱之夢見是塔東渡海，後塔遂燬於火，然碑銘云：吳
　祖建寺，選名秤平。奏聞金闕，請在大明。』又云：『浮圖七妙，
　地久天長。』則楊行密時，寺曾易名秤平，而自保大七年上距會昌
　三年，一百六年中，塔已復建矣。行密僭位吳王，都揚州，號江都
　府。南唐徙都金陵，而揚州爲江都府如故，江都縣名亦不改。碑題
　江都府江都縣，正與史合。至碑文駢體字跡，雅潤可喜，頗似香積
　寺碑云。」（《南唐書補注》引）

⑥李璟保大七年，召大臣宗室赴內香宴，凡中國外夷所出，以至和合
　煎飲，佩帶粉囊，共九十二種。江南素所無也。（《清異錄》卷四）

保大八年（九五〇），春正月，李金全始罷北面行營招討
使。①
二月，福州遣諜者②詣建州留後查文徽，告吳越戍卒亂，
殺李弘義，棄城去。③文徽信其言，襲福州，大敗，被執，
而別將建州刺史陳誨以戰棹敗福州兵，執其將馬先進，④

俘於金陵。

秋七月，歸馬先進于吳越，而求查文徽。⑤

八月，尚書郎周濬等三人奔漢。

九月，楚朗州節度使馬希萼表請師。⑥詔加同平章事，賜以鄂州今年租稅。命楚州團練使何敬洙帥師援之。

冬十月，吳越歸查文徽。⑦

十一月，甲子朔，日有食之。

十二月，馬希萼攻陷潭州，弒其君馬希廣。⑧楚將李彥溫、劉彥屍各以千人來歸。⑨


〔考釋〕

①《通鑑》後漢隱皇帝乾祐三年（九五〇）正月：「唐主聞漢兵平三叛，始罷李金全北面行營招討使。」馬令《南唐書·嗣主書第三》：「八年，春，正月，詔曰：『春秋日食，地震，星孛，木冰，可謂甚矣！比者災異仍多，豈人君不德以召之耶？抑亦天心之仁愛而譴告之也？朕甚惕焉。曩者兵連閩越，武夫悍將，不喻朕意，而務為窮黷，以至父征子餉，上違天意，下奪農時，咎將誰執？在予一人，其大赦境內，窮民無告者，大賜粟帛。』」無載李金全事。《十國春秋·南唐元宗本紀》則並採馬《書》及陸《書》。

②《吳越備史》四：「庚戌歲三年，春二月，金陵以僞永安軍節度使查文徽取福州，遣劍州刺史陳誨、泉州留從效率兵犯我無諸。王命指揮使潘審率師禦之，遂生擒查文徽及行軍判官楊文憲等三十餘人，斬首或萬計，陳誨、留從效等走之。」《十國春秋·南唐後主本紀》編此事於二月甲申，云：「甲申，福州遣諜者詣永安留後查文徽，告吳越戍卒作亂，殺李弘義，棄城去。文徽信其言，襲福州，大敗，被執，別將劍州刺史陳誨以戰棹敗福州兵，執其將馬先進、

葉仁安等，俘於西都。」《唐餘紀傳》繫此事於八月，應從《吳越
備史》及馬、陸二《書》。馬《書》見下考釋。

③《通鑑》後漢高祖天福十二年(九四七)七月，「李達以其弟通知福
　州留後，自詣錢塘見吳越王弘倧，弘倧承制加達兼侍中，更其名曰
　孺贇。既而孺贇悔懼，以金筍二十株及雜寶賂內牙統軍使胡進思，
　求歸福州；進思為之請，弘倧從之。」十二月，「威武節度使李孺
　贇與吳越戍將鮑脩讓不協，謀襲殺脩讓，復以福州降唐；脩讓覺
　之，引兵攻府第。是日，殺孺贇，夷其族。」「己酉，鮑脩讓傳李
　孺贇首至錢塘，吳越王弘倧以丞相山陰吳程知威武節度事。」胡三
　省注《通鑑》曰：「李仁達降唐，唐賜名弘義，編之屬籍。及其叛
　唐，為唐所攻，求救於吳越，而弘字犯吳越諱，改名為達。其弟先
　名弘通，亦止名通。」《南唐書補注》曰：「天福十二年，為保大
　五年，是弘義被殺已久，諜者之告，皆吳程之謀。當從《通鑑》改
　正。」

④馬令《南唐書・嗣主書第三》作馬先進、葉仁等。《十國春秋・吳
　越忠懿王俶世家》：「乾祐三年，春，二月，甲申，唐劍州刺史陳誨
　寇福州，執我守將馬光進等。庚寅，唐永安軍留後查文徽至福州，
　知威武軍吳程、指揮使潘審燔令閩人詐降，遂生擒文徽及唐行軍判
　官楊文憲等三十餘人於下，斬馘萬計。陳誨等敗走。」「夏四月，
　王以查文徽等獻於五廟。丙午，王親享五廟。」「秋七月，唐歸馬
　光進等以易查文徽。冬十月，王遣文徽歸金陵。」

⑤《通鑑》後漢隱皇帝乾祐三年：「秋，七月，唐歸馬先進等於吳越
　以易查文徽。」《十國春秋・吳越忠懿王俶世家》載同。

⑥《江南野史》：「初，希萼授桂林節度使，自鎮來奔喪，未至，希
　廣懼將害己，使以舟師自上流迎衛，送至鼎州，既而構隙，欲誅希
　萼，故來乞師為援，其表略曰：『昔先王早以勳舊，基有楚國，不

幸即世，顧命之夕，顯令兄弟以天倫紹立，庶奉宗廟，獲享國祚。無何，嗣君不延永命，奄棄社稷，訃告至日，臣不勝痛切膚骨，血泣頤睫。即時奔走哀庭，冀處苫塊，用竭臣子之孝。不圖天未彌禍，孽豎搆隙，閒離我戚屬，汩亂我先序，潛阻兵戈，將謀剿絕。苟不更圖，殞在朝夕。故臣敢遠遣行价，殫布腹心，惟君存先主之昔好，賴大國之威武，許出兵援，以拊不腆，庶俾盜黨免弄凶器』云云。」《十國春秋‧南唐元宗本紀》注文載表文，無示出處，應據補。又《新五代史‧楚世家‧馬希廣傳》曰：「希範之卒，希萼自朗州來奔喪。希廣將劉彥瑫謀曰：『武陵之來，其意不善，宜出兵迎之，以備非常。使其解甲釋兵而後入。』張少敵、周廷誨曰：『王能與之則已，不然，宜早除之。』希廣泣曰：『吾兄也，焉忍殺之，分國而治可也。』乃以兵迎希萼於砥石，止之於碧湘宮，厚賂以遣之。希萼憤然而去，乃遣使詣京師求封爵，請置邸稱藩。漢隱帝不許，降璽書慰勞講解之。希萼怒，送款於李景，舉兵攻長沙。」《舊五代史‧漢書‧隱帝紀下》於乾祐三年九月辛巳載：「朗州節度使馬希萼奏請於京師別置邸院，不允。是時，希萼與其弟湖南節度使希廣方搆鬩牆之怨，故有是請。帝以湖已有邸務，不可更置，由是不允，仍命降詔和解焉。」《通鑑》後漢隱帝乾祐三年載：「馬希萼表請別置進奏務於京師。九月，辛巳，詔以湖南已有進奏務，不許。亦賜楚王希廣詔，勸以敦睦。馬希萼以朝廷意佑楚王希廣，怒，遣使稱藩于唐，乞師攻楚。唐加希萼同平章事，以鄂州今年租稅賜之，命楚州刺史何敬洙將兵助希萼。冬，十月，丙午，希廣遣使上表告急，言：『荊南、嶺南、江南連謀，欲分湖南之地，乞發兵屯澧州，以扼江南、荊南援朗州之路。』」《稽古錄》後漢隱帝乾祐二年(九四九)載：「夏，馬希廣庶兄永州刺史希萼襲長沙，不克，乞師於唐。」按：據《通鑑》及馬《書》，則《稽古錄》誤書。

⑦按：廣智書局本陸游《南唐書》作「越歸查文徽」。

《通鑑》後漢隱皇帝乾祐三年十月：「吳越王弘俶歸查文徽於唐，文徽得痼疾，以工部尚書致仕。」《十國春秋·南唐元宗本紀》載同。《唐餘紀傳》卷二「國紀第二」則謂南唐「遣使歸馬先進于吳越，求還查文徽。吳越毒而歸之。」然則文徽得痼疾，殆由吳越故。

⑧《新五代史·楚世家·馬希廣傳》曰：「希萼攻長樂門，牙將吳宏、楊滌戰於門中。希萼少衄，已而許可瓊奔於希萼，宏、滌聞之皆潰。希廣率妻子匿於慈堂。明日擒之。希萼見之惻然曰：『此鈍夫也，豈能爲惡？左右惑之爾。』顧其下曰：『吾欲活之，如何？』其下皆不對，遂縊殺之。」《通鑑》後漢隱帝乾祐三年十二月：「戊申，希萼謂將吏曰：『希廣懦夫，爲左右所制耳，吾欲生之，可乎？』諸將皆不對。朱進忠嘗爲希廣所笞，對曰：『大王三年血戰，始得長沙，一國不容二主，他日必悔之。』戊申，賜希廣死。希廣臨刑，猶誦佛書；彭師暠葬之於瀏陽門外。」《稽古錄》後漢隱帝乾祐三年載：「秋，馬希萼攻弟希廣，殺之自立。」據《通鑑》所載，則《稽古錄》誤書馬希萼弒希廣於是年秋也。

⑨《十國春秋·南唐元宗本紀》載同陸《書》，又《楚世家·劉彥瑫傳》：「劉彥瑫者，事文昭王爲長直都指揮使。王薨，彥瑫與學士李宏皋等共立都尉希廣。無何，王弟希崇貽書恭孝王（希萼），略言彥瑫違先王命，廢長立少，義所不容。恭孝王內含怨望，未有以發也。會自永州來奔喪彥，瑫復遣周廷誨將水軍往逆，令永州將士皆釋甲入館，不聽恭孝王與廢王相見。恭孝王歸居二年，悉調朗兵入犯，廢王希廣曰：『朗州，吾兄也，不可與爭，當以國讓之。』彥瑫固以爲不可，王乃命王贇爲帥，而以彥瑫監其軍。明年，潭兵屢不勝，嗣王憂形於色，彥瑫白王曰：『朗州兵不滿萬，馬不滿千，都府精兵十萬，何憂不勝？願假臣兵萬人，戰艦百五十艘，徑入朗

州，縛取希萼，以解大王憂。』廢王悅，署彥瑫朗州行營都統，彥瑫入朗境，父老爭以牛酒犒師，曰：『百姓不願從亂，望都府之兵久矣！』彥瑫厚賞之，乃與逆戰朗兵於湄州，乘風縱火，以焚其艦。頃之風回，火熾，潭兵皆自焚，彥瑫還走，江路已斷，士卒死者無算。已而恭孝王引兵掠湘陰，隨攻長沙。及城陷，彥瑫趣袁州，奔於南唐，終焉。」

〔史事補遺〕

一、月日可考之事：

①正月，唐清淮節度使劉彥貞多斂民財以賂權貴，權貴爭譽之；在壽州積年，恐被代，欲以警急自固，妄奏稱漢兵將大舉南伐。（《通鑑》後漢隱皇帝乾祐三年）

②二月，唐主以東都留守燕王弘冀爲潤、宣二州大都督，鎮潤州；寧國節度使周宗爲東都留守。（《通鑑》後漢隱皇帝乾祐三年，馬令《南唐書·嗣主書第三》同之。）

③夏四月，以劍州刺史陳誨爲永安軍節度使。（馬令《南唐書·嗣主書第三》，《十國春秋·南唐元宗本紀》同）

二、月日不可考之事：

①八年，齊王景達改長慶寺曰奉先，以資烈祖冥福。（《金陵通紀》卷七，《十國春秋·南唐元宗本紀》同）

②侍中李金全卒，葬上元金陵鄉。（《金陵通紀》卷七）

保大九年（九五一），春二月，楚王希萼使掌書記劉光翰來貢方物。①

三月，壬戌朔，以右僕射孫忌、客省使姚鳳爲楚王策禮

使。②又以洪州營屯都虞候邊鎬爲湖南安撫使，便宜進
討。淮南饑。③

夏五月，辛未，有星大如五升器，自西南流墜西北，④火
燭地，聲如雷。

六月，　楚靜江軍指揮使王逵執朗州節度使馬光惠歸於金
陵，推辰州刺史劉言爲朗州留後，⑤來請命。

秋九月，楚將徐威等廢其君希萼。命邊鎬出萍鄉，以討楚
亂。

冬十月，壬寅，武安留後馬希崇請降。⑥鎬入潭州。⑦

癸丑，武昌節度使劉仁贍，帥舟師取岳州。⑧湖南遂平。⑨

南漢來攻郴州，陷之。⑩周兗州節度使慕容超來乞援師，
從之。⑪

〔考釋〕

① 《通鑑》後周太祖廣順元年（九五一）編此事於二月，云：「唐主
　以楚王希萼爲天策上將軍、武安、武平、靜江、寧遠等軍節度使兼
　中書令，楚王；以右僕射孫忌、客省使姚鳳爲冊禮使。丙寅，遣前
　淄州刺史陳思讓將兵戍磁州，扼黃澤路。楚王希萼既得志，多思舊
　怨，殺戮無度，晝夜縱酒荒淫，悉以軍府事委馬希崇。希崇復多私
　曲，政刑紊亂。府庫既盡於亂兵，籍民財以賞賚士卒，或封其門而
　取之，士卒猶以不均怨望；雖朗州舊將佐從希萼來者，亦皆不悅，
　有離心。劉光輔之入貢於唐也。唐主待之厚，光輔密言：『湖南民
　疲主驕，可取也。』唐主乃以營屯都虞候邊鎬爲信州刺史，將兵屯
　袁州，潛謀進取。……（王）逵等黜留後馬光贊，更以希萼兄子光
　惠知州事。光惠，希振之子也。尋奉光惠爲節度使，逵等與何敬眞
　及諸軍指揮使張倣參決軍府事，希萼具以狀言於唐，唐主遣使以厚

賞招諭之；逢等納其賞，縱其使，不答其詔，唐亦不敢詰也。」《南
唐書注》：「按：《湖湘故事》作光瀚，《十國紀年》作光輔。」

②《江南野史》：「嗣主及遣將何洙應之，會希廣攻之不克，希萼遂
帥州兵及五谿蠻攻殺希廣，遂遣右僕射孫忌持節立希萼爲楚王。既
立，荒淫驕恣，不恤國政。」《唐餘紀傳》卷二「國紀第二」作「孫
晟」。《南唐書注》曰：「唐以楚王希萼爲天策上將軍，武安、武
平、靜江、寧遠節度使，兼中書令，楚王。」

③《舊五代史·周書·太祖紀》載南唐饑於廣順元年夏四月，云：「壬
辰朔，詔沿淮州縣，許淮南人就淮北糴易餱糧，時淮南饑故也。」

④按：廣智書局本陸游《南唐書》作「自西北流墜西南」。《金陵通
紀》卷七亦作「自西南流墜西北，火燭地，聲如雷。」

⑤《新五代史·楚世家·劉言傳》：「劉言，吉州盧陵人也。王進逢，
武陵人也。言初事刺史彭玕，從玕奔楚，言事希範爲辰州刺史。進
逢少爲靜江軍卒，事希萼爲指揮使。希萼攻希廣，以進逢爲先鋒，
陷長沙。長沙遭亂殘毀，希萼使進逢以靜江兵營緝之，兵皆愁怨，
進逢因擁之，夜以長柯巨斧斫關，奔歸武陵。希萼方醉，不能省。
明日遣將唐羕追之，及於武陵。羕戰，大敗而還。進逢乃逐出留後
馬光惠，迎言於辰州以爲帥，進逢自爲副。已而希萼將徐威等作
亂，縛希萼而立希崇，湖南大亂。李景遣邊鎬入楚，遷馬氏於金陵，
因幷召言。言不從，遣進逢與行軍司馬何景眞等攻鎬於長沙，鎬敗
走。周廣順三年，言奉表京師，以邀封爵。又言長沙殘破，不可居，
請移治所於武陵。周太祖皆從之，乃升朗州爲武平軍，在武安軍
上，以言爲節度使，因以武安授進逢。進逢自以言己所迎立，不爲
之下。言患之，二人始有隙，欲相圖。進逢謀曰：『言將可用者不
過何景眞、朱全琇爾，召而殺之，言可取也。』是時劉晟取楚梧、
桂、宜、蒙等州，進逢因白言召景眞等，會攻破晟，言信之，遣景

眞、全琇往，至皆見殺。乃舉兵襲武陵，執言殺之。奉表京師，周太祖即以進逵爲武平軍節度使。世宗征淮南，授進逵南面行營都統。進逵攻鄂州，過岳州，岳州刺史潘叔嗣，進逵故時同列，待進甚謹。進逵左右就叔嗣求賂，叔嗣不與，左右譖其短，進逵面罵之，叔嗣慚恨，語其下曰：『進逵戰勝而還，吾無遺類矣！』進逵入鄂州，方攻下長山，叔嗣以兵襲武陵，進逵聞之，輕舟而歸，與叔嗣戰武陵城外，進逵敗，見殺。」

⑥《五代史補》四：「馬希範卒，判官李皋以希範同母弟希廣爲天策都尉，撫御尤非所長，大校張少敵憂之，建議請立希廣庶兄武陵帥希萼，且曰：『希萼處長負氣，觀其所爲，必不爲都尉之下，加之在武陵九谿蠻，通好往來甚歡，若不得立，必引蠻軍爲亂，幸爲思之。』李皋忽怒曰：『汝輩何知，且先大王爲都尉，俱爲嫡嗣，不立之，卻用老婢兒，可乎？』少敵曰：『國家之事，不可拘以一途，變而能通，所以圖長久也。何嫡庶之云乎？若明公必立都尉，當妙設方略，以制武陵，使帖然不動乃可，不然，則社稷去矣。』皋愈怒，竟不從少敵之謀。少敵度無所奈何，遂辭不出。未幾，希萼果以武陵反，引九洞谿蠻數路齊進，逐之長沙，縊希廣於郊外，而支解李皋。自是湖南大亂，未逾年而國滅，一如少敵之言。初，希萼之來也，希廣以全軍付親校許可瓊使逐擊之，可瓊睹希萼眾盛，恐懼，夜送旗鼓乞降。希萼大喜，於是兼可瓊之眾，長驅而至。希廣素奉佛，聞之，計無所出，乃披緇衣，引群僧念寶勝如來，謂之禳災。頃之，府廨火起，人忽紛擾，猶念誦之聲未輟，其戇如此。少敵憂之，良有以也。先是，城中街道尚種槐，其柳即無十一二，至是內外一變，皆種柳，無復槐矣。又居人夜閒，好織草鞋似槌芒之聲，聞於郊野，俄有童謠云：『湖南城郭好長街，竟栽柳樹不栽槐。百姓奔竄無一事，只是槌芒織草鞋。』人無長少皆誦之。未幾，國亂，

百姓奔竄，死於溝壑者十有八九。至是，議者始悟，蓋長街者，通內外之路也；槐者，爲言懷也；不栽槐，蓋兄弟不睦，以至國亡，失孔懷之義也。草鞋者，遠行所用，蓋百姓遠行奔竄之義也。」

又云：「馬希萼既立，不治國事，數與僚吏縱酒爲樂。有小吏謝廷擇者，本帳下厮養，有容貌，希范素寵嬖之，每筵會，皆命廷擇預坐。諸官甚有在下者，於是衆怒，往往偶語曰：『此輩，舊制有燕會唯用之守門，以防他虞；今與我等齊列，何辱之甚也。』其弟希崇因衆怒咄咄，與其黨竊發，擒希萼，囚之於衡陽，又自立，未數日，江南遣袁州刺史邊鎬乘其亂，領兵來伐，希崇度不能敵，遂降。」

⑦《舊五代史·周書·世宗紀》廣順元年十月：「辛丑，荊南奏，湖南亂，大將軍陸孟俊執僞節度使馬希萼，遷於衡州，立希萼弟希崇爲留後，將吏二千餘人，遇害者半，牙署庫臧，焚燒殆盡。」「十一月己未朔，荊南奏，淮南大將邊鎬率兵三萬，自袁州路趨潭州，馬希崇遣從事送牌印，納器仗。鎬入城，稱武安軍節度使，馬氏諸族及將吏千餘人皆徙于金陵。」《冊府元龜》卷二三一《僭僞部·征伐》略述其事云：「唐李景襲其父昇僞位，遣其將邊鎬帥師攻閩王延政於建安，延政乞降，鎬使人送于金陵。會湖南馬希萼爲牙將陸孟俊所廢，送於衡陽，三軍立馬希崇爲帥，希萼至衡陽，月餘，衡州都指揮使廖偃招合蠻僚，復立希萼爲楚王於縣，署行府，據湘川上游。乃令人求援於景，景遣邊鎬率衆，東入希萼，乘湘流而下，合勢攻長沙，陷之。希萼望吳人復立爲潭帥，潭人同恚希萼，請邊鎬爲帥，鎬既稱帥，乃令希萼、希崇入於金陵。馬氏諸族千餘人及高族皆徙焉。」《通鑑》後周太祖廣順元年（九五一）詳載此事，茲按月敘之。

九月，「楚王希萼既克長沙，不賞許可瓊，疑可瓊怨望，出爲蒙州刺史。遣馬步都指揮使徐威、左右軍馬步使陳敬遷、水軍都指揮使

魯公綰、牙內侍衛指揮使陸孟俊帥部兵立寨於城西北隅，以備朗兵。不存撫役者，將卒皆怨怒，謀作亂。希崇知其謀。戊寅，希萼宴將吏，徐威等不預，希崇亦辭疾不至。威等使人先驅踥䠠馬十餘入府，自帥其徒執斧斤白梃，聲言縶馬，奄至座上，縱橫擊人，顛踣滿地。希萼踰垣走，威等執囚之，執謝彥顒，自頂至踵剉之。立希崇為武安留後，縱兵大掠。幽希萼於衡山縣。劉言聞希崇立，遣兵趨潭州，聲言討其篡奪之罪。壬午，軍於益陽之西，希崇懼。癸未，發兵二千拒之，又遣使如朗州求和，請為鄰藩。掌書記桂林李觀象說言曰：『希萼舊將佐，猶在長沙，此必不欲與公為鄰；不若先檄希崇，取其首，然後圖湖南，可兼有也。』言從之，希崇畏言，即斷都軍判官楊仲敏、掌書記劉光輔、牙內指揮使魏師進，都押牙黃勍等十餘人首，遣前辰陽縣令李翊齎送朗州，至則腐敗，言與王逵等皆以為非仲敏等首，怒責翊，翊惶恐，自殺。希崇既襲位，亦縱酒荒淫，為政不公，語多矯妄，國人不附。初，馬希萼入長沙，彭師暠雖免死，猶杖背黜為民；希崇以為師暠必怨之，使送希萼於衡山，實欲師暠殺之，師暠曰：『欲使我為弒君之人乎？』奉事逾謹。丙戌，至衡山，衡山指揮使廖偃，匡圖之子也，與其季父節度巡官匡凝謀曰：『吾家世受馬氏恩，今希萼長而被黜，必不免禍，盍相與輔之！』於是帥莊戶及鄉人悉為兵，與師暠共立希萼為衡山王，以縣為行府，斷（湘）江為柵，編竹為戰艦，以師暠為武清節度使，召募徒衆，數日，至萬餘人，州縣多應之。遣判官劉虛己求援於唐。徐威等見希崇所為，知必無成，又畏朗州、衡山之逼，恐一朝喪敗，俱及禍，欲殺希崇以自解。希崇微覺之，大懼，密遣客將范守牧奉表請兵於唐，唐主命邊鎬自袁州將兵萬人西趨長沙。唐邊鎬引兵入醴陵，癸巳，楚王希崇遣使犒軍。壬寅，遣天策府學士拓跋恆奉牋詣鎬請降。恆歎曰：『吾久不死，乃為小兒送降狀！』

癸卯，希崇帥弟姪迎鎬，望塵而拜，鎬下馬稱詔勞之。甲辰，希崇等從鎬入城，鎬舍於瀏陽門樓，湖南將吏畢賀，鎬皆厚賜之。時湖南饑饉，鎬大發馬氏倉粟賑之，楚人大悅。」

十月，「唐邊鎬趣馬希崇帥其族入朝，馬氏聚族相泣，欲重賂鎬，奏乞留居長沙，鎬微哂曰：「國家與公家世爲仇敵，殆六十年。然未嘗敢有意窺公之國。今公兄弟鬥鬩，困窮自歸，若復二三，恐有不測之憂。」希崇無以應。

十一月「辛酉，與宗族及將佐千餘人號慟登舟，送者皆哭，聲振川谷。」

十二月，「以馬希萼爲江南西道觀察使，鎮洪州，仍賜爵楚王。以馬希崇爲永泰節度使，鎮舒州。」

馬令《南唐書·嗣主書第三》云：「楚人廖偃等招合蠻獠，復立希萼爲楚王，楚國大亂。邊鎬以信州屯兵出宜春，討長沙，破其軍於龍回關。徐威等以希崇降，希萼亦送款于鎬，鎬盡遷馬氏之族于金陵，以希萼爲洪州大都督，封楚王。」《稽古錄》周太祖廣順元年：「秋，馬希萼與弟希崇爭國；唐將邊鎬擊虜之，遂滅湖南。」《稽古錄》謂以希萼與希崇爭國並邊鎬滅湖南事在秋天，蓋並二事而言，宜據《通鑑》諸書釐清其時日。

《徐文公集》六有《撫州節度使馬希崇除舒州節度使制》，曰：「門下。姬周同德，曹叔封於王畿；炎漢功臣，楊僕恥居關外：是知藩翰之重，所寄必同，遠近之差，以斯爲寵。我有成命，爾其敬聽。某識度恢弘，風猷茂遠，家勳蓋世，不怙貴以驕人；多難荐臻，每忘身而濟物。智能適變，仁足庇宗，來庭不俟於七旬，保境豈徒於五郡！劉總舉全燕之地，弘正輸雄魏之邦，故實攸存，懋章何吝！是用加之飫賜，尊以上公，陟負璽之崇資，委建牙於列鎮，虛襟而見，前席與談，言語有章，威儀可則。既協跂予之望，且堅戀闕之

心。藹爾誠明，形於表疏，愈歎忠勤之操，宜更節制之權。而永泰全軍，舒庸舊國，地望無慚於汝水，封疆密邇於王城，用諧日近之言，尙資河潤之福，俾回新命，往受中權。於戲！大義昭彰，朝恩渙汗，千里之地可以觀政，三軍之帥可以圖功，永樹風聲，無忘多訓。可。」

⑧《通鑒》後周太祖廣順元年十月，「癸丑、唐武昌節度使劉仁贍帥戰艦二百取岳州，撫納降附，人忘其亡，仁贍，金之子也。」

⑨《新五代史・南唐世家・李景傳》：「九年秋，楚人囚希萼於衡山，立其弟希崇，附于景，楚國大亂。景遣信州刺史邊鎬攻楚，破潭州，盡遷馬氏之族于金陵。景以希萼爲洪州節度使，希崇舒州節度使，以邊鎬爲湖南節度使。」《資治通鑒》後周太祖廣順元年十月，「唐百官共賀湖南平，起居郎高遠曰：『我乘楚亂，取之甚易，觀諸將之才，但恐守之難耳。』遠，幽州人也。司徒致仕李建勳曰：『禍其始於此乎！』唐主自即位以來，未嘗親祠郊廟，禮官以爲請，唐主曰：『俟天下一家，然後告謝。』及一舉取楚，謂諸國指麾可定。魏岑侍宴曰：『臣少遊元城，樂其風土，俟陛下定中原，乞魏博節度使。』唐主許之，岑趨下拜謝。其主驕臣佞如此。」

南唐平湖南事，已見前考釋。《青箱雜記》卷七：「唐末，劉建鋒定長沙，遣馬殷領衆浚城濠，得石碣，有古篆十八。其文曰：『龍舉頭，猴掉尾。羊爲兄，猴作弟。羊歸穴，猴離次。』解者以殷乾寧丙辰歲代立，乃龍舉頭也。至乾祐辛亥歲國亡，乃猴掉尾也。殷子希範以己未歲生，又以開運丁未歲薨，乃羊歸穴也。又子希崇壬申歲生，後爲江南所俘，乃猴離次也。」又云：「又馬希振亦殷之子，清泰中卒，葬長沙之陶浦，掘得石碣，其文曰：『亂石之壞，絕世之岡。谷變庚戌，馬氏無王。』蓋馬氏諸王雄於周廣順辛亥歲遷于江南，然其國之變，實在庚戌歲故也。」又云：「龐巨昭善星

緯之學，唐末爲容州刺史，惡劉隱殘虐，乃歸長沙。或問湖南與淮南國祚短長，巨昭曰：『吾入境來，聞童謠曰：三羊五馬，馬自離群，羊子無舍。自今以後，馬氏當五主，楊氏當三主。』後皆如其言。」《新五代史·南唐世家·李景傳》：「九年秋，楚人囚希蕚於衡山，立其弟希崇，附于景，楚國大亂。景遣信州刺史邊鎬攻楚，破潭州，盡遷馬氏之族于金陵。景以希蕚爲洪州節度使，希崇舒州節度使，以邊鎬爲湖南節度使。」《通鑒》後周太祖廣順元年十月，「唐百官共賀湖南平，起居郎高遠曰：『我乘楚亂，取之甚易，觀諸將之才，但恐守之難耳。』遠，幽州人也。司徒致仕李建勳曰：『禍其始於此乎！』唐主自即位以來，未嘗親祠郊廟，禮官以爲請，唐主曰：『俟天下一家，然後告謝。』及一舉取楚，謂諸國指麾可定。魏岑侍宴曰：『臣少遊元城，樂其風土，俟陛下定中原，乞魏博節度使。』唐主許之，岑趨下拜謝。其主驕臣佞如此。」又《十國世家年譜》注：「馬氏，據《湖湘故事》、《九國志》、《運歷圖》並云：殷以長興元年卒，是歲，子希聲立，長興三年卒。而《五代舊史·殷》列傳云：殷長興二年卒，享年七十八，子希聲立，不周歲而卒；明宗本紀長興元年，書希聲除節度使，起復，三年八月，又書希聲卒。今據《九國志》殷以大中六年歲在壬申生，享年七十九。蓋自大中壬申至長興元年庚寅，實七十九年，爲得其實。而希聲，據《湖湘故事》、《九國志》、《運歷圖》皆以三年卒，與明宗本紀皆合，不疑。惟《舊史》書殷卒二年，及年七十八，希聲立不周歲卒爲繆爾。希蕚希崇之亂，南唐盡遷馬氏之族歸于金陵。《五代舊史》云：時廣順元年也。而《運歷圖》云乾祐二年馬氏滅者，繆也。初，殷入湖南，掘地得石，讖云：龍起頭，豬掉尾。蓋殷以乾寧三年歲在丙辰，自立於湖南，至廣順元年辛亥而滅。《九國志》以乾祐三年爲辛亥，《湘湘故事》以顯德元年爲辛亥者，皆

繆也。惟《五代舊史》得其實。」

⑩按：廣智書局本陸游《南唐書》作「南漢來攻，陷郴州」，《江南野史》作「柳連」，應作「郴、連」。

《資治通鑒》後周太祖廣順元年十二月，「南漢主遣內侍省丞潘崇徹、將軍謝貫將兵攻郴州，唐邊鎬發兵救之；崇徹敗唐兵於義章，遂取郴州。邊鎬請除全、道二州刺史以備南漢。丙辰，唐主以廖偃為道州刺史，以黑雲指揮使張巒知全州。」胡三省注：「宋白曰：郴州，漢郴縣，隋置郴州。敗，補邁翻。隋末，蕭銑分郴置義章縣，唐屬郴州。《九域志》：在州南八十五里。宋朝避太宗潛藩舊名，改曰宜章。宋白曰：縣北臨章水。」《江南野史》：「初，南漢王劉氏之子嗣立，聞馬氏兄弟敗亂，徙江南，遂遣將進取桂林，侵至桂陽監。嗣主遣大將張巒至柳連間，復遣裨將楊勝候忠帥袁、吉二郡鄉師，合數千人，分道而進。至臨賀，與廣人戰於城下，廣人敗績。城守使壅上流以誘我。忠等見水淺，乘勝破木柵而入，因各爭功，縱兵亂掠，廣人伏兵拒之。忠等失利，退，遇決水泛溢，士卒溺死者大半，餘眾宵遁。漢兵亦未至桂，聞忠等敗，於是亦班師。」《南漢紀》卷四《中宗紀》乾和九年十二月，「遣內侍丞潘崇徹、將軍謝貫將兵攻郴州；南唐邊鎬發兵救之，遇于義章，崇徹令步將康崇保分兵兩翼以掩之，南唐大敗，遂克郴州。邊鎬除全、道二州刺史以備漢。丙辰，南唐主以廖偃為道州刺史，以黑雲指揮使張巒知全州。」《南漢書》卷四《中宗紀》同，又曰：「所俘卒盡減一臂縱還，遂取郴州。」《十國春秋·南唐元宗本紀》：「南漢內侍省丞潘崇徹、將軍謝貫敗我兵于義章，遂陷郴州。」

⑪《五代史略》曰：「慕容彥超，吐谷渾部人，漢高祖同產弟也。嘗冒姓閻氏。彥超黑色，胡髯，號閻昆侖。仕唐及晉、漢，拜鎮寧軍節度使。隱帝遇弒，周太祖入立，不自安。數有所獻，太祖賜以玉

帶，又賜詔書安慰之。呼彥超爲弟而不名，彥超心益疑懼。及劉旻
自立，彥超亦反，遣人南結李昇，爲出兵，攻沇陽，敗歸。明年，
太祖親征，城破，夫婦投井死。」

〔**史事補遺**〕

一、月日可考之事：

①保大九年，春正月，議北征周。韓熙載奏曰：「郭氏姦雄，雖有國
日淺，而爲理已固。兵若輕舉，非獨無成，亦且有害。」乃命李金
全耀兵于淮上而止。〔原注：先是，契丹侵河南，晉主北遷，熙載
上書曰：「陛下有經營天下之志，定在今時。若契丹遁歸，中原有
主，安輯稍定，則未可圖也。」至是又上書云。〕（《十國春秋·
南唐元宗本紀》）

②三月，逵等黜留後馬光贊，更以希萼兄子光惠知州事。光惠，希振
之子也。尋奉光惠爲節度使，逵等與何敬眞及諸軍指揮使張倣參決
軍府事，希萼具以狀言於唐，唐主遣使以厚賞招諭之；逵等納其
賞，縱其使，不答其詔，唐亦不敢詰也。（《通鑑》後周太祖廣順
元年春三月）

三月丙子，敕：「朝廷與唐本無仇怨，緣淮軍鎮，各守疆域，無得
縱兵民擅入唐境；商旅往來，無得禁止。」（《通鑑》後周太祖廣
順元年春三月）

③秋七月，樂安公茂蒇。（馬令《南唐書·嗣主書第三》，按：《十國
春秋·南唐元宗本紀》、《金陵通紀》卷七作「弘茂」，《金陵通
紀》又云：「追贈慶王葬於婁湖。」注云：「在金陵城南五里。」

④德慶堂，……有《祭悟空禪文》曰：「保大九年，歲次辛亥九月，皇
帝以香茶乳藥之奠，致祭於右街清凉寺悟空禪師。」按南唐元宗，
以癸卯歲嗣位，改元保大，當晉出帝之天福八年，至辛亥，實保大

九年，當周太祖之廣順元年，則祭悟空者，元宗也，《建康志》以爲後主，非是。（陸游《渭南文集·入蜀記》二）

⑤十有一月，宋齊丘拜太師，固辭，復爲太傅。（馬令《南唐書·嗣主書第三》）

十一月，時右僕射孫晟宅在鳳凰山西岡隴間，韓熙載見其門巷卑陋，謂曰：「湫隘如此，何當爲相國第耶？」明年，果拜相。（《金陵通紀》卷七）

⑥十二月，湖南刺史皆入朝於唐，永州刺史王贇獨後至。唐主毒殺之。（《通鑑》後周太祖廣順元年）

十二月，漢泰寧節度使慕容彥超來乞援師，許之。以鎮南節度使兼中書令宋齊丘爲太傅。馬希萼爲江南西道觀察使，鎮洪州，仍賜爵楚王；馬希崇爲永泰軍節度使，鎮舒州。（《十國春秋·南唐元宗本紀》）

邊鎬請除全、道二州刺史以備南漢。丙辰，唐主以廖偃爲道州刺史，以黑雲指揮使張巒知全州。（《通鑑》後周太祖廣順元年十二月，《南漢紀》卷四《中宗紀》同。）


二、月日不可考之事：

①是歲，唐主以安化節度使鄱陽王王延政爲山南西道節度使，更賜爵光山王。（《通鑑》後周太祖廣順元年，《十國春秋·南唐元宗本紀》同。）

②了緣塔院，《乾道志》：在鍾山後梁普中置，初爲福靜寺，南唐保大九年改今額。（《至正金陵新志》卷十一下）

③寶林寺，《舊經》云：本同行寺。梁天監中，武帝與寶公同遊此山，見林巒殊勝，命建精藍，因以同行爲額，亦名聖遊寺。唐會昌中廢，僞吳太和中復建，後改爲秀峰院，南唐保大九年重修，本朝嘉祐中

改賜今額，有琪樹在法堂前。（宋張敦頤《六朝事跡編類》卷十一
「寺院門」）


保大十年(九五二)，春正月，升洪州高安縣爲筠州。以清
江、萬載、上高三縣隸焉。①援兗州之師，敗績於沭陽，②
周人執我指揮使燕敬權。③

二月，周人歸敬權，④使來言曰：「吾賊臣背叛，爾國助
之，豈長計哉！」⑤且使潁州郭瓊⑥貽我壽州劉彥貞書
曰：「自古有國，皆惡叛臣，貴邦何爲，常事招誘？吳中
多士，無乃淺圖！」帝頗愧其言。以翰林學士江文蔚知禮
部貢舉，⑦放進士王克貞⑧等三人及第，旋復停貢舉。

三月，以太弟太保馮延巳爲左僕射，前鎮海節度使徐景運
爲中書侍郎，及右僕射孫忌，并同平章事。⑨帝以南漢乘
楚亂據桂、宜等州，將取之，以知全州張巒兼桂州招討使。

夏四月，丙戌，朔，日有食之。⑩命統軍侯訓帥五千人會
張巒，攻桂州，敗績於城下，訓死之。巒收餘衆保全州。⑪
周興順指揮使白進福以族來歸。

秋九月，召朗州劉言入朝。

冬十月，劉言將王逵、周行逢攻潭州。⑫

壬辰，拔益陽寨，戍將李建期死之。

丙申，潭州節度使邊鎬棄城遁。⑬

辛丑，劉言將蒲公益攻岳州，刺史宋德權、監軍任鎬棄城
遯。⑭

十一月，劉言盡據故楚地。⑮詔流邊鎬於饒州，斬宋德
權、任鎬於太社，斬裨將申洪泰、尹建於都門外。平章事
馮延巳、孫忌皆罷爲左右僕射。⑯

十二月，雩都令趙暹奔周，洪州大都督楚王馬希萼來朝，留不遣。⑰是歲大旱。

〔考釋〕

①馬令《南唐書·嗣主書第三》：「十年，春，正月，分洪州高安縣置筠州，割清江、萬載、上皋屬焉。以湖南行營糧料使王紹顏爲刺史。」

②按：廣智書局本陸游《南唐書》作「沭陽」，非是，應據改。《舊五代史·周書·太祖紀》:「廣順二年春正月……丙寅，徐州巡檢供給官張令彬奏，破淮賊於沭陽，斬首千餘級，擒賊將燕敬權。時慕容彥超求援於淮南，淮南僞主李景發兵援之，師於下邳，聞官軍至，退趨沭陽，遂破之。」《宋史·南唐世家·李景傳》：「金全……至沭陽，聞守貞敗，乃還。」

③《舊五代史·周書·太祖紀》廣順二年（九五二）春「戊寅，徐州部送沭陽所獲賊將燕敬權等四人至闕下，詔賜衣服金帛，放歸本土。」《通鑑》後周太祖廣順二年，春正月，「唐主發兵五千，軍于下邳，以援彥超；聞周兵將至，退屯沭陽。徐州巡檢使張令彬擊之，大破唐兵，殺、溺死者千餘人，獲其將燕敬權。」胡三省注：「下邳，屬徐州，東南至沭陽縣百里。劉昫曰：沭陽，漢厹丘縣，後魏改曰沭陽，唐屬海州。《九域志》：在海州西南一百八十里。杜佑曰：海州沭陽縣，漢原丘縣地，梁置潼陽縣。」

④《通鑑》後周太祖廣順二年二月「甲辰，帝釋燕敬權等使歸唐，謂唐主曰：『叛臣，天下所共疾也，不意唐主助之，得無非計乎！』唐主大慚，先所得中國人，皆禮而歸之。唐之言事者猶獻取中原之策，中書舍人韓熙載曰：『郭氏有國雖淺，爲治已固，我兵輕動，必有害無益。』」馬令《南唐書·嗣主書第二》，周人歸唐俘在十

二年，誤，應據改。

⑤《江南野史》：「太祖既平彥超，乃釋所俘江南將校而諭之曰：『卿歸語汝主，朕征有罪，乃爲君之道，何煩遠援，以附不庭。朕方和結鄰好，休兵邊境，是所願也。卿可言之。』嗣主聞而悔恨忘食。」

《舊五代史·周書·太祖紀》：「放（燕敬權等）歸本土，敬權等感泣謝罪。帝詔見，謂之曰：『夫惡凶邪，獎忠順，天下一也。我之賊臣，撓亂國法，嬰城作逆，殃及生靈，不意吳人助茲凶慝，非良算也，爾歸當言之於爾君。』初，漢末遣三司軍將路昌祚於湖南市茶，屬淮南將邊鎬陷長沙，昌祚被賊送金陵。及敬權自大朝歸，具以帝言告于李景，景乃召昌祚，延坐從容久之，且稱美大朝皇帝聖德廣被，恩沾鄰土，深有衣附國家之意。」《冊府元龜》卷一六七《帝王部·招懷五》亦載云：「二月甲辰，以先獲淮南指揮使燕敬權、都頭趙筠、官犍吳進羅義等四人放歸本土，仍賜衣服金帛以遣，召見，謂之曰：『爾歸言達吾意於爾君。凡人惡兇邪、獎忠順，天下一也，我之賊臣撓亂國法，嬰城作逆，殃及生靈，不意吳人助此兇慝，驅徒領衆，涉我封陲，南土君臣，非良算也。』」

⑥宋曾鞏《隆平集》十六：「郭瓊字國華，幽州盧龍人，少事契丹，遷至都校。後唐明宗朝，挈族來歸，授以團練使。晉末，中原多故，盜賊蠭起，德光以瓊爲忻州刺史，即單車赴治，盜畏其威，相與遁去。漢乾祐中，淮人攻密州，以瓊帥東路行營，淮人聞之，亦亟引避。劉銖守平盧，稱疾不朝。隱帝疑其叛，詔瓊領兵屯青州，銖將害之，張宴伏兵幕下，瓊無懼色，銖亦不敢發。瓊徐爲言去就禍福，銖遂趨召。周顯德中，爲齊州防禦使，歲饑，出俸以濟之，民多自鄰境至者，郡人詣闕以言，詔爲立碑。宋初，以左衛上將軍致仕，卒。瓊推賢接物，有士君子之風，所至民懷愛之。」

⑦《通鑑》後周太祖廣順二年春載：「唐主好文學，故熙載與馮延巳、

延魯、江文蔚、潘佑、徐鉉之徒皆至美官。佑，幽州人也。當時唐之文雅於諸國爲盛，然未嘗設科舉，多因上書言事拜官，至是，始命翰林學士江文蔚知貢舉，進士廬陵王克貞等三人及第。唐主問文蔚：『卿取士何如前朝？』對曰：『前朝公舉、私謁相半，臣專任至公耳。』唐主悅。中書舍人張緯，前朝登第，聞而銜之。時執政皆不由科第，相與沮毀，竟罷貢舉。」

⑧《南唐書補注》曰：「李燾《續通鑑長編》：「王克貞，新塗人，在江南守道中立，人稱爲長者。歸朝，官太子中允。」

⑨馬令《南唐書·嗣主書第三》：「三月，以撫州馮延巳爲左僕射、平章事，右僕射孫晟守本官、平章事，潤州徐連中書侍郎、平章事。」孫晟拜相事，韓熙載早有預見，參上〔史事補遺〕。

⑩《唐餘紀傳》卷二「國紀第二」作「夏五月丙戌朔，日有食之。」應不可從，《南唐書》卷四《中宗紀》亦作「四月」，同陸《書》。

⑪《通鑑》後周太祖廣順二年四月：「唐主既克湖南，遣其將李建期屯益陽以圖朗州，以知全州張巒兼桂州招討使以圖桂州，久之，未有功。唐主謂馮延巳、孫晟曰：『楚人求息肩於我，我未有撫其瘡痍而虐用其力，非所以副來蘇之望，吾欲罷桂林之役，斂益陽之戍，以旌節授劉言，何如？』晟以爲宜然。延巳曰：『吾出偏將舉湖南，遠近震驚；一旦三分喪二，人將輕我。請委邊將察其形勢。』唐主乃遣統軍使侯訓將兵五千自吉州路趣全州，與張巒合兵攻桂州。南漢伏兵於山谷，巒等始至城下，罷乏，伏兵四起，城中出兵夾擊之，唐兵大敗，訓死，巒收散卒數百奔歸全州。」《南漢紀》卷四《中宗紀》乾和十年：「南唐主既克湖南，以知全州張巒兼桂州招討使以圖桂州，久之，未有功。四月，遣統軍使侯訓將兵五千，自吉州趣全州，與張巒合兵攻桂州，漢伏兵于山谷，巒等始至城下，罷乏，伏兵四起，城中出兵夾擊之，南唐兵大敗，訓死，收散卒數

百奔歸全州。」《南漢書》卷四《中宗紀》同。《唐餘紀傳》卷二
「國紀第二」繫此事於五月，與諸書所載異，不可從。

⑫《隆平集》曰：「周行逢，朗州人，少亡賴，犯法，隸軍籍，久爲
裨校。唐乾寧初，馬霸圖盜，據湖南地，自置郡守以下官。廣順初，
馬希萼與弟希廣爭國，率蠻軍殺希廣而自立，又爲其將陸孟俊所
遷，而立弟希崇，因求援江南。李景遣邊鎬赴之，馬氏舉族俘於建
康。景以鎬帥潭，而朗州軍亂，推牙將劉言爲帥，以行逢爲都校，
因上章李景，求旌鉞，不許，言遂遣行逢帥舟師陷潭州。邊鎬遁去，
因據其城。言請移潭治朗，周祖以言帥朗，以王進逵帥潭。顯德中，
裨將潘叔嗣害進逵，請行逢帥朗。行逢至，戮叔嗣以徇。世宗因除
行逢朗州大都督，武平軍節度使，兼侍中。自是盡有湖南地。建隆
初，加中書令。行逢善用人，盡心民政，其婿求補吏，以耒耜與之，
人服其公。性多猜忌，喜殺戮。將終，謂將校曰：『吾死，張文表
必叛，公等強勉護吾兒。』既而文表果舉兵，滅周氏，其子保權，
年十一，乞師朝廷，詔慕容延釗、李處耘率師赴之，而保權已平文
表，王師始至，遂嬰城以拒。城破，竄匿民間，太祖以其年幼，政
不由已，詔尋訪赴闕。保權上章待罪，釋之，授右千牛衛上將軍，
累遷至左羽林統軍，卒。」《稽古錄》周太祖廣順二年載：「朗州
將劉言襲長沙，逐邊鎬，上表請節鉞；詔言鎮湖南，徙治朗州。」

⑬《吳越備史》四：「冬十月，朗州指揮使(原注：彭城)言（原注：
姓犯武肅王諱，改彭城。)舉兵逐邊鎬，克復湖南，獻捷於朝廷。朝
廷以爲武平節度制置武安等軍事，因遷湖南節制府於朗州。」《舊
五代史·周書·世宗紀》亦載邊鎬事於廣順二年十月，云：「十一
月丙辰，荊南奏，朗州大將劉言，以今年十月三日領兵趨長沙，十
五日至潭州。淮南所署湖南節度使邊鎬、岳州刺史宋德權並棄城遁
去。」「十二月丙戌，權武平軍留後劉言遣牙將張崇嗣入奏，於十

月十三日，與節度副使王進逵、行軍司馬何敬貞、指揮使周行逢等，同共部領戰棹，攻收湖南。僞節度使邊鎬當夜出奔，王進逵等已入潭州。」《新五代史·南唐世家·李景傳》曰：「楚地新定，其府庫空虛，宰相馮延巳以克楚爲功，不欲取費於國，乃重斂於民以給軍，楚人皆怨而叛。其將劉言攻邊鎬，鎬不能守，遁歸。」

⑭《舊五代史·僭僞列傳·劉言傳》：「劉言，本朗州之牙將也。初，馬氏舉族爲江南所俘，朗州無帥，衆乃推列校馬光惠爲武平軍留後，光惠署言爲副使。既而光惠耽荒僭侈，軍情不附，遂行廢黜，以言代光惠爲留後。時周廣順二年秋也。言既立，北則遣使奉表於周太祖，東亦上章於江南李景，求正授斾鉞，景未之許。時邊鎬據湖南，潛遣人齎金帛說誘武陵谿洞諸蠻，欲合勢以攻朗州。會李景降僞詔，徵言赴金陵，言懼，不從僞命，以其年冬十月三日，與其節度副使王進逵、行軍司馬何敬眞、都指揮使周行逢等同領舟師以襲潭州。九日，攻拔益陽寨，殺淮軍數千人。十三日，至潭州城下。是夕，邊鎬領其部衆棄城東走，進逵、敬眞遂入據其城。言乃遣牙將張崇嗣奉表於周太祖，且言潭州兵戈之後，焚燒殆盡，乞移使府於朗州，從之。詔升朗州爲大都督府，在潭州之上。」

⑮《通鑑》後周太祖廣順二年九月：「唐武安節度使邊鎬，昏懦無斷，在湖南，政出多門，不合衆心。吉水人歐陽廣上書，言：『鎬非將帥才，必喪湖南，宜別擇良帥，益兵以救其敗。』不報。唐主使鎬經略朗州，有自朗州來者，多言劉言忠順，鎬由是不爲備。唐主召劉言入朝，言不行，謂王逵曰：『唐必伐我，奈何！』逵曰：『武陵負江湖之險，帶甲數萬，安能拱手受制於人；邊鎬撫御無方，士民不附，可一戰擒也。』言猶豫未決，周行逢及牙將何敬眞、張倣、蒲公益、朱全琇，宇文瓊、彭萬和、潘叔嗣、張文表十人皆爲指揮使，部分發兵，叔嗣、文表皆朗州人也。行逢能謀，文表善戰，叔

嗣果敢，三人多相須成功，情款甚昵。諸將欲召溆州酋長苻彥通爲
援，行逢曰：『蠻貪而無義，前年從馬希萼入潭州，焚掠無遺。吾
兵以義舉，往無不克，烏用此物，使暴殄百姓哉！』乃止。然亦畏
彥通爲後患，以蠻酋土團都指揮劉瑙爲群蠻所憚，補西境鎭遏使以
備之。冬，十月，逵等將兵分道趣長沙，以孫朗、曹進爲先鋒使，
邊鎬遣指揮使郭再誠等將兵屯益陽以拒之。戊子，逵等克沅江，執
都監劉承遇，裨將李師德帥衆五百降之。壬辰，逵等命軍士舉小舟
自蔽，直造益陽，四面斧寨而入，遂克之，殺戍兵二千人。邊鎬告
急於唐。甲午，逵等克橋口及湘陰，乙未，至潭州，邊鎬嬰城自守；
救兵未至，城中兵少，丙申夜，鎬棄城走，吏民俱潰。醴陵門橋折，
死者萬餘人，道州刺史廖偃爲亂兵所殺。丁酉旦，王逵入城，自稱
武平節度副使 、 權知軍府事，以何敬眞爲行軍司馬 。 遣敬眞等追
鎬，不及，斬首五百級。蒲公益攻岳州，唐岳州刺史宋德權走，劉
言以公益權知岳州。唐將守湖南諸州者，聞長沙陷，相繼遁去。劉
言盡復馬氏嶺北故地，惟郴、連入于南漢。」

⑯馬令《南唐書·嗣主書第三》：「秋，劉晟取桂管，將軍張巒爭之，
不克。朗州裨將劉言執留後馬光惠，送建康，言自領州事。遣李建
期屯益陽，將討劉言，而楚地新定，府庫空虛，宰相馮延巳以克楚
爲功，不欲取費於國，乃重斂其民以給軍。邊鎬不能鎭撫，楚人皆
怨，帝亦惡之，謂馮延巳、孫晟：『湖湘之役，楚民厭亂，求息肩
於我，今欲罷桂陽之師，解益陽之戍。即授劉言以節鉞，使自安輯
其民，吾亦得惠養湘衡之地，如是則遠邇完實，二蕃在吾度內爾，
公等亟行之，無爲後悔。』孫晟即欲奉行，延巳曰：『吾以偏師克
全楚，天下驚動，今三分喪二，何以爲功。』遂稽其命，未幾，劉
言遣王進逵破益陽，殺建期等，乘勝攻長沙，邊鎬遁歸，所在屯戍，
相繼敗走，獨張巒全師而還，且戰且行，取資於道。岳州刺史宋德

權，監軍使任鎬皆棄城走。帝大怒，削邊鎬官，流饒州，戮宋德權、任鎬於大社，斬裨將申洪泰、尹建於都門外。以張巒爲信州刺史。延巳等自劾起之，孫晟請罪不已，乃罷爲右僕射。」

⑰《通鑑》後周太祖廣順二年十二月：「唐江西觀察使楚王馬希萼入朝，唐主留之，後數年，卒於金陵，謚恭孝。」馬令《南唐書・嗣主書第三》：「冬，十有二月，洪州大都督馬希萼入覲，留建康，弗遣。」

〔**史事補遺**〕

一、月日可考之事：

①五月，唐司徒致仕李建勳卒，且死，戒其家人曰：「時事如此，吾得良死幸矣！勿封土立碑，聽人耕種於其上，免爲他日開發之標。」及江南之亡也，諸貴人高大之冢無不發者，惟建勳冢莫知其處。（《通鑑》後周太祖廣順二年）

是年五月，司徒致仕李建勳卒。（馬令《南唐書・嗣主書第三》，《十國春秋・南唐元宗本紀》同。按：《金陵通紀》卷七：「春，李建勳召拜司空營亭榭於鍾山，適意泉石，累表稱疾，以司徒致仕，賜號鍾山公。妻亦自號鍾山老嫗，疾革，遺令勿封樹立碑，貽他日毀掘之禍。」又云：「夏五月卒。」）

是時大旱，帝遊後苑，登臺望鍾山曰：「雨即至矣。」伶人李家明曰：「雨雖來，必不入城。」怪問之曰：「懼陛下重稅。」帝遽命減徵榷之半。（《金陵通紀》）

②十月，唐主削邊鎬官爵，流饒州。初，鎬以都虞候從查文徽克建州，凡所俘獲皆全之，建人謂之「邊佛子」；及克潭州，市不易肆，潭人謂之「邊菩薩」；既而爲節度使，政無綱紀，惟日設齋供，盛修佛事，潭人失望，謂之『邊和尙』矣。（《通鑑》後周太祖廣順二

年）

左僕射同平章事馮延巳、右僕射同平章事孫晟上表請罪；皆釋之。晟陳請不已，乃與延巳皆罷本官。（《通鑑》後周太祖廣順二年）唐主以比年出師無功，乃議休兵息民。或曰：「願陛下數十年不用兵，可小康矣！」唐主曰：「將終身不用，何數十年之有！」唐主思歐陽廣之言，拜本縣令。（《通鑑》後周太祖廣順二年）

二、月日不可考之事：

①是歲大旱。南海獻龍腦漿。〔原注：《江淮異人錄》云：「能補益元氣。」〕」（《十國春秋·南唐元宗本紀》，《南唐書補注》引吳淑《江淮異人錄》：「李主保大十年，南海來獻龍腦漿，云能補益元氣。」）

保大十一年（九五三），春三月，以左僕射馮延巳同平章事。①金陵火逾月，焚官寺民廬數千間。②復設貢舉。③夏六月，不雨，井泉竭涸，淮流可涉。旱，蝗，民飢，流入周境。④

冬十月，築楚州白水塘，⑤以溉屯田。遂詔州縣陂塘湮廢者，皆修復之。於是力役暴興，楚州、常州為甚。⑥帝使親吏車延規董其役。發洪、饒、吉、筠州民牛以往，吏緣為姦，強奪民田為屯田。江淮騷然，百姓皆以數丈竹去節，焚香於中，仰天訴冤者不可勝數。知制誥徐鉉，因奏事白之，帝曰：「吾國兵數十萬，安肯不食捍邊！事有大利，則舉國排之，奈何？」鉉又力陳其弊，帝乃遣鉉行視利害。鉉至楚州，悉取所奪田還民，詰責車延規，欲榜之，百姓感悅，而帝左右交譖，以為擅作威福，帝大怒，趣歸，

將沈之江中。既至,怒少解,流舒州,⑦而白水塘等役,亦賴以止。⑧

〔考釋〕

①《通鑑》後周太祖廣順三年(九五二)三月:「唐主復以左僕射馮延巳同平章事。」

②馬令《南唐書·嗣主書第三》:「三月,建康大火,踰月,廬舍營署殆盡。」《金陵通紀》卷七同。

③《通鑑》後周太祖廣順三年載復貢舉事於十二月:「唐祠部郎中、知制誥徐鉉言貢舉初設,不宜遽罷,乃復行之。」《十國春秋·南唐元宗本紀》或由是不能定貢舉於何月,但云:「是歲,復行貢舉。」《文獻通考》卷三十《舉士》於是年載:「南唐設科舉,既而罷之。」又云:「先公曰:按《五代通錄》,自梁開平至周顯德,未嘗無科舉,而偏方小國,兵亂之際,往往廢墜,如江南號為文雅最盛,然江文蔚、韓熙載皆後唐時中進士第,宋齊邱、馮延巳仕於南唐,皆白衣起家,為祕書郎。然則南唐前此未嘗設科舉,科舉昉於此時耳。顧以江文蔚一言而罷之。如以文蔚之言,前朝進士公私相半為譏,則文蔚固亦前朝進士也,然明年以徐鉉建言復置科舉,暨我朝開寶中,唐之為國不一二年將亡,而猶命張佖典貢舉,放進士,可悲也已。」

④《通鑑》後周太祖廣順三年七月:「唐大旱,井泉涸,淮水可涉,飢民渡淮而北者相繼,濠、壽發兵禦之。民與兵鬥而北來,帝聞之曰:『彼我之民一也,聽糴米過淮。』唐人遂築倉,多糴以供軍。八月,己未,詔唐民以人畜負米者聽之,以舟車運載者勿予。」

《金陵通紀》卷七:「夏六月,大旱,井泉竭,淮流涸,蝗起,民饑。」又云:「馮延魯與宋齊邱等結為朋黨,內躁競而外言高退,

嘗早朝集漏舍，歎曰：『玄宗賜賀監鏡湘三百里，非僕敢望，但賜後湖數曲，亦遂素志。』祠部郎中徐鉉笑曰：『上於近臣，豈惜一玄武湖，恨無知章耳。』延魯默然。」

⑤《通鑑》後周太祖廣順三年七月：「唐大旱，井泉涸，淮水可涉。」十二月：「楚州刺史田敬洙請修白水塘溉田以實邊，馮延巳以爲便。李德明因請大闢曠土爲屯田，修復所在渠塘堙廢者。吏因緣侵擾，大興力役，奪民田甚衆，民愁怨無訴，徐鉉以白唐主，唐主命鉉按視之，鉉籍民田悉歸其主。或譖鉉擅作威福，唐主怒，流鉉舒州，然白水塘竟不成。」胡三省注：「白水塘在楚州寶應縣西八十里，鄧艾所築也。」馬令《南唐書‧嗣主書第三》：「冬，十月，築楚州白水塘，以溉田，命州縣陂塘堙廢者，復修之。」

顧炎武《天下郡國利病書》引《夢谿筆談》云：「南唐保大中，楚州刺史何敬洙請修白水塘，屯田以實邊。馮延巳以爲便。李德明因請大闢曠土，爲屯田，修復所在渠塘堙廢者。吏因緣侵擾民田甚衆，衆民愁怨。唐主命徐鉉按視。鉉籍民田，悉令還主。或譖鉉擅作威福，唐主怒，流鉉舒州。白水塘竟不成。」按：楚吏多擾民，自昔已然。屯田入邊，國之大計，古人之所已行。鉉以奪田還主，以曠土屯田，可也，安得一概陰隔之乎！又楚多荒田，主不能耕，有耕者輒有認主。既認亦不能耕，然與其荒於家，不若屯於國，豈不聞鄧艾、祖逖、荀羡、謝玄、謝安，皆屯淮陰以足國，而取威於中原耶？余聞周師臨江，唐輸數百萬以求退師。鉉兄弟曷不於此時，以此物酬田主而用人爲佃戶，追蹤昔賢乎？嗣是宋元皆修白水塘，以爲灌田之利。敬洙之策，何可非耶？」注：「白水塘在楚州寶應縣西南六十里，鄧艾所築也。今在山陽之西南，寶應之西，盱眙之東。」又云：「北齊穀貴，尙書左丞蘇珍芝議修石鱉等屯，自是淮南軍防食足，少止轉輸之勞。」杜預曰：「鄧艾於此作白水塘，北

接洪澤，屯田一萬三千頃。」按白水，即石鱉也。（《南唐書補注》引）

⑥《南唐書補注》引鄭樵《通志‧食貨略》：「正始四年，司馬懿督諸軍伐吳，欲廣田蓄穀，爲滅賊資。乃如鄧艾，計遂北臨淮水，自鍾離西南，橫石以西盡，沘〔同㴲〕水四百餘里，五里置一營，營六十人。且佃且守，兼修廣淮陽百尺二渠，上引河流，下通淮潁，大治諸陂。於潁面北穿渠三百餘里，漑田二萬頃，歷代議修。唐開元二十五年，令諸屯隸司農寺者，每三十頃以下，二十頃以上爲一屯，隸州鎮諸軍者，每五十頃爲一屯。後上元中，於楚州置洪澤屯，壽州置芍陂屯，厥田沃壤，大獲其利。」又曰：「按：南唐屯田，其制不傳，大約祖此，故力役楚州爲甚。」

⑦《南唐書補注》引《太平廣記》：「盧州營田吏施汴，嘗恃勢奪民田數十頃，其主退，爲其耕夫不能自理。數年，汴卒，其田主家生一牛，腹下有白毛方數寸，既長，稍斑駁，不逾年，成施汴字，點畫無缺。道士邵修默親見之。」

⑧《宋史‧文苑‧徐鉉傳》：「時（李）景命內臣車延規、傅宏營屯田於常、楚州，處事苛細，人不堪命，致盜賊群起。命鉉乘傳巡撫。鉉至楚州，奏罷屯田，延規等懼，逃罪，鉉捕之急，權近側目。及捕得賊首，即斬之，不俟報。坐專殺，流舒州。」

《徐公文集》三《謫居舒州，累得韓、高二舍人書，作詩寄之》詩云：「三峰煙靄碧臨谿，中有騷人理釣絲。會友少於分袂日，謫居多卻在朝時。丹心歷歷吾終信，俗慮悠悠爾不知。珍重韓君與高子，殷勤書札寄相思。」同卷《印秀才至舒州見尋，別後寄詩和韻》云：「羈游白社身雖屈，高步詞場道不卑。投分共爲知我者，相尋多媿謫居時。離懷耿耿年來夢，厚意勤勤別後詩。今日谿邊正相憶，雪晴山秀柳垂絲。」

〔**史事補遺**〕

一、月日可考之事：

①唐草澤邵棠上言：〔胡三省注：「布衣未有朝命者謂之草澤。」〕「近游淮上，聞周主恭儉，增修德政，吾兵新破於潭、朗〔胡三省注：「謂邊鎬潭州之敗也。」〕恐其有南征之志，宜爲之備。」（《通鑑》後周太祖廣順三年，《十國春秋·南唐元宗本紀》採《通鑑》之言。）

②二月，周行逢據潭州。夏五月，以太傅宋齊丘爲鎮南軍節度使。秋七月，以鄂州劉仁瞻爲神武統軍侍衛都指揮使，以濠州觀察使何敬洙爲武清軍節度使。（馬令《南唐書·嗣主書第三》）

③十二月，唐主又命少府監馮延魯巡撫諸州，右拾遺徐鍇表延魯無才多罪，舉措輕淺，不宜奉使。唐主怒，貶鍇校書郎，分司東都。鍇，鉉之弟也。〔胡三省注：「唐以揚州爲東都。史言唐主惑於二馮而罪二徐。路振《九國志》，鉉、鍇，皆徐延休之子。」〕（《通鑑》後周太祖廣順三年）

二、月日不可考之事：

①東流縣南一百里三鄉，本彭澤縣之黃菊鄉，控帶江山。唐會昌初，建爲東流場，在古廢和城縣側。大中四年，移於今理。僞唐保大十一年，升爲東流縣。至皇朝太平興國三年，割屬池州。（《太平寰宇記》卷一百五）

保大十二年（九五四），春正月，有大星賁于西北，聲如雷。①
二月，命吏部侍郎朱鞏知禮部貢舉，②自十一年六月至於今年三月，大饑疫，命州縣鬻粥食餓者。③

秋七月，契丹使其舅來聘，夜宴清風驛。盜斬契丹使，亡
去，捕之不得。或以爲周人也。自是契丹遂不至。④

〔考釋〕

①馬令《南唐書·嗣主書第三》：「十有二年，春，正月，大星墜于
　東北，聲如雷。」《金陵通紀》卷七同。

②《十國春秋·南唐元宗本紀》注：「鞏素無學術，元宗嘗會從臣賦
　詩，鞏惟進一聯，不能終篇。曰：『好物不在多。』左右掩口。」
　《南唐近事》：「朱鞏侍郎童蒙日，在廣陵入學，其師甚嚴，每朝
　午歸餐，指景爲約，其時不至，當行檟楚。朱雖稟師之命，然常爲
　里巷中一惡犬當道，過輒啤吠，鞏乃整衣望犬再拜，祈之曰：『幸
　無齧我，早入學中，免爲夫子笞責。』精誠所至，涕泗交流，犬亦
　狂吠不顧，是夕犬暴卒于家。」

③《江南野史》曰：「明年三月，民大飢，疫死大半，下令郡縣煮粥
　賑之。飢民食者皆死，城內外傍水際，積屍臭不堪行。」又按：《十
　國春秋·南唐元宗本紀》云：「自十一年六月〔原注：一作八月〕
　不雨，至於今年三月，大饑疫，命州縣鬻粥食餓者。」將不雨與饑
　疫分別而言，較佳。

④馬令《南唐書·嗣主書第三》曰：「秋，七月，契丹使其舅來聘。
　昇元中，宋齊邱選宮嬪，雜以珠貝、羅綺，泛海，北通契丹，欲賴
　之以復中原，而戎使至，則厚幣遣還，迨至淮北，輒使人刺之。復
　遣使沿海，齎琛寶以報聘，戎意晉人殺其使，數犯中原，至是，館
　戎使於清風驛。夜醮，更衣，盜斬其首。契丹自此不至，蓋中原間
　之也。」《唐餘紀傳》卷二「國紀第二」曰：「後知爲周將荊罕儒
　所遣。」《通鑑》編此事於後周世宗顯德六年，云：「契丹主遣其
　舅使於唐，泰州團練使荊罕儒募客使殺之。唐人夜宴契丹使者於清

風驛，酒酣，起更衣。久不返，視之，失其首矣。自是契丹與唐絕，
罕儒，冀州人也。」《契丹國志》卷五穆宗應曆九年秋九月，「遼帝
遣其舅使於南唐，中國疑憚，泰州團練使荊罕儒募刺客，使殺之。
南唐夜宴遼使於清風驛，酒酣，起更衣，久不返，視之，則失其首
矣。自是遼與唐絕。」

按：《宋史·荊罕儒傳》云：「荊罕儒，冀州信都人。父基，王屋
令。罕儒少無賴，與趙鳳、張輦爲群盜。晉天福中，相率詣范陽，
委質燕王趙延壽，得掌親兵。開運末，延壽從契丹主德光入汴，署
罕儒密州刺史。漢初，改山南東道行軍司馬。周廣順初，爲率府率，
奉朝請，貧不能振。顯德初，世宗戰高平，戮不用命者，因求驍勇
士。通事舍人李延傑以罕儒聞，即召赴行在，命爲招收都指揮使。
會征太原，命罕儒率步卒三千先入敵境。罕儒令人負束芻徑趨太原
城，焚其東門。擢爲控鶴、弩手、大劍直都指揮使。從平淮南，領
光州刺史，改泰州，爲下蔡守禦都指揮使兼舒、蘄二州招安巡檢
使。」罕儒初事周世宗，於高平一役，事爲世宗顯德元年三月，即
南唐元宗保大十二年，七月而周使人暗殺契丹使者，以絕南唐之
援，罕儒以四月而得世宗之信任，委以此事，雖不謂無此可能，然
似難得遽任，《唐餘紀傳》疑據陸《書》，而置事於保大十二年，
今與《通鑑》並兩存之。

《南唐書注》云：「是歲周改顯德。元年正月，周主威殂，養子榮
立，仍稱顯德。十月，北漢王崇殂，子承鈞立，仍稱乾祐。」

### 〔史事補遺〕

一、月日可考之事：

①正月，兖州節度使慕容彥超遣使來乞師以拒周，出兵數千至淮北。
〔原注：不書將校，舊史失之。〕爲周師所敗，俘其將校于京師，

天子平彥超，釋唐俘，諭之曰：「歸語爾主，朕誅逆命，何苦來援！」帝亦悔之。漢末，遣使潭州市茶，會邊鎬平馬氏，列俘于金陵，由是引對慰勞，以上茗萬斤遣之。壬辰，天子崩。〔原注：周太祖。〕自前年八月不雨，至于三月，民大饑，疫，死者大半，下令郡縣煮粥以食之。劉旻乞師于契丹，以寇潞州，天子親征，大敗之。休兵潞州，大饗將士，斬敗將樊愛能等七十餘人，軍威大振，進圍太原，遣符彥卿史彥超等，北控忻口，以斷契丹援路，彥卿等敗績，彥超戰沒，天子遽班師。〔原注：書以見世宗威略，爲明年伐我張本。〕（馬令《南唐書·嗣主書第三》，清吳任臣《十國春秋·南唐元宗本紀》據馬《書》，不贅。）

春正月，置宣政院於內庭，以常夢錫掌密命，爲魏岑、馮延巳等所忌，罷爲翰林學士。（《金陵通紀》卷七）

②自去年八月不雨，至於三月，大饑疫。（《金陵通紀》卷七）

③夏，五月丁亥，月重輪。（馬令《南唐書·嗣主書第三》）


保大十三年（九五五），春二月，以中書侍郎知尚書省嚴續爲門下侍郎平章事。①

夏，六月，周攻秦、鳳，蜀使閒使來告難。②周下詔罪狀我。③遣將李穀、④王彥超、⑤韓令坤⑥等侵我淮南，⑦攻自壽州。⑧帝乃以神武統軍劉彥貞爲北面行營都部署，帥師三萬赴壽州，奉化節度使同平章事皇甫暉爲北面行營應援使，常州團練使姚鳳⑨爲應援都監，帥師三萬，屯定遠縣，召鎮南節度使宋齊丘入朝謀難。⑩

冬十二月，以安定郡公⑪從嘉爲沿江巡撫使。

是歲，天裂東北，其長二十丈。⑫

〔考釋〕

① 馬令《南唐書‧嗣主書第三》：「十有三年，春，二月，以門下侍郎嚴續守本官平章事。」

② 《新五代史‧後蜀世家‧孟昶傳》：「是時，契丹滅晉，漢高祖起於太原，中國多故，雄武軍節度使何建，以秦、成、階三州附於蜀。昶因遣孫漢韶攻下鳳州，於是悉有王衍故地。漢將趙思綰據永興、王景崇據鳳翔反，皆送款於昶。昶遣張虔釗出大散關，何建出隴右，李廷珪出子午谷，以援思綰。昶相毌昭裔切諫，以爲不可，然昶志欲窺關中甚銳，乃遣安思謙益兵以東。已而漢誅思綰、景崇、虔釗等皆罷歸，而思謙恥於無功，多殺士卒以威衆。昶與翰林使王藻謀殺思謙，而邊吏有急奏，藻不以時聞，輒啓其封，昶怒之。其殺思謙也，藻方侍側，因并擒藻斬之。……十八年，周世宗伐蜀，攻自秦州。昶以韓繼勳爲雄武軍節度使，聞周師來伐，歎曰：『繼勳豈足以當周兵耶！』客省使趙季札請行，乃以季札爲秦州監軍使。季札行至德陽，聞周兵至，遽馳還奏事。昶召問之，季札惶懼不能道一言。昶怒殺之。乃遣高彥儔、李廷珪出堂倉，以拒周師。彥儔大敗，走青泥，於是秦、成、階、鳳，復入於周。昶懼，分遣使者聘於南唐、東漢，以張形勢。」《通鑑》後周世宗顯德二年（九五五)六月：「丁未，蜀主遣間使如北漢及唐，欲與之俱出兵以制周，北漢主、唐主皆許之。」馬令《南唐書‧嗣主書第三》：「三月，周伐蜀。秋七月，蜀使來聘。」

③ 《舊五代史‧周書‧世宗紀》顯德二年（九五五）：「十一月乙未朔，以宰臣李穀爲淮南道前軍行營都部署，知廬、壽等州行府；以許州節度使王彥超爲行營副部署；命侍衛馬軍都指揮使韓令坤等一十二將，各帶征行之號以從焉。己亥，諭淮南州縣，詔曰：朕自纘承基構，統御寰瀛，方當恭己臨朝，誕修文德，豈欲興兵動衆，專

耀武功！顧茲昏亂之邦，須舉弔伐之義。蠢爾淮甸，敢拒大邦，因唐室之陵遲，接黃寇之紛亂，飛揚跋扈，垂六十年，盜據一方，僭稱偽號。幸數朝之多事，與北境以交通，厚啓戎心，誘為邊患。晉、漢之代，寰海未寧，而乃招納叛亡，朋助凶慝，李金全之據安陸，李守貞之叛河中，大起師徒，來為應援，攻侵高密，殺掠吏民，迫奪閩、越之封疆，塗炭湘、潭之士庶。以至我朝啓運，東魯不庭，發兵而應接叛臣，觀釁而憑凌徐部。沭陽之役，曲直可知，尚示包荒，猶稽問罪。邇後維揚一境，連歲阻飢，我國家念彼災荒，大許糴易。前後擒獲將士，皆遣放還；自來禁戢邊兵，不令侵撓。我無所負，彼實多姦，勾誘契丹，至今未已，結連并寇，與我為讎，罪惡難名，人神共憤。今則推輪命將，鳴鼓出師，徵浙右之樓船，下朗陵之戈甲，東西合勢，水陸齊攻。吳孫皓之計窮，自當歸命；陳叔寶之數盡，何處偷生！應淮南將士軍人百姓等，久隔朝廷，莫聞聲教，雖從偽俗，應樂華風，必須善擇安危，早圖去就。如能投戈獻款，舉郡來降，具牛酒以犒師，納圭符而請命，車服玉帛，豈吝旌酬，土地山河，誠無愛惜。刑賞之令，信若丹青，苟或執迷，寧免後悔。王師所至，軍政甚明，不犯秋毫，有如時雨，百姓父老，各務安居，剽擄焚燒，必令禁止云。」《冊府元龜》卷一二三《帝王部·征討三》載周顯德二年十一月：「帝謂侍臣曰：『淮南獨據一方，多歷年所，外則結連北虜，與我為讎，稔惡既深，朕不敢赦。今將命將討除，與卿等籌之。』乃以宰臣李穀為淮南道前軍行營都部署，兼知廬、壽等州行府事，以許州節度使王彥超副焉。又命侍衛馬軍都指揮使韓令坤已下一十二將，各帶征行之號以從焉。」《新五代史·周世宗本紀》顯德二月「十一月乙未朔，李穀為淮南道行營都部署以伐唐。」《通鑑》亦載於是年十一月周伐南唐，云：「乙未朔，帝以李穀為淮南道前軍行營都部署兼知廬、壽等行府事，以

忠武節度使王彥超副之，督侍衛馬軍都指揮使韓令坤等十二將以伐唐。令坤，磁州武安人也。汴水自唐末潰決，自埇橋東南悉爲污澤。上謀擊唐，先命武寧節度使武行德發民夫，因故堤疏導之，東至泗上，議者皆以爲難成，上曰：『數年之後，必獲其利。』」又詳下是年大事紀。惟《吳越備史》四則載周伐南唐於十月，云：「十月乙丑朔，敕遣司空李穀伐金陵。十二月，王遣入貢，敕王出兵會擊金陵。是月，王師渡淮。」馬令《南唐書·嗣主書第三》保大十三年：「十有一月，周師來伐，李穀爲都部署，攻壽州，帝召洪州宋齊邱還都。齊邱請徵諸郡兵，屯於淮泗，以裨將有才略者主之，聲言偏師，敵人不測其實，必難輕進，春水時至，糧道阻隔，懸軍日久，自當遁去，然後遣使請平，彼必樂從。議者不同，遂止。」又《稽古錄》周世宗顯德二年：「冬，平章事李穀率十二將伐唐，圍唐將劉仁贍於壽州。」據上所載，周伐南唐於十一月，陸《書》編於六月，非是。

又世宗下詔伐唐之文，除已見於上所舉《舊五代史·周書·世宗紀》外，又《冊府元龜》卷一二三《帝王部·征討三》載世宗於十二月，「敕淮南管內州縣軍鎮官吏軍人百姓等：『朕自纘承基構，統御寰瀛，方當恭己臨朝，誕修文德，豈欲興兵動衆，專耀武功。顧茲昏亂之邦，須舉弔伐之義。蠢爾淮甸，敢拒大邦，因唐室之凌遲，接廣寇之喪亂，飛揚跋扈，垂六十年。盜據一方，僭稱僞號，幸數朝之多事，與北虜而交通，厚啓戎心，誘爲邊患。晉、漢之代，寰海未寧，而乃招納叛亡，朋助凶慝。李金全之據安陸，李守貞之叛河中，大起師徒，來爲應援，攻侵高密，殺掠吏民，迫奪閩越之封疆，塗炭湘潭之士庶，以至我朝啓運，東魯不庭，發兵而應接慕容，觀釁而憑陵徐部。沭陽之役，曲直可知，尚示包荒，猶稽問罪。邇後維揚一境，連歲阻饑，我國家念彼災荒，大許糴易，前後擒獲將士，

皆遣放還。自來禁戢邊令，不令侵撓。我無所負，彼實多奸，勾誘契丹，至今未已。結連兵寇，與我爲讎，罪惡難名，人神共憤。今則推輪命將，鳴鼓出師，徵浙右之樓船，下郎陵之戈甲，東西合勢，水陸齊攻。吳孫皓之計窮，自當歸命；陳叔寶之數盡，何處偷生？應淮南將士軍人百姓等，久隔朝廷，莫聞聲教，雖從僞俗，應樂華風，必須善擇安危，早圖去就。如能投戈獻款，舉郡來降，具牛酒以犒師，奉圭符而請命，車服玉帛，豈吝旌酬；土地山河，誠無愛惜：刑賞之令，信若丹青。苟或執迷，寧免後悔。王師所至，軍政甚明，不犯秋毫，有同時雨，百姓父老，各務安居，剽虜焚燒，必令禁止。自茲兩地，永爲一家，凡爾蒸黎，當體誠意。」

④《宋史·李穀傳》曰：「李穀字惟珍，潁州汝陰人。身長八尺，容貌魁偉，少勇力善射，以任俠爲事，頗爲鄉人所困。發憤從學，所覽如宿習。……二年冬，議伐南唐，以穀爲淮南道行營前軍都部署，兼知廬、壽等州行府事。忠武軍節度王彥超副之，韓令坤以下十二將率從。穀領兵自正陽渡淮，先鋒都將白延遇敗吳軍數千於來遠，又破千餘人於山口鎮，進攻上窯。又敗千餘衆，獲其小校數十人，長圍壽春。南唐遣大將劉彥貞來援，穀召將佐謀曰：『今援軍已過來遠，距壽陽二百里，舟櫂將及正陽，我師無水戰之備，萬一斷橋梁，隔斷王師，則腹背受敵矣。不如退守浮梁，以待戎輅之至。』初，世宗至圉鎮，已聞此謀，亟走內侍乘馹止之。穀已退保正陽，仍焚芻糧，回軍之際，遞相掠奪，淮北役夫數百悉陷於壽春。世宗聞之怒，亟命李重進率師伐之，以穀判壽州行府。……四年春，吳人壁紫金山，築甬道以援壽春，不及者數里，師老無功，時請罷兵爲便。世宗令范質、王溥就穀謀之。穀手疏請親征，有必勝之利者三，世宗大悅，用其策，及淮南平，賞賜甚厚。出穀疏，令翰林學士承旨陶穀爲贊以賜之。……建隆元年卒，年五十八。太祖

聞之震悼，贈侍中。」

⑤《東都事略》卷十九《王彥超傳》曰：「王彥超字德升，大名臨清人也。少事魏王繼岌，繼岌死，乃仕晉，爲刺史。仕漢，爲復州防禦使。契丹入寇，爲行營馬步左廂都排陣使，從周太祖入汴，湘陰公贇，牙校鞏廷美，以贇不得立，據徐州以拒。周太祖拜彥超武寧軍節度使以討之。又與王峻拒劉崇於晉中，改建雄、河陽三城，河中三鎮。顯德初，加同平章事，屢破劉崇之衆，拜忠武軍節度使，兼侍中。宰相李穀征淮南，以彥超將前軍，敗淮人於壽州城下。淮人水陸來援，穀退保正陽，淮人躡其後。會李重進兵至，合勢急擊，大敗之，逐北二十餘里，師旋。徙鎮永興，移鳳翔。國初，加中書令。太祖與彥超宴射於作坊，酒酣，謂彥超曰：『卿昔在復州，朕往依卿，何不納我？』彥超頓首曰：『蹄涔之水，豈足以安神龍，陛下當日不留滯於小郡者，天也。』太祖大笑，未幾，復鎮永興。又爲鳳翔節度使。入爲右金吾衛上將軍。太平興國中，封邠國公。彥超語所親曰：『人臣七十致仕，古之制也；我今六十九矣，自當知止足之分。』明年遂請老，拜太子太師致仕。卒，年七十三，贈尚書令。彥超溫和恭謹，領九鎮，所至民安之，而能引年告老，爲當世所重。始，彥超自鳳翔來朝，與諸將俱侍宴，太祖謂曰：『卿等皆國家宿舊，久臨劇鎮，非朕所以優賢之意。』彥超曰：『臣無勳勞，久冒榮寵，願乞骸骨以歸。』諸將競陳宿昔戰功，及履歷艱苦。太祖曰：『此異代事，何足論。』翌日皆罷鎮，時論以此許之。」又《宋史·王彥超傳》曰：「王彥超，大名臨清人也。性溫和恭謹，能禮下士。少事後唐魏王繼岌，從繼岌討蜀，還至渭南。會明宗即位，繼岌遇害，左右遁去，彥超乃依鳳翔重雲山僧舍暉道人爲徒。暉善觀人，謂彥超曰：『子，富貴人也，安能久居此？』給資帛遣之。……漢初，領岳州防禦使兼護聖左廂都校，出爲復州

防禦使。周祖平內難後，北征契丹，以彥超爲行營馬步左廂都排陣使，從周太祖入汴。時自彭門迎湘陰公入纘位，會軍變，周祖革命，即命彥超權知徐州節度。未行，相陰公舊校鞏廷美據州叛，眞拜彥超武寧軍節度度，命討之。彥超督戰艦破其水砦，乘勝拔之。……宰相李穀征淮南，以彥超爲前軍行營副部署，敗淮南軍二千于壽州城下。吳兵水陸來援，穀退保正陽，吳人躡其後。會李重進兵至，合勢急擊，大敗吳人三萬餘衆，追北二十餘里，還，改京兆尹、永興軍節度。六年夏，移鎮鳳翔。恭帝嗣位，加檢校太師、西面緣邊副都部署。宋初，加兼中書令，代還。太祖與彥超有舊，因幸作坊，召從臣宴射，酒酣，謂彥超曰：『卿昔在復州，朕往依卿，何不納我？』彥超降階頓首曰：『勺水豈能止神龍耶！當日陛下不留滯於小郡者，蓋天使然爾。』太祖大笑，彥超翌日奉表待罪，帝遣中使慰諭，令赴朝謁。未幾，復以爲永興軍節度。又以其父光祿卿致仕重霸爲太子少傅致仕。乾德二年，復鎮鳳翔。三年，丁外艱，起復。開寶二年，爲右金吾衛上將軍判街仗事。太平興國六年，封邠國公。七年，彥超語人曰：『人臣七十致仕，古之制也；我年六十九矣，當自知止。』明年，表求致仕，加太子太師，給金吾上將軍祿。彥超既得請，盡斥去僕妾之冗食者，居處服用，咸遵儉約。雍熙二年，卒，年七十三，贈尙書令。」

⑥《宋史·韓令坤傳》曰：「韓令坤，磁州武安人。父倫，少以勇敢隸成德軍兵籍，累遷徐州下邳鎮將兼守御指揮使。世宗以令坤貴，擢陳州行軍司馬，及令坤領陳州，徙倫許州。罷職，復居宛丘，多以不法干郡政，私酤求市利，掊斂民財，公私患之。項城民武郁詣闕訴其事，命殿中侍御史牟汀按之。倫詐報汀云：『被詔赴闕。』汀奏之。世宗怒，追劾具伏，法當棄市，令坤泣請於世宗，遂免死，流海島。顯德六年，爲左驍衛中郎將，遷左監門衛將軍。宋初，拜

磁州刺史，轉亳州團練使。乾德四年，改本州防禦使，卒。令坤少
隸周祖帳下，廣順初，歷鐵騎散員都虞候，控鶴右第一軍都校，領
和州刺史。世宗即位，授殿前都虞候，俄賞高平之功，爲龍捷左廂
都虞候，領容州團練使，進本廂都指揮使，領泗州防禦使。征太原，
爲行營前軍馬軍都校。　未幾，爲侍衛馬軍都指揮使，領定武軍節
度。世宗命宰相李穀將兵征淮南，俾令坤等十二將以從。穀退保正
陽，爲吳人所乘。令坤與宣祖、李重進合兵擊之，大敗吳人。世宗
親征，聞揚州無備，遣令坤及宣祖、白延遇、趙晃等襲之。令坤先
令延遇以精騎數百遲明馳入，城中不知覺。令坤繼至撫之，民皆安
堵。南唐東都副留守馮延魯爲僧匿寺中，令坤求獲之，送行在，遂
以令坤知州事。〔按：《南唐近事》云：「馮謐總戎廣陵，爲周師
所陷，乃削髮披緇以紿周人。將圖間道南歸，爲識者所擒，送至行
在。時鍾謨亦使周，人或譏之，曰：『昔日旌旗擁出坐籌之將，今
朝毛髮化爲行腳之僧。』世宗甚悅，因釋罪歸之，終中書侍郎。」〕
由是泰州懼，以城降。時錢俶受詔，攻常、潤，圍毗陵，反爲南唐
所敗，南唐乘勝遣將陸孟俊逼泰州，周師不能守。　孟俊遂進軍蜀
岡，逼揚州，令坤棄其城，世宗怒，命太祖與張永德領兵趨六合援
之。令坤聞援至，復入城守，與孟俊兵戰，大敗之。擒孟俊，敗其
將馬貴於楚州灣頭堰，擒漣州刺史秦進崇，俄命向拱爲緣江招討
使，以令坤副之。下壽州，歸朝，加檢校太尉，領鎮安軍節度使。
世宗乃復幸淮右，次楚州，遣令坤率兵先入揚州，命權知軍府事。
揚州城爲吳人所毀，詔發丁壯別築新城，命令坤爲修城都部署。六
年春，命令坤以汴、亳民導汴水入於蔡。三月，世宗將北征，命率
龍捷、虎捷、驍武兵先赴大名，又副王晏爲益津關一路都部署，俄
爲霸州都部署，率所部兵戍之。恭帝即位，加檢校太尉侍衛馬步軍
都虞侯。冬，詔防北邊。宋初，移領天平軍，加侍衛馬步軍都指揮

使、同平章事。太祖親征李筠，詔令坤率兵屯河陽，及澤潞平，還京，錫宴，令坤等於禮賢講武殿，賜襲衣器幣，鞍勒馬有差，以功加兼侍中。又從討李重進。建隆二年，改成德軍節度使，充北面緣邊兵馬都部署，將赴鎮，上於別殿置酒餞之，因勗其爲治。乾德六年，疽發背，卒，年四十六，太祖素服發哀於講武殿，錄其子慶朝爲閑廄使，慶雄爲閑廄副使。令坤有才略，識治道，與太祖同事周室，情好親密，鎮常山，凡七年，北邊以寧，聞其卒，甚悼惜之。」

⑦《釣磯立談》曰：「周世宗侵淮之歲，建陽孟貫於駕前獻所業，其首篇貽棲隱峒章先生，有『不伐有巢樹，多移無主花』之句。世宗宣見，問貫曰：『朕伐罪弔民，何有巢無主之有！然獻朕則可，他人應不汝容矣。』」

⑧按：周攻南唐壽春州之役，張永德之功至大。《宋史·張永德傳》：「永德父穎，爲隸人曹澄等所害，因奔南唐，會議南征。永德請行自效，許之。師至壽春，劉仁瞻堅壁，不下，永德出疲兵誘之，傍伏精騎，每戰陽不利，北退三十里，伏兵突起夾攻，大敗之，仁瞻僅以身免。三年，世宗親征，至壽州城下，仁瞻執澄等三人檻送行在，意求緩師。詔賜永德，俾其甘心。太祖與永德領前軍至紫金山，吳人列十八砦，戰備嚴整。敵壘西偏有高隴，下瞰其營中，永德選勁弓弩伏隴旁，太祖麾兵直攻第一砦，戰陽不勝，淮人果空砦出鬥，永德丞登隴，發伏馳入據之，敵衆散走。翌日，又攻第二砦，鼓譟而進，始攻北門，淮人開南門而遁。時韓令坤在揚州，復爲吳人所逼，欲退師。世宗怒，遣永德率師援之，又敗泗州軍千餘于曲溪堰，俄屯下蔡。時吳人以周師在壽春攻圍日急，又恃水戰，乃大發樓船蔽江而下，泊于濠、泗，周師頗不利。吳將林仁肇帥衆千餘，水陸齊進，又以船數艘載薪，乘風縱火，將焚周浮梁，周人憂之。俄而風反，吳人稍卻，永德進兵敗之。又夜使習水者沒其船下，縻

以鐵鎖，引輕舠急擊。吳人既不得進，溺者甚衆，奪其巨艦數十艘。
永德解金帶，賞習水者。乃距浮梁十餘步，以鐵索千餘尺橫截長
淮，又維巨木，自是備禦益堅矣。俄又敗千餘衆於淮北岸，獲戰船
數十艘，吳人多溺死。詔褒美之。」

⑨《江南餘載》卷上云：「姚鳳爲內樞使，奢僭，嘗因病，思鹿血羹，
　輒殺北苑長生鹿食之。」

⑩馬令《南唐書·嗣主書第三》：「十有一月，周師來伐，李穀爲都
　部署，攻壽州，帝召洪州宋齊邱還都。齊邱請徵諸郡兵，屯於淮泗，
　以裨將有才略者主之，聲言偏師，敵人不測其實，必難輕進，春水
　時至，糧道阻隔，懸軍日久，自當遁去，然後遣使請平，彼必樂從。
　議者不同，遂止。」《金陵通紀》卷七亦略云：「十一月，周人來
　侵。」其實事已見於六月，詳前所述。

⑪《金陵通紀》卷七：「十二月，以安定郡公從嘉爲沿江巡撫，置堠
　於龍安山，以應江北。」《南唐書補注》：「按：鉅鹿、交阯二郡，
　有安定縣，見《地理志》，不在南唐統內，殆遙領耳。」

⑫《南唐書注》：「是歲有玄元尊像，乘一木流於江，及岸上，道流
　迎奉於舞雩祠，徐鍇爲記。」

## 〔史事補遺〕

一、月日可考之事：

①二月，唐主以中書侍郎、知尚書省嚴續爲門下侍郎、同平章事。
　（《通鑑》後周世宗顯德二年）

②夏四月，以壽州劉彥貞爲神武統軍侍衛諸軍都指揮使，以劉仁贍爲
　清淮軍節度使。（馬令《南唐書·嗣主書第三》）

③十月，「唐主性和柔，好文章，而喜人佞己，由是諂諛之臣多進用，
　政事日亂。既克建州，破湖南，益驕，有吞天下之志。李守貞、慕

容彥超之叛，皆爲之出師，遙爲聲援，又遣使自海道通契丹及北漢，約共圖中國；值中國多事，未暇與之校。先是，每冬淮水淺涸，唐人常發兵戍守，謂之「把淺」。州監軍吳廷紹以爲疆埸無事，坐費資糧，悉罷之；清淮節度使劉仁贍上表固爭，不能得。（《通鑑》後周世宗顯德二年）〔按：「把淺」者，《通鑑》所言是也，又《玉壺清話·江南遺事》云：「江南故國，每至暮冬，淮水淺涸，則分兵屯守，謂之『把淺』。時監軍吳延詔以爲時平境安，當無事之際，虛費糧廩，亟令撤警。惟淮將劉仁贍熟練防淮之事，具啟以爲不可。未幾，報周師以閒者所誤，半夜猥至，郡人大恐。仁贍神氣閒暇，部分守禦，其堅如壁。周師斬閒者於岸，卷兵遂退。」〕冬，十月，東都留守周宗乞罷鎮。詔曰：「崧嶽降靈，誕生良弼，佐我先朝，施及朕躬，尙賴保釐，底于成績。而遽爾請罷，豈朕不德，不能優禮勳舊，而致然也？昔蕭何守巴蜀，而高祖無西顧之患；寇恂守河內，而光武無分民之嫌。今任公以何恂之事，宜強飯扶力，以副朕意。於戲！國之安危，惟茲淮甸，愼始成終，非公而誰？所請宜不允。」宗以老病，三表，乃許守司徒致仕。（馬令《南唐書·嗣主書第三》）以中書舍人馮延魯爲工部侍郎、東都留守，以侍衛諸軍都虞候賈崇爲東都屯營使。(馬令《南唐書·嗣主書第三》)

二、月日不可考之事：
①是歲，天裂東南，長二十丈。（《金陵通紀》卷七）

保大十四年（九五六），春正月，壬寅，周帝親征，①劉彥貞與周師戰於正陽，敗績，彥貞戰死。②
二月，周師兼道襲清流關。③皇甫暉敗保滁州，周師破城，俘暉及姚鳳以歸。④

壬戌，有星孛於參，⑤芒東南指。帝遣泗州牙將王承朗奉書至徐州，求成於周，稱唐皇帝奉書於大周皇帝，願以兄事，歲獻方物。⑥太弟景遂亦移書周將帥，皆不報。

己卯，遣翰林學士鍾謨、文理院學士李德明使周奉表。⑦至下蔡行在，貢金器千兩、銀器五千兩、錦綺紋帛二千匹及御衣犀帶茶藥，又奉牛五百頭、酒二千石，犒軍，請罷兵。⑧

乙酉，周師陷東都，⑨執副留守馮延魯。⑩

丁亥，左神衛軍使徐象等十八人自壽州奔周。⑪天長制置使耿謙以城降於周，⑫遣園苑使⑬尹廷範護遷讓皇之族於潤州。廷範殺其男子六十人，誅廷範以謝國人。⑭周師陷泰州，刺史方訥棄城遁，⑮帝遣閒使求援於契丹。至淮北，為周人所執。⑯

吳越侵常州、宣州，靜海制置使姚彥洪奔吳越。⑰

三月，遣司空孫晟及禮部尚書王崇質使周，削去帝號，奉表請為外臣。猶不許。⑱光州兵馬都監張承翰以城降於周。刺史張紹邐還。⑲

丁酉，周師陷舒州，刺史周弘祚赴水死。⑳蘄州李福殺知州王承雋，降於周。㉑

戊戌，天成軍使蔡暉自壽州奔周。㉒周師陷和州，詔斬李德明於都市，坐奉使請割地也。㉓吳越陷常州之郛，執團練使趙仁澤。燕王弘冀遣龍武都虞侯柴克宏救常州。㉔

壬子，大敗吳越兵於常州，斬獲萬計，俘其將數十。至潤州，弘冀悉斬之。㉕壬戌，壽州軍校陳延貞等十三人奔周。㉖是月，命諸道兵馬元帥齊王景達拒周。㉗

夏四月，復泰州。㉘

五月，周帝北還。㉙

秋七月，復東都、舒、蘄、光、和、滁州，惟壽州圍愈急。㉚

冬十月，周人害我行人孫晟，從者二百人皆死，獨貸鍾謨，以爲耀州司馬。㉛

是歲，詔省淮南屯田之害民者。㉜

〔考釋〕

①按：周世宗親征南唐事，史有二說，一在顯德三年，即南唐天保十四年，《吳越備史》、《舊五代史》、《冊府元龜》、《通鑑》、《稽古錄》及《十國春秋·南唐元宗本紀》、《吳越忠懿王俶世家》等主之；一在顯德二年，即南唐天保十三年，《新五代史·南唐世家·李景傳》及《宋史·南唐世家·李景傳》，主之，宜以首說爲是。雖然，仍具陳其相關史事於下。

主顯德三年周伐唐者：

《吳越備史》四：「三年春正月，車駕東征，詔王以國兵分路進討。是月，南擊場門樓火，金陵李景僭稱唐皇帝致書於京師，仍令僞皇太弟璟致書於統帥李穀，又遣僞宰相孫盛等入貢。」

《舊五代史·周世宗紀》顯德三年春正月「庚子，詔取此月八日幸淮南。」

《冊府元龜》卷一一八《帝王部·親征三》曰：「（顯德）三年正月，帝將南征。庚子，御札曰：『朕以中原雖靜，四表未寧，臨戎罔憚於躬親，問罪須勤於櫛沐。今訓齊驍銳，巡幸邊陲，用壯軍容。永安國步，宜取此月內。車駕發進，暫幸淮上。凡關舊儀，有司准式，以宣徽南院使、陳州節度使向訓爲權東京留守，兼判開封府事，以端明殿學士、左散騎常侍、權知開封府事王朴爲權東京副留

守，命曹州節度使韓通權點校侍衛司，及爲在京內外都巡簡，以權判三司張美爲大內都點簡。」是日，宣侍衛都指揮使、歸德軍節度使李重進領兵赴晉陽。壬寅，帝南幸。丙辰，至壽州城下，帝親率六師，圍其城數匝，號令之聲振於原野，列御營於州西北淝河之涘，以駐蹕焉。丁巳，徵宋、亳、陳、潁、徐、宿、許、蔡等州丁夫數千萬，以備攻城之役；又命中使高彥彬等四人各領兵於壽州，四面安撫編戶，及禁其俘掠。又命侍衛步軍都指揮使李繼勳領兵於城之南，效順都指揮使唐景恩領兵於城之東，各進洞屋雲梯，以攻其城。壬戌，太祖(趙匡胤)上言，敗淮賊萬餘衆於渦口，斬僞兵馬都監、四方館使何延錫，靜江軍使李鐸等於陣，擒僞壽州節度使劉仁瞻姪天忠指揮使崇浦，及獲戰船五十餘隻。初，吳人遣軍萬餘衆，維舟於淮，列砦於塗山之下，上命太祖領鐵騎數千以襲。太祖將至賊砦十餘里，復其餘軍，遣輕騎百餘扣其砦門，與之交鋒。既而爲僞遁之勢，仍令數騎棄其馬而遁。吳人得其馬，大喜，因鼓噪而來，離其砦數里。太祖奮伏兵以擊之，殺獲殆盡，死者不可勝紀。」又卷一二〇《帝王部‧選將二》：「三年正月，帝親征淮南。甲寅，次正陽，命侍衛馬步軍都指揮使李重進爲淮南道行營都招討使，仍以襲衣金帶玉鞍名馬等賜之。」

《通鑑》亦於是年春正月庚子云：「帝下詔親征淮南，以宣徽南院使、鎮安節度使向訓權東京留守，端明殿學士王朴副之，彰信節度使韓通權點檢侍衛司及在京內外都巡檢。命侍衛都指揮使、歸德節度使李重進將兵先赴正陽，河陽節度使白重贊將親兵三千屯潁上。壬寅，帝發大梁。」

《南唐書注》引《周世宗實錄》曰：「世宗顯德三年，親往淮南，幸水砦，行至肥橋，帝自取石一塊於馬上持之，至砦，以供飛炮。文武從臣過橋者，皆齎一石。」

尹洙《五代春秋》曰：「三年正月壬寅，帝南征李重進，破吳師於正陽。」

《通鑑》後周世宗顯德三年，春三月，「甲午朔，上行視水寨，至淝橋，自取一石，馬上持之至寨以供炮，從官過橋者人齎一石。太祖皇帝乘皮船入壽春壕中，城上發連弩射之，矢大如屋椽，牙將張瓊以身蔽之，矢中瓊髀，死而復蘇。鏃著骨，不可出，瓊飲酒一大巵，令人破骨出之，流血數升，神色自若。」

《稽古錄》周世宗顯德三年春，「上自將伐唐。親軍將李重進斬唐將劉彥貞於正陽。太祖拔滁州，擒其將皇甫暉。親軍將韓令坤拔揚州。江北諸州，降者甚衆。唐主稱臣，請獻六州以和；上欲盡得江北，不許。」

《十國春秋·吳越忠懿王俶世家》：「顯德三年春正月，周主東征，詔王以國兵分路進討。」

**主顯德二年周伐唐者：**

《新五代史·南唐世家·李景傳》保大十三年，即顯德二年十一月載「是時世宗親征，行至圍鎮。」(詳見下考釋)然《周世家本紀》則於顯德三年春載「李重進及唐人戰于正陽，敗之。」歐《史》互突如此。

《宋史·南唐世家·李景傳》：「顯德二年，周世宗征淮南，破景衆於正陽，遂進圍壽州。太祖時總禁兵，破景將何延錫於渦口，又擒皇甫暉於滁州。」

據保大十三年，即顯德二年所載周伐南唐事觀之，世宗三年始伐南唐爲確。又宋《春明退朝錄》下：「予家有《范魯公雜錄》，記世宗親征忠正，駐蹕城下，嘗中夜有白虹自淝水起，亘數丈，下貫城中，數刻方沒，自是吳人閉壁踰年，殍殍者甚衆。」

②劉彥貞，《南唐近史》載其事，然與陸《書》所載無涉。云：「朱

匡業、劉存忠雖無勳略，然以宿舊嚴整，皆處環衛之長。劉彥貞壽
陽既敗，我師屢北，京師危之，元宗臨軒旰食，問其守禦之方，匡
業對曰：『時來天地皆同力，運去英雄不自由。』遂忤旨流撫州，
存忠在側，贊美匡業之言不已，流饒州。」至於寫彥貞之死事，則
以下諸書記之。《新五代史·南唐世家》保大十三年十一月載：「周
師南征，……乃拜李穀為行營都部署，攻自壽州始。是時，宋齊丘
為洪州節度使，景召齊丘還金陵，以劉彥貞為神武統軍，劉仁贍為
清淮軍節度使，以距周師。李穀曰：『吾無水戰之具，而使淮兵斷
正陽浮橋，則我背腹受敵。』乃焚其芻糧，退屯正陽。是時世宗親
征，行至圉鎮，聞穀退軍，曰：『吾軍卻，唐兵必追之。』遣李重
進急趨正陽，曰：『唐兵且至，宜急擊之。』劉彥貞等聞穀退軍，
果以為怯，急追之。比至正陽，而重進先至，軍未及食而戰，彥貞
等遂敗。彥貞之兵施利刃于拒馬，維以鐵索，又刻木為獸，號『捷
馬牌』，以皮囊布鍼蒺藜於地。周兵見而知其怯，一鼓敗之。」馬令
《南唐書·嗣主書第三》編此事於保大十三年十一月，同歐陽修。
云：「劉彥貞督兵以抗周師，江州皇甫暉帥師為援。李穀退屯正陽，
天子命李重進為奇兵，以要彥貞，彥貞追穀至正陽，重進與穀腹背
擊之，彥貞大敗，死于陣，諸軍皆潰。張全約以其眾奔壽春，自楊
氏王吳，淮甸之人不識干戈者二十餘年，及彥貞敗，民皆恟懼。」
《舊五代史·周世宗紀》則編此事於顯德三年春正月，云：「丁未，
李穀奏：自壽州引軍退守正陽。辛亥，李重進奏，大破淮賊於正陽，
斬首二萬餘級，伏尸三十里，臨陣斬賊大將劉彥貞，生擒偏將咸師
朗已下，獲戎甲三十萬副、馬五百匹。先是，李穀駐軍於壽春城下，
以攻其城，既而淮南援軍大至，乃與將佐謀曰：『賊軍舟棹將及正
陽，我師無水戰之備，萬一橋梁不守，則大軍隔絕矣。不如全師退
守正陽浮橋，以俟鑾輅。』諸將皆以為然，遂燔其糧草而退。軍迴

之際，無復嚴整，公私之間，頗多亡失，淮北役夫，亦有陷於賊境
者。帝聞之，急詔侍衛都指揮使李重進率師赴之。時淮賊乘李穀退
軍之勢，發戰棹數百艘，沿淮而上，且張斷橋之勢，彥貞以大軍列
陣而進。李重進既至正陽，聞淮軍在近，率諸將渡橋而進，與賊軍
遇，重進等合勢擊之，一鼓而敗之。殺獲之外，降者三千餘人，皆
爲我將趙晁所殺。甲寅，車駕至正陽。以侍衛都指揮使李重進爲淮
南道行營都招討使，命宰臣李穀判壽州行府事。乙卯，車駕渡淮。
丙辰，至壽州城下，營於州西北淝水之陽，詔移正陽浮橋於下蔡。
庚申，耀兵於城下。壬戌，今上奏，破淮賊萬餘衆於渦口，斬僞兵
馬都監何延錫等，獲戰船五十艘。」

《十國春秋·南唐元宗本紀》亦編此事於保大十四年春正月，云：
「壬寅，周主率師南侵。劉彥貞與周師戰于正陽，敗績，彥貞戰死，
裨將咸師朗等被擒。」〔原注云：「《江南野史》云：『時周師棄
營退據浮橋，以俟我師。劉彥貞議追之，劉仁瞻以爲恐其設伏，不
如養銳以俟隙。彥貞將家子，少長富貴，惟貪惏聚斂爲務，莫知兵
法，莫經戰鬥，多喜虛譽，能射帖子，俗謂之劉一箭，乃曰：敵聞
吾至，則先遁走，不追何待！裨將臧師朗等恃勇寡謀，貪功輕敵，
夜發晨食，至正陽，爭據其橋，數戰不利，爲周師所敗，諸將皆沒，
凡喪師徒七萬。』」〕又《南唐書補注》曰：「按：正陽，鎮名，淮
水西岸謂之西正陽，屬潁上縣界，東岸謂之東正陽，屬下蔡縣界，
本《九域志》。」

③《舊五代史·周書·世宗紀》顯德三年二月「壬申，今上奏，破淮
賊萬五千人於清流山。」

宋歐陽忞《輿地廣記》卷二十「清流縣，本漢全椒縣地。後魏置頓
丘縣及新昌郡、南譙州。故城在今縣西南八十里。北齊徙來治此。
隋開皇初，改爲滁州，廢郡爲新昌縣。十八年，改曰清流。大業初，

州廢，屬江都郡。唐置滁州，周世宗征南唐，李景使皇甫暉屯清流關，爲周師所敗，暉被擒於此。」

④《舊五代史·周書·世宗紀》顯德三年二月「壬申，今上奏，破淮賊萬五千人於清流山。乘勝攻下滁州，擒僞命江州節度使、充行營應援使皇甫暉，常州團練使、充應援都監姚鳳以獻。」

按：周師襲清流關事，宋人筆記多載，蓋趙匡胤之功也。宋王君玉《國老談苑》上：「太祖提周師甚寡，當李景十五萬衆，陣於清流山下。士卒恐懼，太祖令曰：『明日午當破敵。』人心遂安，翌旦正午，太祖果臨陣，親斬僞驍將皇甫暉，以覆其衆。是時環滁僧寺皆鳴鐘而應之。既平，鳴鐘因爲定制。」又曰：「太祖曰：『周世宗征淮南，太祖總軍政，然分部之制，稟於世宗。時宣祖不豫是役當淮將皇甫暉之敵也，宣祖憚之，密請移軍。上告以世宗之命，遂止。上翌日銜戚奪志，以圖報效，挺身死戰，血濡袖，既而擒暉，淮南平。上功居第一，王業肇於是矣。向若苟私循軍移，世宗有命，則得禍無類，又安能建不拔之基，以延祀於萬世乎！」宋王銍《默記》卷上：「藝祖仕周世宗，功業初未大顯。會世宗親征淮南，駐蹕正陽，攻壽陽劉仁瞻未下，而藝祖分兵取滁州。距壽州四程皆大山，至清流關而止。關去州三十里則平川，而西澗又在滁城之西也。是時，江南李景據一方，國力全盛。聞世宗親至淮上，而滁州其控扼，且援壽州，命大將皇甫暉、監軍姚鳳提兵十萬扼其地。太祖以周軍數千與暉遇於清流關隘路，周師大敗。暉整全師入憩滁州城下，令翼日再出。太祖兵再聚於關下，且虞暉兵再至，問諸村人，云有鎮州趙學究在村中教學，多智計，村民有爭訟者，多詣以決曲直。太祖微服往訪之。學究者固知爲趙點檢也，迎見加禮。太祖再三叩之，學究曰：『皇甫暉威名冠南北，太尉以爲與己如何？』曰：『彼方勝，我已敗，畏其兵出，所以問計於君也。』學究曰：『然

且使彼來日整軍再乘勝而出，我師絕歸路，不復有噍類矣。』太祖
曰：『當復奈何？』學究曰：『我有奇計，所謂因敗爲勝，轉禍爲
福者。今關下有徑路，人無行者，雖暉軍亦不知之，乃山之背也，
可以直抵城下。方阻西澗水大漲之時，彼必謂我既敗之後，無敢躡
其後者。誠能由山背小路率衆浮西澗水至城下，斬關而入，彼方戰
勝而驕，解甲休衆，必不爲備，可以得志，所謂兵貴神速，出其不
意。若彼來日整軍而出，不可爲矣。』太祖大喜，且命學究指其路。
學究亦不辭，而遣人前導。即下令誓師，夜出小路亟行。三軍跨馬
浮西瀾以迫城，暉果不爲備，奪門而入。既入，暉始聞之，旋率親
兵擐甲與太祖巷戰，三縱而三擒之。既主帥被擒，城中咸謂周師大
兵且至。城中大亂，自相蹂踐，死亡不計其數，遂下滁州。即《國
史》所載，太祖曰『餘人非我敵，必斬皇甫暉頭』者，此時也。滁
州既破，中斷壽州爲二，救兵不至，壽州爲孤軍。周人得以擒仁贍，
自滁州始也。擒暉送世宗正陽御寨，世宗大喜，見暉於簀中，金瘡
被體，自撫視之。暉仰而言：『我自貝州卒伍起兵，佐李嗣源，遂
成唐莊宗之禍。後率衆投江南，位兼將相，前後南北二朝，大小數
十戰未嘗敗。而今日見擒于趙某者，乃天贊趙某，豈臣所能及！』
因盛稱太祖之神武，遂不肯治瘡，不食而死。至今滁人一日五時鳴
鐘，以資薦暉云。蓋淮南無山，惟滁州邊淮，有高山大川，江、淮
相近處，爲淮南屏蔽，去金陵纔一水隔耳。既失滁州，不惟中斷壽
州援，則淮南盡爲平地。自是遂盡得淮南，無復障塞。世宗乘滁州
破竹之勢，盡收淮南，李景割地稱臣者，由太祖先擒皇甫暉，首得
滁州阻固之地也。此皇甫暉所以稱太祖爲神武者，暉亦非常人，知
其天授，非人力也。」又王明清《揮麈後錄》卷一曰：「滁州清流
關，昔在五季，太祖皇帝以五千之兵，敗江南李氏十五萬衆，執皇
甫暉、姚鳳以獻周世宗，實爲本朝建國之根本。明清昨仕彼郡，考

之《圖經》云：『皇祐五年十月，因通判州事王靖建言，始刱端命殿宇于天慶觀之西，奉安太祖御容。初以兵馬都監一員兼管。至元豐六年，專差內侍一名管勾香火。每月朔望，州官朝拜，知州事酌獻，歲朝、寒食、冬旦至節，詔遣內侍酌獻。』今焉洊罹兵革，殿宇焚蕩之久，茂草荊刺，無片瓦尺椽存者，周視太息。還朝上言，以謂太祖皇帝歷試於周，應天順人，啓運立極，功業自此而成，王業自此而刱，故號端命，誠我宋之咸、鎬、豐、沛，命名之意可見。乞再建殿宇，以永崇奉。得旨下禮部討論，而有司以謂增置兵衛，重有浮費，遂寢所陳。蓋明清嘗親至其地，恭睹太祖入滁之偉績。當其始也，趙韓王教〔按：指趙普〕村童於山下，始與太祖交際，用其計劃，俾為鄉導，提孤軍，乘月夜，指縱銜枚，取道于清流關側蘆子慨，浮西澗，入自北門，直搗郡治。皇甫暉方坐帳中燕勞將士，養銳待戰，倉黃聞變，初不測我師之多寡，躍其愛馬號千里電奔東郊。太祖追及於河梁，以劍揮之，人馬俱墜橋下，暉遂擒。姚鳳即以其衆解甲請降。自此兵威如破竹，盡取淮南之地。鳳之投降，時正午刻，擊諸寺鐘以應之，至今不改。紹興壬戌，郡守趙時上殿陳其事，詔付史館。東渡猶有落馬橋存焉。如是，則端命之殿，其可置而不問邪！」歐陽修《豐樂亭記》：「滁於五代干戈之際，用武之地也。昔太祖皇帝嘗以周師破李景兵十五萬於清流山下，生擒其將皇甫暉姚鳳於滁東門之外，遂以平滁。修嘗考其山川，按其圖記，升高以望清流之關，欲求暉鳳就擒之所，而故老皆無在者。蓋天下之平久矣。」《江南通志》卷二「滁州圖說」：「滁州……其地南接歷陽，東通六合，西距潁壽，北達盱眙，介於江淮之間，倚大江以俯金陵四達之地，兩淮之樞要也。其山自中州，蜿蜒而來，琅琊、馬鞍蔽其東南，石臺清流障其西北，所謂環滁皆山者也。滁水為淮南大川，自合肥縣流入全椒界，又東北經州城南，又東入六

合縣，達於瓜步，注於江州境之水，俱會於此。清流關距其西北，崇山峻嶺，聯絡如柵，自昔號爲巖險，若乃土厚而泉甘，民樸而事簡，山高水清，洵爲勝地。」

⑤《史記·天官書》云：「參爲白虎，三星直者，是爲衡石。下有三星，兌，曰罰，爲斬艾事。其外四星，左右肩股也。」《史記正義》：「觜三星，參三星，外四星爲實沈，於辰在申，魏之分野，爲白虎形也。」

⑥「王承朗」，薛居正、《冊府元龜》、歐陽修、馬令等均作「王知朗」。

《舊五代史·周書·世宗紀》顯德三年二月，甲戌：「江南國主李景遣泗州牙將王知朗齎書一函，至滁州本州以聞，書稱唐皇帝奉書於大周皇帝，其略云：『願陳兄事，永奉鄰歡。設或俯鑒遠圖，下交小國，悉班卒乘，俾乂蒼黔，慶雞犬之相聞，奉瓊瑤以爲好。必當歲陳山澤之利，少助軍旅之須。虔俟報章，以答高命，道塗朝坦，禮幣夕行』云，書奏不報。」《冊府元龜》卷一一八《帝王部·親征三》：「二月甲戌，徐州遣牙將王品押泗州牙較王知朗齎江南國主李景書一函來，上書云：『唐皇帝奉書於大周皇帝』，不答。」

《新五代史·南唐世家·李景傳》保大十三年十一月：「景懼，遣泗州牙將王知朗至徐州，稱唐皇帝奉書，願效貢賦，陳兄事之禮，世宗不答。」馬令《南唐書·嗣主書第四》保大十三年十一月，「天子營于淝水之陽，徙正陽橋于下蔡，林仁肇、皇甫暉爭之不勝，暉走滁州，天兵追殺之。〔原注：以周師爲天兵，太祖主兵故也。〕遂下滁州，帝惡之，遣泗州牙將王知朗至滁州，稱唐皇帝奉書，願效貢賦，陳兄弟之禮，天子不答。」

⑦尹洙《五代春秋》曰：「甲寅，帝次正陽，吳主來貢方物。」《宋史·南唐世家·李景傳》：「景大懼，遣其臣鍾謨、李德明奉表願

爲附庸。」

《冊府元龜》卷二三二《僭僞部·稱藩》云:「周顯德三年,世宗
親征淮南。二月壬午,景遣其臣鍾謨、李德明等奉表來上。表云:
『臣聞捨短從長,乃推通理;以小事大,著在格言。實徵自古之來,
即有爲臣之禮,既逢昭代,幸履良途。伏惟皇帝陛下,體上聖之資,
膺下武之運,協一千而命世,繼八百以卜年。化被區中,恩加海外,
虎步則時欽英主,龍飛則圖應眞人。臣僻在一方,謬承餘業,比徇
軍民之欲,乃居后辟之崇。雖仰慕華風,而莫通上國。伏自初勞將
帥,遠涉封疆,敘寸誠則去使甚艱,於閒路則單函兩獻。載惟素願,
方俟睿慈,遽審大駕天臨,六師雷動,猥以遐陬之俗,親爲跋履之
行,循省伏深,兢畏無所,豈因薄職,有累蒸人。伏惟皇帝陛下,
義在寧民,心惟庇物,臣儻或不思信順,何以上協寬仁?今則仰望
高明,俯存億兆,虔將下國,永附天朝。已命邊城各令固守,見於
諸路,皆俾戢軍,仰期宸旨纔頒,當發專人布告。伏冀詔虎賁而歸
國,於雉堞以迴兵,萬乘千官,免驅馳於原隰,地征土貢,常奔走
於歲時。質在神明,誓於天地,庶使闔境荷咸寧之德,大君有光被
之功,凡在照臨,孰不歸慕。謹令翰林學士戶部侍郎臣鍾謨,工部侍
郎文理院學上李德明奉表以聞。』仍進金器一千兩、銀器五千兩、
錦綺綾羅二千疋,及御衣犀帶茶茗藥物等。又進犒軍牛五百頭、酒
二千石。」

⑧《舊五代史·周書·世宗紀》顯德三年三月:「初,李景遣鍾謨、
李德明奉表至行闕,使人面奏云:『本國主願割壽、濠、泗、楚、
光、海六州之地,歸於大朝。』帝志在盡取江北諸郡,不允其請。」

《新五代史·南唐世家·李景傳》保大十三年十一月:「遣其翰林
學士鍾謨、文理院學士李德明奉表稱臣,獻犒軍牛五百頭、酒二千
石、金銀羅綺數千,請割壽、濠、泗、楚、光、海六州,以求罷兵。

世宗不報，分兵襲下揚、泰。」馬令《南唐書·嗣主書第四》保大十三年十一月：「遣翰林學士鍾謨、文理院學士李德明奉表稱臣，獻犒軍牛五百頭、酒二千石、金銀羅綺數千，請割壽、濠、泗、楚、光、海六州，以求罷兵，天子不報。謨等皆留行在，分兵襲下揚、泰。」

⑨《資治通鑒》後周世宗顯德三年，春二月，「乙酉、韓令坤奄至揚州，平旦，先遣白延遇以數百騎馳入城，城中不之覺。令坤繼至，唐東營屯使賈崇焚官府民舍，棄城南走，副留守工部侍郎馮延魯髡被僧服，匿於佛寺，軍士執之，令坤慰撫其民，使皆安堵。庚寅、王逵奏拔鄂州長山寨執其將陳澤等，獻之。辛卯、太祖皇帝奏唐天長制置使耿謙降，獲芻糧二十餘萬。」

⑩馬令《南唐書·嗣主書第四》保大十三年十一月，「東都留守馮延魯、光州刺史張紹、舒州刺史周祚、泰州刺史方訥，皆棄城走。延魯削髮，偽爲僧，遁歸。周人執之。」《宋史·南唐世家·馮謐傳》：「本名延魯，……周世宗下揚州，謐髡髮爲僧，匿于佛寺，爲官軍所獲。」《十國春秋·南唐元宗本紀》保大十四年二月，「乙酉，周師陷東都，執副留守馮延魯。」又注引《五國故事》云：「侍中周宗既皁于家財，輒在淮上通商，以市中國羊馬。世宗將謀度淮，乃使軍中人蒙一羊皮，人執一馬，偽爲商旅，以渡浮橋，繼以兵甲，遂入臨淮。」

⑪《舊五代史·周書·世宗紀》保大十四年二月丁亥，「壽州城內左神衛軍使徐象等一十八人來奔。」《十國春秋·南唐元宗本紀》保大十四年二月，「丁亥，左神衛使徐象等十八人自壽州奔周。」

⑫《舊五代史·周書·世宗紀》保大十四年二月「辛卯，今上表僞命天長軍制置使耿謙以本軍降，獲糧草二十餘萬。」《十國春秋·南唐元宗本紀》保大十四年二月載同陸游《南唐書》，云：「天長制

置使耿謙以城降周。」

⑬《南唐書補注》曰：「園苑使，唐置，猶梁有宮苑使及內園栽接使也。

⑭按：「廷範」，馬令同，而《江南野史》、《十國春秋》作「延範」，《十國春秋・南唐元宗本紀》幾乎全襲陸《書》。按：張廷範之殺讓皇之族，史家多謂承元宗之意耳。《玉壺清話・江南遺事》詳載其事之始末云：「吳武讓皇既殂於丹陽，其族屬尚居泰州廨舍，先主自受禪已還，未暇措置，迨殂，方囑付嗣君曰：『邦君皆楊氏所有，天地事物之變，偶移在我，然順逆之勢不常。吾所憫孤兒婺女，僑寄殊鄉，令往泰州津斂楊族，安於京口，賙贍撫育，無令失所，男女婚嫁，悉資官給。』璟稟遺戒，遣園苑使尹延範具車調費，往泰般護。時王室在難，道路已亂，延範慮有他變，取子弟六十人皆殺之，惟載婦女以渡江。璟大怒，以延範腰斬，仍誅其族於市，以慰其冤。楊氏諸女二十餘人，選士族嫁之，奩匣閨橐，不失常度。」所謂「慮有他變」，若無元宗授意，豈敢專擅！《江南野史》曰：「嗣主泣謂左右，廷範之死，乃成濟之徒歟！朕如之何？』」曰「成濟之徒」，則分明斥指元宗矣。故《新五代史・吳世家・楊溥傳》曰：「顯德三年，世宗征淮南，下詔安撫楊氏子孫，而李景聞之，遣人盡殺其族。周先鋒都部署劉重進得其玉硯、馬腦碗、翡翠瓶以獻，楊氏遂絕。」馬令《南唐書・嗣主書第四》：「廷範盡殺其男，以其婦女渡江，楊氏遂絕。帝罵曰：『小人以不義之名累我。』腰斬廷範，歸以專殺之罪。」不得其實，陸游亦不明斥元宗，俱為之諱而已。

⑮《十國春秋・南唐元宗本紀》保大十四年二月載同陸《書》，云：「周師陷泰州，刺史方訥棄城遁。」

按：《江南通志》卷二十：「泰州，南唐刺史褚仁規始築羅城二十

五里。」

⑯《新五代史・南唐世家・李景傳》保大十三年十一月，「景遣人懷蠟丸書走契丹求救，爲邊將所執。」《通鑑》後周世宗顯德三年：「唐主遣人以蠟丸求救於契丹。壬辰，靜安軍使何繼筠獲而獻之。」又曰：「唐自烈祖以來，常遣使泛海，與契丹相結，欲與之共制中國，更相餽遺，約爲兄弟。然契丹利其貨，徒以虛語往來，實不爲唐周也。」《十國春秋・南唐元宗本紀》保大十四年二月載同陸《書》，云：「帝遣間使求援于契丹，至淮北，爲周人所執；復命陳處堯至契丹乞師，竟不返。」

《冊府元龜》卷二三二《僭僞部・稱藩》載李景之表云：「伏自上將遠臨，六師尋至，始貢書於閒道，旋奉表於行宮，虔仰天光，實祈睿旨。伏聞朝陽委照，爝火收光；春雷發音，蟄戶知令。惟變通之有在，則去就以斯存，所以徘徊下風，瞻望時雨，載傾捧日，輒敘攀鱗。伏惟皇帝陛下，受命上玄，門階中立，仗武功而勘亂，敷文德以化遠。故得九鼎慶基，復昌於寶位；十年嘉運，允正於璿衡，實帝道之昭融，知眞人之有位。臣幸因順動，敢慕文明，特遣翰林學士尚書戶部侍郎臣鍾謨，尚書工部侍郎文理院學士李德明同奉表章，具申獻贄，請從臣事，仍備歲輸，冀闔境之咸寧，識仁君之廣覆，不遙日下，恭達御前，既推向化之誠，更露艜衷之願。臣伏念天祐之後，率土分摧，或跨據江山，或革遷朝代，皆爲司牧，各拯黎元。臣繇是以嗣先基，獲安江表，誠以瞻烏未定，俯鳳何從！今則青雲之候明懸，白水之符斯應，仰祈聲教，俯被遐方，豈可遠動和鑾，上勞薄伐，有拒懷來之德，非誠信順之心。臣自遣鍾謨、李德明入奏天朝，具陳懇款，便於水陸，皆戢兵師。方冀寬仁，下安億兆，旋進歷陽之旌旆，又屯隋苑之車徒，緣臣既寫傾依，悉曾止約，令罷警嚴之備，不爲捍禦之謀。其或皇帝陛下，未息雷霆，靡

矜葵藿，人當積懼，眾必貪生，若接前鋒，偶成小競，在其非敵，固亦可知。但以無所爲圖，出於不獲，必於軍庶，重見傷殘，豈唯瀆大君亭育之恩，抑乃增下臣咎釁之責！進退維谷，夙夜靡遑。臣復思東到會稽，南惟湘楚，盡承正朔，俾主封疆，自皇帝陛下允屬天飛，方知海納，雖無外之化，徒仰祝於皇風，而事大之儀闕，早通於疆吏，惟憑玄造，倀念後期。方今八表未同，一戎茲始，儻或首於下國，許作外臣，則柔遠之風，其誰不服？無戰之勝，自古獨高。臣幸與黎人共依聖政，蚩蚩之俗，期息於江淮，蕩蕩之風，廣流於華裔。永將菲薄，長奉欽明，白日誓心，皇天可質。虔輸肺腑，上祈冕旒，顒俟聖言，以聽朝命。今遣守司空臣孫晟、守禮部尚書臣王崇質等，部署宣給軍士物上進金一千兩，銀一萬兩，羅綺千匹。」

⑰《吳越備史》四：「二月，王師入淮南，靜海軍制置使姚彥洪率家屬軍士戶口等一萬餘人奔於我。」《十國春秋·南唐元宗本紀》保大十四年二月載同陸《書》，云：「二月，吳越侵常州、宣州，靜海制置使姚彥洪奔吳越。」又《吳越忠懿王俶世家》：「顯德三年，二月，周師入淮南，唐靜海軍制置使姚彥洪率家屬軍士戶口等一萬餘人奔于我。癸未，王命丞相吳程、前衢州刺史鮑修讓、中直都指揮使羅晟攻常州。癸巳，遣都指揮使路彥銖侵宣州，羅晟督水師次江陰，以俟周師。既而周遣殿直薛有光來宣諭，仍賜沿身衣冠法物。」又《吳越世家·吳程列傳》：「吳程字正臣，山陰人。……周世宗之伐江南也，徵我兵西擊唐，蘇州營田副使陳滿告程曰：『周師南征，唐舉國驚擾，常州無備，易取也。』會唐主下詔撫安江陰吏民，滿復言周詔書已至，趣出兵。程爲言於忠懿王，期勒兵以出，元德昭曰：『唐大國，未可輕，若我入唐境，而周兵未至，誰與併力？』程固爭，以爲時不可失。王卒從程議，而程以異議，故復不能無望於德昭，於是激將士怒，以爲元丞相不欲出師，且從

與將士，以擊德昭爲辭。王匿德昭府中，而捕言者頗急，歎曰：『方出兵，而士卒欲擊丞相，何不祥也！』程廼督鮑修讓、羅晟而去，二人者素與程不相能，至是程抑之甚，愈忿怒，當唐兵薄晟營，晟不力戰，敵遂直趣程帳，程大敗，僅以身免。王怒，悉奪程官，而程自是屈矣。」

⑱《舊五代史·周書·世宗紀》顯德三年三月，「行光州刺史何超奏，光州僞命都監張承翰以城歸順，尋授承翰集州刺史。」《冊府元龜》卷一六七《帝王部·招懷五》云：「是月，（世宗）命供奉官安洪道押江南進奉副使王崇質、李德明等二人發赴金陵。初，吳人聞正陽之敗，其氣已消矣，又聞今上（指趙匡胤）敗何延錫於渦口，擒皇甫暉於滁州，始懼覆亡之不暇，乃遣鍾謨等奉表來上。謨等因面奏云：『臣大國主願割壽、濠、泗、楚、光、海六州之地隸於大朝，仍歲貢百萬之數，以助軍用。請罷攻討。』及孫晟至，所奏亦然。上以淮南諸郡半爲我有，復又諸將捷奏日聞於行在，料其事勢可以盡取江北之地，乃不許之。」《通鑑》亦云：「唐主使李德明、孫晟言於上，請去帝號，割壽、濠、泗、楚、光、海六州之地。仍歲輸金帛百萬以求罷兵。上以淮南之地已半爲周有，諸將捷奏日至，欲盡得江北之地，不許。德明見周兵日進，奏稱：『唐主不知陛下兵力如此之盛，願寬臣五日之誅，得歸白唐主，盡獻江北之地。』上乃許之。晟因奏遣王崇質與德明俱歸。上遣供奉官安弘道送德明等歸金陵，賜唐主書，其略曰：『但存帝號，何爽歲寒！儻堅事大之心，終不迫人于險。』又曰：『俟諸郡之悉來，即大軍之立罷。言盡於此，更不煩云；苟曰未然，請從茲絕。』又賜其將相書，使熟議而來。唐主復上表謝。」

馬令《南唐書·嗣主書第四》則編此事於保大十四年正月，云：「遣司空孫晟、禮部侍郎王崇質奉表于周，辭益卑服，削去帝號，天子

猶不答。」《宋史·南唐世家·李景傳》不作編年：「未幾，又遺
其臣孫晟、王崇質奉表獻濠、壽、泗、楚、光、海六州之地，願罷
兵，世宗未之許。」《十國春秋·南唐元宗本紀》殆依陸《書》，於
保大十四年云，「三月丙午，遣司空孫晟、禮部尚書王崇質如周，
請比兩浙、湖南奉正朔，表云：『朝陽委照，爝光收光；春雷發聲
，蟄知令。伏念天祐之後，率土分摧，或跨據江山，或革遷朝代，皆
為司牧，各拯黎元。臣由是克嗣先基，獲安江表。誠以瞻烏未定，
附鳳何從。今則青雲之候明懸，白水之符斯應，仰祈聲教，俯被遐
方，豈可遠勤和鑾，上勞薄伐。倘或首于下國，許作外臣，則柔遠
之風，其誰不服，無戰之勝，自古獨高。』別進金千兩、銀十萬兩、
羅綺二千疋，宣給軍士。周主猶未許。」

⑲《舊五代史·周書·世宗紀》顯德三年三月，「行光州刺史何超奏，
光州偽命都監張承翰以城歸順，尋授承翰集州刺史。」《十國春秋
·南唐元宗本紀》保大十四年三月載同陸《書》。《唐餘紀傳》卷
二「國紀第二」作「張廷翰」。

⑳《十國春秋·南唐元宗本紀》保大十四年三月載同陸《書》。《南
唐書注》云：「按：弘祚為撫州刺史，遷池州，復遷舒州。周師破
城，弘祚赴水死。」又注引《金谿麻山周氏家譜》曰：「弘祚，延
休子，為廷本嗣。授金紫光錄大夫上柱國，建康開國，子食邑五百
戶。南唐昇元時，任撫州刺史，有修城記，見《撫州府志》。」
按：《徐公文集》八有《撫州刺史周弘祚可池州刺史》云：「朕以
將復淳風，務先理道，思得良二千石，以安吾民。儻副簡求，迭授
大郡，斯蓋布政懋官之旨也。某官周弘祚，勳臣之子，雅有父風。
自服佩恩華，踐更事任，訓齊武力，能得士心，綏懷邊戎，克壯兵
略。俗阜秩滿，序勞當遷。朕觀其才，可謂良矣。青陽名郡，控制
中流，前所任者，咸屬重望。今以授爾，爾其欽哉。進爵升階，式

示兼寵，茍勤節弗易，池人來蘇，考績策勳，吾有彝典。」又《十國春秋·南唐·周室祚傳》：「周弘祚，吳德勝節度使本之少子也。烈祖受吳禪，徐玠、周宗輩率諸臣勸進，本已老，又重念楊氏恩，不復與事。宏祚爲門戶計，代署名上表。保大時累官舒州刺史。周師大舉南侵，陷舒州。是時泰、蘄、光諸州文武相繼奔降，宏祚獨慷慨不屈，赴水死。時人比之嵇紹死晉云。」又據《宋史·王審琦傳》所載，陷舒州者爲王審琦、郭令圖主其事，云：「王審琦字仲寶，……(世宗)親征淮南，舒州堅壁未下，詔以郭令圖領刺史，命審琦及司超以精騎攻其城，一夕拔之，擒其刺史，獲鎧仗軍儲數十萬計。令圖既入城，審琦等遂救黃州，數日，令圖爲舒人所逐，審琦選精騎銜枚夜發，信宿至城下，大敗舒人，令圖得復還治所。世宗嘉之，授散員都指揮使。」

㉑《十國春秋·南唐元宗本紀》保大十四年三月載同陸《書》，云：「丁酉，……蘄州李福殺知州王承雋，降於周。」

㉒《十國春秋·南唐元宗本紀》保大十四年三月載同陸《書》，云：「戊戌，天成軍使蔡暉自壽州奔周，周師陷和州。」

㉓《冊府元龜》卷一六七《帝王部·招懷五》載顯德三年三月：「李德明等上見急攻壽陽，慮頃刻不保，乃奏云：『臣之保本國，向來不知大朝兵力如是，願陛下寬臣等五日之誅，容臣自往江南，取本國章表，割江北諸郡，盡獻于大朝。』上乃許其行。因令齎璽書以賜李景書曰：『頃自有唐失御，天步方艱，巢蔡喪亂之餘，朱李戰爭之後，中夏多故，六紀於茲。海縣瓜分，英豪鼎峙，自爲聲教，各擅蒸黎，連衡而交結四夷，乘寡而憑陵上國，華風不競，否運所鍾。凡百有心，孰不興憤！朕猥承先訓，恭荷永圖，德不迨於前王，道未方於往古。然而擅一百州之富庶，握三十萬之甲兵，農戰交修，士卒樂用，思欲報累朝之宿怨，刷萬姓之包羞。是以踐位以來，懷

安不暇，破幽并之巨寇，收秦鳳之全封，兵不告疲，民有餘力，一昨回軍隴上，問罪江干，我實有辭，咎將安執？朕親提金鼓，尋渡淮淝，上順天心，下符人欲，前鋒所向，彼寇無遺，棄甲僵屍，動盈川谷，收城徇地，已過滁陽。豈有落其爪牙，折其羽翼，潰其心腹，扼其吭喉，而能不亡者哉！早者泗州主將遞送，到書一函，尋又使人鍾謨、李德明至，齎所上表，及貢奉衣服腰帶金銀器帛茶藥牛酒等，近差健步進到第二表。今月十六日，使人孫晟等至，齎到第三表，及進奉金銀等到行朝，深誠厚意，觀其降身聽命，引咎告窮，所謂君子見幾，不俟終日，苟非達識，孰能若斯！但以奮武興戎，所以討不服；惇信明義，所以來遠人，五帝三王，盛德大業，嘗用此道，以正萬邦。朕今親統戎師，龔行討伐，告于郊廟社稷，詢于將相公卿，天誘其衷，國無異論，苟不能恢復外地，自畫邊疆，便議班師，真同戲劇，則何以光祖宗之烈，厭士庶之心？匪徒獨違天，兼且咈眾。但以淮南部內，以定六州，廬、壽、濠、黃，大軍悉集，指期剋日，拉朽焚枯，其餘數城，非足介意，必若盡淮甸之土地，為大國之提封，猶是遠圖，豈同迷復！如此則江南吏卒，悉遣放還，江北軍民，并當留住，免違物類之性，俾安鄉土之情。至於削去尊號，願輸臣禮，非無故事，實有前規。蕭詧奉周，不失附庸之道；孫權事魏，自同藩國之儀古也。雖然，今則不取，但存帝號，何爽歲寒，儻堅事大之心，終不迫人于險，事實真愨，詞匪枝游，俟諸郡之悉來，即大軍之立罷，質于天地，信若丹青，我無彼欺，爾無我詐，言盡於此，皆不煩云。苟曰未然，請從茲絕。竊以陽春在候，庶務繁思，願無廢於節宣，更自期於愛重，音塵匪遠，風壤猶殊，翹想所深，勞以夢寐。」又賜其將佐書曰：『朕自類禡興師，麾旆問罪，絕長淮而電擊，指建業以鷹揚，旦夕之間，克捷相繼。至若兵興之所自，釁起之所來，勝負之端倪，戎甲之次第，

不勞盡諭，必想具知。近者金陵使人，繼來行闕，追悔前事，委質大朝，非無謝咎之辭，亦有罪軍之請，但以南邦之土地，本中夏之封疆，苟失克復之期，大孤朝野之望，已興是役，固不徒還。必若自淮以南，畫江爲界，盡歸中國，猶是遠圖，所云願爲外臣，乞比湖浙，彼既服義，朕豈忍人！必當別議封崇，待以殊禮，凡爾將佐，各盡乃心，善爲國家之謀，勉擇常久之利。」

又卷二三二《僭僞部·稱藩》云：「三月己未，景以王崇質等歸國，復遣使奉表來上，表云：『臣叨居舊邦，獲嗣先業。聖人有作，曾無先見之明；王祭弗供，果致後時之責。六龍電邁，萬騎雲屯，舉國震驚，群臣惴悚。遂馳下使，徑詣行宮，乞停薄伐之師，請預外臣之籍。天聽懸邈，聖問未回，通霄九驚，一食三歎。緣是繼飛密表，再遣行人，敘江河羨海之心，指葵藿向陽之意。皇帝陛下，自天生德，命世應期，含容每法於方輿，亭育不遺於下國，先令副介，密導宸慈，綸旨優隆，乾文炳煥，仰思懷來之道，喜則可知；深惟事大之言，服之無斁。」

《通鑑》後周世宗顯德三年三月：「李德明盛稱上威德及甲兵之強，勸唐主割江北之地；唐主不悅。宋齊丘以割地爲無益；德明輕佻，言多過實，國人亦不之信。樞密使陳覺、副使李徵古素惡德明與孫晟，使王崇質異其言，因譖德明於唐主曰：『德明賣國求利。』唐主大怒，斬德明於市。」又馬令《南唐書·嗣主書第四》：「十有四年，春，正月，遣司空孫晟、禮部侍郎王崇質奉表于周，辭益卑服，削去帝號，天子猶不答。留晟等弗遣。鍾謨請歸取表，盡獻江北之地，天子許之。遣崇質、德明還，始賜江南書曰：『自有唐失御，天步多艱，六紀於茲。瓜分鼎峙，自爲聲教，各擅蒸黎，交結四夷，憑陵上國，華風不競，否運所鍾。凡百有心，孰不興憤！朕擅一百州之富庶，握三十萬之甲兵，農戰交修，士卒樂用。苟不能

恢復內地，申畫邊疆，便議班旋，直同戲劇，至於削去尊號，願輸臣節，孫權事魏，蕭詧奉周，古也雖然，今則不取。但存帝號，何爽歲寒！儻堅事大之心，必不迫人于險。」德明等歸，盛稱周天子英武，帝尤惡之。宋齊邱、陳覺等皆以割地無益，而德明賣國以圖利，帝怒，斬德明。」《十國春秋・南唐元宗本紀》保大十四年三月，略敍云：「周遣俸官安弘道送李德明、王崇質歸國，其詔書略曰：『朕擅一百州之富庶，握三十萬之甲兵，農戰交修，士卒樂用。苟不能恢復內地，申奏邊疆，便議班旋，直同戲劇。至於削去尊號，願輸臣節，孫權事魏，蕭詧奉周，古也固然，今則不取。但存帝號，何爽歲寒！倘堅事大之心，必不迫人于險。』又曰：『俟諸郡之悉來，即大軍之立罷。言盡于此，更不煩云。苟曰未然，請從茲絕。』又遺將相書，期熟議以復。帝命斬德明于都市，以私許割地也。」

㉔《吳越備史》四：「二月……全命丞相吳程、前衢州刺史鮑修讓等攻毗陵，命都指揮使路彥銖等伐宣城，命都指揮使羅晟等督水師，次於江陰，應王師也。……三月，我師克常州，擒刺史趙澤，偏將諸承、向重霸等一百餘人，遂班師。」又曰：「時營田副使陳滿言於丞相吳程曰：『周師南征，舉國驚擾，常州無備，易取也。』吳程如其言，請於王，從之，丞相元德昭上曰：『唐大國，未可輕舉也。』若我入唐而周師不至，能無慮乎？』吳程固爭，王遂命程取常州。」又曰：「是月，金陵遣其偽燕王弘冀復據淮南，王命從弟蘇州刺史文奉爲應援都統使，屯於本州備徵發。」又《通鑑》世宗顯德三年三月：「吳程攻常州，破其外郭，執唐常州團練使趙仁澤，送于錢唐。仁澤見吳越王弘俶不拜，責以負約；弘俶怒，決其口至耳。元德昭憐其忠，爲傅良藥，得不死。」又曰：「龍武都虞候柴克宏，再用之子也，沈默好施，不事家產，雖典宿衛，日與賓客博弈飲酒，未嘗言兵，時人以爲非將帥材，至是，有言克宏久不遷官

者，唐主以爲撫州刺史。克宏請效死行陳，其母亦表稱克宏有父
風，可爲將，苟不勝任，分甘孥戮。唐主乃以克宏爲右武衛將軍，
使將兵會袁州刺史陸孟俊救常州。時唐精兵悉在江北，克宏所將數
千人皆羸老，樞密使李徵古復以鎧仗之朽蠹者給之。克宏訴於徵
古，徵古慢罵之，衆皆憤恚，克宏怡然。至潤州，徵古遣使召還。
以神衛統軍朱匡業代之。燕王弘冀謂克宏：『君但前戰，吾當論
奏。』乃表克宏才略可以成功，常州危在旦莫，不宜中易主將。克
宏引兵徑趣常州，徵古復遣使召之，克宏曰：『吾計日破賊，汝來
召吾，必奸人也！』命斬之。使者曰：『受李樞密命而來。』克宏
曰：『李樞密來，吾亦斬之！』初，鮑脩讓、羅晟在福州，與吳程
有隙，至是，程抑挫之，二人皆怨。先是，唐主遣中書舍人喬匡舜
使於吳越，壬子，柴克宏至常州，蒙其船以幕，匿甲士於其中，聲
迎匡舜。吳越邏者以告，程曰：『兵交，使在其間，不可妄以爲
疑。』唐兵登岸，徑薄吳越營，羅晟不力戰，縱之使趣程帳，程僅
以身免。克宏大破吳越兵，斬首萬級。朱匡業至行營，克宏事之甚
謹。吳程至錢唐，吳越王弘俶悉奪其官。」《十國春秋·南唐元宗
本紀》保大十四年三月載同陸《書》，云：「吳越陷常州之郊，執
團練使趙仁澤。燕王弘異遣龍武都虞侯柴克宏救常州。」

㉕《通鑑》後周世宗顯德三年三月：「唐主以吳越兵在常州，恐其侵
逼潤州，以宣、潤大都督燕王弘冀年少，恐其不習兵，徵還金陵。
部將趙鐸言於弘冀曰：『大王元帥，衆心所恃，逆自退歸，所部必
亂。』弘冀然之，辭不就徵，部分諸將，爲戰守之備。」《十國春
秋·南唐元宗本紀》保大十四年三月載同陸《書》，云：「壬子，
大敗吳越兵於常州，斬獲萬計，俘其將數十，至潤州，弘冀悉斬之，
擢克宏爲奉化軍節度使。」又《吳越忠懿王俶世家》云：「三月，
我師克常州，生擒刺史趙仁澤、偏將諸承、向重霸等一百餘人。壬

子，唐右武將軍柴克宏襲吳程於常州，我兵大敗。先是，唐遣中書舍人喬匡舜來使；至是，克宏幕船以匿甲士，聲言迎匡舜，程曰：『兵交，使在其間。』殊不爲備。唐兵登岸，徑薄我兵營，會羅晟、鮑修讓與程福州有隙，晟以此不力救，且縱之趣程帳。程裨將邵可遷力戰，子死馬前，猶戰不顧，程僅以身免，者萬計。程遁歸，王怒，悉奪其官。」按：柴克宏勝吳越兵，據《江南通志》卷三十七「江寧府」載：「武烈帝廟，在冶城西，祀隋陳仁杲。南唐時越人寇常州，柴克宏帥師往救，夢仁杲遣兵助戰，果大勝，奏請封祀。」

㉖《十國春秋·南唐元宗本紀》保大十四年三月載同陸《書》，云：「壬戌，壽州軍校陳延貞等十三人奔周。」

㉗《通鑒》後周世宗顯德三年三月，「唐主命諸道兵馬元帥齊王景達將兵拒周，以陳覺爲監軍使，前武安節度使邊鎬爲應援都軍使。中書舍人韓熙載上書曰：『信莫信於親王，重莫重於元帥，安用監軍使爲！』唐主不從。」《十國春秋·南唐元宗本紀》保大十四年三月載同陸《書》，云「是月，命諸道兵馬元帥齊王景達拒周。」

㉘《十國春秋·南唐元宗本紀》保大十四年：「夏四月，復泰州。」按：《資治通鑒》後周世宗顯德三年，夏四月載「唐齊王景達將兵二萬自瓜步濟江，距六合二十餘里，設柵不進。諸將欲擊之，太祖皇帝曰：『彼設柵自固，懼我也。今吾衆不滿二千，若往擊之，則彼見吾衆寡矣；不如俟其來而擊之，破之必矣！』居數日，唐出兵趣六合，太祖皇帝奮擊，大破之，殺獲近五千人，餘衆尚萬餘，走渡江，爭舟溺死者甚衆，於是唐之精卒盡矣。是戰也，士卒有不致力者。太祖皇帝陽爲督戰，以劍斫其皮笠。明日，遍閱其皮笠，有劍跡者數十人，皆斬之，由是部兵莫敢不盡死。先是，唐主聞揚州失守，命四旁發兵取之。己卯，韓令坤奏敗揚州兵萬餘人於灣頭堰，獲漣州刺史秦進崇；張永德奏敗泗州萬餘人於曲溪堰。」又

《南唐書注》引《周世宗實錄》曰：「四月乙亥，帝至濠州，駐蹕於其城南。已卯，韓令坤上言，敗楚州賊將馬在貴等於萬衆灣頭堰，獲僞連州刺史秦進崇等。是日，殿前都指揮使張永德上言，敗泗州賊軍千餘人於曲谿堰。先是，江南既失揚州，乃令鄰郡悉發部兵同謀收復，至是，皆爲我師所敗。庚辰，詔諭諸道曰：『朕自渡長淮，尋清千里戎路，期於南下金陵，哀告而上章，乞駐禁軍，稱臣待罪，念其危迫，未遣攻收，不謂忽逞狂謀，反屯殘寇，韓令坤、趙匡胤等憤其奸詐，戮力埽除，銳旅才交，賊徒大敗，生擒僞將，盡奪樓船，貯於旦夕之閒，便見澄清之運。凡聞克捷，諒極驚呼。五月，自宿宋還京。」《釣磯立談》曰：「周師之出也，畝無樓糧，廩無留藏，墳墓圮毀，幼係縲墟落之地，肉腐骨塡，里鼓絕響，殆無炊煙。以是自邗溝以北，皆群聚成團。」

㉙《吳越備史》四：「五月，……車駕還京師。」《十國春秋·南唐元宗本紀》保大十四年載同，云：「五月，周主北還。」尋周師北還之因，《冊府元龜》卷一〇一《帝王部·納諫》謂「周世宗顯德三年，世宗親征淮南。四月丁亥，車駕發自濠州，迴幸渦口。是時銳於攻取，意欲親幸揚州，宰臣范質等以師老泣諫乃止。」恐非主因。馬令《南唐書·嗣主書第四》載：「諸將屯田，相率起義，以農器爲兵，襞紙爲鎧。處處保聚，號白甲軍。周師苦之。」又龍袞《江南野史》：「初，江北諸郡興屯田，執事者虐用民力，人多怨之。及周師至，皆以牛酒迎之，而周師不能安撫，皆奴隸俘虜，視之如草芥。民乃不愜，相興起義，治農器爲兵，編紙爲甲冑，處處保聚，謂之白甲子。周師討之，每爲所禦。」《南唐書注》云：「帝至壽春以來，命諸軍盡夜攻城，久不克，會大雨，營中水深數尺，攻具士卒失亡頗多，糧運不繼。李德明失期不至，乃議旋師。」尹洙《五代春秋》曰：「乙卯，帝至自南征。」

㉚《通鑑》後周世宗顯德三年七月：「唐諸將請據險以邀周師，宋齊丘曰：『如此，則怨益深。』乃命諸將各自保守，毋得擅出擊周兵，由是壽春之圍益急。齊王景達軍于濠州，遙爲壽州聲援，軍政皆出於陳覺，景達署紙尾而已，擁兵五萬，無決戰意，將吏畏覺，無敢言者。」《舊五代史·周書·世宗紀》顯德三年七月，「時王師攻壽春，經年未下，江、淮盜賊充斥，舒、蘄、和、泰等州復爲吳人所據，故棄揚州併力於壽春焉。」馬令《南唐書·嗣主書第四》編此事於保大十四年，云：「秋七月，揚、光、滁、和復歸於我。」《十國春秋·南唐世宗本紀》則依陸《書》載，云：「秋七月，……復東都舒、蘄、光、和、滁州，惟壽州圍愈急。」

按：周攻壽州，所賴奮力出戰之軍將，若張永德、高懷德是也，茲略舉其事以見。

《宋史·張永德傳》：「（顯德）三年，世宗親征，至壽州城下，仁贍執澄等三人檻送行在，意求緩師，詔賜永德，俾其甘心。太祖與永德領前軍至紫金山，吳人列十八砦，戰備嚴整。敵壘西偏有高隴，下瞰其營中。永德選勁弓強弩伏隴旁，太祖麾兵直攻第一砦，戰陽不勝，淮人果空砦出鬥。永德登隴，發伏馳入據之，敵衆散走。翌日，又攻第二砦，鼓譟而進，始攻北門，淮人開南門而遁。時韓令坤在揚州，復爲吳人所逼，欲退師。世宗怒，遣永德率師援之，又敗泗州軍千餘于曲溪堰，俄屯下蔡。時吳人以周師在壽春攻圍日急，又恃水戰，乃大發樓船蔽江而下，泊于濠、泗，周師頗不利。吳將林仁肇帥衆餘，水陸齊進，又以船數艘載薪，乘風縱火，將焚周浮梁，周人憂之。俄而風反，吳人稍卻，永德進兵敗之。又夜使習水者沒其船下，縻以鐵鎖，引輕舸急擊。吳人既不得進，溺者甚衆，奪其巨艦數十艘。永德解金帶，賞習水者。乃距浮梁十餘步，以鐵索千餘尺橫截長淮，又維巨木，自是備禦益堅矣。俄又敗千餘

衆於淮北岸，獲戰船數十艘，吳人多溺死。詔褒美之。」《宋史・
高懷德傳》：「南唐將劉仁贍據壽春，舒元據紫金山，置連珠砦爲
援，以抗周師。世宗命懷德率下帳下親信數十騎覘其營壘。懷德夜
涉淮，遲明，賊始覺來戰，懷德以少擊衆，擒其裨將以還，盡偵知
其形勢強弱，以白世宗。世宗大喜，賜襲衣、金帶、器幣、銀鞍勒
馬。世宗一日因按轡淮壖以觀賊勢，見一將追擊賊衆，奪槊以還，
令左右問之，乃懷德也。召至行在慰勞，許以節鉞。」

㉛《舊五代史・周書・世宗紀》顯德三年十一月「乙巳，江南進奉使
孫晟下獄死，江南進奉使鍾謨責授耀州司馬。」馬令《南唐書・嗣
主書第四》編此事於保大十四年「冬，十有一月，周殺我行人孫
晟。」《十國春秋・南唐世宗本紀》載同陸《書》，云：「冬十月，
周害我行人孫晟，從者二百人皆死，惟貸鍾謨，以爲耀州司馬。」

㉜《續通鑑長編》宋太祖建隆二年七月載：「罷諸道屯田務歸本州縣。
先是，唐主用尙書員外郎李德明議，興復曠土，爲屯田以廣兵食，
水部員外郎賈彬嗣成之。所使典掌者非其人，侵擾州縣，豪奪民
利，大爲時患。及用兵淮南，罷其尤劇者，尙處處有之。至是悉罷
使職，委所屬縣令佐與常賦俱徵，隨所租入，十分賜一以爲祿廩，
民稍休息焉。」又注云：「李德明，以尙書員外郎初見乾祐二年七
月，無爵里，仕至工部侍郎、文理院學士，誅死在顯德三年二月。
闢曠土爲屯田在廣順二年。罷屯田害民尤甚者，在顯德三年。」


### 〔史事補遺〕

一、月日可考之事：

①顯德三年，正月，壬戌，今上奏破淮軍萬餘衆於渦口，斬僞兵馬都
　監何延錫等，獲戰船五十艘。（《舊五代史・周書・世宗紀》）
　三年正月，(世宗)親征淮南。壬子，次永寧鎮。帝謂侍臣曰：「壽

州圍閉數月，大軍暫退淮上，如聞四面百姓，往日入城，迴避者多來歸業。今王師再舉，慮其復入城中，枉爲餓殍，宜先告諭，俾安其家。」乙卯，次趙村，軍士於戍邏間擒到敗卒數人，帝問曰：「爾敗來數日，何不走入壽州，而乃日夜奔走，周旋不離此地，蓋心迷耳。命釋其縛，仍以袍褲賜之。」（《冊府元龜》卷一六七《帝王部·招懷五》）

②二月丙寅，朗州節度使王進逵奏領兵入淮南界。（《舊五代史·周書·世宗紀》）

戊辰，廬、壽巡檢使司超奏破淮軍三千於盛唐，獲都監僞吉州刺史高弻以獻。詔釋之。（《舊五代史·周書·世宗紀》）

二月戊寅，命鄧州節度使侯章爲攻取賊水砦都部署，右驍衛大將軍王環副之。（《冊府元龜》卷一一八《帝王部·親征三》）

③三月庚子，江南國主李景表送先降過朝廷兵士一百五十人至行在，其軍即屬軍也。秦鳳之役，爲王師所禽，配隸諸軍。及渡淮，輒復南逸，帝怒其奔竄，盡戮之。（《舊五代史·周書·世宗紀》）

④夏四月，己卯，韓令坤奏敗楚州將馬在貴萬餘衆於灣頭堰。（《舊五代史·周書·世宗紀》）

⑤五月，乙酉，建州刺史陳誨以小船沿溪而下福州，指揮使馬進、姚章等執於賊。未幾，誨亦宵遁。（《吳越備史》四，《十國春秋·吳越忠懿王俶世家》載同。）

五月，丙申，唐永安節度使陳誨敗福州兵於南臺江，俘斬千餘級，唐主更命永安曰忠義軍。誨德誠之父也。（《通鑑》後周世宗顯德三年）

⑥六月，壬申，赦淮南諸州繫囚，除李氏非理賦役，事有不便民者，委長吏以聞。侍衛步軍都指揮使、彰信節度使李繼勳營於壽州城南，唐劉仁贍伺繼勳無備，出兵擊之，殺士卒數百人，焚其攻具。

唐駕部員外郎朱元因奏事論用兵略，唐主以爲能，命將兵復江北諸州。（《通鑑》後周世宗顯德三年）

⑦七月，丁未，濠州行營都部署武行德敗淮軍二千人於州界。（《舊五代史·周書·世宗紀》）

⑧十月，乙丑，舒州刺史郭令圖責授虢州教練使，坐棄郡逃歸也。（《舊五代史·周書·世宗紀》）

⑨十一月，庚戌，張永德奏敗濠州送糧軍二千人於下蔡，奪米船十餘艘。（《舊五代史·周書·世宗紀》）

⑩十二月，戊子，李重進破淮軍二千人於塥山北。（《舊五代史·周書·世宗紀》）

二、月日不可考之事：

①顯德三年，攻壽州，唐大發樓船泊濠泗，周師不利，唐將林仁肇載薪蒸，乘風縱火，將焚浮梁，周將張永德使習水者，縻以鐵鎖，急引輕舟擊之，溺者甚衆，奪艦數十。（《江南通志》卷九十二引《文獻通考》。按：此事又見《宋史·張永德傳》，詳下年考釋五）

②向拱字星民，懷州河內人。始名訓，避周恭帝諱改焉。世宗征淮南，驛召拱赴行在，拜淮南節度使、前宣徽使，兼緣江招討使。韓令坤爲副將，周師久駐淮南，都將趙晃、白延邁等驕恣橫暴，不相稟從，惟務貪濫，至有劫人妻女者。及拱至，戮其不奉法者數輩，軍中蕭然。時周師圍壽春，經年未下，江淮草寇充斥，吳授兵柵於紫金山，與城中烽火相應。拱上言，欲且徙揚州之師，併力攻壽春，俟其城下，然後改圖進取。世宗從之。拱乃封庫付揚州主者，復遣本府牙將分部按巡城中，秋毫不犯，軍民感悅。及師行，吳人有負糗糧以送者。至壽春，與李重進合勢以攻其城，改淮南道招討都監。」（《宋史·向拱傳》）

③吳之振《宋詩鈔》:「徐鉉以讒貶移饒州,適周世宗兵過淮,鉉即榜
　小舟歸昇州,賦詩,有云:『一夜黃星照官渡,本初何面見田豐。』
　其抗直如此。又鉉移饒州,別周使君云:『正憐東道感賢侯,何幸
　南冠脫楚囚。皖伯臺前收別宴,喬公亭下艤行舟。四年去國身將
　老,百郡徵兵主尚憂。更向鄱陽湖上去,青山憔悴淚交流。』按鉉
　以癸丑貶舒州,閱甲寅、乙卯,至丙辰移饒,故云四年去國。」
　(《南唐書補注》引)


保大十五年(九五七),春二月,乙亥,周帝親征。①齊王
景達自濠州遣邊鎬、許文稹、朱元,帥兵數萬援壽州。②
景達用監軍使陳覺言,謀奪朱元兵,以楊守忠代之。元遂
舉寨降周。③裨將時厚卿獨不從,見殺。④
壬辰,周師盡破我諸寨,⑤執邊鎬、許文稹、楊守忠,餘
眾悉奔潰。景達亦遯歸金陵。是役也,所喪四萬人。⑥
三月,誅朱元妻子。
丁未,壽州劉仁贍病革,副使孫羽等代仁贍署表,⑦降於
周。⑧
辛亥,晝晦,雨沙如霧。⑨
夏四月,周帝北還。⑩
冬十一月,周帝復親征。⑪
十二月,濠州刺史郭廷謂,⑫泗州刺史范再遇皆舉城降。⑬
帝知東都必不守,遣使焚其官私廬舍,徙其民於江南。周
師入揚州。⑭
丁丑,周師攻陷泰州。⑮都城大火,一日數發。⑯

　　〔考釋〕

① 《舊五代史·周書·世宗紀》顯德四年（九五七）二月「乙亥，車駕發京師，乙酉，次下蔡。」《新五代史·南唐世家·李景傳》保大十五年「二月，世宗復南征，徙卜祭浮橋于渦口，爲鎮淮軍，築二城以夾淮。」馬令《南唐書·嗣主書第四》同，云：「保大十五年「春二月，天子復來伐。」《稽古錄》周世宗顯德四年載：「春，上復伐唐，破唐兵於紫金山，劉仁贍以壽州降，上還。」《冊府元龜》載其詔文曰：「四年正月戊申，御札曰：『朕躬臨庶政，志清八方。顧淮海之未賓，命司徒而致討，克捷相繼，殺獲甚多。料彼孤危，安能抵拒。然將士在外，攻戰踰年，竭力盡忠，摧兇破敵，念茲辛苦，常軫尤勞。暫議省巡，親行諭撫，且地里之不遠，諒回復之非遙。今取二月內，暫幸淮上，應自來緣路供頓，務從省略。凡有費用，并以官物供備所在，不得科派。其諸約束條件，一如舊年巡按之例。二月甲戌，以樞密副使王朴爲權東京留守，兼判開封府事。以內客省使昝居潤副焉，以三司使張美爲大內都巡檢，以侍衛都虞侯韓通爲京城內外都巡檢。乙亥，帝衣戎服，率步騎四萬，由薰風門出。」

② 《輿地廣記》卷二十一「壽州，後唐天成三年，升爲忠正軍節度，周顯德中，自壽春徙治潁州之下蔡，皇朝因之，今縣五。」又於下蔡縣云：「唐屬潁州，周世宗伐南唐，克壽春，乃自壽春徙州治此。」

《新五代史·南唐世家·李景傳》保大十五年「周師連破紫金諸寨。景達雖爲元帥，兵事皆決於陳覺。」《通鑑》後周世宗顯德四年，「春正月，周兵圍壽春，連年未下，城中食盡。齊王景達自濠州遣應援使，永安軍節度使許文稹、都軍使邊鎬、北面招討使朱元將兵數萬，沂淮救之，軍於紫金山，列十餘寨如連珠，與城中烽火晨夕相應，又築通道抵壽春，欲運糧以饋之，綿亙數十里。將乃壽春，

李重進邀擊，大破之，死者五千人，奪其二寨。丁未，重進以聞。戊申，詔以來用幸淮上。」《江南通志》卷十七：「紫金山，在壽州東北十里。《五代史》云：『周顯德四年，征淮南，南唐援兵營於紫金山，與壽州城中烽火相應。宋太祖率殿前諸軍擊紫金山連珠砦，拔之，遂下壽州。』即此。」

按：朱元，本名舒元，《宋史·南唐世家·舒元傳》：「舒元，潁州沈丘人。少倜儻好學，與道士楊訥講習於嵩陽，通《左氏》及《公》、《穀》二傳。與訥同詣河中謁李守貞，與語，奇之，俱館於門下。守貞謀叛，遣元與訥間道乞師江南。江南遣大將皇甫暉等率衆萬次沭陽，爲之聲援。會守貞敗，元與訥留江南。元易姓朱，楊訥更姓名爲李平。元事李景，歷江寧令、駕部員外郎、文理院待詔，嘗坐事左遷。世宗征淮南，諸郡多下，元求見言兵事，景大悅，遣率兵攻舒州，復之，即以爲團練使。又平歷陽，景以元爲淮南北面招討使。周師圍壽春，景以其弟齊王景達爲元帥，率兵來救，以陳覺爲監軍，總軍政。元素與覺有隙，覺密表譖元於景，信之，立遣大將楊守忠代元。元憤怒，自以戰功高，又不忍負景，欲自殺。門下客宋洎諫曰：『大丈夫何往不取富貴，豈必爲妻子死哉！』元聽之，將其衆歸世宗，景盡誅其妻子。世宗素知元驍果，得之甚喜，以爲檢校太保、蔡州防禦使。淮南平，改濠州防禦使。」

③《舊五代史·周書·世宗紀》載朱元等降事於三月，與陸《書》二月不同。云：「顯德四年三月庚寅旦，帝率諸軍駐於紫金山下，命令上率親軍登山擊賊，連破數砦，斬獲數千，斷其來路，賊軍首尾不相救。是夜，賊將朱元、朱仁裕、孫璘各舉砦來降，降其衆萬餘人。」《冊府元龜》卷一二六《帝王部·納降》亦云：「四年，再征淮西。三月辛卯夜，僞監軍使朱元、賊將朱仁裕、孫璘等相次各舉其砦來降。其卒萬餘衆，帝慮其餘黨沿流東潰，遽令步將趙晁

率舟師數千，沿淮而下逐之。」又卷一六七《帝王部·招懷五》：
「壬子，以江南僞命西北面行營監軍使舒州團練使朱元爲蔡州防禦
使，文德殿使監軍使周廷構爲衛尉卿，壽州營田副使孫羽爲大僕
卿，節度判官鄭牧爲鴻臚卿，賞歸順也。」《通鑑》載朱元降事於
後周世宗顯德四年正月，其餘諸書不書月。《新五代史·南唐世家
·李景傳》：「覺與朱元素有隙，以元李守貞客，反覆難信，景遣大
將楊守忠代元，且召之。元憤怒，叛降于周，諸軍皆潰，許文縝、
邊鎬皆被執，景達以舟兵奔還金陵。」馬令《南唐書·嗣主書第
四》：「周師連破紫金山諸寨，監軍陳覺乞罷朱元，帝遣大將楊守忠
代之，且召之，元憤怒，叛降周，諸軍皆潰，許文縝、邊鎬被擒。
景達以州兵奔還金陵。」《宋史·南唐世家·李景傳》：「（顯德）
四年春，世宗大破景軍於紫金山，降其將朱元，克壽州。」

④《冊府元龜》卷一一八《帝王部·親征三》曰：「三月已丑，次石
硤山，瞰山川之形勢。是夜，大陳師旅，縁浮橋濟淮，抵壽州之北。
庚寅旦，帝躬擐甲冑，擁兵於紫金山南。乃命太祖領殿前諸軍擊賊
先鋒砦，一鼓而破之，斬吳寇千餘級，餘衆復保山砦。攻之，未下。
帝復命太祖領兵俟紫金山攻一砦，破之，又殺獲賊兵二千餘衆，遂
斷其來道。緣是賊兵首尾不能相救。至暮，帝分兵守其城砦，回，
次於下蔡行宮。辛卯夜，僞監軍使朱仁裕、孫璘等相次各舉其砦來
降，降其卒萬餘衆，帝慮其餘黨沿流東潰，遽命步將趙晁率舟師數
千沿淮而下。是日，帝復領兵次於趙步，詰旦，淮南岸賊之大砦，
已爲王師所陷，殺獲萬餘衆，擒賊將僞應援使、建州節度使許文
顯，應援都軍使、前湖南節度使邊鎬。其餘黨果沿流東下，帝遂自
趙步領精騎數百，循淮之北岸以逐之。又命趙晁等諸將縱舟師，順
流以擊之。時太祖於淮南岸追擊賊卒，或殺或降，殆將萬數。日既
晡，帝乘勝馳騎至荊山洪，洪距趙步蓋二百餘里，沿路又有雒口等

砦，砦皆迎刃而下之。殺溺之外，擒賊軍數千人，獲戰艦糧船共百餘隻，稻米七萬餘石，鎧甲三萬餘副，克捷之速，未之有也。是夜，帝入於鎮淮軍以駐蹕焉。甲午，詔發近縣丁夫數千，城鎮淮軍，軍有二城，夾淮相對，仍命徙下蔡浮橋，維於其閒。」《東都事略》一《太祖本紀一》：「世宗征濠、泗，以太祖爲前鋒，周師以敵人壁於十八里灘，不能過淮。世宗患之，太祖躍馬以濟，遂破其砦，乘勝攻泗州，焚郭門，奪月城。世宗親率精騎，與太祖夾淮東下，師及山陽東，太祖擒其保大軍節度使陳承昭以獻。遂拔楚州。又破淮人於鑾江口，太祖抵南岸，焚其營柵，破之於瓜步。淮南平。唐主畏太祖威名，用閒於世宗，遣使遺太祖書，以白金三千兩爲餽，太祖悉輸之內府·由是閒乃不行。」《南唐書補注》曰：「按：時厚卿於開運三年圍建州，與許文稹戰於汀州，《通鑑》載其兵敗被執，迨周師南征，奔降相繼，而厚卿不降周，慷慨被殺，與周弘祚、李延鄒諸群凜然風節，非文稹輩所可擬矣。」

⑤《宋史·張永德傳》曰：「(顯德)三年，世宗親征，至壽州城下，仁贍執澄等三人檻送行在，意求緩師，詔賜永德，俾其甘心。太祖與永德領前軍至紫金山，吳人列十八砦，戰備嚴整。敵壘西偏有高隴，下瞰其營中。永德選勁弓強弩伏隴旁，太祖麾兵直攻第一砦，戰陽不勝，淮人果空砦出鬥。永德登隴，發伏馳入據之，敵衆散走。翌日，又攻第二砦，鼓譟而進，始攻北門，淮人開南門而遁。時韓令坤在揚州，復爲吳人所逼，欲退師。世宗怒，遣永德率師援之，又敗泗州軍千餘于曲溪堰，俄屯下蔡。時吳人以周師在壽春攻圍日急，又恃水戰，乃大發樓船蔽江而下，泊于濠、泗，周師頗不利。吳將林仁肇帥衆餘，水陸齊進，又以船數艘載薪，乘風縱火，將焚周浮梁，周人憂之。俄而風反，吳人稍卻，永德進兵敗之。又夜使習水者沒其船下，縻以鐵鎖，引輕舠急擊。吳人既不得進，溺者甚

衆，奪其巨艦數十艘。永德解金帶，賞習水者。乃距浮梁十餘步，以鐵索千餘尺橫截長淮，又維巨木，自是備禦益堅矣。俄又敗千餘衆於淮北岸，獲戰船數十艘，吳人多溺死。詔褒美之。〔按：此事已載於顯德三年「一、月日可考之事」，不贅。〕冬，擢爲殿前都點檢。四年，從克壽州還，制授檢校太尉、領鎮寧軍節度。……會出師討金陵，永德以己資造戰船數十艘，運糧萬斛，自順陽沿漢水而下。富民高進者，豪橫莫能禁，永德乃發其姦，置于法。進潛詣闕，誣永德緣險固置十餘砦，圖爲不軌。太祖命樞密都承旨曹翰領騎兵察之，詰其砦所，進曰：「張侍中誅我宗黨殆盡，希中以法，報私憤爾。」翰以進授永德，永德遽解縛就市，笞而釋之，時稱其長者。」《宋史·劉福傳》曰：「福偉儻魁岸，有膂力。世宗征淮南，福徒步謁見於壽春。世宗奇之，因留麾下，每出戰，則令福率衛士爲先鋒，與破紫金山砦。淮南平，積至涼州觀察使。」《宋史·袁彥傳》曰：「彥，河中河東人，從征壽春，爲城北造竹龍都部署。竹龍者，以竹數十萬竿圍而相屬，上設版屋，載甲士數百人以攻城。從世宗攻濠、泗，又禽南唐將許文稹、邊鎬等以獻。師還，眞授步軍都指揮使，領彰信軍節度。」

　　《南唐書補注》曰：「按：諸書載禽淮將之人僅見此。」

⑥《金陵通紀》卷七：「春三月，齊王景達自壽州遁歸金陵。」

　　《南唐書補注》引《文獻通考》曰：「顯德四年，帝於京城汴水側開池，造數百艘，招誘南卒教習。數月，命大將軍王環將數千自閔河沿潁入淮，常騎循北岸，諸將循南岸，水軍自中流而下，唐兵戰溺及降者殆四萬人。獲戰船糧仗數十萬，遂克壽州。」《通鑑》後周世宗顯德四年，三月，「帝慮其餘衆沿流東潰，遽命虎捷左廂都指揮使趙晁將水軍數千沿淮而下。壬辰旦，帝軍于趙步，諸將擊唐紫金山寨，大破之，殺獲萬餘人，擒許文稹、邊鎬、楊守忠。餘衆

果沿淮東走，帝自趙步將騎數百循北岸追之，諸將以步騎循南岸追
之，水軍自中流而下，唐兵戰溺死及降者殆四萬人，獲船艦糧仗以
十萬數。晡時，帝馳至荊山洪，距趙步二百餘里。是夜，宿鎮淮軍，
癸酉，從官始至。劉仁贍聞援兵敗，扼吭歎息。甲午，發近縣丁夫
城鎮淮軍，為二城，夾淮水，徙下蔡浮梁於其間，扼濠、壽應援之
路。會淮水漲，唐濠州都監彭城郭廷謂以水軍泝淮，欲掩不備，焚
浮梁；右龍武統軍趙匡贊覘知之，伏兵邀擊，破之。」

⑦《南唐近事》：「劉仁贍鎮壽春，周師堅壘三載，麼而不降，一夕
愛子泛舟於敵境，艾夜為小校所擒，疑有叛志，請于贍，贍將行軍
法，監軍使懇救不迴，復使馳告其夫人。夫人曰：『某郎妾最小子，
攜提愛育，情若不及，奈何軍法至重，不可私也；名義至大，不可
虧也。苟屈公議，使劉氏之門有不忠之名，妾與令公何顏以見三
軍。』遂促令斬之。然後成其喪禮，戰士無不墮淚。」《通鑒》後
周世宗顯德四年三月丙午：「監軍使周廷構、營田副使孫羽等作仁
贍表，遣使奉之來降。」馬令《南唐書·嗣主書第四》保大十五年
「三月丁未，劉仁贍病且死，其副孫羽等以壽州降。仁贍病卒。」

⑧《冊府元龜》卷一一八《帝王部·親征三》：「甲辰，幸壽州城北，
耀兵而還。丙午，壽州劉仁贍奉表請降。戊辰，帝率六州師於壽州
城北，受劉仁贍降。詔諭天下曰：『朕昨者再舉銳師，重清淮甸，
憑玄穹之助順，賴將相之協心，盡致援軍，便臨孤壘。劉仁贍智勇
俱竭，請罪軍門，相次遣男，奉表輸誠，乞令生聚。今月一十日，
大陳兵眾，直抵城池，劉仁贍率在城兵馬一萬餘眾，及軍府將吏僧
道百姓等，出城納款，尋便撫安，壽春既盡於煙塵，江東佇同於文
軌，遠聞克捷，當慰衷誠。』」又卷一六七《帝王部·招懷五》：
「甲辰，偽壽州節度使劉仁贍上表乞降。丁未，再差人上表。是日
賜仁贍詔曰：『朕昨者再幸淮沘，盡平諸砦，念一城之生靈，久困

重圍，豁三面之疏網，少寬疲瘵。果聞感義，累貢來章。卿受任江
南，鎮茲淮甸，踰年固守，誠節不虧，近代封疆之臣，卿且無愧忠
烈。迴翔之際，不失事機，萬民獲保於安全，一境便期於舒泰。卿
便可宣達恩信，慰撫軍城，將覿儀形，良增欣沃。覽奏嘉獎，再三
在懷，差東上閤門使張保續入城宣諭。』是日，仁贍遣其子崇讓上
表請罪。又賜詔曰：『朕臨御萬邦，推誠克己，當五兵未戢，雷霆
宣震耀之功，暨萬旅投戈，覆戴示生成之德。況卿等受任本國，保
茲列藩，戮力邦家，將帥嘗道，救援不及，迴翔得宜，事主盡心，
何罪之有？已令宣諭當體優恩，勉自保調，無更疑慮，稱獎在念，
寤思不忘。』戊申，帝率六師於壽州城北，受仁贍以下降將。仁贍
已抱疾，帝令不拜，慰勞久之。仍賜蟒衣玉帶御馬鞍彎，金銀器皿
錦綺綾羅等甚厚。又賜其子崇讓等四人、及監軍使周廷構、節度判
官鄭牧、營田副使孫羽等分物。又賜其軍士錢絹米麥各有差。尋除
仁贍天平等節度使，特進，簡較大尉，兼中書令。」

《通鑑考異》世宗顯德四年三月引《周世宗實錄》云：「時仁贍臥疾
已亟，遂翻然納款，而城內諸軍萬計，皆屏息以聽其命。」又曰：
「仁贍輕財重士，法令嚴肅，故能以一城之眾連年拒守。逮其來
降，而其下無敢竊議者，斯亦一時之名將也。」《舊五代史·周書
·世宗紀》：「三月，庚戌，詔移壽州於下蔡，以故壽州為壽春縣。
是日，曲赦壽州管內見禁罪人，自今月二十一日已前，凡有過犯，
並從釋放。應歸順職員，並與加恩。壽州管界去城五十里內，放今
年秋夏租稅。自來百姓，有曾受江南文字聚集山林者，並不問罪。
如有曾相傷害者，今後不得更有相酬及經官論訴。自用兵已來，被
擄卻骨肉者，不計遠近，並許本家識認，官中給物收贖。曾經陣敵
處所暴露骸骨，並仰收拾埋瘞。自前政令有不便於民者，委本州條
例聞奏，當行釐革。辛亥，以偽命清淮軍節度使、檢校太尉、兼侍

中劉仁贍爲特進、檢校太尉，兼中書令。……癸丑，遣左諫議大夫尹日就於壽州開倉賑饑民。」《新五代史‧南唐世家‧李景傳》：「劉仁贍病且死，其副使孫羽等以壽州降于周。」又《死節‧劉仁贍傳》：「仁贍字守惠，彭城人也。父金事楊行密，爲濠、滁州二刺史，以驍勇知名。仁贍爲將，輕財重士，法令嚴肅，少略通兵書。事南唐，爲左監門衛將軍、黃袁二州刺史，所至稱治。李景使掌親軍，以爲武昌軍節度使。……世宗攻壽州，圍之數重，以方舟載砲，自淝河中流擊其城；又束巨竹數十萬竿，上施版屋，號爲『竹龍』，載甲士以攻之；又決其水砦入淝河。攻之百端，自正月至于四月不能下，而歲大暑，霖雨彌旬，周兵營寨水深數尺，淮淝暴漲，砲舟竹龍皆飄南岸，爲景兵所焚，周兵多死。世宗東趨濠梁，以李重進爲廬、壽都招討使。景亦遣其元帥齊王景達等列砦紫金山，下爲夾道，以屬城中。而重進與張永德兩軍相疑不協，仁贍屢請出戰，景達不許，由是憤惋成疾。明年正月，世宗復至淮上，盡破紫金山砦，壞其夾道，景兵大敗，諸將往往見擒，而景之守將廣陵馮延魯、光州張紹、舒州周祚、泰州方訥、泗州范再遇等，或走或降，皆不能守，雖景君臣亦皆震慴，奉表稱臣，願割土地、輸貢賦，以效誠款，而仁贍獨堅守，不可下。世宗使景所遣使者孫晟等至城下示之，仁贍子崇諫幸其父病，謀與諸將出降，仁贍立命斬之，監軍使周廷構哭于中門救之，不得，於是士卒皆感泣，願以死守。三月，仁贍病甚，已不知人，其副使孫羽詐爲仁贍書，以城降。世宗命舁仁贍至帳前，歎嗟久之，賜以玉帶、御馬，復使入城養疾，是日卒。制曰：『劉仁贍盡忠所事，抗節無虧，前代名臣，幾人可比！予之南伐，得爾爲多。』乃拜仁贍檢校太尉兼中書令、天平軍節度使。仁贍不能受命而卒，年五十八。世宗遣使弔祭，喪事官給，追封彭城郡王，以其子崇讚爲懷州刺史，賜莊宅各一區。李景聞仁贍卒，亦贈太

師。壽州故治壽春，世宗以其難剋，遂徙城下蔡，而復其軍曰忠正
軍，曰：『吾以旌仁贍之節也。』」仁贍卒，其子降周，得封賜。
《冊府元龜》卷一三一《帝王部·延賞一》云：「四年五月甲寅，
以江南偽命前壽州衙內都指揮使劉崇讚爲簡較太保，懷州刺史。崇
讚，故鄆州節度使仁贍子也，以其父舉壽陽來降，故有是命。」

⑨《舊五代史·周書·世宗紀》顯德四年三月辛亥書「劉仁贍卒。」
《唐餘紀傳》卷二「國紀第二」即合《舊五代史》並陸《書》言：
「辛亥，晝晦，雨沙。劉仁贍卒。」

⑩《冊府元龜》卷一一八《帝王部·親征三》云：「三月丙辰，帝議
還京。四月，至自壽州，東京留司文武百官迎見於高砦鎮，且以勝
捷稱賀。上顧盼者久之，兵部尙書張昭因伏奏於馬前曰：『陛下昨
離京之日，臣等親奉德音，以期兩月還京，今才五十餘日矣，料敵
班師，皆如睿算，臣等無不慶忭。』再拜呼萬歲。上大悅。」尹洙
《五代春秋》曰：「四月己巳，帝至自南征。」

⑪周世宗親征事，諸書俱載，《冊府元龜》卷一一八《帝王部·親征
三》：「十月戊辰，降御札曰：『向者以淮甸未平，王師致討，實
賴忠貞之力，繼成克捷之功，漸屬嚴凝，念彼征役，況今邊陲無事，
軍旅正雄，須議省巡，躬親撫問，將布混同之化，罔辭櫛沐之勞。
止期一兩月閒，車駕卻還京闕，凡在中外，當體朕懷。今取此月內，
暫幸淮上，應往來沿路供頓，務從省略。凡有費用，并以官物供備，
所在不得科配。』己巳，以樞密使王朴充東京，權留守三司使張美
充大內都點檢。壬申，帝離京。丁亥，至濠州城西，設御營以駐蹕
焉。戊子，帝親領兵破賊砦一所，殺淮賊數百人。砦在濠州東北十
八里灘上，其灘廣袤數里，淮水浸而圜之，乃濠之咽喉。先是，賊
據其地，泊舟楫以自固，恃其四面水深，謂我師必不能濟。帝之將
行也，令悉索行在橐駝以往，臣寮咸不喻其旨。及至，命甲士數百

人跨橐駝以濟。癸巳，帝親領兵於濠州城下，分命諸軍攻破賊城水砦，斬獲數百人。先是，賊以戰船數百泊於城北，植木於淮以梗我舟師之路。是日辰時，帝乘勝命水軍鼓戰棹以往，盡拔其木，因縱火焚其巨艦四隻，戰船七十餘隻，斬二千餘級，餘眾皆自溺死。至午時，又命大軍攻破羊馬城，殺賊軍五百餘人。自此城中膽破矣。」又尹洙《五代春秋》周世宗顯德四年「二月乙亥，帝南征，次下蔡，壽州未降。」《舊五代史‧周書‧世宗紀》顯德四年十一月「丙戌，車駕至濠州城下。戊子，親破十八里灘。砦在濠州東北淮水之中，四面阻水，上令甲士數百人跨駝以濟。今上以騎軍浮水而渡，遂破其砦，擄其戰艦而迴。癸巳，帝親率諸軍攻濠州，奪關城，破水砦，賊眾大敗，焚戰艦七十餘艘，斬首二千級，進軍攻羊馬城。丙申夜，僞濠州團練使郭廷謂上表陳情，且言家在江南，欲遣人稟命於李景，從之。辛丑，帝自濠州率大軍水陸齊進，循淮而下，命今上率精騎爲前鋒。癸卯，大破淮賊於渦口，斬首五千級，收降卒二千餘人，奪戰船三百艘，遂鼓行而東，以追奔寇，晝夜不息，沿淮城柵，所至皆下。乙巳，至泗州。今上乘勢麾軍，焚郭門，奪月城，帝親冒矢石以攻其壘。丙午，日南至，從臣拜賀於月城之上。」

《南唐書補注》引《江南通志》：「鳳陽乘龍洲，在臨淮縣東北，淮水中流。周世宗征濠，夜遣兵持炬乘橐駝絕淮濠，兵驚，以爲鬼乘龍也。」又曰：「《考異》按：乘橐駝涉水，《通鑑》謂內殿直康保裔事。」

⑫《冊府元龜》卷一一八《帝王部‧親征三》云：「丙申夜，僞濠州團練使郭廷渭差人齎陳情表來上，再言家在江南，慮既降之後，掇孥戮之禍，欲先令人稟命於李景，望許令健步南去。帝尋降璽書慰諭，亦俞其請。辛丑，帝聞澳河已東有船數百隻，聲言來救應濠州，乃親領甲兵及發戰棹，水陸東下，連夜而行。時太祖率精騎前導。

癸卯，大破淮賊於洞口，斬級五千，收降二千餘人，獲戰船三百餘
隻。因鼓行而東，所至皆下。太祖乘戰船以逐淮寇，至暮，爲賊船
所圍。太祖引弓射死數人，淮寇稍卻，因縱兵以擊之，斬其將卒百
餘人，餘皆棄船，自溺死者甚衆，因縱火焚其舟楫。乙巳，至泗州
城下，太祖率兵先攻其南，因焚其城門，遂乘勢麾軍破其水砦月
城。是夜，帝據月城樓，親冒矢石，率軍以攻其城。丙午多至，分
命諸將急攻泗州。是時太祖於城之西北隅，構洞屋，樹雲梯，已傅
其城矣，一夕，摧其城闉，我師有登其陴，取戰具而回者，城中大
懼。十二月乙卯，泗水守將范再遇以其城降，獲降卒三千餘人。是
日，帝御泗州城樓，受幸臣以下稱賀。」又卷一二六《帝王部·納
降》云：「十二月庚申，招討使李重進上言：僞濠州團練使郭廷謂
已下，以其城降。濠州平，降其卒萬餘衆，獲軍糧數萬石。」

馬令《南唐書》曰：「周師步騎數萬，水陸并進，軍士作檀來之歌，
聲聞數十里。」《五國故事》曰：「周師未南征，而淮南市井小兒
普唱曰：『檀來也。』衆頗怪之。及揚州建春門，有鼉而俗謂之檀，
出於水次，衆以爲應矣。未幾，王師入，先鋒騎兵皆唱番歌，其首
句曰：『檀來也。』方明其兆。」尹洙《五代春秋》曰：「十月壬
辰，帝南征，濠、泗、泰三州來降。」《通鑑》後周世宗顯德四年，
十一月，丙戌，世宗「至鎮淮軍，是夜五鼓，濟淮；丁亥，至濠州
城西，濠州東北十八里有灘，唐人柵於其上，環水自固，謂周兵必
不能淮。戊子，帝自攻之，命內殿直康保裔帥甲士數百，乘橐駝涉
水，太祖皇帝（按：指趙匡胤）帥騎兵繼之，遂拔之。李重進破濠
州南關城。癸巳，帝自攻濠州，王審琦拔其水寨。唐人屯戰船數百
於城北，又植巨木於淮水以限周兵。帝命水軍攻之，拔其木，焚戰
船七十餘艘，斬首二千餘級，又攻拔其羊馬城，城中震恐。丙申夜，
唐濠州團練使郭廷謂上表言：「臣家在江南，今若遽降，恐爲唐所

種族，請先遣使詣金陵稟命，然後出降。」帝許之。辛丑，帝聞唐
有戰船數百艘在渙水東，欲救濠州。自將兵夜發水陸擊之。癸卯、
大破唐兵於洞口，斬首五千餘級，降卒二千餘人，因鼓行而東，所
至皆下。乙巳，至泗州城下，太祖皇帝先攻其南，因焚城門，破水
寨及月城。帝居于月城樓，督將士攻城。」

⑬《舊五代史・周書・世宗紀》顯德四年十二月「乙卯，泗州守將范
　再遇以其城降，授再遇宿州團練使。」《冊府元龜》卷一二六《帝
　王部・納降》所載月日同，又云：「獲降卒三千餘人。」卷一六七
　《帝王部・招懷五》又云：「十二月，泗州守將范再遇以其城降，
　尋授再遇簡較太保、宿州團練使，賜推誠化功臣，仍厚賜加賚。」
　《通鑑》於同日云：「唐泗州守將范再遇舉城降，以再爲宿州團練
　使。上自至泗州城下，禁軍中芻蕘者毋得犯民田，民皆感悅，爭獻
　芻粟；既克泗州，無一卒敢擅入城者。帝聞唐戰船數百艘泊洞口，
　遣騎詗之，唐兵退保清口。」然《冊府元龜》卷一六七《帝王部・
　招懷五》謂「十一月癸亥，賜濠州降卒錢帛各有差。」則誤記月日。
　《南唐書補注》引《江南通志》：「泗州萬歲湖，在盱眙縣東二里，
　周世宗伐南唐，曾駐蹕焉。一曰西湖。」
　《舊五代史・周書・世宗紀》：「初，帝之渡淮也，比無水戰之備，
　每遇敵之戰棹，無如之何。敵人亦以此自恃，有輕我之意。帝即於
　京師大集工徒，修成艛艦，踰歲得數百艘，兼得江淮舟船，遂令所
　獲南軍教北人習水戰，出沒之勢，未幾，舟師大備。至是，水陸皆
　捷，故江南大震。」《宋史・陳承昭傳》：「承昭，江表人，始事
　李景爲保義軍節度使。周世宗征淮南，景以承昭爲濠、泗、楚、海
　水陸應援使。世宗既拔泗州，引兵東下，命太祖爲先鋒，遇承昭於
　淮上，擊敗之，追至山陽北。太祖親禽承昭以獻。世宗釋之，賜錦
　袍銀帶，授右領軍衛上將軍，分司西京。」

⑭《通鑑》後周世宗顯德四年十二月：「庚午、郭廷謂見於行宮，帝曰：『朕南征以來，江南諸將敗亡相繼，獨卿能斷渦口浮梁，破定遠寨，所以報國足矣。濠州小城，使李璟自守，能守之乎！』使將濠州兵攻天長。帝遣鐵騎左廂都指揮使武守琦將騎數百趨揚州，至高郵；唐人悉焚揚州官府民居，驅其人南渡江，後數日，周兵至，城中餘癃病十餘人而已。」胡三省注引《九域志》：「高郵，東南至揚州一百里。」又曰：「揚州南至江四十五里。」

《冊府元龜》卷一六七《帝王部・招懷五》於十一月丙寅云：「制以偽濠州團練使郭廷謂為亳州防禦使。」又於十一月庚午日云：「偽濠州團練使部廷謂已下詣行宮見，帝優以待之，咸厚加賜賚焉。」所記月日有誤，參前考釋十二可知。又卷一一八《帝王部・親征三》：「十二月戊午，帝聞有賊船數百隻泊於洞口，先令輕騎偵之，賊乃退保於清口。是日平明，領親騎發自泗州，由淮之北岸，太祖領兵由淮之南岸，夾淮齊進。又命諸將率戰棹沿流而下。己未，至清口。方舟以濟。庚申，追及淮賊。是夜，月色如練，步騎數萬夾淮，舟師沿流，且戰且行，金鼓之聲聞數十里。辛酉，至楚州西北。帝乃駐馬指畫，諸將一鼓而進破之，賊眾數千，猶陣於南岸，太祖領數十騎馳進擊之，即時大敗，因逐至楚州北門，斬獲甚眾。是時，有賊船數隻，順流東下，帝乃親率驍騎循淮以追之，又命太祖領精騎前進行六十餘里，太祖擒其首領偽保大軍節度使、濠、泗、楚、海都應援使陳承昭以歸，數其收獲戰船，除燒蕩外，得三百餘隻，降卒除殺溺外，得七千餘人。自是長淮之中，南人之戰棹盡矣。壬戌，偽濠州團練使郭廷渭，乙丑，偽雄武軍使崔萬迪皆以城歸順。丁丑，泰州平。是月，江南李景遣兵驅揚州士庶渡江，焚其州郭而去。」

《南唐書補注》曰：「《五國故事》：『景即位，改元保大，壬子

癸丑間，有狂人偏揚市詬罵，市人曰：『待顯德三年，總殺之。』
又曰：『不得韓白二人殺之，無嚼類。』時後周太祖廣順年也。人
皆莫測顯德之號。俄而周太祖南郊，改元顯德，世宗襲位，因仍其
號。三年丙辰，王師遂入淮南，時韓令坤白太師重過並爲戎帥。王
師既入，將屠其城，而二公戢兵，淮人得過江而南者尤衆，悉如狂
人言。」

⑮《通鑑》世宗顯德四年十二月：「帝聞泰州無備，遣兵襲之，丁丑，
拔泰州。」

⑯《金陵通紀》卷七：「十二月，都城大火，一日數發。」

〔史事補遺〕

一、月日可考之事：

①四年正月，（周世宗）詔曰：「應淮南界南百姓，宜令行營將較告
報諸軍，不得俘虜傷害。」（《冊府元龜》卷一六七《帝王部·招
懷五》）

②四年二月，帝再親淮南，令右驍衛大將軍王環率舟帥數千以從焉。
先是，帝用師於壽春城下，睹吳人銳於水戰。時我舟帥未備，無以
制之，帝憤激。及還京，遂於京城西汴河之涘造戰船數百艘，及成，
又命於降卒中選水工數百，與我師同習水戰。數月之後，縱橫出
沒，殆勝於吳師矣。至是，命環董之，俾自蔡河南入于潁，以泝淮
上焉。（《冊府元龜》卷一二四《帝王部·修武備》）
二月壬戌，詔諭淮南招討使李重進、都監向訓、廬州行府劉重進等
令於淮南管內戰陣之處，收其骼胔，悉埋瘗之。（《冊府元龜》卷
一一三四《帝王部·念功》）

③三月甲午，詔發近縣丁夫數千人鎮淮軍有三城夾淮相對，仍令徙下
蔡浮橋，維於其間。（《冊府元龜》卷一二四《帝王部·修武備》）

春三月，齊王景達自壽州遁歸金陵。（《金陵通紀》卷七）

世宗顯德四年三月，命左諫議大夫尹日就於壽州開倉賑其饑民，又命供奉官田處邑、梁希進等於壽州城內煮粥，以救饑民。（《冊府元龜》卷一○六《帝王部·惠民二》）

④十二月乙丑，漣水縣僞雄武軍使知縣事崔萬迪以其縣來降。（按：降於周。《冊府元龜》卷一二六《帝王部·納降》）

十二月，時伏龜山圯，得釋寶誌所埋石函，銘曰：「莫問江南事，江南自有憑。乘雞登寶位，跨犬出金陵。子建司南位，安仁乘夜燈。東鄰家道闞，隨處遇明徵。」（《金陵通紀》卷七。餘詳《後主本紀》乙亥歲，即開寶八年考釋十四。）

二、月日不可考之事：

①唐使者陳處堯在契丹，白契丹主請南遊太原，北漢主厚禮之；留數日，北還，竟卒於契丹。（《通鑑》後周世宗顯德四年）

交泰元年（九五八），①春正月，改元中興。

丙戌，周師陷海州。②

壬辰，周師陷靜海軍。③

丁未，陷楚州，防禦使張彥卿、兵馬都監鄭昭業死之④。周師屠其城，焚廬舍殆盡。⑤周師次雄州，刺史易文贇舉城降。⑥州，天長縣也。

三月，大赦，改元交泰，以皇太弟景遂爲天策上將軍、晉王，⑦立燕王弘冀爲皇太子，參治朝政。⑧

丁亥，周帝次揚州。⑨

辛卯，遂至迎鑾鎭。⑩

壬辰，耀兵江口。帝懼周師南渡，遣樞密使陳覺奉表，⑪

貢方物，請傳位太子弘冀，以國爲附庸。周帝始采唐報回紇可汗故事⑫，答帝璽書，稱皇帝致書敬問江南國主，⑬帝遣閤門承旨劉承遇上表，稱唐國主，盡獻江北郡縣之未陷者，鄂州、漢陽、汊川二縣在江北，亦獻焉。歲輸土貢數十萬，而乞海陵鹽監南屬，不許。後歲給贍軍鹽三十萬石。⑭

庚子，周帝賜書。⑮許帝奉正朔，罷兵，而不許傳位太子。⑯

甲辰，遣平章事馮延巳等使周犒軍，及買宴。⑰

夏五月，下令去帝號，稱國主。去交泰年號，稱顯德五年。⑱置進奏邸於汴都。⑲凡帝者儀制，皆從貶損，改名景，以避周信祖諱。⑳告於太廟，告廟之日，金陵大霧，通夕不解。左僕射平章事馮延巳罷爲太子太傅，門下侍郎平章事嚴續罷爲太子少傅。

己酉，周帝遣太府卿馮延魯，衛尉少卿鍾謨，賜國主御衣、金玉帶、錦帛、羊馬及犒軍帛十萬，凡士卒俘於周者，皆遣還，凡五千七百五十人。㉑

冬十月，甲午，周帝歸我臣馮延魯、許文稹、邊鎬、周延構，國主皆不復用。㉒

十一月，己亥，暴宋齊丘、陳覺、李徵古罪，放齊丘歸九華山，覺安置饒州，徵古削官爵。覺、徵古尋皆賜自盡。㉓齊丘明年正月，亦幽死。㉔

〔考釋〕

①《新五代史·南唐世家·李景傳》：「交泰元年正月，大赦改元。」
　　馬令《南唐書·嗣主書第四》保大「十有六年，春正月，大赦，改

元交泰。」《宋史·南唐世家·李景傳》：「（顯德）五年（九五
八）春，改元中興。，未幾，又改元交泰。」

② 《南唐書注》引《周世宗實錄》曰：「五年正月，帝在淮上，詔發
楚州管內丁壯於西北，開老鸛河。是時，帝將以齊雲船數百艘，自
淮入江，楚州城北，舊有北神堰，度其舟，大難於過堰，故開此河，
以通其路。先期令近臣往按地，計工回奏云：『地形不便。』又計
工甚多，帝勿聽，因枉駕以視之。親授規畫，大減丁夫之數，旬日
而成。」《舊五代史·周書·世宗紀》顯德五年，春正月「丙戌，
右龍武將軍王漢璋奏，攻海州。」

③ 《輿地廣記》卷二十「通州，自唐以前地理與泰州同。南唐李氏置
靜海制置院，周顯德中，世宗克淮南，升爲軍，後以爲通州。皇朝
天聖元年，改日崇州。明道二年復故，今縣二。」《方輿勝覽》四
十五「通州」下注云：「靜海海門。又於「建置沿革」云：「唐屬
揚州，南唐李氏於海陵東境置靜海都鎮制院，周世宗建靜海軍，爲
通州。」按：是年正月間，周唐二軍交戰之情形，《通鑑》後周世
宗顯德五年所述如下：「丁亥，右龍武將軍王漢璋奏克海州。己丑，
以侍衛馬軍都指揮使韓令坤權揚州軍府事。上欲引戰艦自淮入江，
阻北神堰，不得渡；欲鑿楚州西北鸛水以通其道，還言地形不便，
計功甚多。上自往視之，授以規畫，發楚州民夫浚之，旬日而成，
用功甚省，巨艦數百艘皆達于江，唐人大驚，以爲神。」《江南通
志》卷五十八亦云：「五代周顯德五年正月己丑，世宗欲引戰艦自
淮入江，阻北神堰，不得渡，欲鑿楚州西北鸛水以通其道，遣使行
視，還言地形不便，工其多。乃自往視之，授以規畫，發楚州民夫
浚之，旬日而成，用工甚省。巨艦數百艘皆達於江。三月，浚汴口
導河流，達於淮，於是江淮舟楫始通。此宋之漕所由始也。」世宗
陷楚州之事，《冊府元龜》卷一二五《帝王部·料敵》云：「周世

宗顯德五年，南伐攻楚州，率戰士持火炬以爇其城樓，克之。帝計其敗卒必將南遁，因親領衛士及驍騎數百於南城逐之，又殺數千人。楚州遂平。」宋曾鞏《隆平集》十七《馬仁瑀傳》：「世宗征淮南，登楚州水寨，飛樓距城百步，城卒詬罵，左右射，莫能及。及召仁瑀至，應弦而斃。」至《稽古錄》後周世宗顯德五年春云：「上屠楚州，遂幸迎鑾，欲濟江；唐主大懼，去帝號，稱國主，請盡割江北十四州，用周正朔；上乃班師。」《稽古錄》概略而言耳，去帝號在五月，不在春時也。

《南唐書補注》引《江南通志》曰：「淮安府金年洞，在府西北十里，周顯德四年，世宗親征嘗屯兵於此。」

④張彥卿、鄭昭業死事，諸書俱載。《舊五代史·周書·世宗紀》顯德五年，正月：「乙巳，帝親攻楚州，時今上(按：指趙匡胤)在楚州城北，晝夜不解甲胄，親冒矢石，麾兵以登城。丙午，拔之。」

《五代春秋》曰：「五年，正月癸未朔，帝次楚州城下，師圍其城。丙午，克之。」《通鑑》後周世宗顯德五年，正月，云：「周兵攻楚州，踰四旬，唐楚州防禦使張彥卿固守不下；乙巳，帝自督諸將攻之，宿於城下，丁未，克之。彥卿與都監鄭昭業猶帥眾拒戰，矢刃皆盡，彥卿舉繩床以鬥而死，所部千餘人，至死無一降者。」張彥卿之死事尤烈，《舊五代史·周書·世宗紀》《考異》曰：「趙鼎臣《竹隱畸士集》云：『當城中之危也，彥卿方與諸將立城上，因泣諫以周、唐強弱，勢不足以相支，又城危甚，而外無一人援，恐旦夕徒死無益，勸彥卿趣降。彥卿頷之，因顧諸將，指曰：視彼！諸將方回顧，彥卿則抽劍斷其子首，擲諸地，慷慨泣謂諸將曰：此彥卿子，勸彥卿降周，彥卿受李家厚恩，誼不降，此城吾死所也。諸軍欲降任降，第勿勸我，勸我者同此子矣。於是諸將愕然亦泣，莫敢言降。』考張彥卿死事甚烈，而《九國志》諸書所載甚略，今

　附錄……以備參考。」

⑤周師屠城之事，史書俱載。《舊五代史·周書·世宗紀》：「帝親攻
　楚州。……斬僞守將張彥卿等，六軍大掠，城內軍民死者萬餘人，
　盧舍焚之殆盡。」

⑥《舊五代史·周書·世宗紀》、《冊府元龜》卷一六七《帝王部·
　招懷五》作「易贇」，與陸《書》異。《冊府元龜》云：「僞天長
　軍使兼雄州刺史易贇及監軍使周暉已下詣行宮見，尋以贇爲天雄軍
　節度使，行軍司馬，以暉爲萊州團練副使，咸加賜賚焉。」又卷一
　一八《帝王部·親征三》云：「二月，天長軍使易贇以其城歸順。」
　《通鑑》後周世宗顯德五年正月：「唐以天長爲雄州，以建武軍使
　易文贇爲刺史。二月，甲寅，文贇舉城降。」
　《宋史·孝義·易延慶傳》：「易延慶字餘慶，筠州上高人。父贇，
　以勇力仕南唐至雄州刺史。延慶幼聰慧，涉獵經史，尤長聲律，以
　父廕爲奉禮郎。顯德四年，周師克淮南，贇歸朝，爲道州刺史；延
　慶亦授大名府兵曹參軍。乾德末，贇卒，葬臨淮。延慶居喪摧毀，
　盧於墓側，……服闋，延慶以母老稱疾不就官。母卒後，藁殯數年，
　……復盧墓側數年。母生平嗜栗，延慶樹二栗樹墓側，二樹連理。
　蘇易簡、朱台符爲贊美之。」

⑦馬令《南唐書·宗室·晉王景遂傳》：「顯德五年，累表讓儲副，
　乞守舊封，授江西道兵馬大元帥，封晉王。」

⑧《稽古錄》周世宗顯德五年，即唐交泰元年載：「唐太弟遂固請讓
　位，唐主乃立子冀爲太子。」

⑨《舊五代史·周書·世宗紀》：「三月壬午朔，幸泰州。丁亥，復
　幸廣陵。」《南唐書注》引《周世宗實錄》曰：「三月，命鹽城監
　使申屠諤齎璽書，押御馬一十匹，金銀鞍轡一十副，散馬四十匹，
　羊十口，賜江南國主。李景諤先爲王師所擒，帝釋而歸之，因令齎

是以往。又命釋先擒到僞舒州刺史施仁望，令歸江南。」《江南餘
載》卷下：「蘇洪規築揚州城，古冢中得石銘，其文曰：『日爲箭
兮月爲弓，射四時兮何曾窮！但得天將明月在，不覺入隨流水空。
南山石兮高穹窿，夫入墓兮在其中。猿啼鳥叫煙濛濛。千年萬年松
柏風。』」《南唐書補注》曰：「按：新壘，今揚州新城也。揚州
古城，西據蜀岡，北包雷陂。」

⑩《冊府元龜》卷一一八《帝王部·親征三》曰：「戊午，帝南巡。丁
卯，駐驛於廣陵。三月壬午朔，幸泰州，駐蹕於行宮。丙戌，瓜步
鎮差人押潤州將軍丘亮到行宮，且言江南李景欲差使朝貢。丁亥，
帝發自泰州，復幸廣陵。壬辰，幸迎鑾鎮江口，命武衛大將軍李繼
勳以下帥黑龍船三十隻於江中灘上，殺吳寇數百人，擄賊船二隻以
歸。癸巳，帝復幸江口，命太祖帥戰棹入江以逐賊船，軍士乘勝，
因直抵南岸，焚其營柵，至暮而回。丙申，江南國主李景遣其臣僞
兵部侍郎陳覺奉表來上，仍進方物。是日，帝詔覺對於帳殿，凡數
刻，覺奏云：『臣願自過江，取本國表章進，納廬、舒、黃、蘄四
州之地，乞畫江爲界，以事陛下。』哀告之詞，悽然可憫。帝曰：
『能如是，朕復何求。若吳主復能舉國內附，則亦當待以優禮，固
不阻他稱朕。』已亥，李景遣其臣劉承遇奉表，以廬、舒、蘄、黃
四州來上，且畫江爲界，江北平。」

《舊五代史·周書·世宗紀》：「三月……辛卯，幸迎鑾江口。遣
右武衛大將軍李繼勳率舟師至江島以觀寇。癸巳，帝臨江望見賊船
數十艘，命今上帥戰棹以追之，賊軍退去，今上直抵南岸，焚其營
柵而迴。甲午，以右武衛大將軍李繼勳爲左領軍上將軍。乙未，殿
前都虞候慕容延釗奏，大破賊軍於東洇州。」《新五代史·南唐世
家·李景傳》曰：「初，周師南征，無水戰之具，已而屢敗景兵，
獲水戰卒，乃造戰艦數百艘，使降卒教之水戰，命王環將以下淮。

景之水軍多敗，長淮之舟，皆爲周師所得。又造齊雲船數百艘，世宗至楚州北神堰，齊雲舟大，不能過，乃開老鸛河以通之，遂至大江。」《宋史·謝德權傳》曰：「謝德權，字士衡，福州人。父文節，初仕王氏，爲候官令，後入南唐，爲忠烈都虞候、饒州團練使，以驍勇聞。周世宗南征，文節獨擐甲渡大江，潛覘敵壘，吳人號爲『鐵龍』。後守鄂州，拒宋師，戰沒。」

⑪《舊五代史·周書·世宗紀》三月：「丙申，江南李景遣其臣兵部侍郎陳覺奉表陳情，兼貢羅縠紬絹三千匹，乳茶三千斤，及香藥犀象等。覺至行在，睹樓船戰棹已泊於江岸，以爲自天而降，愕然大駭。」《南唐書注》曰：「按：《世宗實錄》載表云：『今遣左諫議大夫兵部侍郎陳覺，蓋當時所假官。』」

當時周師脅迫極緊，世宗又使吳越夾擊，元宗大窘，《舊五代史·周書·世宗紀》三月：「戊戌，兩浙錢俶奏，差發戰棹四百艘，水軍萬七千人，已泊江岸，請師期。己亥，今上率水軍破賊船百餘隻於瓜步。是日，李景遣其臣劉承遇奉表以廬、舒、蘄、黃等四州來獻，且請以江爲界。」

⑫《舊五代史·周書·世宗紀》：「帝報曰：『皇帝恭問江南國主。使人至，省奏請分割舒、廬、蘄、黃等州，畫江爲界者。頃逢多事，莫通玉帛之歡，適自近年，遂搆干戈之役，兩地之交兵未息，蒸民之受弊斯多。一昨再辱使人，重尋前意，將敦久要，須盡縷陳。今者承遇爰來，封函復至，請割州郡，仍定封疆，猥形信誓之辭，備認始終之意，既能如是，又復何求。邊陲頓靜於煙塵，師旅便還於京闕，永言欣慰，深切誠懷。其常、潤一路及沿江兵棹，今已指揮抽退；兼兩浙、荊南、湖南水陸兵士，各令罷兵；其廬、黃、蘄三路將士，亦遣抽拔近內，候彼中起揭逐處將員及軍都家口丁畢，祇請差人勾喚在彼將校，交割州城』云。」

《老學庵筆記》卷六云：「周世宗時，李景奉正朔，上表自稱唐國主，而周稱之曰江南國主。國書之制曰：『皇帝致書恭問江南國主。』又以『君』字易『卿』字。」《南唐書注》云：「是年春三月，周遣李德明等還，已附書江南，此云始答帝書，恐誤。」按：陸《書》此處云云，恐未必誤，《宋史·南唐世家·李景傳》：「（周世宗）將議濟江，景大懼，請盡割江北之地，畫江為界，稱臣於中朝，歲貢土物數十萬，世宗許之。始稟周之正朔，上表稱唐國主。世宗答書用唐報回鶻可汗之制，云『皇帝恭問江南國主』，臨汴水置懷信驛以待其使。」《宋史》殆亦有所本。

《南唐書補注》曰：「可汗，音克寒，酋長之稱，妻曰可敦，可亦音克。回鶻其先匈奴也。姓藥羅葛氏，居薛延陀北婆陵水上，距京師七千里，眾十萬。建中元年，請易回紇回鶻，言捷鷙猶鶻也。詳《唐書·回鶻傳》。」

⑬《青箱雜記》卷七：「李璟時，朝中大臣多蔬食，月為十齋，至明日，大官具晚膳，始復常珍，謂之半堂食。其後周師至淮上，取濠、泗、揚、楚、泰五州，而璟又割獻滁、和、廬、舒、蘄、黃六州，果去唐國土疆之半，則半堂食之應也。」《南唐書補注》曰：「《清異錄》：『保大中，村民於爛木上得菌，幾一擔，狀如蓮花葉而色赤黃，因呼題頭菌。』按菌彫殞極速，亦非佳兆。」

⑭馬令《南唐書·嗣主書第四》顯德五年：「官廩，授鹽二斤，謂之鹽米。至是，淮甸鹽場皆入於周，遂不支。鹽而輸米如初，以為定式。」《吳越備史》四：「是月金陵李景復稱江南國主，遣偽臨汝郡公徐遼、宰相馮延巳奉表稱臣於行在，王師乃罷。」《舊五代史·周書世宗紀》顯德五年三月己亥：「是日，李景遣其臣劉承遇奉表以廬、舒、蘄、黃等四州來獻，且請以江為界。帝報曰：『皇帝恭問江南國主。使人至，省奏請分割舒、廬、蘄、黃等州，畫江為

界者。頃逢多事，莫通玉帛之歡，適自近年，遂搆干戈之役，兩地之交兵未息，蒸民之受弊斯多。一昨再辱使人，重尋前意，將敦久要，須盡縷陳。今者承遇爰來，封函復至，請割州郡，仍定封疆，猥形信誓之辭，備認始終之意，既能如是，又復何求。邊陲頓靜於煙塵，師旅便還於京闕，永言欣慰，深切誠懷。其常、潤一路及沿江兵棹，今已指揮抽退；兼兩浙、荊南、湖南水陸兵士，各令罷兵；其盧、黃、蘄三路將士，亦遣抽拔近內，候彼中起揭逐處將員及軍都家口丁畢，祇請差人勾喚在彼將校，交割州城』云。」

⑮《冊府元龜》卷一六七《帝王部·招懷五》云：「三月己亥，賜江南書云：『皇帝恭問江南國主，劉承遇至，齎到草表，分割盧、舒、蘄、黃等州，畫江爲界，兼重疊見謝者，頃逢多事，莫通玉帛之歡，適自近年，遂搆干戈之役。兩地之交兵未息，蒸民之受弊斯多，一昨再辱使人，重尋前意，將敦久要，須盡縷陳。今者承遇爰來，封函復至，請割州郡，仍定封疆，猥形信誓之詞，備認始終之意。既能如是，又復何求？邊陲頓靜於煙塵，師旅便還於京闕，永言欣慰，深切誠懷。其常、潤一路，及沿江兵棹，今已指揮抽退，兼兩浙荊南水路將士，各降詔示，並令罷兵。其盧、黃、蘄三路將士，亦遣抽拔近外。若彼中起揭逐處將員兵士及都家口了畢，只請差人勾喚在彼將較，交割州城，所有江內舟船，或慮上下，須有往來，已指揮，只令就北岸牽駕，盡合披陳，幸惟體認。」

⑯《宋史·南唐世家·李景傳》：「景又上言世宗，請傳位於世子冀，世宗賜書勉諭之乃止。」

⑰《冊府元龜》卷一一一《帝王部·宴享三》：「五年……四月壬子朔，駐蹕揚州，江南遣使進買宴錢二百萬，仍遣伶官五十人俱來。癸丑，召從官及江南進奉使馮延巳以下宴於行宮。江南僞臨汝郡公徐遼代李景捧壽觴以獻。仍進金酒器、御衣等。甲寅，駐蹕揚州，

宴從官及江南吳越進奉使於行宮。」又卷一六七《帝王部·招懷五》
云：「四月，江南進奉使馮延巳已下辭歸，賜延巳金器百兩、銀器
五千兩、絹五十疋、錢五百萬緡、馬四十蹄、羊二百口，及僞副給
事中田霖已下所賜各有差。」又卷二三二《僭僞部·稱藩》：「五
年三月丙午，景遣其僞宰相馮延巳、僞給事中田霖奉表進銀一十萬
兩、絹一十萬匹、錢一十萬貫、茶五十萬斤、米三十萬石。表云：
『臣聞盟津初會，仗黃鉞以臨戎；銅馬既歸，推赤心而服衆。一則
顯周君之雄武，一則表漢后之仁慈，用能定大業於一戎，紹洪基於
四百。兼資具美，允屬聖君。伏惟皇帝陛下，量包終古，德合上玄，
子育黎民，風行號令，以其執迷未服，則薄賜徂征，以其向化知歸，
則俯垂信納。仰荷含容之施，彌堅傾附之念。然以淮海遐陬，東南
下國，親勞翠蓋，久駐王師，以是憂慚，不遑啓處。今既六師返斾，
萬乘還京，合申解甲之儀，粗表充庭之實。但以自經保境，今已累
年，供給既繁，困虛頗甚。曾無厚幣，可達深誠，然又思內附已來，
聖慈益厚，雖在炤臨之下，有如骨肉之恩，縱悉力以貢輸，終厚顏
於微鮮。今有少物色以備宣給軍士。謹遣左僕射平章事馮延巳、給
事中臣田霖部署上進。』延巳因稱李景命，進納漢陽、汶川二縣，
是二縣在大江之北，隸鄂州。景以既畫江爲界，故歸于我。辛亥，
景遣其臣僞臨汝郡公徐遼、僞客省使尙全恭奉表來上買宴錢二百萬，
表云：『臣聞聖人制禮，重尊獎之心；王者會朝，崇燕享之事。是
以此日輒薦微誠，竊以臣幸能迷復，方認懷來，決心既向於皇風，
注目每瞻於清蹕。伏自陪臣入奉，帝詁薦臨，頓安下國之生靈，俱
荷大君之化育，雖復尋令宰輔，專拜冕旒，少傾貢奉之儀，仰答含
容之德，然臣靜思內附，欣奉至尊，既推示其赤心，又迴隆於乃睠。
豈將常禮，可表深衷，是以別命使臣，更申誠懇，俾展犒師之禮，
仍陳買宴之儀。躬詣行朝，聊資高會，庶盡傾於臣節，如得面於天

顏。伏惟皇帝陛下，承天子民，溥恩廣施，四海識眞人之應，萬方知王澤之深，固以包括古今，經綸典刑，盛矣美矣，無得而稱。凡仰炤臨，孰不懽悅！今遣客省使臣尙全恭專詣行闕，進獻犒軍，買宴物色。』又表云：『臣幸將下國，仰奉聖朝，特沐睿慈，俯垂開納，已陳覲禮，請展御筵，因思盡竭於深衷，是敢別陳於至懇。伏以柏梁高會，宸極居尊，朝臣咸侍於冕旒，天樂盛張於金石，莫不競輸廷實，齊獻壽杯。而臣僻處遐陬，迥承乃眷，雖心存於魏闕，奈日遠於長安，無由親咫尺之顏，何以罄勤拳之意！遂令戚屬躬拜殿廷，庶代外臣獲參執事，納忠則厚致禮甚微，誠慚野老之芹，願獻華封之祝，謹差臨汝郡公徐遼部署宴上，進獻物色詣闕。』時景又選伶官五十人，各齎樂器與遼偕至，且言來獻壽觴。四月癸丑，帝以江南遣使買宴，是日乃宣詔從官及江南進奉使馮延巳以下宴於行宮，奏江南樂。江南命僞臨汝郡公徐遼代李景捧壽觴以獻，仍進上金酒器一副、御衣一襲、戲魚犀帶一條、金器五百兩、銀器五千兩、銀龍一座、銀鳳二隻、錦綺千匹、細馬二匹、金銀鞍轡各一副、玉鞭玳瑁鞭各一。」

《南唐書補注》曰：「買宴始見《唐明宗紀》，如幸會節園群臣買宴是也。五代時，不特方鎭入朝買宴，即在朝之臣亦買宴，惟周太祖廣順二年，靜難節度使侯章獻買宴絹千匹、銀五百兩，帝不受，曰：『諸侯入覲天子，宜有宴犒，豈待買乎！』實爲五季罕見，若元宗之貢，不過買宴爲名耳。」

⑱《吳越備史》四：「五月辛巳朔，日有蝕之，唐主去帝號，奉周正朔。」

《通鑑》後周世宗顯德五年五月「唐主避周諱，更名景下令去帝號，稱國主，凡天子儀制皆有降損，去年號，用周正朔。」《考異》曰：「《世宗實錄》、薛《史》，顯德二年乙卯十一月伐淮南；唐之保

大十三年也。三年正月、四年二月、十月三幸淮南。五年戊午三月，
江北平，唐之交泰元年也。而《江南錄》誤以保大十五年事合十四
年。十五年丁巳改交泰，五月去帝號，明年乃顯德五年，又明年即
建隆元年，中間實少顯德六年。《江南錄》最爲差誤，其記李昇復
姓，亦先一年。他事倣此，不可考按。故世宗取淮南年月，專以《實
錄》及薛《史》爲據。」

《歷代小史》曰：「南唐自周顯德五年用中原正朔，國中士大夫以
爲恥，故江南諸寺觀中，碑多不題年號，但書甲子而已。」

又《嬾眞子》曰：「盧州東林寺，有畫須菩提像，如人許大，梵相，
奇古，筆法簡易，眞奇畫也。題曰戊辰歲，樵人王翰作。此乃本朝
開寶四年畫也。南唐自顯德五年用中原正朔，然南唐士大夫以爲
恥，故江南寺觀中，碑多不題年號，後但書甲子而已。戊辰七年，
歲次乙亥，遂收江南。」

⑲《冊府元龜》卷二三二《僭偽部·稱藩》：「八月甲申，遣其臣陸
昭符，始置邸於京師。」

⑳《南唐書音釋》：「信祖，郭威即位，稱周，追尊高祖璟，廟號信
祖。」

㉑《舊五代史·周書·世宗紀》顯德五年五月「己酉，以太府卿馮延
魯充江南國信使，以衛尉少卿鍾謨爲副。賜李景御衣，玉帶，錦綺
羅穀帛共十萬匹，金器千兩，銀器萬兩，御馬五匹，金玉鞍轡全，
散馬百匹，羊三百匹。賜江南世子李弘冀器幣鞍馬等。」

《冊府元龜》卷一六七《帝王部·招懷五》：「五月，降璽書，賜
李景云：『皇帝恭問江南國主。竊以道契昌隆，撫有疆宇，控朱方
而定霸，總澤國以稱雄。五領三江，風聲自遠，重光奕世，基構無
窮。不有奇傑之才，孰副民庶之望！朕猥以涼德，奄宅中區，接風
壤以非遙，幸馬牛之相及，引領南望，久渴徽猷，果契素誠，獲親

高義。一昨繼勞使介，頻奉好音，方在行朝，未遑報命。近還宮闕，合遣軺車，俾伸玉帛之懽，少答歲寒之意。今遣太府卿馮延魯、衛尉卿鍾謨，管押持送，仍賜景御衣四對、金玉帶各一、錦綺羅縠綾帛共十萬疋、金器千兩、銀器萬兩、御馬五匹，并金玉鞍馬散馬四百蹄、羊五百口。又賜其世子弘冀國信物稱是。又賜絹十萬匹，俾犒其師焉。』六月辛未，降璽書賜李景曰：『朕居大寶之尊，爲萬邦之主，體穹昊從人之意，法禹湯罪己之心，豁開襟懷，昭示寰海，方務協和之德，豈忘曠蕩之恩。戴想融明，諒應鑒認，相次收到江南諸軍員寮兵士四千六百八十七人，今並放歸。』自是命使臣七人分番押送，赴迎鑾渡過江，仍以資糧賜之。南軍無不感悅。七月庚寅，放江南天輝拔山長劍兵士七百餘人歸江南。」

按：《五代史補》五云：「世宗既下江北，駐蹕於建安，以書召僞主，主皇恐，命鍾謨、李德明爲使以見世宗。德明素有詞辯，以利害說世宗，使罷兵。世宗具知之，乃盛陳兵師，排旗幟戈戟爲門，頃道以湊御，然後引德明等入見。世宗謂之曰：『汝江南自以爲唐之後，衣冠禮樂世無比，何故與寡人隔一帶水，更不發一使奉書相問，惟泛海以通契丹，舍華事夷，禮樂安在？今又聞汝以詞說寡人罷兵，是將寡人比六國時一群癡漢，何不知人之甚也？汝愼勿言，當速歸報汝主，逕來跪寡人兩拜，則無事矣。不然，則寡人須看金陵城，借府庫以犒軍。汝等得無悔乎！』於是德明等戰懼，不能措一辭。即日告歸。及見僞主，具陳世宗英烈之狀，恐非四方所能敵。僞主計無所出，遂上表服罪，且乞保江南之地以奉宗廟，修職貢，其詞甚哀。世宗許之，因曰：『叛則征，服則懷，寡人之心也。』於是遣使者賫書安之，然後凱還。論者以世宗加兵於江南，不獨臨之以威，抑亦諭之以禮，可謂得大君之體矣。」

㉒《南唐書注》引《周世宗實錄》曰：「十月甲午，放刑部侍郎馮延

魯、左監門衛上將軍許文稹、右千牛衛上將軍邊鎬、衛尉卿周延構等，并歸江南。又敕淮南諸州舊隸江南者，署元義軍，宜并放歸農。」

㉓《舊五代史·周書·世宗紀》：「十二月，……江南李景殺其臣偽太傅中書令宋齊丘、偽兵部侍郎陳覺、偽鎮南軍節度副使李徵古等。初，帝之南征也，吳人大懼，覺與徵古皆齊丘門人，因進說於景，請委國事於齊丘，景緣是銜之。及吳人遣鍾謨、李德明奉表至行在，帝尋遣德明復命於金陵，德明因說李景請割江北之地求和於我，而陳覺、李徵古等以德明為賣國，請戮之，景遂殺德明。及江南內附，帝放鍾謨南歸，謨本德明之黨也，因譖齊丘等，故齊丘等得罪。放齊丘歸九華山，覺等貶官，尋並害之。景既誅齊丘等，令鍾謨到闕，具言其事，故書。」《通鑑》後周世宗顯德五年十二月：「鍾謨素與李德明善，以德明之死怨齊丘，及奉使歸唐，言於唐主曰：『齊丘乘國之危，遂謀篡竊，陳覺、李徵古為之羽翼，理不可容。』陳覺之自周還，矯以帝命謂唐主曰：『聞江南連歲拒命，皆宰相嚴續之謀，當為我斬之。』唐主知覺素與有隙，固未之信。鍾謨請覆之於周，唐主乃因謨復命，上言：『久拒王命，皆臣愚迷，非續之罪。』帝聞之，大驚曰：『審如此，則續乃忠臣，〔胡三省注：「言嚴續果能為其主設謀以拒周，乃忠臣也」〕。朕為天下主，豈教人殺忠臣乎！』謨還，以白唐主。唐主欲誅齊丘等，復遣謨入稟於帝。帝以異國之臣，無所可否。己亥，唐主命知樞密院殷崇義草詔暴齊丘、覺、徵古罪惡，聽齊王歸九華山舊隱，官爵悉如故；覺責授國子博士，宣州安置；徵古削奪官爵，賜自盡，黨與皆不問。遣使告于周。」

㉔馬令《南唐書·嗣主書第四》交泰元年載：「冬十月，禮部侍郎常夢錫卒。十有二月，流陳覺于饒州，流李徵古于洪州，皆殺之。放

宋齊邱于青陽，太弟景遷固請歸藩，於是以景遷爲洪州大都督，封晉王。齊王景達爲撫州大都督，信王景逷爲百勝軍節度使。」《宋史·南唐世家·李景傳》：「景既失淮南之地，頗躁憤，惡其大臣宋齊丘、陳覺、李徵古，皆殺之。」

〔**史事補遺**〕

一、月日可考之事：

①三月，淮南平，凡得州十四、縣六十，戶二十二萬六千五百七十四。……庚戌，詔：「故淮南節度使楊行密、故昇府節度使徐溫，各給守冢家戶。應江南臣僚有先代墳墓在江北者，委所在長吏差人檢校。」（《舊五代史·周書·世宗紀》）

②夏四月癸丑，宴江南進奉使馮延巳等於行宮，徐遼代李景捧壽觴以獻，進金酒器、御衣、犀帶、金銀、錦綺、鞍馬等。（《舊五代史·周書·世宗紀》）

③五年五月甲寅，韓令坤自揚州差人執江南僞閤門承旨李延祚來獻。延祚稱奉李景命起遣江北人戶過江，帝命釋之，乃以錦袍賜焉。（《冊府元龜》卷一六七《帝王部·招懷五》）

五月己亥，侍御使李重進自淮南差人言李景令人齎牛酒來犒師。（《冊府元龜》卷二三二《僭僞部·稱藩》）

五月戊子，景遣僞供奉官傅滌奉表起居，仍進細茶五百斤、清酒百缾。（《冊府元龜》卷二三二《僭僞部·稱藩》）

是月，又賜海州捷到軍較卒伍錢帛有差。（《冊府元龜》卷一六七《帝王部·招懷五》）

五月，以行營應援使林仁肇爲浙西節度使；前廬州孫漢威爲奉化軍節度使；贈劉仁贍太師，追封衛王；孫晟太傅，追封魯國公；劉彥貞中書令，張彥能侍中，其餘將士死國難者，追贈有差。（馬令《南

唐書·嗣主書第四》。按：林仁肇爲浙西節度使，《徐公文集》六有《林仁肇浙西節度使制》一文可證，馬《書》所載爲詳，陸《書》略之，可據補。）

五月，別賜李景書曰：「皇帝恭問江南國主：煮海之利，在彼海濱，屬疆壤之初分，慮供食之有闕。江左諸郡，素號繁饒，然於川澤之間，舊無斥鹵之地，曾承素旨，常所在懷，願均收積之餘，以助軍旅之用。已下三司，逐年支撥，供軍食鹽三十萬石。」又賜李景今年歷日一軸。（《舊五代史·周書·世宗紀》）

割江北地與周和。（《金陵通紀》卷七）

⑥六月辛未，放先俘獲江南兵士四千七百人歸本國。（《舊五代史·周書·世宗紀》）

六月辛丑，放降卒四千六百於唐。（《新五代史·周世宗本紀》）

⑦五年閏七月，景所署泉州節度使留從效遣部將蔡仲贇繇間道奉絹表起居。從效本閩中王氏之偏將也。王氏失國，從效據漳、泉二州附庸於金陵。金陵僞署爲清源軍節度使、兼中書令，封晉江王。已十餘年。至是聞帝平定江淮，欲歸附於我，故先遣使奉表來上。帝優詔以答之。（《冊府元龜》卷二三二《僭僞部·稱藩》）

⑧八月辛丑，江南李景上表乞降，詔書不允。（《舊五代史·周書·世宗紀》）

八月辛丑，太府卿馮延巳、魯衛尉少卿鍾謨自江南使迴，奉李手表來上，手表者，蓋景親書以表其虔懇也。（《冊府元龜》卷二三二《僭僞部·稱藩》）

⑨九月甲子，「賜江南羊萬口、馬三百匹、橐駝三十頭。（《舊五代史·周書·世宗紀》）

九月，遣其臣吏部尚書商崇義進賀天清節，御衣金帶及金器千兩、銀器五千兩、錦綺綾羅共千疋。（《冊府元龜》卷二三二《僭僞部

·稱藩》）

辛未，又遣其臣禮部尙書朱鞏來進銀一萬兩、綾絹共二萬疋，稱謝恩賜國信。（《冊府元龜》卷二三二《僭僞部·稱藩》）

壬子，天淸節，廣壽殿上壽，崇義捧景表於殿前進旃檀佛象一軀、細衣段千疋、乳香三百斤，崇義又代李景捧壽觴以獻。（《冊府元龜》卷二三二《僭僞部·稱藩》）

甲戌，景之世子冀進謝恩，賜國信銀器五千兩、錦綺綾絹五千疋。（《冊府元龜》卷二三二《僭僞部·稱藩》）

⑩十月乙未，詔淮南諸州鄉軍並放歸農。」（《舊五代史·周書·世宗紀》）

十月乙巳，遣其臣僞屯田郎中龔愼儀進賀多銀器二千兩、錦綺綾絹共五百疋。（《冊府元龜》卷二三二《僭僞部·稱藩》）

⑪十二月庚辰，江南生辰，國信使曹翰辭，上令齎璽書以賜李景云：「皇帝致書恭問江南國主。星聚湖關，挺生英哲，命世既崇於基構，承家撫有於江山。顧寡昧之廗圖，與君王之協契，屬茲誕日，遂舉舊章，仍輟近臣，往修國命，導所懷於樂土，期福履之無疆。今差樞密承旨曹翰押生辰國信往彼，到希見領。」仍賜景金銀器千兩、錦綺繒帛二千疋、御衣三襲、玉帶二條、名馬二十匹、金玉鞍勒各一副。（《冊府元龜》卷一六七《帝王部·招懷五》）

十二月癸卯，遣其臣僞工部郎中揚元鼎進賀正銀三千兩、錦綺綾絹一千疋。（《冊府元龜》卷二三二《僭僞部·稱藩》）

辛巳，江南進奉使朱鞏、商崇義等辭，各賜器幣鞍馬甚厚。（《冊府元龜》卷二三二《僭僞部·稱藩》）

十二月，周兵部侍郎陶穀來聘。（《十國春秋·南唐元宗本紀》，原注云。「按：《南唐拾遺記》：陶穀使江南，甚欲假書。韓熙載令館伴驛中贍六朝書，半年乃舉。穀見伎秦蒻蘭，以爲驛吏女也，

遂敗慎獨之戒，作長短句贈之。明日，中主燕穀，穀毅然不可犯。
中主持觥立，使蕘蘭出歌『續斷弦』之曲侑觴，穀大慚而罷。詞名
《風光好》，云：『好姻緣，惡姻緣，袛得郵亭一夜眠，別神仙。
琵琶撥盡相思調，知音少。再把鸞膠續斷弦，是何年？』又按沈遼
《任社娘傳》以此事為穀使吳越事，而女伎則社娘，非蕘蘭也。且
云：穀贈歌之明日，吳越王召使者曲宴于山亭，命倡進，社之班在
下，其服之裏博，陶頗不能別也。王既知之，從容謂陶曰：『昔稱
吳越之女善歌舞，今殊無之。』陶曰：『在北時，聞有任氏者，今
安在？』王乃使社出拜，陶熟視而笑，知其王所蠱也。社遂歌其詞，
飲酒甚樂，社前謝王，王大悅，賜之千金。諸書所載不同如此。」
按：明郎瑛《七修續稿》卷五：「宋陶穀使於南唐，因書十二字於
官舍壁間：『西川狗，百姓眼，馬包兒，御廚飯。』宋齊邱解之，
十二字包四字云，獨眠孤館也。」又宋胡仔《苕溪漁隱叢話後集》
卷四十引黃朝英《緗素雜記》：「周世宗時，陶尚書穀奉使江南，
韓熙載遣家妓以奉盥匜。及旦，有書謝，略云：『巫山之麗質初臨，
霞侵鳥道；洛水之妖姿自至，月滿鴻溝。』舉朝不能領會其辭，熙
載因召家妓詢之，云：「是夕忽當浣濯焉。」）


二、月日不可考之事：

①顯德五年，既取江北諸州，唐主奉表入貢，因白帝以江南無鹵田，
　願得海陵鹽監南屬以贍軍，帝曰：「海陵在江北，難以交居，當別
　有處分。」乃詔歲十水鹽三十萬斛以給。江南士卒稍稍歸之。(《文
　獻通考》卷十五《徑榷二》)
②是歲，周徙雄州，仍以為六合縣。(《金陵通紀》卷七)


顯德六年(九五九)，秋七月，鑄大錢，文曰永通泉貨。①

一當十，與舊錢并行。又鑄唐國通寶錢，二當開通錢之
一。②

九月，丙午，太子弘冀卒。③

冬十一月，建洪州為南都南昌府。④

〔考釋〕

① 《通鑑》後周世宗顯德六年七月載：「唐自淮上用兵及割江北，臣
事於周，歲時貢獻，府藏空竭，錢益少，物價勝貴。禮部侍郎鍾謨
請鑄大錢，一當五十，中書舍人韓熙載請鑄鐵錢；唐主始皆不從，
謨陳請不已，乃從之。是月，始鑄當十大錢，文曰『永通泉貨』，
又鑄當二錢，文曰『唐國通寶』，與開元錢並行。」胡三省注：「開
元錢，唐武德初所鑄。」《十國春秋·南唐後主本紀》注引洪遵《泉
志》云：「此錢有三品，字八分書者，徑寸五分，重八銖七參，背
面肉好，皆有周郭篆文者，徑寸三分，重五銖七參，輪郭重厚，銅
色昏暗。又有面為篆文，背為龍鳳形者，又八分書，文曰『永通泉
寶』。篆書，文曰『永通泉貨』。」又引《大定錄》云：「江南李
氏鑄『永通泉貨』，『永安五銖』。」又引《事物紺珠》云：「永
通泉寶，右文曰貨，左文曰泉。」又《南唐後主本紀》顯德六年秋
七月：「是月，用鍾謨言，鑄大錢，以一當十，文曰『永通泉寶』，
與舊錢並行。」

② 《十國春秋·南唐元宗本紀》注引《十國紀年》曰：「元宗以周師
南侵，及割地，歲貢方物，府藏空竭，錢貨益少，遂鑄『唐國通寶
錢』，二當『開元』錢一。」馬令《南唐書》曰：「元宗即位，兵
屢起，德昌帛布既竭，遂鑄唐國錢。」《金陵通紀》卷七所述異同，
不贅。《十國春秋·南唐後主本紀》注引《泉志》曰：「『唐國『錢
五種，制度大小各殊。」吳任臣案：「元宗又鑄『大唐通寶』錢，

與『唐國』錢通用，數年漸弊，百姓盜鑄，極爲輕小。」又《南唐
後主本紀》顯德六年秋七月：「已又鑄『唐國通寶』錢，二當『開
通』錢之一。」

③《通鑑》後周世宗顯德六年九月：「丙午，唐太子弘冀卒，有司引
浙西之功。謚曰武宣。句容尉全椒張洎上言：『太子之德，主於孝
敬，今謚以武功，非所以防微而愼德也。』乃更謚曰文獻；擢洎爲
上元尉。」《稽古錄》後周世宗顯德六年載：「唐太子冀卒。」無
記月，與《通鑑》異。馬令《南唐書·嗣主書第三》亦謂太子冀卒
於九月，《金陵通紀》卷七同之，而《宋史·南唐世家·李景傳》
則謂李冀卒於十月，云：「六年十月，冀卒，命御廚使張延範充使
弔祭。」

④《新五代史·南唐世家·李景傳》曰：「世宗使人謂景曰：『吾與
江南，大義已定，然慮後世不能容汝，可及吾世修城隍，治要害，
爲子孫計。』景因營緝諸城，謀遷其都於洪州。群臣皆不欲遷，惟
樞密使唐鎬贊之，乃升洪州爲南昌，建南都。」《通鑑》後周世宗
顯德六年十一月：「唐更命洪州曰南昌府，建南都，以武清節度使
何敬洙爲南昌留守，以兵部尚書陳繼善爲南昌尹。」按：馬令《南
唐書·嗣主書第三》則以爲七月。又按：陳繼善事見《南唐近事》，
云：「陳繼善自江寧尹拜少傅，致仕，富於資財，別墅林池，未嘗
暫適。既不嗜學，又杜絕賓客，惟自荷一鋤，理小園成畦，以眞珠
之餘顆，若種蔬狀，布土壤之間。記顆俯拾，周而復始，以此爲樂
焉。」按江寧尹疑作南昌尹。

〔史事補遺〕

一、月日可考之事：

①正月，唐宋齊丘至九華山，唐主命鎖其第，穴牆給飲食。齊丘歎曰：

「吾昔獻謀幽讓皇帝族於泰州，宜其及此！」乃縊而死。諡曰醜
繆。初，翰林學士常夢錫知宣政院，參預機政，深疾齊丘之黨，數
言於唐主曰：「不去此屬，國必危亡。」與馮延巳，魏岑之徒日有
爭論，久之，罷宣政院，夢錫鬱鬱不得志，不復預事，縱酒成疾而
卒。及齊丘死，唐主曰：「常夢錫平生欲殺齊丘，恨不使見之！」
贈夢錫左僕射。（《通鑑》後周世宗顯德六年，馬令《南唐書·嗣
主書》略同。又《唐餘紀傳》卷二「國紀第二」曰：「交泰二年春
正月，宋齊丘幽死。」）

②二月，淮南饑，上命以米貸之。或曰：民貧，恐不能償。上曰：
「民，吾子也。安有子倒懸而父不爲之解哉！安在責其必償也！」
（《通鑑》後周世宗顯德六年，《文獻通考》卷二十六《國用四》
引胡致堂曰：「稱貸，所以惠民，亦以病之。惠者，紓其目前之急
也；病者，責其他日之償也。其責償也，或嚴其期，或徵其耗，或
取其息，或予之以米而使之歸錢，或貧無可償而督之不置，或胥吏
詭貸而徵諸編民：凡此皆民之所甚病也。有司以豐取約予爲術，聚
斂之臣，以頭會箕斂爲事，大旱而稅不蠲，水潦而稅不蠲，蝗螟螣
賊而稅不蠲，長官督稅不登數則不書課，民戶納欠不破產則不落
籍，出於民力尚如此，而況貸於公者！其責償固不遺餘力矣。世宗
視民猶子，匡救其乏，而不責其必償，仁人之心，王者之政也。」）

③春三月，朝貴出秦淮禊飲，坐中有稱周爲大朝者，常夢錫曰：「公
平時每言致君堯舜，今反自爲小朝邪？」（《金陵通紀》卷七）

④六年五月壬子，留從效遣別駕黃禹錫奉表來上。（《冊府元龜》卷
二三二《僭僞部·稱藩》）

⑤六月，唐清源節度使留從效遣使入貢，請置進奏院於京師，直隸中
朝，詔報以「江南近服，方務綏懷，卿久奉金陵，未可改圖。若置
邸上都，與彼抗衡，受而有之，罪在於朕。卿遠修職貢，足表忠勤，

勉事舊君，且宜如故。如此，則於卿篤始終之義，於朕盡柔遠之宜，惟乃通方，諒達予意。」唐主遣其子紀公從善與鍾謨俱入貢，上問謨曰：「江南亦治兵，修守備乎！」對曰：「既臣事大國，不敢復爾。」上曰：「不然，曩時則爲仇敵，今日則爲一家，吾與汝國大義已定，保無他虞；然人生難期，至於後世，則事不可知。歸語汝主，及吾時完城郭，繕甲兵，據守要害，爲子孫計。」謨歸，以告唐主。唐主乃城金陵 ，凡諸州城不完者葺之 ，戍兵少者益之。」（《通鑑》後周世宗顯德六年）

夏六月，熒惑守心，光芒相射。（馬令《南唐書·嗣主書第三》）

六月，城金陵。（《金陵通紀》卷七）

⑥七月，唐主以金陵去周境纔隔一水，洪州險固居上游，集群臣議徙都之。群臣多不欲徙，惟樞密副使、給事中唐鎬勸之，乃命經營豫章爲都城之制。（《通鑑》後周世宗顯德六年。按：遷都之事，陸《書》載於是年十一月，其實已開始營建，至於議遷都之事，則付闕如，可據《通鑑》補之。）

秋七月，以信州刺史張巒爲天德軍使。（馬令《南唐書·嗣主書第三》）

前年立宏冀爲太子，而黜太弟景遂，宏冀猶忌之，因酖殺焉。至是見其爲厲於昭慶宮。（《金陵通紀》卷七）

⑦九月，唐禮部侍郎 、知尚書省事鍾謨數奉使入周 ，傳世宗命於唐主，世宗及唐主皆厚待之，恃此驕橫於其國，三省之事皆預焉。文獻太子總朝政，謨求兼東宮官不得，乃薦其所善閻式爲司議郎，掌百司關啓。李德明之死也，唐鎬預其謀，謨聞鎬受賕，嘗面詰之，鎬甚懼。謨與天威都虞候張巒善，數於私第屏人語至夜分，鎬譖諸唐主曰：「謨與巒氣類不同，而過相親狎，謨屢使上國，巒北人，恐其有異謀。」又言：「永通大錢民多盜鑄，犯法者衆。」及文獻

太子卒，唐主欲立其母弟鄭王從嘉，謨嘗與紀公從善同奉使于周，
相厚善，言於唐主曰：「從嘉德輕志懦，又酷信釋氏，非人主才。
從善果敢凝重，宜爲嗣。」唐主由是怒。尋徙從嘉爲吳王、尚書令、
知政事，居東宮。（《通鑑》後周世宗顯德六年）

⑧冬十月，謨請令張巒以所部兵巡徼都城。唐主乃下詔暴謨侵官之
　罪，貶國子司業，流饒州，貶張巒爲宣州副使，未幾，皆殺之。
　（《通鑑》後周世宗顯德六年，馬令《南唐書·嗣主書第三》同。）

⑨十有二月，罷鑄大錢。（馬令《南唐書·嗣主書第三》，《金陵通
　紀》卷七同。）

二、月日不可考之事：

①夏，晉王景遂卒，（馬令《南唐書·嗣主書第三》。按：《玉壺清
　話·江南遺事》云：「晉王景遂，……忽於空中揖讓，謂左右曰：
　『上帝詔許旌陽召吾偕往，須當行矣。』急入北堂，拜辭所生母，
　無疾坐亡。贈太傅，謚文成。」）

建隆元年（九六〇），春正月，遣何湛誅鍾謨於饒州，誅
張巒於宣州。①大宋太祖受周禪。②放江南降將三十四人
來歸。③
二月，始鑄鐵錢。④
三月，遣使朝賀於京師。⑤
秋七月，遣禮部郎中龔愼儀朝於京師，貢乘輿服御。自是
貢獻尤數，歲費以萬計。⑥
冬十月，宋揚州節度使李重進叛，⑦來求援，不許。
十一月，丁未，太祖平李重進。國主遣右僕射嚴續犒軍，
蔣國公從鎰、戶部侍郎馮延魯朝貢。⑧

〔**考釋**〕

① 《續資治通鑑》宋太祖建隆元年（九六〇）正月，「南唐主遣使誅
鍾謨於饒州，詰之曰：『卿與孫晟同使北，晟死而卿還，何也？』
謨頓首伏罪，縊殺之。并誅張巒於宣州。」原注：「謨流饒州，巒
貶宣州副使，去年十月事。」《皇宋通鑑長編紀事本末》「收復江
南」：「建隆元年正月甲辰，太祖即位。戊申，賜唐主李景詔，諭
以受禪意。」

② 《玉壺清話·李先主傳》：「顯德中，周世宗即位，主遣韓熙載入
朝。及歸，主因問新帝容表言動及朝廷體貌，熙載盛言：『惟見殿
前典親兵趙點檢，即太祖也，龍角虎威，凜然有異，舉目顧視，電
日隨轉，公卿滿廷，爲氣焰所射，盡奪其色。新帝雖富威武，其厚
重之態，負山河之固，但恐不及。』其後太祖即位，主方悟熙載之
語。」《稽古錄》宋太祖建隆元年載：「正月，甲辰，上受周禪，
奉周帝爲鄭王。」

③ 《皇宋通鑑長編紀事本末》「收復江南」載建隆元年：「三月丙辰，
唐主景遣使來賀登極。丁巳，復遣使來賀長春節。」《宋史·南唐
世家·李景傳》曰：「建隆元年，太祖授命，即遣使以書諭景。初，
顯德中，江南將校來降，周成等三十四人皆在京師，至是遣還。」

④ 《金陵通紀》卷七以鑄鐵錢爲正月事。
　　《泉志》曰：「小唐國鐵錢，形制肖銅錢之小者。」《燕翼貽謀錄》
卷三曰：「江南李唐，舊用鐵錢，因韓熙載建議，以鐵錢六權銅錢
四，然銅鐵之價，相去甚遠，不可強也。江南末年，鐵錢十僅值銅
錢一，江南平，民閒不肯用，轉運使樊若水請廢之。太平興國二年，
詔官收民閒鐵錢鑄爲農器，以給江北流民之歸附者，於是江南鐵錢
盡矣。……」歐陽修《集古錄跋尾二》：「右小篆千字文者，江
南人王文秉書。其後題云：『大唐庚申歲』者，建隆元年也。僞唐

李景，自周師取淮南，畫江爲界以稱臣，遂削去年號，奉周正朔。然世宗特許其稱帝，故文秉猶稱唐而不書年號，直書庚申歲也。文秉在江南，篆書遠過徐鉉，而鉉以文學名重當時。文秉，人罕知者，學者皆云鉉筆雖未工而有字學，一點一畫皆有法也。文秉所書，獨余集錄屢得之，此本得之太學楊南仲。紫陽石磬銘者，張獻撰，亦文秉書也。」《宋史·南唐世家·韓熙載傳》：「世宗平淮甸，景患國用不足，熙載請鑄鐵錢。及煜襲位，卒行其議，以熙載爲兵部尚書，充鑄錢使。」

⑤《宋史·南唐世家·李景傳》作三月，詳下注。又《續資治通鑑》太祖建隆元年三月：「丙辰，南唐主遣使來賀登極。……吳越王俶遣使來賀登極。南唐主復遣使來賀長春節。」宋馬光祖修、周應合纂《景定建康志》卷十三《建康表九》云：「建隆元年三月，景進賀登極，絹二萬匹、銀一萬兩。長春節御服金帶金器一千兩、銀器五千兩、綾羅錦綺一千匹。」

⑥《宋史·南唐世家·李景傳》曰：「建隆元年三月，景遣使貢絹二萬匹、銀萬兩，賀登極。及澤、潞平，景又貢銀五千兩爲賀。七月還京，又貢金器五百兩、銀器三千兩、羅紈千匹、絹五千匹。〔按：《景定建康志》卷十三《建康志九》所載同。〕又遣其禮部郎中龔愼儀貢乘輿服御物，每歲冬、正、端午、長春節皆以土產珍異、金銀器用、繪帛、片茶爲貢。每景及錢俶遣親屬入貢，皆御前殿曲宴以寵之。景生日，遣使賜以金幣及賜羊萬口、馬三百匹、橐駝三十頭，以爲常制。」《續資治通鑑》宋太祖建隆元年七月載賀宋平澤、潞事於乙丑，云：「南唐主景進白金，賀平澤潞。」

⑦李重進叛降江南事，《新五代史·南唐世家·李景傳》無載，司馬光《稽古錄》宋太祖建隆元年載於九月，與陸《書》異。云：「李重進叛降江南，江南主李景不敢受，已未，詔石守信等諸軍討之。」

《宋史·太祖本紀》同，云：「九月……己未，淮南節度使李重進以揚州叛，遣石守信等討之。」馬令《南唐書·嗣主書第四》則無載於某月，但云：「建隆二年，……是歲，李重進使來乞師，拒之。」疑以《稽古錄》及《宋史》為是，清畢沅《續資治通鑑》宋太祖建隆元年九月亦云：「周檢校太尉、淮南節度使滄人李重進，周太祖甥也，始，與帝俱事世宗，分掌兵柄，以帝英武，心憚之。恭帝嗣位，重進出鎮揚州。及帝自立，令韓令坤代重進。重進請入朝，帝賜詔止之，重進愈不自安。李筠舉兵澤潞，重進遣其親吏翟守珣間行與筠相結。守珣潛求見帝，言重進陰懷異志。帝厚賜守珣，使說重進稍緩其謀，無令二凶並作。守珣歸，勸重進未可輕發，重進信之。帝既平澤潞，隨欲經略淮南，徙重進為平盧節度使，又遣六宅使陳思誨齎鐵券往賜，以慰安之。重進自以周室懿親，恐不得全，遂拘思誨，治城繕兵。遣人求援於南唐，南唐主不敢納。帝聞重進舉兵，命石守信為揚州行營都部署，兼知揚州行府事，王審琦為副，李處耘為都監，宋延渥為都排陣使，帥禁兵討之。」然則陸《書》載事於十月，非是。

《東都事略》二十二《李重進傳》曰：「李重進，其先滄州人也。周太祖之甥，母即福慶長公主。晉天福中，任為殿直，漢周之際，累遷到武信軍節度使。重進年長於世宗，及太祖寢疾，召重進受顧命，令拜世宗，以定君臣之分。世宗即位，為侍衛親軍、馬步軍都虞候。從征高平，以功領忠武軍節度使。又進討太原，為行營馬步軍都虞候師。還，加同平章事，改鎮歸德，兼侍衛馬步軍指揮使。世宗親征淮甸，重進為招討使，功最多，又克壽州，加侍中，又改鎮天平。……太祖建國，加中書令，移鎮青州。始，重進與太祖俱事周室，心憚太祖，太祖既即位，陰有叛逆之志。及移鎮，益疑懼，太祖以鐵券賜之，重進欲入朝，為左右所惑。又自以周室近親也，

遂反，遣人求授於李景。景懼，不納，反聞。太祖命石守信、王審琦、李處耘、宋延偓四將率禁兵討之，削其官爵。太祖曰：『朕於周室舊臣，無所猜閒，重進不體朕心，自懷反側，今六師在野，朕當暫往慰撫之。』遂親征，師次大儀頓，石守信遣使言曰：『揚州破在旦夕，願陛下親視。』太祖徑至城下，即日拔之。重進舉族自焚死。方重進反時，有二子在京師，皆為宿衛，太祖詔而語之曰：『汝父何苦而反，江淮兵弱，又無良將，誰與共圖事者。汝速乘傳往諭之，吾不殺汝也。』二子戰汗，泣涕辭去。重進方與諸軍議事，忽二子至，具道太祖之言。重進大駭，士卒聞之，遂皆有向背之意。既而王師壓境，重進不知所為，遂赴火死。始，重進遣其親吏翟守珣往潞州，陰結李筠，守珣素識太祖，往來京師，潛告樞密承旨李處耘求見太祖，太祖召問曰：『我欲賜重進鐵券，彼信我乎？』守珣曰：『重進久蓄反謀，必無歸順之志。』太祖厚賜守珣，令說重進，緩其謀，無令二凶并作，分吾兵勢。守珣歸，勸重進養威持重，未可輕發。重進信之，及李筠誅，重進反，悉如太祖之策。及不受鐵券，亦如守珣所言云。」

《續通鑑長編》建隆元年九月載：「陳思誨至淮南，李重進即欲治裝，隨思誨入朝，左右沮之，重進猶豫不決。又自以前朝近親，恐不得全，乃拘留思誨，益治反具。遣使求援於唐，唐主不敢納。揚州都監、右屯衛將軍安友規〔原注：友規，以永興節度副使見乾祐元年三月。〕知重進必反，踰城來奔。重進疑諸將皆不附己，乃囚軍校數十人，軍校呼曰：『吾輩為周室屯戍，公苟奉周室，何不使吾輩效命？』重進不聽，悉殺之。己未，重進反書聞，上命馬步軍副都指揮使、歸德節度使石守信為揚州行營都部署、兼知揚州行府事，殿前都指揮使、義成節度使王審琦為副，宣徽北院使李處耘為都監，保信節度使宋延渥為都排陣使，帥禁兵討之。」十月，「上

問樞密副使趙普以揚州事宜，普曰：『李重進守薛公之下策，昧武侯之遠圖，憑恃長淮，繕修孤壘。無諸葛誕之恩信，士卒離心。有袁本初之強梁，計謀不用。外絕救援，內乏資糧，急攻亦取，緩攻亦取。兵法尚速，不如速取之。』上納其言。丁亥，下詔親征，以皇弟光義大內都部署，吳廷祚權東京留守，呂餘慶副之。」十一月丁未，「至大義驛，石守信遣使馳奏揚州即破，請上亟臨視。是夕，次其城下，登時攻拔之。李重進盡室赴火死，陳思誨亦為其黨所害。」「庚戌，詔重進家屬、部曲並釋罪，逃亡者聽自首，尸骸暴露者收瘞之，役夫死城下者，人賜絹三匹，復其家三年。」

《皇宋通鑑長編紀事本末》「親征揚州」云：「建隆元年，淮南節度使兼中書令滄人李重進，周太祖之甥也。始與上俱事世宗，分掌內外兵權，而重進以上英武出己右，心常憚焉。恭帝嗣位，重進出鎮揚州，領宿衛如故。及上受禪，命韓令坤代重進為馬步軍都指揮使，重進請入朝，上意未欲與重進相見，謂翰林學士李昉曰：『善為我辭拒之。』昉草詔云：『君為元首，臣作股肱，雖在遠方，還同一體。保君臣之分，方契永圖，修朝覲之儀，何須此日！』重進得詔，愈不安，乃招集亡命，增陴浚隍，陰為叛背之計。李筠舉兵澤潞，重進遣其親史翟守珣間行，與筠相結，守珣素識上，往還京師，潛詣樞密承旨李處耘求見，上召問曰：『我欲賜重進鐵券，彼信我乎？』守珣曰：『重進終無歸順之心矣。』上厚賜守珣，許以爵位，使說重進稍緩其謀，無令三兇並作，分我兵勢。守珣歸，勸重進養威持重，未可輕發，重進信之。上已平澤潞，則將經略淮南，戊申，徙重進為平盧節度使，重進心益疑懼。庚戌，又遣六宅使陳思誨齎鐵券往賜，以慰安之。思誨至淮南，李重進即欲治裝隨思誨入朝，左右沮之，重進猶豫不決，又自以前朝近親，恐不得全，乃拘留思誨，益治反具遣使求援於唐，唐主不敢納。揚州都監右屯衛

將軍安友規知重進必，踰城來奔，重進疑諸將皆不附，乃囚軍校數十人，悉斬之。己未，重進反書聞，上命馬步軍副都指揮使歸德軍節度使石守信爲揚州行營都部署，兼知揚州行府事，殿前都指揮使義成節度使王審琦爲副，宣徽北院使李處耘爲都監，保信節度使朱延渥爲都排陣使，帥禁兵討之。癸亥，詔削奪李重進官爵。十月庚午，安友規至，上以爲滁州刺史，令監護前軍進討。上問樞密副使趙普以揚州事，普曰：『李重進守薛公之下策，行武侯之遠圖，憑恃長淮，繕修孤壘，無諸葛誕之恩信，士卒離心，有袁本初之彊梁，計謀不用，外絕救援，內乏資糧，急攻亦取，緩攻亦取，兵法尙速，不如速取之。』上納其言。丁亥，下詔親征，以皇弟光義爲大內都部署，吳廷祚權東京留守，呂餘慶副之。……丁未，至大義驛，石守信遣使馳奏揚州即破，請上蒞臨視。是夕，次其城下，燈時攻拔之。李重進盡室赴火死，陳思誨亦爲其黨所害。上購得翟守珣，補殿直，遷供奉官，兄深州刺史。重興初聞其叛，即自殺弟解州刺史重贊，子尙食，使延福並戮於市。」

按：方李重進叛，宋太祖有幸揚州詔，今《全宋文》卷一載之，云：「朕以叛臣負國，凶黨嬰城，勞將帥以征行，救生靈之塗炭。重念蒙犯霜露，跋涉山川，將親示于撫巡，須暫離于京闕。朕取今月內幸揚州。凡所供須，務令省約，方期靖亂，無至勞人。餘依征澤潞詔書從事。」又李重進事，宋世有異傳，或謂其爲僧，不死於難。王明清《揮塵後錄》卷五引贊寧《續傳錄》云：「開寶末，江州圓通寺旦過寮中，有客僧將寂滅，祖其背以示其徒，有彫青『李重進』三字，云：『我即其人。脫身煙焰，至于今日。』」

⑧《續通鑑長編》太祖建隆元年十一月：「乙卯，唐主景遣左僕射江都嚴續來犒師。庚申，復遣其子蔣國公從鎰、戶部尙書新安馮延魯來買宴，上厲色謂延魯曰：『汝國主何故與我叛臣交通？』延魯曰：

『陛下徒知其交通，不知預其反謀也。』上詰其故，延魯曰：『重進使者館於臣家，國主令臣語之曰：男子不得志，固有反者，但時有可、不可。陛下初立，人心未安，交兵上黨，當是時不反，今人心已定，方隅無事，乃欲以殘破揚州，數千弊卒，抗萬乘之師，借使韓、白復生，必無成理，雖有兵食，不敢相資。重進卒以失援而敗。』上曰：『雖然，諸將皆勸吾乘勝濟江，何如？』延魯曰：『陛下神武，御六軍以臨小國，蕞爾江南，安敢抗天威？然國主有侍衛數萬，皆先主親兵，誓同生死，陛下能棄數萬之衆與之血戰，則可矣。且大江風濤，苟進未克城，退乏糧道，亦大國之憂也。』上笑曰：『聊戲卿耳，豈聽卿遊說耶。』上使諸軍習艦於迎鑾，唐主懼甚。其小臣杜著、頗有辭辯，偽作商人，由建安渡來歸，而彭澤令薛良，坐事責池州文學，亦挺身來奔，且獻平南策。唐主聞之，益懼。上命斬著於下蜀市，良配隸廬州牙校，唐主乃少安，終以國境蹙弱，遂決遷都之計。」《皇宋通鑑長編紀事本末》「收復江南」所載建隆元年十一月事，與《續資治通鑑長編》全同，不贅；明陳邦瞻《宋史紀事本末》卷六《平江南》所載較簡略，亦不贅。《稽古錄》宋太祖建隆元年十一月：「乙卯，江南李景遣其臣嚴績來犒師。庚申，復遣其子從鎰入貢。」《宋史·南唐世家·李景傳》曰：「是年，(宋太祖)親征李重進，駐蹕廣陵，遣其僕射嚴續來犒師。俄遣其子蔣國公從鎰朝行在所，又遣其戶部尙書馮延魯貢金銀買宴，并伶官五十人作樂上壽。又貢金銀器、金玉鞍勒、銀裝兵器及錢銀、綾絹，皆有加常數，太祖亦厚賜之。」

〔**史事補遺**〕

一、月日可考之事：

①元年，賜江南國主書：「朕創發側微，經綸草昧，削平多壘，輔翊

前朝，唯堅金石之心，用保河山之誓。歷事三主，于茲十年。洎世宗上僊，少帝嗣位，仰承顧命，敢忘初心？屬并寇之幸災，結匈奴（按：《全宋文》卷一作「外裔」）而入鄙，尋奉專征之命，方圖卻敵之功，豈謂師次郊圻，變生倉卒，人心所屬，天命有歸。競倒干戈，逼趨京闕。千夫之長，不息於懽呼；三事之臣，共伸於推戴，勉從禪讓，若墜冰淵。非不能致命捐軀，蓋無益於周之宗社矣。國主雄材奕葉，武略守邦，撫吳楚之全封，紹楊徐之舊業，備觀興替，深識變通，共保懽盟，永安疲瘵，遠惟英晤，當鑒誠懷。」（景定建康志》卷二建隆元年）三年正月，賑淮南饑。（《江南通志》卷八十三）

②三月癸亥，命武勝節度使洛陽宋延渥領舟師巡撫江徼，舒州團練使元城司超副之，仍遺書南唐主諭意。（《續資治通鑑》宋太祖建隆元年。按：所貽書，今載於《全宋文》卷一，云：「朕自勉徇推崇，志安兆庶。顧邊陲之罷警，欲疆理之大同。乃睠江濱，近屬中夏，當開創之方始，諒巡撫以攸宜，聊會帥臣，往諭朝旨。今差鄧州節度使宋延渥爲都總管，舒州團練使司超副之，量率兵棹，自襄州下江，直至通州以來，緣北岸經略巡檢，提舉口岸。止絕偷渡舟船，安撫人民。若或經過之處，須經南岸，即令先發文字告諭本處人員，然後過往。載惟明達，當體所懷。」）

③夏，四月，太子太傅馮延巳卒。（馬令《南唐書·嗣主書第四》）

④十二月，唐清源節度使留從效遣使奉表稱藩，上亦遣使厚賜以撫之。〔原注：從效，桃林人，初見開運元年十月。上遣使賜從效，乃二年正月事，今移入此。〕（《續通鑑長編》）

二、月日不可考之事：

①是年，(周世宗)親征李重進，駐蹕廣陵，遣其僕射嚴續來犒師。俄

遺其子蔣國公從鎰朝行在所，又遺其戶部尙書馮延魯貢金銀買宴，并伶官五十人作樂上壽。又貢金銀器、金玉鞍勒、銀裝兵器及錢銀、綾絹，皆有加常數，太祖亦厚賜之。」（《宋史·南唐世家·李景傳》）

上使諸軍習戰艦於迎鑾，景懼甚。小臣杜著僞作商人來歸，彭澤令薛良坐事責池州文學，亦來奔，景益懼。上命斬著於下蜀市，配良隸盧州牙校，景少安。然終以懾弱，遂決遷都之計。（《景定建康志》卷十三《建康表九》，《金陵通紀》卷七略同，不贅。）

建隆二年(九六一)，春二月，國主遷於南都。①立吳王從嘉爲太子，留金陵監國。國主舟行，旌麾仗衛，六軍百司，凡千餘里不絕，②所過勞問高年疾苦，③大宴於當塗。④至宋家狀，暴風飄國主舟，幾至北岸。翼日，從官皆乘輕舟奔問。

三月，國主至南都，宋以遷都，遣通事舍人王守貞來勞問。⑤南都迫隘，群下皆思歸。⑥國主亦悔遷，北望金陵，鬱鬱不樂。澄心堂⑦承旨秦承裕常引屏風障之。⑧復議東遷，未及行，國主寢疾，⑨不復進膳，惟啜蔗漿，⑩嗅藕華。

六月，己未，疾革，親書遺令，留葬西山，累土數尺爲墳，且曰：「違吾言，非忠臣孝子。」夕，有大星霣於南都。庚申，殂於長春殿，⑪年四十六。⑫後主不忍從遺令，迎喪還。秋八月，至金陵。⑬丁未，殯於宮中萬壽殿，告哀於京師，請追復帝號，許之。⑭

〔**考釋**〕

①《吳越備史》四：「二年春二月，江南國主李景遷國於豫章。」《新五代史·南唐世家·李景傳》：「世宗使人謂景曰：『吾與江南，大義已定，然慮後世不能容汝，可及吾世修城隍，治要害，爲子孫計。』景因營緝諸城，謀遷其都於洪州。」《稽古錄》宋太祖建隆二年二月「江南主景遷都南昌。」馬令《南唐書·嗣主書第四》周世宗使人謂後唐元宗曰：「吾與汝大義已定，終慮後世不汝容，不及吾世，修城隍，治要害，爲子孫計。」國主因營緝諸城，謀遷都于洪州，曰：『建康與敵境隔江而已，又在下流，敵兵若到，閉門自守，借使外諸侯能救國難，即爲劉裕、陳霸先爾。今吾徙豫章，據上流而制根本，上策也。』群臣多不欲，惟樞密使唐鎬贊成之。」《續通鑑長編》建隆二年二月，「是月，唐主始遷於南都，立吳王從嘉爲太子，監國。留左僕射嚴續知樞密院事，湯悅佐之。悅即殷崇義，池州人也，姓犯宣祖諱，故改焉。」〔原注：續事據《九國志》，悅事據本傳。〕《金陵通紀》卷七所載同。

《宋史·南唐世家·李景傳》曰：「初，景之襲父位也，屬中原多故，盧文進、李金全、皇甫暉之徒皆奔於景。跨據江、淮三十餘州，擅魚鹽之利，即山鑄錢，物力富盛。嘗試貢士《高祖入關詩》，頗有窺覦中土之意。自世宗平淮甸，浸以衰弱。及太祖平揚州，日習馬舫戰艦於京城南池，景懼甚，其小臣杜著，頗有辭辨，僞作商人，由建安渡來歸。又彭澤令薛良坐事責授池州文學，亦挺身來奔。獻《平南策》，景聞之益懼。太祖命斬著於下蜀市，良配隸廬州衙校，景乃安。終以國境蹙弱，不遑寧居，遂遷於豫章。」按：斬杜著、貶薛良事，《景定建康志》卷十三《建康表九》載於去年，已載，不贅。

《南唐書補注》引《江南通志》：「鳴鸞路，在南昌府，南唐中主

建都時御道。」

②《舊唐書・輿服志》：「唐制，天子車輿有玉輅、金輅、象輅、革輅、木輅，是爲五輅，耕根車、安車、四望車、已上八等，並供服乘之用。其外有指南車、記里鼓車、白鷺車、鸞旗車、辟惡車、軒車、豹尾車、羊車、黃鉞車、屬車十二乘，並爲儀仗之用。大駕行幸，則分前後，施於鹵簿之內。若大陳設，則分左右，施於儀衛之內。」又宋王應麟《玉海》卷八十引《儀衛志》云：「唐制：天子居曰衙，行曰駕，人君舉動，必以扇出入，則撞鐘庭設樂宮，道路有鹵簿鼓吹，禮官百司備物而後動。」餘詳《玉海》卷八十所引《大駕鹵簿》文。

③馬令《南唐書・嗣主書第四》建隆二年，春：「以世子從嘉監國，國主如南都，所過慰勞守宰，存問高年疾苦。會齊王景達於廬山，歷覽勝境，與從臣談宴，浹日而去。」

《南唐書補注》引周必大《廬山後錄》：「落星寺，唐天祐二年賜額福星隆安院。本朝祥符二年，改法安。南唐戊辰歲，宣義郎湯淨撰記云：『保大中，寺僧修葺，元宗嘗臨幸僧齋。初，元宗賜田給諸庵巖，故所至有產業，中經焚蕩，寺觀日以摧毀，惟舊屋則氣象終可愛。』又山記云：『清溪有亭，牛僧孺大和四年書。神運之殿，南唐元宗題。神運木，今亡。按：戊辰爲後主八月，湯淨，貴池人，南唐進士。」

《南唐書補注》引《江西通志》：「駐節亭，在廬山栖賢寺側，南唐元宗遷豫章時，嘗幸栖賢，因建焉。」又云：「谷簾泉相對，有白雲庵，山巔有白雲洞，洞口有大石如床。白雲庵前有寶陀巖，上有御駕親至數字，隱隱可辨，人以爲南唐元宗也。」

④馬令《南唐書・嗣主書第四》建隆二年春：「以世子從嘉監國，國主如南都，所過慰勞守宰，存問高年疾苦。會齊王景達於廬山，歷

覽勝境，與從臣談宴，浹日而去。」《江南野史》：「建隆二年春，
嗣主如南都，立吳王從嘉爲太子監國，所過郡邑慰勞守宰，存問高
年疾苦。次於廬山，與從臣游山中寺觀，遍覽勝景，賦詩談宴，旬
日而行。」《江南餘載》卷下：「元宗遷都洪州，過蕪湖江口永壽
禪院，親射偃蓋松東南枝，遂枯死，至今御箭仍在。」《南唐書補
注》：「按：蕪湖，南唐析當塗縣置。洪亮吉《圖志》云：『古中
江，亦名蕪湖水，在蕪湖縣南東，至陽羨入海。』」

⑤按：廣智書局本陸游《南唐書》卷二《元宗紀》作「太祖以國主遷
都」。《續通鑑長編》編王守正事在建隆二年己卯，云：「遣通事
舍人王守正使江南，勞唐主之遷都也。」〔《景定建康志》卷十三
《建康表九》同。〕又云：「是月，唐主至南都。城邑迫隘，宮府
營廨，十不容一二，力役雖繁，無所施巧，群臣日夜思歸。唐主悔
怒，欲誅始謀者，樞密副使、給事中唐鎬發病卒。〔原注：《江南
野錄》稱鎬自縊，今從《五代史》。鎬，初見顯德六年七月，無邑
里。〕」《江南野史》曰：「至南都洪州，乃藩鎮之地，及爲王都，
則湫隘尤劇，宮府營署，十不容一二，自公卿下至軍士皂隸，皆旦
夕思歸。嗣主恐生變，憂憤煩悖，因此怒唐鎬阿旨，欲致極法，鎬
懼，縊死。」

⑥按：遷都之議已見顯德六年。《玉壺清話·江南遺事》曰：「世宗
既罷兵，使鍾謨以誠來諭曰：『吾與江南大義已定，固無他慮，然
人命不保，江南無備已久，後之人將不汝容。可及吾之世，繕脩城
隍，分據要害，爲子孫之計宜矣。』環得命，乃修建康諸郡城池，
毀者堅之，甲卒寡者補之。又議遷都，環曰：『建康與獻境隔江而
已，又在下流，吾今移都豫章，據上流而制根本，上策也。』群臣
多不欲，遂茸洪州爲南都。洪州雖爲大藩，及爲都邑，則迫隘丘坎，
無所施力，群情不安之。下議來還，會疾作，殂於洪州，年四十

六。」《江南野史》曰：「嗣主方議東遷，未幾而疾作。六月，殂於洪州，年四十六。歸葬建康。」《新五代史·南唐世家·李景傳》曰：「建隆二年，留太子從嘉監國，景遷于南都。而洪州迫隘，宮府營廨，皆不能容，群臣日夕思歸，景悔怒不已，唐鎬慚懼，發疾卒。」

⑦《江表志》二：「元宗割江南之後，金陵對岸即為敵境，因遷都豫章，舟車之盛，旌旗絡繹凡數千里，百司儀衛，洎禁校帑藏不絕者近一載。上每北顧，忽忽不樂，澄心堂承旨奏裕歲徵多，引屏風障之。嘗吟御制詩云：『靈槎思浩渺，老鶴憶空同。』」陳后山《後山談叢》二：「澄心堂，南唐烈祖節度金陵之宴居也，世以為元宗書殿，誤矣。」

⑧《南唐書補注》曰：「屏風，所以障風，亦所以隔形。古者扆之遺象，又《倦游錄》云：『凡視五色皆損目，惟黑色無損。李氏有江南日，中書皆用皂羅黏屏風，所以養目也。』附記於此。」

⑨《江南野史》：「既至南都，常不自安，將宴百僚於殿上，忽見故太傅宋齊丘自陛而趨進，遂惡之，入而成疾。數日而殂，識者謂信讒而害於賢良之故矣。」

⑩按：廣智書局本陸游《南唐書》卷二《元宗紀》作「惟啖蔗漿」。

⑪《新五代史·南唐世家·李景傳》曰：「六月，景卒。」《稽古錄》宋太祖建隆二年六月「江南主景卒於南昌，子煜立。」《續通鑑長編》建隆二年六月：「是月，唐主景殂於南都。」「秋七月，唐主景喪歸金陵。」又注云：「景喪歸金陵，在七月。此據王舉《天下大定錄》。」馬令《南唐書·嗣主書第四》：「大漸之際，群鶴翔於空，雙龍據殿屋，遂奄然而逝。」

⑫《新五代史·南唐世家·李景傳》曰：「年六十四。」今北京中華書局本校勘記云：「貴池、汪本同，他本及薛《史》卷一三四《李

景傳》均作『四十六』。」《宋史·南唐世家·李景傳》：「初，
景之襲父位也，屬中原多故，盧文進、李金全、皇甫暉之徒皆奔於
景。跨據江、淮三十餘州，擅魚鹽之利，即山鑄錢，物力富盛。嘗
試貢士《高祖入關詩》，頗有窺覦中土之意。自世宗平淮甸，浸以
衰弱。及太祖平揚州，日習馬舫戰艦於京城之南池，景懼甚。其小
臣杜著頗有辭辨，僞作商人，由建渡安歸；又彭澤令薛良坐事責授
池州文學，亦挺身來奔，獻《平南策》，景聞之益懼。太祖命斬著
於下蜀市，良配隸廬州衙校。景乃安。終以國境蹙弱，不遑寧居，
遂遷於豫章。上遣通事舍人王守正持詔撫之。」

⑬《稽古錄》宋太祖建隆二年載返金陵事於七月，云：「以喪還金
陵。」與陸《書》異。清畢沅《續資治通鑑》同《稽古錄》，云：
「秋，七月，南唐主喪歸金陵。有司議梓宮不宜復入大內，太子從
嘉不可，乃殯於正寢。」《續通鑑考異》：「王舉《大定錄》，景
喪歸在七月，《南唐書》則云八月至金陵，《長編》以《大定錄》爲
據，今從之。」即不從陸《書》也。《宋史·宋太祖本紀》以李景殂
於八月，云：「八月……甲辰，南唐主李景死，子煜嗣，遣使請尊
帝號，從之。」，且無反金陵之說，應不可從。《續通鑑考異》：
「南唐主之殂，《宋史》作八月甲辰，《東都事略》作八月庚子，
皆誤，今從《南唐書》。」

⑭《五國故事》曰：「諡至道文宣孝皇帝，廟號太宗。」《新五代史
·南唐世家·李景傳》曰：「從嘉嗣立，以喪歸金陵，遣使入朝，
願復景帝號，太祖皇帝許之，乃諡曰明道崇德文宣孝皇帝，廟號元
宗，陵曰順陵。」《宋史·南唐世家·李景傳》曰：「景卒，其臣
桂陽郡公徐遼奉遺表來上，太祖廢朝五日，遣鞍轡庫使梁義弔祭，
贈賻絹三千匹。子煜又遣其臣馮謐奉表，願追尊帝號，許之。煜乃
諡景爲明道崇德文宣孝皇帝，廟號元宗，陵號順陵。」《南唐書補

注》引《江西通志》：「《江城名跡記》：長春殿，南唐中主建，請追復帝號，太祖許之。」

### 〔史事補遺〕

一、月日可考之事：

①二月丁丑，唐主景遣使來賀長春節。己卯，遣通事舍人王守正使江南，勞唐主之遷都也。（《續通鑑長編》。《景定建康志》卷十三《建康表九》亦謂「二月，景使賀長春節。」）

二年春二月，國主遷於南都，以太子從嘉留守金陵。從嘉工書畫，嘗自稱鍾峰，隱居，開崇文館，以招賢，潘佑與焉。佑與李平善，平曰：「六朝塚墓多寶鑑，寶劍，佩之可以辟鬼。」會張垍亦好其說，乃　共買雞籠山，古塚地，遇休沐則具畚鍤，破塚得古器，必傳玩之，　佑後坐直諫死。（《金陵通紀》卷七）

②三月，至南都，以何洙爲奉化軍節度使。注：「敬洙去敬字，避皇朝諱。」

閏三月，壬申，唐主遣使貢金器二千兩、銀器萬兩、錦綺二千段，謝生辰之賜也。（《續通鑑長編》）

③七月，國主之喪至，自豫章群臣請殯別宮，世子手札不許，辭甚哀切，乃殯於萬壽殿。（馬令《南唐書·嗣主書第四》）


（建隆）三年（九六二），正月，戊寅，葬順陵。
元宗多才藝，好讀書。①善騎射，在位幾二十年，②慈仁恭儉，禮賢睦族，③愛民字孤，裕然有人君之度。少喜栖隱，築館於廬山瀑布前。④蓋將終焉，迫於紹襲而止。然自以唐室苗裔，訑於斥大境土之說，⑤及福州、湖南再喪師，知攻取之難，始議弭兵務農。或曰：願陛下十數年勿

復用兵。元宗曰：『兵可終身不用，何十數年之有！』⑥
會周師大舉，寄任多非其人，折北不支，至於蹙國降號，
憂悔而殂。悲夫！⑦

〔考釋〕

①《江南野史》：「嗣主音容閒雅，眉目若畫，趣尚清深，好學而能
　詩。」又工正書，佚名《宣和書譜》卷五：「南唐僞主李璟，字伯
　玉，先主昇之長子，違命候煜之父也。幼已穎悟，既爲主器，即典
　軍旅，撫下有方略，時皆歸之。及嗣昇位，能奉中州以恩信，結鄰
　壤，江左老稚不勤兵革者十有九年，亦霸道之雄也。宋齊邱以舊臣
　與先主爲布衣交，挾不賞之功，跋扈無前，即竄而死之，又其果敢
　如此。然於用武之時，乃能亹亹修文，圖回治具，故史稱其富文學，
　工正書，觀其字乃積學所致，非偶合規矩。其後煜亦以書名，與錢
　俶相先後，蓋其源本有自也。今御府所藏正書一：邊鎬奏狀。」
　宋黃庭堅《南康軍開先禪院修造記》：「廬山開先華藏禪院，江南
　李氏中主所作也。初，中主年十五，先生秉楊氏國柄，鎭金陵，留
　中主與宋齊丘參廣陵政事。中主年少好文，無經世之意，喜物外之
　名，問舍於五老峰下，欲蟬蛻冠冕之間，鳳鳴林丘之表，有野夫獻
　地焉。山之勝絕處也，萬金買之，以爲書堂。時方多故，未暇會。
　先主開國，身任世子，稍騕騕于富貴，然語其舊僚，未嘗一日忘廬
　山也。其後中主嗣國數年，乃即書堂爲僧舍，蓋方其富盛時，傾國
　服爲之，亦推野夫獻地爲已有國之祥，故名曰開光，以了山道人紹
　宗主之所謂拾枯松、煮瀑布者也。及中主作洪都，蓋嘗弭節，雍容，
　故榻與畫像存焉。」
　《南唐書補注》引《江西通志》：「中主讀書台，在郡城西十五里。
　臺側有聰明泉。」又引《廬山志》云：『南唐中主讀書處，在開先

寺。』又云：『披云亭，在開先寺。保大中建，今廢。』」

②按：廣智書局本陸游《南唐書》卷二《元宗紀》作「便騎善射，在位幾二十年」。

③《南唐近事》：「元宗少躋大位，天性謙謹，每接臣下，恭慎威儀，動循禮法，雖布素僚友，無以加也。夏日，御小殿，欲道服，見諸學士，必遣中使數使宣諭，或訴以小苦，巾裹不及冠褐可乎？常稱宋齊丘爲子嵩，李建勳爲史館，皆不之名也。君臣之間，待遇之禮，率類於此。」《江南餘載》卷上：「江南文臣，元宗時，江文蔚、王仲連、李貽業、游簡言、湯悅、高越、張義方、張緯、鍾謨、李克明、張易、趙宣輔、陳繼善。」又曰：「趙宣輔者，中原人，仕於江南，官省郎，頗有時名。重陽日，與兩浙諸公登高，於北山誦杜甫詩以勸酒，至『明年此會知誰健，醉把茱萸仔細看』二語，潸然淚下，未幾宣輔卒。」

④《南唐書補注》引《廬山記》：「山中瀑布十餘處，香爐峰與雙劍峰在瀑布旁，水源在五老峰頂，西入康王谷，爲水簾東爲開先之瀑布，有開先漱玉亭。」劉承幹又云：「按省志，開先精舍，國朝康熙年間御書秀峰寺，易舊額。」

⑤《南唐書音釋》：「訹，雪律切，音戍。《說文》：『誘也。』或作怵。《漢書》：『怵於邪說。』如淳曰：『見誘怵也。』今俗猶云：相謏怵。謏音小。」《釣磯立談》：「元宗自在藩邸，仁孝播聞，乃訹乎賊臣之謏言，至詆誣先烈，以自聖壽指，顧命忽如風之過耳。天不祚唐，可爲傷心。」

⑥《江南野史》：「天性儒懦，素昧威武。」

⑦《江南野史》：「初，先主既封齊王，將受吳禪，有善相者至，先主遂列諸子見之，相者因指齊王景達曰：『只恐不了公家事。』先生不從，及嗣主繼立，常欲禪位，景達與宋齊邱既不獲後，果喪淮

旬，而國幾亡矣。後景達出鎮臨川，開寶中以壽終。」

《南唐書補注》引《江南錄》曰：「嗣主工筆札，善騎射，賓禮大臣，敦睦九族。每聞臣民，不獲其所，輒咨嗟傷，憫形於顏色。隨加救療，居處服御節儉得中。初立，有經營四方之志，邪臣阿諂，職爲厲階。晚歲，悔之已不及矣。少有至性，仍懷高世之量，始出閣，即命於盧山瀑布前構書齋，爲他日終焉之計。及迫於紹襲，遂舍爲開先精舍。常患民閭侈靡，第宅衣服咸爲節制，驅惰游之人，率歸農業。及大漸，群鶴翔空，雙龍據殿屋，遂奄然而殂。」

《釣磯立談》曰：「元宗神彩精粹，詞旨清暢，臨朝之際，曲盡姿制。湖南嘗遣廖法正將聘，既還，語人曰：『汝未識東朝官家，其爲人，粹若琢玉，南岳眞君，恐未知也。』是以荆渚孫光憲敘《續通歷》云：『聖表聞於四鄰』，蓋謂此也。」

《五國故事》上：「景在位，嘗構一小殿，謂之龜頭，居常處之以視事，人有偵其所在，必曰大家何在龜頭裡。及後有內附之事，人始悟焉。」

論曰：元宗舉閩楚之師，境內虛耗，及契丹滅晉，中原有隙可乘，而兵力國用既已弗支，熟視而不能出，世以爲恨，予謂不然。唐有江淮，比同時割據諸國，地大力強，人材衆多，且據長江之險，隱然大邦也。若用得其人，乘閩、楚昏亂，一舉而平之，然後東取吳越，南下五嶺，①成南此之勢，中原雖欲睥睨，豈易動哉！不幸諸將失律，貪功輕舉，大事弗成，國勢遂弱，非始謀之失，所以行之者非也。且陳覺、馮延魯輩，用師閩、楚，猶喪敗若此，若北鄉爭天下，與秦、晉、趙、魏之師戰於中原，角一旦勝負，其禍可勝言哉！故予具論其實如此，後之覽者，得

以考觀焉。②

〔考釋〕

①《南唐書補注》曰：「《補音釋》：『《廣州志》云：五嶺，謂大
庾、始安、臨賀、桂陽、揭陽也。此指南漢。又洪亮吉云：五嶺之
戍，大庾最在東，故曰東嶠。』」

②論元宗者，陸《書》外，茲錄馬令、陳霆、吳任臣三家說。
馬令《南唐書·嗣主書第四》曰：「元宗即位，一十九年，有經營
四方之志，約己慎刑，勤政如一，嚮非任用群小，屏棄忠良，國用
不殫於閩、楚，師旅不棄於淮甸，則庶幾完成之君也。志有之曰：
『楊者，易生之木也，一人植之，十人拔之，無生楊矣。』以新造
之唐，而守之非道，不幾乎朝蒔而夕揠，其亡也不旋踵。故周世宗
以衰世之鋒，一鼓而十四州之地掇如也。悲夫！」《唐餘紀傳》卷
二「國紀第二」：「論曰：中□□閩楚之師，境內虛耗，及契丹滅
晉，中原有隙可乘，而南唐兵力國用既已弗支，熟視而不能出，世
以為恨。予謂不然。唐有江淮，視同時割據諸國，地大力強，人材
眾多，且據長江之險，隱然大邦也。若用得其人，乘閩楚昏亂，一
舉而平之，然後東取吳越，南下五嶺，南北之勢既成，則北方雖欲
睥睨，豈易動哉！奈何書生主兵，庸將失律，貪倖冒進，遂使大事
弗成，國勢頓弱。然則非始謀之失，所任寄者非人也。且陳覺、馮
延魯之徒，用師閩楚，尚爾喪敗，使其無是二舉，為之懲創，倚吾
國力，輕躁妄動，與夫秦晉趙魏之師，戰于中原，角一旦勝負，吾
知主俘國墟，不在於開寶之世矣。故吾於中主之世，既歎其勞師弱
國，而坐失中原之機，亦幸其識時自守，而少延江南之祚。」《十
國春秋·南唐元宗本紀》：「論曰：元宗在位幾二十年，史稱其慈
仁恭儉，禮賢愛民，裕然有人君之度。然兵氣方張，旋經敗衄，國

威損矣。卒之淮南震驚，奉表削號，豈運會有固然歟？抑任寄非才，以至此也？治亂顧不係於人哉！」

# 《後主本紀》第三

後主名煜，①字重光，元宗第六子。②初名從嘉，③母日光穆皇后鍾氏。從嘉廣顙，豐頰駢齒，一目重瞳子。文獻太子惡其有奇表，④從嘉避禍，惟覃思經籍。⑤歷封安定郡公、鄭王。⑥文獻太子卒，徙吳王。⑦以尙書令知政事，居東宮。⑧

建隆二年，遂立爲太子。元宗南巡，太子留金陵監國，以嚴續、殷崇義輔之，⑨張洎⑩主奏牋。

六月，元宗殂，太子嗣位於金陵，⑪更名煜，居喪，哀毀，幾不勝。⑫赦境內。⑬尊鍾后日聖尊后，以后父名太章也。立妃周氏爲國后，⑭徙信王景逖爲江王、⑮鄧王從信爲韓王，立弟從鎰爲鄧王、從謙爲宜春王、從信爲文陽郡公、從度爲昭平郡公。從度，景遷子也。令諸司四品至九品無職事者，日二員，待制於內殿。以右僕射嚴續爲司空平章事，⑯餘進位有差。⑰遣中書侍郎馮延魯於京師，奉表陳襲位。太祖賜詔答之，自是始降詔。⑱

秋九月，太祖遣鞍轡庫使梁義來弔祭。⑲

冬十月，太祖遣樞密承旨王文來賀襲位。⑳

初，元宗雖臣於周，惟去帝號，他猶用王者禮，至是國主始易紫袍見使者，使退，如初服。㉑

十二月，置龍翔軍，以教水戰。㉒

〔考釋〕

①《邵氏聞見後錄》卷二十二：「李王煜以太平興國三年七月七日生

日。」《新五代史・南唐世家・李煜傳》:「煜字重光,初名從嘉,
景第六子也。」《南唐書補注》引《負暄雜錄》:「後主名煜,為
故鸜鵒改稱八哥。」

②《五國故事》上以煜為璟次子。《江南別錄》:「後主諱煜,字重
光,元宗第五子也。」《宋史・南唐世家・李煜傳》:「煜字重光,
景第六子也,本名從嘉。」則與《新五代史》同,然莫知所處。

③煜之號,又因作畫而號蓮逢居士,若宋米芾《畫史》:「錦峰白蓮
居士,皆李重光畫,又後主有看經發願文,自稱蓮峰居士一。」又
號為鍾隱,佚名《宣和畫譜》卷一云:「江南偽主李煜,字重光,
政事之暇,寓意于丹青,頗到妙處。自稱鍾峰隱居,又略其言曰鍾
隱。後人遂與鍾隱畫溷淆稱之。」《南唐書補注》云:「《十國春
秋》引《宣和畫譜》云:『李煜政事之暇,寓意丹青,自稱鍾峰隱
居。』其說與沈括同。然李廌《畫品》謂南唐鍾隱,天台人,以其
隱居鍾山,遂為姓名,蓋處士也。《畫史》又謂李重光題畫,每日
鍾隱筆上,又著內殿圖書之印,及押用內合同集賢院黑印,為後主
收藏鍾隱畫無疑。《十國春秋》失考。」按:明焦竑《焦氏筆乘・
金陵舊事上》云:「江南府庫,書畫至多,其印記有『建業文房之
印』、『內合同印』、『集賢殿書院印』,以墨印之,謂之金圖書,
言惟此印以黃金為之。諸書畫中,時有李後主題跋,然未嘗題書畫
人姓名。唯鍾隱畫,皆後主親筆題「鍾隱筆」三字。後主善畫,尤
工翎毛。或言凡書「鍾隱筆」者,皆後主自畫。後主嘗自號「鍾山
隱士」,故晦其名,謂之鍾隱,非姓鍾人也。今世傳鍾畫,但無後
主親題者,皆非也。」可為《宣和畫譜》說之佐。《南唐書補注》
說非是。

④《釣磯立談》:「叟昔於江表民家,見竊寫真容觀,觀其廣顙隆準,
風神灑落,居然有塵外意。」《南唐書補注》引《宣和畫譜》:「御

府所藏，有周文矩寫李煜眞三。」又引《畫史》云：「李重光道裝像，神骨俱全，云是顧閎中筆。」

《湘山野錄》卷中：「江南李後主煜性寬恕，威令不素著，神骨秀異，駢齒，一目有重瞳，篤信佛法。」《新五代史·南唐世家·李煜傳》：「煜爲人仁孝，善屬文，工畫畫，而豐額，駢齒，一目重瞳子。」《甕牖閒評》卷八：「重瞳未必皆佳也。《史記》載舜目蓋重瞳子，項羽亦重瞳子，成否槪可知矣。五代時李後主煜一目有重瞳，後竟歸朝以死。其後建州一老僧卓巖明兩目皆重瞳，內臣李義聞之，強爲推戴，既而爲義所殺，亦自無其福也。」

⑤後主好學有文，宋袁□《楓窗小牘》上：「余嘗見內庫書《金樓子》〔按：梁元帝所撰〕有李後主手題曰：『梁孝元謂王仲宣，昔在荊州，著書數十篇，荊州壞，盡焚其書，今在者一篇，知名之士咸重之，見虎一毛，不知其斑。後西魏破江陵，亦盡焚其書，曰：『文武之道，盡今夜矣。』何荊州壞焚書，二語先後一轍也。詩以慨之曰：『牙籤萬軸裏紅綃，王粲書同付火燒。不是祖龍留面目，遺篇那得到今朝！』書卷皆薛濤紙所鈔，惟『今朝』字誤作『金朝』，徽廟惡之，以筆抹去。後靖康中，書畫圖史盡輦入金，竟如讖，可異也！」宋阮閱《詩話總龜》卷十二引《翰苑名談》云：「李煜作詩，大率多悲感愁戚，如『青鳥不傳雲外信，丁香空結雨中愁』。『鬢從今日新添白，菊似去年依舊黃』之類，然思清句雅可愛。」《湘山野錄》卷中曰：「殆國勢危削，自歎曰：『天下無周公、仲尼，君道不可行，但著雜說百篇以見志。』」黃庭堅《山谷集》卷二十八《山谷題跋·跋李後主書》曰：「觀江南李主手改表章，筆力不減柳誠懸，乃知今世石刻，曾不得其彷彿。余嘗見李主與徐鉉書數紙，自論其文章筆法政如此，但步驟太露，精神不及此數字，筆意深穩，蓋刻意與率爾爲之工拙便相懸也。」《新五代史·南唐

世家·李煜傳》:「煜爲人仁孝,善屬文,工畫畫。」馬令《南唐書·後主書第五》:「少聰悟,喜讀書,工書畫,知音律。」《五國故事》上謂煜「有辭藻,善筆札,亦有慧性。」《宋史·藝文志》:「後主有集十卷,又《雜說》二卷。」《文獻通考》卷二三三《經籍六十》亦載「李後主集十卷。」俱可爲證。

⑥馬令《南唐書·後主書第五》:「初封安定郡公。淮上兵起,爲神武軍都虞候,沿淮巡撫使,累遷諸衛大將軍,諸道副元帥,封鄭王。」《宋史·南唐世家·李煜傳》:「初封安定郡公,累遷諸衛大將軍、副元帥,封鄭王。」

⑦馬令《南唐書·後主書第五》:「太子冀卒,四兄皆早亡,以次爲嗣,改封吳王」《新五代史·南唐世家·李煜傳》:「自太子冀已上,五子皆早亡,煜以次封吳王。」

⑧馬令《南唐書·後主書第五》:「拜尚書令,知政事。」《江南野史》曰:「周世宗怒不割地淮南,帥眾將渡江,征建康。見白氣貫空,覘之,乃後主與眾獵焉。歎曰:『彼有人焉,未可圖也。』遂止。嗣主聞之,因立爲後。」

⑨煜即位之年,諸書所載同。若《新五代史·南唐世家·李煜傳》:「建隆二年,景遷南都,立煜爲太子,留監國。景卒,煜嗣立金陵。」馬令《南唐書·後主書第五》:「建隆二年,元宗南遷,立煜爲太子,監國。」《宋史·南唐世家·李煜傳》:「建隆二年,景遷洪州,立爲太子監國。」《皇宋通鑑長編紀事本末》於建隆二年二月《十國春秋·南唐後主本紀》:「建隆二年,元宗南遷,立爲太子,留金陵監國,以嚴續、殷崇義輔之,張洎主奏牋。」

⑩《隆平集》六:「張洎,滁陽人。李景開貢登進士第,景徙豫章,留洎掌李煜記室。累擢至清輝殿學士,參預機密。煜歸朝,太祖責之曰:『汝教李煜不降,又草蠟丸詔召上江救兵。』洎對曰:『臣所

爲也。犬各吠非其主，此特其一耳。』詞色不動，釋之。……王師圍金陵，與樞密使陳喬引符命勸勿降，又云：『苟有不虞，當先死社稷。』及城陷，喬獨死焉。洎語煜曰：『所以不死，將有報也。』煜歸朝，貧甚，洎猶丑麥之而怒其所與之薄。煜子仲瑀死，亦不弔。」

《唐餘紀傳》卷十九《別傳·張洎傳》云：「張洎始筮爲句容縣尉時，太子弘冀卒，有司加謚宣武。洎上書謂世子之職在問安侍膳，今標顯武功，垂示後世，非所以防微杜漸也。洎覘知中主猶銜弘冀專殺事，其說蓋出於揣摩。中主果謂然，改謚曰文獻。洎由此遂爲中主所識拔登朝，以文學授館職，累擢中書舍人。北苑有清輝殿，洎與徐游爲學士，澄心堂建，〔按：《後山談叢》卷二：「澄心堂，南唐烈祖節度金陵之宴居也，世以爲元宗書殿，誤矣。趙內翰彥若《澄心堂書目》，才三千餘卷，有建業文房之印，後有主者，皆牙校也。」《方輿勝覽》卷十四引《王直方詩話》云：「澄心堂紙，江南李後主所製。」又引劉貢父詩：「當時百金售一副，澄心堂中千萬軸。後人聞名寧復得，就令得之當不識。」〕亦預機密於其中，張佖以內史舍人知禮部貢舉，洎言其有遺才，於是命洎覆試，復放進士王綸等五人，其爲人主寵信如此。嘗與潘佑善，并官西省，既而所趨馴異，情好頓衰，佑每歎曰：『堂堂乎張也，難與并爲仁矣！』後佑抵罪死，洎頗有力焉。江南內附，貢奉事興，洎嘗奉使大梁，中朝公卿喜其有文，頗加愛賞。宋師圍金陵，事勢日迫，洎與陳喬約同死國。已而城陷，喬要洎同死，竟背去之。喬歎惋，自縊死。後主北遷，洎隨入朝，太祖責曰：『汝教李煜不降，使至今日。』因出洎所草召援兵蠟書示之，洎謝曰：『書實臣所爲，犬吠非其主，此其一耳。他尚多，今得死，臣之分也。』太祖奇之，以爲太子中允。久之，遷諫議大夫。太宗朝，宰相請用爲翰林學士，竟以其行

義不及不許。初，泊將命入貢，作十詩以詆訾汴京風物，至有『一堆灰』之句，蘇易簡時得其親書，及是與易簡同事爭寵，不相能，易簡語同列曰：『清河更作異。』即以一堆灰之句進呈矣。泊聞之，爲少屈。然以巧宦，竟至參知政事。泊初爲寇準薦，奉準甚謹，繼知上嫉準，遂揣摩百端，奏準誹謗，於是準坐免。其險詖如此。至道三年病卒。」又《宋史·張泊傳》曰：「張泊，滁州全椒人……泊少有俊才，博通墳典，江南舉進士，解褐上元尉。李景長子弘冀卒，有司諡宣武，泊議以爲世子之禮，但當問安視膳，不宜以武爲稱。旋命改諡。擢監察御史。泊自以論事稱旨，遂肆彈擊，無所忌，大臣游簡言等嫉之。會景遷國豫章，留煜居守，即薦泊爲煜記室，不得從，未幾，景卒，煜嗣，擢工部員外郎，試知制誥，歲滿，爲禮部員外郎知制誥，遷中書舍人，清輝殿學士，參預機密，恩寵第一。……泊尤好建議，每上言，未即行，必稱疾。煜手札慰諭之，始復視事。及王師圍城踰年，城危甚，泊勸煜勿降，每引符命云：『玄象無變，金湯之固，未易取也，北軍且夕當自引退，苟一旦不虞，即臣當先死。』既而城陷，泊攜妻子及橐裝，自便門入止宮中，給光政使陳喬同升閣，欲與俱死，喬自經氣絕，泊反下，見煜曰：『臣與喬同掌樞務，國亡，當即死，又念主在，誰能爲主白其事？不死，將有以報也。』歸朝，太祖召責之曰：『汝教煜不降，使至今日。』因出帛書示之，乃圍城日泊所草詔召上江救兵蠟丸書也。泊頓首請罪曰：『實臣所爲也。犬吠非其主，此其一爾，他尚多有。今得死，臣之分也。』辭色不變，上奇之，貸其死，謂曰：『卿大有膽，不加卿罪，今之事我，無替昔日之忠也。』拜太子中允，歲餘，判刑部。……上欲進用，又知其在江左日，多讒毀良善。李煜殺潘佑，泊嘗預謀，心疑之。翰林待詔尹熙古、吳郢皆江東人，泊嘗善待之。上一夕召熙古輩侍書禁中，因問以佑得罪狀。熙古言煜

忿佑諫說太直耳，非洎謀也。自是洗然。遂加擢用，蓋準推挽之也。既同秉政，奉準愈謹，政事一決於準，無所參預，專修時政，記甘言善柔而已。……卒年六十四。」其餘有關張洎事者，可參下述。
《南唐近事》：「張洎計偕之歲，爲閩師燕王冀所薦，首謁韓熙載見待之如故，謂曰：『予好一中書舍人。』頃之韓主文，洎擢第，不十年果主綸闈之任。」《南唐書注》引《職官分紀》曰：「張洎與蘇易簡同在翰林，尤不協。及易簡秉政，洎旦夕攻之。既而易簡罷，以洎爲給事中，參知政事，與寇準同列，先準知吏部選事，洎掌考功，爲吏部官屬。準年少，新進氣銳，思欲老儒附以自大，洎夙夜坐曹視事，每冠帶候準於角門，揖而退，不交一談。準益重之，因召與語。洎捷給善持論，多爲準規畫。準心伏，遂兄事之，極口夸洎於上。上漸欲進用，又知其在江表日，多讒毀良善。李煜殺中書舍人潘佑，洎預謀，心疑之。又詔尹熙古等侍書禁中，因問以佑得罪狀。熙古言煜忿佑諫說太直爾，非洎也。自是洗然，遂擢用。蓋準推挽之也。既同秉太政，準亦忌之，洎奉事準愈謹，政事一決於準，無所參預。」
宋世載張洎主貢舉事者，又有以下諸書。宋王銍《王公四六話》下：「張洎參政事江南，後主時爲大臣，國亡，受知太宗，復作輔臣。時王元之禹偁爲翰林學士，洎手書古律詩兩軸與之，元之以啓謝云：『追蹤季札，辭吳盡變爲國風；接武韓宣，適魯獨明於《易》象』，謂其自他國入中朝也。」宋佚名《儒林公議》上：「太祖既下江南，得徐鉉、湯悅、張洎輩，謂之曰：『朕平金陵，止得卿輩爾！』因問曰：『朕何如卿國主？』張洎對曰：『陛下生而知之，國主學而知之，雖學知與生知不同，然其知一也。』」《南唐書注》引《溫公瑣語》曰：「張洎爲舉人時，張佖在江南已通籍，洎每求見，稱從姪孫；既及第，稱姪；及秉政，不復論，以庶僚遇之而已。

佖怨洎入骨。據此，則言多遺才，亦屬挾私，非公論也。」

⑪馬令《南唐書·後主書第五》：「建隆二年 …… 七月 …… 太子即
位。」《宋史·南唐世家·李煜傳》亦云：「建隆二年，景遷洪州，
立為太子監國，是秋襲位。」《十國春秋·南唐後主本紀》注：
「《五國故事》上作「煜以建隆三年七月二十九日襲偽位於金陵。」

⑫《南唐近事》曰：「後主嗣位初，夢一羊升武德殿御床，意惡之。
及宋陷金陵，以補闕楊知讓首知府事。」《宋史·南唐世家·李煜
傳》：「建隆二年……是秋襲位，居建康，改名煜。」《十國春秋
·南唐後主本紀》：「更今名，居喪哀毀，幾不勝。」

⑬《五國故事》上謂煜襲位，「因登樓，建金雞以肆赦。太祖（按：
趙匡胤）聞之怒，問進奏使陸昭符，符素辨給，上頗憐之，是日對
曰：『此非金雞，乃怪鳥耳。』上大笑，因而不問。」

⑭《徐公文集》六有《上太后尊號制》，即作於是時。《新五代史·
南唐世家·李煜傳》：「母鍾氏，父名泰章。煜尊母曰聖尊后；立
妃周氏為國后。」馬令《南唐書·後主書第五》：「尊母鍾氏為太
后，太后父名太章，故改號聖尊后。妃周氏為國后。」《宋史·南
唐世家·李煜傳》：「立母鍾氏為聖尊后，以鍾氏父名泰章故也，
妻周氏為國后。」《十國春秋·南唐後主本紀》：「尊鍾后曰聖尊
后，〔原注：以后父名太章，故不稱太后。〕立妃周氏為國后。」

⑮《徐公文集》六有《信王改封江王加中書令制》，應作於是時。《新
五代史·南唐世家·李煜傳》：「封弟從善韓王，從益鄭王，從謙
宜春王，從度昭平郡公，從信文陽郡公。大赦境內。」馬令《南唐
書·後主書第五》：「徙弟從善為韓王，南都留守。從益鄧王，從
謙為宜春王，從度昭平郡公，從信文陽郡公。」《十國春秋·南唐
後主本紀》：「徙信王景逷為江王，鄧王從信為韓王，留守南都。
封弟從鎰為鄧王，從謙為宜春王，從信為文陽郡公，楚定王子從度

爲昭平郡公。」

⑯《徐公文集》六有《右揆嚴續除司空兼門下侍郎平章事制》，應作
於是時。

⑰《新五代史·南唐世家·李煜傳》：「令諸司四品已下無職事者，
日二員待制於內殿。」《續通鑑長編》建隆二年十月：「唐主以南
都留守韓王從善爲司徒、兼侍中、諸道兵馬副元帥，鄧王從鎰爲司
空、南都留守。令諸司無職事官四品以下至九品，日二員待制於內
殿，仍各上封事三兩條。時有才高位下者，私喜其言得達，多所開
陳，而迄莫施行，衆始失望。」馬令《南唐書·後主書第五》亦載
此事於十月，云：「冬十月，以南都留守韓王從善爲司徒，侍中諸
道兵馬副元帥，以鄧王從鎰爲司空，南都留守。下令諸司，無職事
官，四品以下至九品，日二員待制於內殿。」《景定建康志》卷十
三《建康表九》亦謂於十月。《徐公文集》六《紀國公封鄧王加司
空制》云：「門下。宗子維城，良臣惟聖，故有王社之數，鼎司之
權，親親賢賢，古之大訓也。我有成命，時惟至公，第七子某識度
淹通，器質清粹，就傅之歲，威儀不替，出閣已來，聞望所著，向
由邦政，入踐中樞，內形將順之規，外盡彌綸之業，人知親附，俗
待和平，邦家之基，斯實悠賴。今六騑巡守，萬乘啓行，方資扈蹕
之勤，宜有疇庸之典。畫南陽而錫壤，掌邦土以命官，併加馭貴之
資，益峻具瞻之望。於戲！義極君父，愛敬之道兼焉；任綜文武，
弛張之政存焉。爾其佩服前訓，咨詢舊德，勿驕勿惰，有初有終，
永樹風聲，以保元吉。」

⑱《新五代史·南唐世家·李煜傳》：「遣中書侍郎馮延魯修貢于朝
廷。」《續通鑑長編》建隆二年九月壬戌：「唐主煜遣中書侍郎馮
謐來貢。謐，即延魯也。唐主手自陳本志沖淡，不得已而紹襲，事
大國敢有二，鄰於吳越，恐爲所讒。上優詔以答焉。初，周世宗既

取江北，貽書江南，如唐與回鶻可汗之式，但呼國主而已，上因之。
於是，始改書稱詔。」《宋史·南唐世家·李煜傳》：「遣戶部尙
書馮謐來貢金器二千兩、銀器二萬兩、紗羅繒綵三萬匹。且奉表陳
紹襲之意，曰：『臣本於諸子，實媿非才，自出膠庠，心疏利祿。
被父兄之蔭育，樂日月以優游，思追巢、許之餘塵，遠慕夷、齊之
高義。繼傾懇悃，上告先君，固匪虛詞，人多知者。徒以伯仲繼沒，
次第推遷，先世謂臣克習義方，既長且嫡，俾司國事，遽易年華。
及乎暫赴豫章，留居建業，正儲副之位，分監撫之權，懼弗克堪，
常深自勵。不謂掩丁艱罰，遂玷纘承，因顧肯堂，不敢滅性。然念
先世君臨江表垂二十年，中間務在倦勤，將思釋負。臣亡兄文獻太
子從冀將從內禪，已決宿心，而世宗敦勸既深，議言因息，及陛下
顯膺帝籙，彌篤睿情，方誓子孫，仰酬臨照。則臣向於脫屣，亦匪
邀名，既嗣宗枋，敢忘負荷。惟堅臣節，上奉天朝。若曰稍易初心，
輒萌異志，豈獨不遵於祖禰，實當受譴於神明。方主一國之生靈，
退賴九天之覆燾。況陛下懷柔義廣，煦嫗仁深，必假清光，更逾曩
日。遠憑帝力，下撫舊邦，克獲宴安，得從康泰。然所慮者，吳越
國鄰於弊土，近似深讎，猶恐輒向封疆，或生紛擾。臣即自嚴部曲，
終不先有侵漁，免結釁嫌，撓干旒扆，仍慮巧肆如簧之舌，仰成投
杼之疑，曲構異端，潛行詭道。願迴鑒燭，顯諭是非，庶使遠臣，
得安危懇。』太祖詔答焉。自景畫江內附，周世宗貽書於景，至是，
因煜之立，始下詔而不名。」《十國春秋·南唐元宗本紀》：「罷
諸路屯田使，委所屬令佐與常賦俱征，隨所入十分錫一，謂之率
分，以爲祿廩，諸朱膠牙稅視是。〔原注：初屯田，置使專掌，至
此罷其官，而屯田佃民絕公吏之擾。〕」

⑲《十國春秋·南唐元宗本紀》載同陸《書》，云：「秋九月，宋遣
鞍轡庫使梁義來弔祭，贈賻絹三千匹。」無載日，《皇宋通鑑長編

紀事本末》三謂弔祭在九月戊子。

⑳《皇宋通鑑長編紀事本末》三云：「丙申，命樞密承旨王仁贍使江
南以唐主新立，往申慶賜也。」《金陵新志》同作王仁贍。《十國
春秋·南唐元宗本紀》載同陸《書》作王文。云：「冬十月，以韓
王從善為司徒兼侍中、諸道兵馬副元帥，鄧王從鎰為司空、南都留
守。宋遣樞密承旨王文來賀襲位。」最可從，蓋《景定建康志》卷
十三《建康表九》載是年十月丙申，「命王仁贍使江南，以煜新立，
申慶賜也。」又同書卷二建隆二年十月載太祖賜李煜嗣位禮物詔，
即稱王文。詔云：「睠彼江左，世撫舊邦，積善降祚，聿生令器。
國主知奉先之道，傾事大之心，克稟貽謀，紹光奕葉，嗣位允符於
眾望，為邦果於永圖。邇傾附內之心，益洽同文之化，屬新承於基
構，宜特沛於朝恩，專命近臣，往申慶賜。今遣樞密承旨王仁贍賜
國主禮物如別錄。」

㉑《十國春秋·南唐後主本紀》載同陸《書》，云：「初，元宗雖臣
於中原，惟去帝號，他猶用王者禮，至是國主始易紫袍見使者，使
退如初服。」

㉒《金陵通紀》卷七、《十國春秋·南唐元宗本紀》載同陸《書》，
《十國春秋》又云：「十二月，置龍翔軍以教水戰。清源節度使留
從效遣子紹基來貢。」又按：《十國春秋·十國百官表》之《南唐
百官表》有龍武軍都虞候、凌波都虞候。

〔史事補遺〕

一、月日可考之事：

①七月，句容尉張佖上書陳十事，煜嘉納，擢為監察御史。（《景定
建康志》卷十三《建康表九》）。按：此事《續通鑑長編》所載甚詳，
茲述如下：「七月，唐句容尉廣陵張佖上書陳十事，其一舉簡要，

二略繁小，三明賞罰，四重名器，五擇賢良，六均賦役，七納諫諍，八究毀譽，十屈己。唐主嘉納，擢爲監察御史。佖因劾奏德昌宮使傅宏妄毀都城，所創樓堞率多墮壞；禮賓使孟騈建議於星子造大艦以禦敵，累年不能成，蠹國害民，皆請置法。唐主不聽，手詔開諭之。」又注云：「拜御史從《國史》。十事之目，據鄭文寶《江表志》。又載佖上書日乃七月二十八日己丑也，故附見於此。」至張佖之表，載於《全唐文》卷八七二，文詳不錄。）

建隆二年，七月，南唐李景獻鳳卵。（《南史·五行志》，李景疑爲李煜之誤。）

②八月甲辰，唐桂陽郡公徐邈奉其主景遺表來上。（《續通鑑長編》，《景定建康志》卷十三《建康表九》同，無載日。）

八月，鄂州王崇文卒，以南都巡檢使黃延謙爲武清軍節度使留後。（馬令《南唐書·後主書第五》，又見《十國春秋·南唐元宗本紀》）

③九月一日，煜遣馮謐來貢金器二千兩、銀器二萬兩、綾羅繒綵三萬匹，仍上手表，陳敘襲位之意，上優詔答之。（《景定建康志》卷十三《建康表九》。又按：同書卷二建隆二年九月，太祖答江南李煜手表云：「朕以江南舊邦，世有令德，承襲基業，保乂黎元，而能遠奉中朝，克遵禮命，備見奉先之志，用嘉述職之誠，言念忠純，方深延納，載披手翰，彌慰朕懷。」）

④十月癸巳，唐主以皇太后山陵遣戶部侍郎韓熙載等來助葬。（《皇宋通鑑長編紀事本末》，《景定建康志》卷十三《建康表九》同，無載日。）

十月丙申，宋太祖賜江南李煜嗣位禮物詔，云：「眷彼江左，世撫舊邦，積善降祥，聿生令器。國主知奉先之道，傾事大之心，克稟貽謀，紹先奕葉。嗣位允符于衆望，爲邦果契于永圖。遄傾內附之心，益治同文之化。屬新承于基構，宜特沛于朝恩，專命近臣，往

申慶賜。今遣樞密承旨王仁贍賜國主禮物，具如別錄。」（《全宋文》卷一）

二、月日不可考之事：
①泉州劉從效遣其子紹基來貢。（馬令《南唐書·後主書第五》）
②是歲，宋葬昭憲太后，國主遣戶部侍郎韓熙載、太府卿田霖會葬。
　（《十國春秋·南唐元宗本紀》）
③唐主煜追諡其父景爲明道崇德文宣孝皇帝，廟號元宗，陵號順陵。
　蓋因馮謐以請於上而爲之。（《續通鑑長編》）（《皇宋通鑑長編
　紀事本末》同）

建隆三年（九六二），春，三月，遣馮延魯入貢京師，泉州節度使中書令晉江劉①從效卒。②子紹鎡自稱留後。
四月，泉州將陳洪進執紹鎡歸金陵，推副使張漢思爲留後。③
六月，遣客省使翟如璧入貢京師。④太祖放降卒千人南還。⑤
冬十一月，遣水部郎中顧彝入貢京師。⑥

　〔考釋〕
①「劉從效」，《十國春秋·南唐後主本紀》作「留從效」。按：《徐
　公集》六有《泉州節度使劉從效檢校太師制》，而去年十二月，留
　從效始輸誠於南唐，今三月而卒，則徐文當作於去年杪矣。
②劉從效與其子紹鎡先後據泉州事，諸書多載，茲具列於下。《五國
　故事》下謂劉從效：「泉州桃林人也。父諱章，初與董思安、張漢
　忠、陳洪進等，俱爲本州偏將。及朱文進篡滅王氏，以其將黃紹頗

守泉(州)，從效等因殺紹頗而立王建勳以應，建州文進舉兵攻之，不克，及江南剋，建州從效首請江南之命，累授從效至檢校太尉、兼中書令、泉州清源軍節度使、鄂國公。十數年閒，頗亦強盛。建隆壬戌歲，從效自五月發疽，至於七月不愈，中外音問不通，群校頗有異議。一日，先鋒指揮使王亡名請入省疾，而從效危篤，乃欲代領其眾。從效死，眾立張漢忠為帥，以洪進副之。使王亡名出守漳州，不聽，又遣戍蒲田，亦不聽，因使眾擊之，遂困，送同安縣羈縻之，未幾而斃。初，從效死，漢忠有其郡，且請節制於江南，以洪進為節度副使，而頗忌洪進。一日，設筵將害洪進，俄而地震，漢忠惶惑，洪進遂起出。他日，洪進率子弟徑入衙署，取其符印而廢之，遂家莊，洪進因請命於朝廷，授平海節度使。太宗即位，乃修朝覲，改授徐州節鎮兼授相封岐國公，終贈中書令，謚曰忠順。」
《吳越備史》四：「泉州留從效為大將軍張漢思所弒，漢思自稱權知清源軍事。」
《泉州府志》曰：「留從效仕閩主王氏為本郡神機指揮使。天德二年，朱文進竊國，以黃紹頗為泉州刺史，從效殺紹頗，迎立王繼勳為刺史。王延政降南唐，從效劫繼勳，入建康，自領留後。嗣主即以泉州為清源軍，授從效節度。又王氏滅汀建，歸南唐，而福州為錢氏所有。從效以海濱之州，介於江廣吳越三國之閒，雖稱藩南唐，實自雄據一隅。彼雖環視，莫敢議者。先是，妙應大師黃涅槃者讖云：『先打南，後打北，留取清源作佛國。』既而清源果無干戈之擾，乃從效姓名所應。建隆閒，封鄂公。後以病疴，乃令從弟從□齎符印出，授統軍陳洪進。乾德二年，朝廷命康延澤來建平海軍，特加洪進太傅，泉州刺史。初，王潮剽略草閒，盡有閩地，弟審知襲位，而審知又能喜儒招賢，亦一時之杰。劉從效有意雄據一方，陳洪進見幾而作，納款天朝，保其令名，榮矣哉！」

《新五代史·南唐世家·李煜傳》：「三年，泉州留從效卒。」《稽古錄》宋太祖建隆三年三月：「留從效卒，養子紹鎡襲位。」《續通鑑長編》建隆三年三月：「初，留從效既來稱藩，聞唐主南遷，疑將襲己，頗懼，乃遣其子紹鎡重幣往謝，又潛遣使假道吳越入貢。紹鎡至豫章，而元宗之喪已東歸。紹鎡因抵金陵，唐主留之。上亦遣使厚賜從效，未至，而從效疽發背死。少子紹鎡當留務，居無何，吳越遣使聘泉州，紹鎡夜召其使與之燕語，統軍使陳洪進誣紹鎡謀叛，欲以其地入吳越，執紹鎡送于唐，推統軍副使張漢思爲留後，己爲副使。」又注：「陳洪進，臨淮人，初見開運元年。張漢思，亦見開運元年，不著邑里。《留從效傳》稱從效寢疾，爲牙校張漢思、陳洪進所劫，漢思自稱留後，洪進爲副。而《陳洪進傳》乃稱從效卒，紹鎡掌留務月餘，洪進乃執紹鎡，推漢思。自相矛盾。以他書參考，洪進傳得其實，而從效傳誤也。從效病當在二年冬，其死在今年春。《大定錄》於三月載從效卒。然不知的是何日？《十國紀年》亦不載日。」馬令《南唐書·後主書第五》：「三年，劉從效卒，州人立其次子紹鎡爲留後，紹基未還，統軍使陳洪進執紹鎡，并其族，送于金陵。推立其副張漢思，漢思老不任事，洪進逐之，自稱留後。國主即以洪進爲清源軍節度使，以紹基爲殿直軍都虞候，紹鎡爲監門衛中郎將，句容尉張秘上言爲理之要，詞甚激切，國主手批慰諭，召爲監察御史，以神武統軍朱業爲寧國節度使，以潤州林仁肇爲神武統軍。」

③《吳越備史》四：「以泉州張漢思不稟朝命，俾王責之。翌日，王遣使往責之，漢思遂從命焉。夏四月丁未，泉州張漢思爲四門指揮使陳洪進所幽。洪進歸命於王，請命於朝，遂授洪進平海節度使、檢校太傅。」《新五代史·南唐世家·李煜傳》：「景之稱臣於周也，從效亦奉表貢獻於京師，世宗以景故，不納。從效聞景遷洪州，

懼以爲襲己，遣其子紹基貢于金陵，而從效病卒，泉人因并送其族
于金陵，推立副使張漢思。漢思老不任事，州人陳洪進逐之，自稱
留後，煜即以洪進爲節度使。」《稽古錄》宋太祖建隆三年三月：
「四月，衙將陳洪進誣紹鎡謀歸兩浙，執送江南，立大將張漢思爲
留後。」

④《續通鑑長編》編謝生辰事於建隆三年七月「庚申，唐主遣客省使
翟如璧來貢，謝生辰之賜也。」《皇宋通鑑長編紀事本末》三同之。
《金陵新志》亦云：「七月，遣翟如璧謝賜生辰，國信，貢金器二
千兩、銀器一萬兩、錦綺綾羅一萬匹。」

⑤《稽古錄》宋太祖建隆三年六月：「詔歸江南降兵數千。」《續通
鑑長編》建隆三年秋七月：「江南降卒，其弱者不能軍，壬戌，歸
數千人于唐。」《江表志》三：「後主即位初，張泌上書曰：『建隆
二年七月廿八日，將仕郎守江寧府句容縣尉張泌言，頓首頓首，死
罪死罪，謹上書陛上。臣聞行潦之水徒善，利而不廣；斗筲之器固
大，受而莫容，雖欲強其所弗能，亦不知其量也。當陛下纘服丕圖，
嗣臨寶位，百姓凝視，仰徽猷而注目，四方傾聽，望德音而竦耳。
是陛下虛心側席，克己納隍，將敬承天恩，以布新命，非有朴直之
士，不能貢千慮一得之言於視聽也。我國家積德累仁，重華承聖，
雖疆里褊小，而基構弘遠，矧賢智左右前後，比肩繼踵，以導揚丕
命，致康休之化，猶反掌耳，又何以規！然晉公之聽重人，齊侯之
用老馬，豈重人逾百宗之善，老馬過管仲之智？蓋尺有所短，寸有
所長，此之謂也。臣於是申旦不寐，齋沐佇思以聞，庶裨陛下維新
之化萬分之一也。 伏惟我唐之有天下也，造功自高祖 ，重熙於太
宗，聖子神孫，歷載三百，丕祚中否。烈祖紹復，大勳未集，肆我
大行嗣之，德則休明，降年不永，焦勞臞瘠，奄棄萬戶，民既歸仁，
天亦輔德，襲唐祚者非陛下而誰！陛下居吳邸，而庶事康，庶事康

而四方理，升儲位而納百揆，百揆納而黎民變。當大行修巡狩之
禮，陛下應監國之任，兢兢業業，神人咸和，令若秋霜，澤如時雨，
泊宅憂翼室，而無異望。臣聞昔漢文帝承高祖之後，天下一家近三
十年，德教被於物也久矣，而又封建子弟，委用將相。朱虛東牟之
力，陳平周勃之謀，宋昌之忠，諸侯之助，由長子而立，可謂安矣。
及即位，戒慎謙讓，服勤政事，躬行節約，思治平，舉賢良，進諫
臣，除收孥相坐之法，去誹謗妖言之令，不貴難得之貨，不作無益
之費，其屈己愛人也如此。而晁錯、賈誼、賈山、馮唐之徒，上書
進諫，言必激切，至於痛哭流涕之辭者，蓋懼靡不有初，鮮克有終
也。而文帝優容不咈，聖德允塞，幾致刑措，王業巍巍，千載之下，
風聲不泯，皆克勤勉強而臻於此也。今陛下當數載大兵之後，鄰封
襲利之日，國用匱竭，民力疲勞，而內無劉章興居之臣，朝無絳候
曲逆之佐，可謂危矣！非陛下聰明睿知，視險若夷，豈能如是乎！
設漢文帝之才，處今日之勢，何止於寒心銷志而已？陛下以天未厭
德，民方戴舊則可矣；若欲駭遠近之聽，慰億兆之思，臣敢昧死言
之。夫人君即位之始，必在發號施令，非秉漢文帝之心，以政究人
臣，不知其可也。臣以國家今日之急務，略陳其綜要。伏惟陛下留
聽，幸甚。一曰舉簡大以行君道，二曰略繁小以責臣職，三曰明賞
罰以彰勸善懲惡，四曰慎名器以杜作威擅權，五曰詢言行以擇忠
良，六曰均賦役以安黎庶，七曰納諫諍以容正直，八曰究毀譽以遠
讒佞，九曰節用以行克儉，十曰克己以固舊好。亦在審先代之治
亂，考前載之褒貶，纖介之惡必去，毫厘之善必為，密取舍之機，
濟寬猛之政，進經學之士，退掊剋之吏，察邇言以廣視聽，好下士
以通蔽塞，斥無用之物，罷不急之務：此而不治，臣不信矣！臣又
聞之：《詩》曰：『敬之敬之，天維顯思。』《書》曰：『儆戒無
虞，罔失法度。』《易》曰：『其亡其亡，繫於苞桑。』言君人者，

必懼天之明威，遵古之令典，作事謀始，居安慮危也。臣觀今日下民期陛下之致治，雖百穀之仰膏雨，不足喻焉，願陛下勉強行之，無俾文帝專美於漢。臣幸承勳緒，忝逢昭代，書賢能於鄉老，第甲乙於宗伯，由文章而進詩，待詔於金門，比八年於茲矣！沐大行育才之化，聖鑒不遠；當陛下御極之辰，王猷未洽，若復優游義府，嘿然無辭，則媿然而有靦面目矣！塵瀆宸聽，伏切兢憂。臣某誠惶誠恐死罪，謹言。』御批云：『古人讀書，不祗謂詞賦口舌也，委贄事人，忠信無隱，斯可謂不辱士風矣！況朕纂承之始，德政未敷，哀毀之中，知慮荒亂，深虞布政設教，有不足仰副民望。泌居下位，而首進儻論，觀詞氣激揚，次搜覽十事，煥美可舉而行。朕必善初而思終，卿無今直而後佞，其中事件，亦有已於赦書處分者，二十八日。」周在浚按：「馬令《書》、《江表志》俱作張泌，惟《唐餘紀傳》以為張洎。《唐餘紀傳》係明人作，馬《書》、《江表志》為南唐人作，南唐人見南唐時事為確，俟考。」

⑥《南唐書補注》：「按：《江南餘錄》載後主時，文臣中有顧彝名，但事實未見耳。」按：《十國春秋·南唐後主本紀》於是年十一年即載「遣水郎中顧彝入貢于宋。」吳氏或本於《江南餘錄》。

### 〔史事補遺〕

一、月日可考之事：

①正月，戊寅，葬元宗孝皇帝於順陵。（《金陵通紀》卷七）

國主性奢侈，嘗於宮中製銷金組絹幕壁，而以白金釘玳瑁押之，又以綠鈿刷隔眼中障，以朱綃植梅於外，當春盛時，梁棟、宮壁、柱栱、階砌，並作隔筒密插雜花，榜曰錦洞天。詔取廬山僧舍麝囊花植於移風殿，賜名蓬萊紫。每七夕延巧，必命取紅白羅十餘疋為月宮天河之狀。常患清暑閣前草生，徐鍇令以桂屑布磚縫中，宿草果

死。（《金陵通紀》卷七）

②三月乙亥，遣使如江南，賜唐主生辰國信物。（《續通鑑長編》，《皇宋通鑑長編紀事本末》三同）

三月，唐馮謐表求舒州舊宅及田，詔賜之。（《續通鑑長編》）

③夏四月乙未，詔奉使江南者，毋得將其國所用錢過江北。……先是，唐將士降者，其家屬猶在江南。（《續通鑑長編》，《景定建康志》卷十三《建康表九》亦云：「四月乙未，詔奉使江南者毋得將其所用錢過江北，雖通職貢，然亦增修戰備。」）

④五月丁巳，朔，詔唐主尋訪發遣。（《續通鑑長編》）

五月戊午，太祖諭李煜詔云：「朕撫寧寰宇，愛育黎元，每思致理之方，務在從人之欲。今據橫海，飛江水鬥，懷順諸指揮員寮節級兵士，各稱有骨肉，見在江南，乞取歸京，國主素推仁愛，必念流離，可令所司分析軍兵，憐其割愛，津遼過江，體予馭遠之懷，庶協同文之化。」（《景定建康志》卷二）

⑤秋七月，建州陳誨卒，禮部尚書潘承祐卒，以江州何洙爲左武衛上將軍，封芮國公，以宣州朱業鎮江州，以神武統軍林仁肇爲寧國軍節度使。（馬令《南唐書·後主書第五》）《十國春秋·南唐後主本紀》同馬《書》，但「朱業」作「朱匡業」。又按：《徐公文集》六有《朱業江州節度使制》，疑作於是時。）

七月二日，煜遣翟如璧謝賜生辰國信貢金器二千兩、銀器一萬兩、錦綺綾羅一萬匹。（《景定建康志》卷十三《建康表九》，《宋史紀事本末》卷六《平江南》同之。）

⑥十一月，壬午，初頒歷於江南。（《續通鑑長編》）

壬午，宋頒建隆四年歷。（《十國春秋·南唐後主本紀》）

⑦十一月，唐主遣水部郎中顧彝來貢。（《續通鑑長編》）

十一月，賜唐建隆四年歷。唐主酷信浮者法，出禁中金錢，募人爲

僧。時都下僧及萬人，皆仰給縣官，唐主退朝，與后服僧衣，誦佛
書，拜跪手足成胝。僧有罪，命禮佛而釋之。帝聞其惑，乃選少年
有口辯者，南渡見唐主，論性命之說。唐主信重，謂之一佛出世。
由是不復以治國守邊爲意。（《宋史紀事本末》卷六《平江南》）

乾德元年（九六三），①春，正月，太祖遣使來，賜羊馬
槖駝。
三月，太祖出師，平荊湖，國主遣使犒軍。②
夏，四月，泉州副史陳洪進廢張漢思，自稱權知軍府，來
告。國主即以洪進爲節度使。③
秋，七月，太祖詔國主，遣還顯德以來中朝將士在江南
者，及令揚州民遷江南者還其故土。④
十二月，國主表乞罷詔書不名之禮，不從。⑤

〔考釋〕

①《南唐書注》引《南唐別記》曰：「保大中，浚秦淮，得石志，案
　其刻，有大宋乾德四年，凡六字。他皆磨滅，不可識。令諸儒參驗，
　乃輔公祐反江東時年號。後趙太祖受命，國號宋，改元乾德，江左
　始衰弱。」
　《南唐書補注》引《劉貢父詩話》：「太祖欲改元，須古來所未有
　者。宰相以乾德爲請，且言前代所無。三年正月，平蜀，有宮人入
　掖庭者，太祖因閱其鏡奩，有乾德四年，大驚曰：『安得四年所制
　乎？』宰相不能對。陶穀、竇儀奏對曰：『蜀少主〔王衍〕曾有此
　號。』太祖歎曰：『作宰相須是讀書人。』然二公又不知輔公祐已
　有此號矣。」按：公祐，隋末人。」
　《江南野史》曰：「後主三年，有兩日相觸。」

② 《東都事略》二十四《高繼沖傳》：「高繼沖，字贊平，其先陝州
硤石人也。曾祖季興，唐末荊南司馬張瓌逐其節度使陳儒，自稱留
後，瓌敗而季興守荊南，梁開平初封秦王，卒，諡曰武信。子從誨，
後唐天成三年襲位，封南平王，卒，諡曰文獻。子保融，漢乾佑五
年襲封南平王，卒，諡曰正懿，無子。建隆元年，其弟保勗嗣立。
太祖即授以節度使。誨於諸子中最愛保勗，雖盬怒見之，則釋然，
荊南人目之為萬事休。四年，卒。其子繼沖襲位。時湖南張文表叛，
周保權求救於朝廷，太祖命慕容延釗討之。延釗假道荊南，約以兵
過城外，繼沖，大將李景威曰：「兵尚權譎，城外之約，可信乎？」
其祕書監孫光曰：「中國自周世宗時已有混一之志，況聖宋受命，
真主出焉。以理論繼沖令獻三州之地，延釗軍至，繼沖出迎于郊，
而前鋒遽入其城。繼沖懼，上表納土，請舉族歸朝，授馬步軍都指
揮使，自季興至繼沖五帥，凡五十七年光憲有學術，歸朝授黃州刺
史。乾德三年，繼沖拜武寧軍節度使，卒，年三十二，贈侍中。」
按：《宋史‧五行志》：「漢乾佑中，荊南高從誨鑿池於同亭下，
得石匣，長尺餘，扃鐍甚固。從誨神之，屏左右、焚香以啓匣，中
得石，有文云：『此去遇龍即歇。』及建隆中，從誨孫繼沖入朝，
改鎮徐州。龍、隆音相近，」
　　《宋史‧南唐世家‧李煜傳》：「煜每聞朝廷出師克捷及嘉慶事，
必遣使犒師修貢。其大慶，更以買宴為名，別奉珍玩為獻，吉凶大
禮，皆別修貢助。」

③ 《五國故事》曰：「初，從效死，漢忠有其郡，且請節制於江南，
以洪進為節度副使，而頗忌洪進。一日，設筵將害洪進，俄而地震，
漢忠惶惑，洪進遂起出。他日，洪進率子弟徑入衙署，取其符印而
廢之，遂家莊，洪進因請命於朝廷，授平海節度使。太宗即位，乃
修朝覲，改授徐州節鎮兼授相封岐國公，終贈中書令，諡曰忠順。」

④《續通鑑長編》乾德元年八月，「先是，上命唐主發遣揚州戶口及
周顯德以來將吏隔在江南者，唐主遣使請緩期。戊子，許之。」注
云：「國史載戊子，初命李煜發遣，誤也。今從《實錄》。」《宋
史·南唐世家·李煜傳》曰：「（建隆三年），詔煜應朝廷橫海、
飛江、水鬥、懷順諸軍親屬有在江表者，悉遣命渡江。」《金陵新
志》曰：「十一月，煜貢賀南郊禮，銀一萬兩、絹一萬匹，賀冊尊
號，絹萬匹。」

⑤《續通鑑長編》編此事於乾德元年十二月乙巳，「唐主表乞呼名，
詔不允。」《皇宋通鑑長編紀事本末》則在是年乙亥。又《景定建
康志》卷二載十二月太祖答李煜詔云：「王者之禮，諸侯也；異姓
謂之叔舅，詔書賜之不名，載乎禮文，見之史冊。顧惟涼德，慨慕
前王，矧彼大邦，宜加異數。國主禮存事上，義執勞謙，請呼君前
之名，誠為忠順；俯同臣下之制，何辨等威！難議允俞，良深嘉
歎。」（按：《全宋文》於後多一句云：「所請不允。」）

〔史事補遺〕

一、月日可考之事：

①春，正月己未，賜江南及吳越戰馬、駝、羊有差。（《續通鑑長編》）

②六月，唐主雖通職貢，然亦增修戰備。己酉，命鎮國節度使宋延渥
帥禁旅數千習戰於新池，上數臨觀焉。（《續通鑑長編》）

③秋，七月，以兵部尚書游簡言知尚書省，遷右僕射。（馬令《南唐
書·後主書第五》）按：《續通鑑長編》以此事屬諸八月，又注云：
「此據《大定錄》及《江南錄》。」又按：《徐公文集》六有《游
簡言左僕射平章事制》，疑作於是年。）

④八月戊子，宋太祖賜李煜詔：「杜廷望至，為先令吳延沫傳宣令，
發遣顯德二年後隔過朝廷員僚兵士及揚州戶口都過江北，所有將率

一二千人，不免恐懼，只希年歲間番次，發遣其揚州戶口見括勘，相次起遣過江北事。朕爲萬邦之君，慮一物失所，俾慰丘園之戀，免傷羈旅之情，今覽敷陳，備知誠款，載惟傾順，嘉歎良多。」（《景定建康志》卷二）

⑤十一月十八日，煜貢賀南郊禮畢，銀一萬兩、絹一萬匹；賀冊尊號，絹萬匹。（《景定建康志》卷十三《建康表九》）

十一月丁巳，宋太祖又諭李煜曰：「泉州陳洪進遣軍將魏仁濟上言，四月二十二日據將吏等狀，以張漢思不恤軍民，勒歸私第。請洪進鎭撫連城，恭聽朝命。朕以泉南一境，早順大朝，遠傾拱極之心，不絕充廷之貢，自前附庸江左，阻越中原，屢有兇徒，改易主帥，蓋節制之無術，致士庶之不寧。今洪進洞識機宜，深明去就，勵丹衷而上表，越滄海以來賓。朕撫御華夷，理須延納，所期遐裔，皆遂樂康。若此後不稟朝章，輒陵主將，當徵銳旅，往討不恭。載惟明達之心，必體懷柔之意。」（《景定建康志》卷二）

⑥十二月癸卯，唐主上表，言陳洪進首鼠兩端，不可聽，乞寢其旄鉞。上復以詔諭之，唐主乃聽命。」又注云：「李煜乞寢陳洪進恩命，止此一表耳。《國史》乃有二表，先在建隆三年，後在建隆四年。其稱三年者誤也，今不取。大抵《國史》洪進傳誤特甚。」（《續通鑑長編》）按：《稽古錄》載此事於宋太祖建隆三年十一月，云：「泉州留後陳洪進請內屬之，許之；仍以詔諭江南。」據上《景定建康志》所載十一月詔，《稽古錄》爲是；且《景定建康志》卷二復載乾德元年十二月詔云：「朕推恩馭遠，稽古臨朝，念秦漢以來，久絕附庸之制；閩越之地，素爲藩服之封。頃者阻限中原，依憑江左，帥臣屢易，軍鎭不寧，陳洪進爲衆所推，上章聽命，頃班詔爵，用慰遠人；將降制書，明諭朝旨。國主爰形奏牘，深述事宜，雖認恭勤，諒難兪允。苟依所請，是朕食言，則洪進一心未省爲之所，

泉、南二郡，獨作無告之民。上爲人君，安忍行此，不移前詔，當
體予懷！」然則《續通鑑長編》謂止一表，殊誤，可據改。

二、月日不可考之事：

①夏，左武衛上將軍何洙卒。（馬令《南唐書·後主書第五》）

②是歲，南平高繼沖歸于京師，國除。初，金陵臺閣殿庭皆用鴟吻，
　　自乾德後，朝廷使至，則去之，使還，復用。（馬令《南唐書·後
　　主書第五》）（《十國春秋·南唐後主本紀》同馬《書》）

③後主煜三年，二日相鬥，時人見之。（明毛先舒《南唐拾遺記》，
　　《十國春秋·南唐後主本紀》同。）

乾德二年(九六四)，春，三月，行鐵錢，每十錢以鐵錢六
權銅錢四而行，其後銅錢遂廢，民閒止用鐵錢。末年，銅
錢一直鐵錢十，比國亡，諸郡所積銅錢六十七萬緡。①命
吏部侍郎修國史，韓熙載知貢舉，放進士王崇古等九人。
國主命中書舍人徐鉉覆試舒雅等五人，雅等不就。國主乃
自命詩賦題，以中書官蒞其事，五人皆見黜。②
秋，八月，太祖於江北置折博務，禁商旅過江。③
九月，立子仲寓④爲清源郡公，仲宣⑤宣城郡公。
十月，甲辰，仲寓卒。⑥國后周氏已寢疾，哀傷增革，遂
亦卒。⑦
十一月，太祖遣作坊副使魏丕來弔祭。⑧

　〔考釋〕

①《新五代史·南唐世家·李煜傳》：「乾德二年，始用鐵錢，民間多
　　藏匿舊錢，舊錢益少，商賈多以十鐵錢易一銅錢出境，官不可禁，

煜因下令以一當十。」《續通鑑長編》乾德二年三月，「初，唐廢永通大錢，更用韓熙載之議，鑄當二鐵錢。熙載由中書舍遷戶部侍郎，充鑄錢使。宰相嚴續數言鐵錢不便，熙載爭於朝堂，聲色俱厲。左遷祕書監，不逾年，復拜吏部侍郎。是月，始用鐵錢，擢熙載兵部尚書、勤政殿學士。民間多藏匿舊錢，舊錢益少，商賈出境，輒以鐵錢十易銅錢一，官不能禁，因從其便。官吏皆增俸，而以銅錢兼之，由是物價益貴至數倍，熙載頗亦自悔。」又注云：「熙載拜戶部侍郎，充鑄錢使，《十國紀年》及《朔記》在建隆元年二月末，拜兵部尚書、勤政殿學士在此六月，今日并書於此。」馬令《南唐書·後主書第五》以鑄鐵錢事繫於是年「正月」，應據陸《書》改。馬《書》又云：「二年春正月，始行鐵錢，以鐵錢使戶部侍郎韓熙載爲兵部侍郎，勤政殿學士。初，烈祖將殂，謂元宗曰：『德昌宮泉布億萬緡，以給軍用。吾死，善修鄰好，北方有事，不可失也。』及元宗即位，兵屢起，德昌宮泉布既竭，遂鑄唐國錢，其文曰『唐國通寶』，又鑄大唐通寶，與唐國錢通用。數年漸弊，百姓盜鑄，極爲輕小。保大末，兵窘財乏，鍾謨改鑄大錢，以一當十，文曰『永通泉貨』，徑寸七分，重十八銖，字八分書，背面肉好，皆有周郭。謨誅，遂廢。至是有鐵錢之議，每十錢，以鐵錢六雜銅錢四，既而不用銅錢，民間但以鐵錢貿易，物價增涌，民復盜鑄，頗多芒刺，不及官場圓淨，雖重其法，犯者益衆。至末年，銅錢一當鐵錢十，禮部侍郎湯悅上言，泉布屢變，亂之招也，且豪民富商，不保其貨，則日益思亂，累數百言，不報。」《十國春秋·南唐後主本紀》注引陶岳《貨志錄》曰：「韓熙載請以鐵爲錢，其錢之大小一如『開元通寶』，文亦如之。徐鉉篆其文，比于舊錢稍大，而輪郭深闊。既而鐵錢大行，公私便之。」《江南野史》云：「乾德二年，始用鐵錢，以十當銅之一。初，嗣主即位，征伐頻起，先主德昌泉布既

竭，遂議鑄『唐國』錢，其眉曰『唐國通寶』，約一千重三斤十二兩，至數年而弊，百姓盜鑄幾至一斤餘，以一文置水上不沈，雖嚴禁不止。至是有鐵錢之議。既行，至數年，物價漸增，諸郡之民復盜鑄者頗多而輕小，環外芒刺，不及官場圓淨。國家雖以法繩之，犯者配遠郡，民罹之益衆而不止。」《燕翼貽謀錄》卷三曰：「江南李唐，舊用鐵錢，因韓熙載建議，以鐵錢六權銅錢四，然銅鐵之價，相去甚遠，不可強也。江南末年，鐵錢十僅直銅錢一，江南平，民閒不肯用，轉運使樊若水請廢之。太平興國二年，詔官收民閒鐵錢鑄爲農器，以給江北流民之歸附者，於是江南鐵錢盡矣。」按：詔收鐵錢事，《全宋文》卷九七載樊知古於太平興國二年之「江南用銅錢奏」云：「江南舊用鐵錢，于民非便。今諸州銅錢尚六七十萬緡，虔、吉等州未有銅錢，各發六七萬緡，俾市金帛輕貨上供及博糴穀麥。于昇、鄂、饒等州產銅之地，大鑄銅錢，銅錢既不渡江，益以新錢，則民間錢愈多，鐵錢自當不用，悉鎔鑄爲農器什物，以給江北流民之歸附者。除銅錢渡江之禁。」

又按：鑄鐵錢之舉，時吳越王錢弘佐於後晉齊王開運三年亦擬行之，而其弟弘億以爲多弊，《通鑑》載云：「弘佐議鑄鐵錢以益將士祿賜，其弟牙內都虞候弘億諫曰：『鑄鐵錢有八害：新錢既行，舊錢皆流入鄰國，一也；可用於吾國而不可用於他國，則商賈不行，百貨不通，二也；銅禁至嚴，民猶盜鑄，況家有錯釜，野有鏵犁，犯法必多，三也；閩人鑄鐵錢而亂亡，不足爲法，四也；國用幸豐而自示空乏，五也；祿賜有常而無故益之以啓無厭之心，六也；法變而弊，不可遽復，七也；「錢」者國姓，易之不祥，八也。』弘佐乃止。」韓熙載勸後主鑄鐵錢，不及弘億之見遠矣。

《金陵通紀》卷七誤以行鐵錢爲乾德元年事。

②《十國春秋·南唐後主本紀》載同陸《書》。云：「命吏部侍郎、

修國史韓熙載知貢舉，放進士王崇古等九人；既又命中書舍人徐鉉覆舒雅等五人，雅等不就，乃御殿命題親試，以中書官蒞其事，五人皆見黜。」

③置博折務事，諸書多但云在乾德二年，《玉壺清話》卷二：「乾德初，國用未豐，蘇曉爲淮漕，議盡榷舒、盧、蘄、黃、壽五州茶貨，置十四場。一萌一蘗，盡搜其利，歲衍百餘萬緡。淮俗苦之。後曉舟敗溺，淮民比屋相賀。」《宋史·南唐世家·李煜傳》曰：「（乾德二年），又詔江北，許諸州民及諸監鹽亭戶緣江采捕及過江貿易。先是，江北置榷場，禁商人渡江及百姓緣江樵採。是歲，以江南荐飢，特弛其禁。」《南唐書注》云：「昭陽李清曰：『《宋史》既載是年弛禁，陸《書》又載是年設禁，恐以追述往事爲今事耳。』至《續通鑑長編》則謂在七月，云：「七月，始於江北置折博務，禁商旅過江。詔諭唐主，恐其挾中國之勢，有所侵擾也。」今陸《書》謂在八月，疑有所據。按：《景定建康志》卷二即謂在八月乙未，載太祖諭李煜詔云：「朕撫寧邦國，愛育黎民，欲禮讓之興行，期干戈之偃戢。爰自江表，內附商旅，南通車書，雖嘉於混同，關市每煩於候接。其間不無群小，罔顧憲章，或尙氣以憑陵，或使酒而喧競。每達朕聽，深用憮然。雖曾指揮，尙未嚴肅，已降宣命，自今諸處不令客旅過江，只於江北置務折博，凡有貨幣，但於彼處貿易，載惟通晤，當體睠懷。」

④《新五代史·南唐世家·李煜傳》作仲㝢。

⑤《新五代史·南唐世家·李煜傳》作仲議。《續通鑑長編》以封仲㝢、仲宣於七月，云：「七月，唐主封長子仲㝢爲清源公，次子仲宣爲宣城公。」

⑥按：馬令《南唐書·宣城公傳》：「宣城公仲宣，後主子也。……乾德二年卒，年四歲。」然則仲宣生於建隆二年。《唐餘紀傳》卷

三「國紀第三」作「仲寓」。

⑦《金陵通紀》卷七：「國后周氏寵嬖專房，創爲高髻纖裳，及首翹鬢朵之妝，人皆效之。嘗雪夜酣飲，請國主起舞，創邀醉舞破，命牋綴譜，俄頃成曲。又有《悵來遲破》，亦后所製。故唐盛時，霓裳羽衣最爲大曲，亂後絕不復傳。后得殘譜，以琵琶寫之，於是開元天寶之音復傳於江南。冬十一月，后疾篤，親取元宗所賜燒檀琵琶，及平時約臂玉環爲別。越三日，沐浴妝澤自納含玉，殂於瑤光殿之西室。」

《江南別錄》：「周后疾，後主朝夕臨視，藥非親嘗不進，衣不解帶者逾月。及殂，哀毀骨立，杖然後起。立后妹爲后。」《玉壺清話·江南遺事》：「後主煜幼子宣城郡公仲宣，國后周氏所生。敏慧特異，眉目神采若圖畫，三歲能誦《孝經》及古雜文。煜置膝上，授之以數萬言。因作樂，盡別其節，宮中謙侍自然，知事親之禮，見士大夫揖讓進退，皆如成人。樓霞道者，異僧也，能知往事，自鍾山迎於大內，令嬪御抱出此兒見之，自能合爪於顙，樓霞曰：『不祥之器也。此兒與陛下并后夙有深冤，以陛下積德，不能酷償，故爲劫恩愛，賊託掖庭，割父母之肝腸，宜善食之而勿戀。』年五歲，忽自言曰：「兒不能久居，今將去矣。」因瞑目逝。周后在疾，聞之亦逝。煜悼痛傷悲，哽躄幾絕者數四，將赴井，救之獲免。」《續通鑑長編》「仲宣」作「仲宜」，乾德二年十月：「唐宣城公仲宜卒，封岐王，謚懷獻。仲宜早慧，昭惠后同氏甚愛之，因傷悲得疾。」又十一月，「唐昭惠后殂。」《皇宋通鑑長編紀事本末》三、《唐餘紀傳》卷三「國紀第三」同，與陸《書》異。

⑧陸游《入蜀記》：「戒壇寺，古謂之瓦棺寺，有閣，因岡阜，其高十丈，李太白所謂『鍾山對北戶，淮水入南榮』者。又《橫江詞》：『一風三日吹倒山，白浪高於瓦棺閣』是也。南唐後主時，朝廷遣

武臣魏丕來使，南唐意其不能文，即宴於是閣，因求賦詩。丕攬筆成篇，末句云：『莫教雷雨損基扃。』後主君臣皆失色。及南唐之亡，爲吳越兵所焚。」《宋史·魏丕傳》：「魏丕字齊物，相州人。……世宗征淮甸，丕獲江南諜者四人，部送行在。詔獎之，賜錢十萬。……南唐主李煜妻卒，遣丕充弔祭使，且使觀其意趣。煜邀丕登昇元閣賦詩，有『朝宗海浪拱星辰』之句以風動之。」馬令《南唐書·後主書第五》：「夏，鄂州黃延謙卒，以宣州林仁肇代。」

〔**史事補遺**〕

一、月日可考之事：

①乾德二年，二月，甲戌，南唐進改葬安陵銀綾絹各萬計。（《宋史·太祖紀》）二月，煜貢助安葬銀一萬兩、綾絹各萬匹，別貢銀二萬兩、金器龍鳳茶酒器數百事。（《金陵新志》，按：《景定建康志》卷十三《建康表九》謂在二月二十八日。）

元月乙卯，太祖賜江南李煜詔：「所上表謝示諭泉、南等州事者。惟彼二州，甚爲僻遠，爰從近歲，繼有變更。初從效淪亡，不能傳嗣，漢思愚蔽，又失眾心。陳洪進爲下所推，尋來請命。朕雖德薄，義在君臨，苟爽懷來，是虧柔遠。且漳南之地，夐隔海隅，終慮遐陬，或更生事。所宜示以朝命，安其物情。近已特授洪進節旄，委以鎮撫。推公示信，固無私焉，在予素心，應所備悉。」（《全宋文》卷三）

②三月，唐主上表謝示諭陳洪進事，乙卯，詔答之。（《續通鑑長編》）按：據《景定建康志》所載，答事在二月乙卯，云：「所上表謝示諭泉南等州事者，惟彼二州，甚爲僻遠，爰從近歲，有變更初。從效淪亡，不能傳嗣；漢思愚蔽，又失眾心，陳洪進爲下所推，尋來請命。朕維德薄，義在君臨，苟爽懷來，是虧柔遠。且漳南之地，

夐隔海隅，終慮退陬，或更生事，所宜示以朝命，安其物情。近已特授洪進節麾，委以鎮撫，推公示信，固無私焉。在予素心，應所備悉。」據是，則《續通鑑長編》或誤置於三月。

③三月，甲戌，唐主遣使修貢，助安陵改卜也。（《續通鑑長編》），按：《皇宋通鑑長編紀事本末》三則作十一月，未知孰是。

④五月，揚州暴風，壞軍營舍僅百區。（《宋史·五行志》，按：王士禎《香祖筆記》卷二云：「僅字有少、餘二義。唐人多作餘義用，……《玉壺清話》：『《南唐先主傳》：吳越災，遣使唁之，賷帑糧鏹，僅百餘艘』之類。至宋人，始率從少義，迄今沿用之。」）

⑤十二月，甲子，唐主遣使來修貢。（《續通鑑長編》，《皇宋通鑑長編紀事本末》三同）


乾德三年（九六五）。

夏，五月，司空平章事嚴續，①罷為鎮海軍節度使。

秋，九月，雨沙。聖尊后鍾氏殂。②

冬，十月，太祖遣染院使李光圖來弔祭。③


〔考釋〕

①《續通鑑長編》乾德三年五月，「是月，唐司空、平章事嚴續出為潤州節度使。時機務多歸樞密院，宰相備位而已。中書舍人、樞密副使豫章陳喬柔懦畏怯，吏潛結權倖，多為非法，皆不能制。喬累遷門下侍郎、樞密使。」馬令《南唐書·後主書第五》於年夏云：「以司空平章事嚴續鎮潤州。」

②馬令《南唐書·後主書第五》：「聖尊后鍾氏殂。」又注云：「朝廷許元宗追復帝號，故鍾氏稱皇后。」《皇宋通鑑長編紀事本末》三：「九月，唐光穆聖尊后鍾氏殂江左，籠山澤利，國帑甚富，德

昌宮其外府也。簿籍淆亂，不可稽考。劉承勳掌宮事器用無算，后喪衛士當給服者，　皆無布，但賦以錢，其後德昌宮中屋壞，得布四十間，殆千萬端，蓋義祖相吳日所貯也，其無政事類此。」《景定建康志》卷十三《建康表九》云：「煜母鍾氏卒，遣染院副使李光圖充弔祭使。」《金陵通紀》卷七同。

③《皇宋通鑑長編紀事本末》三：「十月戊申，遣染院使李光嗣來弔祭。」與陸《書》「李光圖」異。


〔史事補遺〕

一、月日可考之事：

①正月，葬昭惠后於懿陵，國主哀甚，自製誄，刻之石，與后所愛金屑檀槽琵琶同葬。」（《金陵通紀》卷七）

②二月，唐主煜及吳越王俶，並遣使修貢，賀長春節。（《續資治通鑑長編》）（《皇宋通鑑長編紀事本末》三同）

二月，煜貢長春節，御衣二襲、金酒器千兩、錦綺綾羅各千匹、銀器五千兩。十四日，又貢賀收復西川銀五萬兩。（《金陵新志》，按：《景定建康志》卷十三《建康表九》謂在二月二日。）

③三年，獻銀二萬兩、金銀龍鳳茶酒器數百事。（《宋史·南唐世家·李煜傳》）

④四月，癸丑，唐主遣使來修貢，賀平蜀也。（《續通鑑長編》）

⑤六月，揚州暴風，壞軍營舍及城上敵棚。（《宋史·五行志》五）

⑥閏八月，唐主，遣使來貢，助修乾元殿。（《續通鑑長編》）

⑦秋，九月，雨沙。（《金陵通紀》卷七）

秋，九月，聖尊后鍾氏殂，召南都留守鄧王從益還都，以鄂州林仁肇為南都留守，南昌尹葬光穆皇后于順陵。〔原注：朝廷許元宗追復帝號，故鍾氏稱皇后。〕（馬令《南唐書·後主書第五》）

二、月日不可考之事：

①以江州朱業爲神武統軍侍衛都軍使，以虔州留後柴克貞爲奉化軍節
　度使。夏……召南都留守鄧王從益還都，以鄂州林仁肇爲南都留，
　守南昌尹。（馬令《南唐書·後主書第五》）

乾德四年（九六六），秋，八月，國主遣龔愼儀持書使南
漢，約與俱事中朝。九月，愼儀至番禺，被執。①

　　〔考釋〕

①《南唐書補注》：「《乾隆府廳州縣圖志》：『廣州番禺縣番山，
　在縣城東南，以番山禺山得名。《山海經》謂之賁禺。禺山在縣西
　南一里，漢尉佗葬於此。」

　　〔史事補遺〕

一、月日可考之事：

①夏五月，以吉州刺史楊守忠爲武清軍節度使留後。（馬令《南唐書
　·後主書第五》）

②七月，煜上言占城國使入貢，道出臣國，遣臣犀角一株、牙二株、
　白龍腦三十兩、蒼龍腦十斤、乳香千斤、沈香三千斤、煎香七千斤、
　石亭脂五十斤、白檀百斤、紫礦五十斤、豆蔻二萬顆、龍腦三斤、
　檳榔五十斤、藤花簟四領、占城孤班古縵二段、闍婆禮鸞古縵一
　段、闍婆沙鵝古縵一段、繡古縵一段、繡水織布五匹、沙剜錦繡古
　縵一段，以其物來上。詔曰：「遠夷述職，欽我文明，經行既歷於
　彼邦，贄聘遂修於常禮，煩持信幣，遠至上都，深認忠勤，即宜收
　領。」令後更有禮幣，不須進來。煜以邸院稍乏贍供，將茶二十萬
　斤納於建安軍，詔給價錢。（《景定建康志》卷十三《建康表九》）

③多十月，神武統軍朱業卒。（馬令《南唐書・後主書第五》）

④十有二月，潤州嚴續卒。（馬令《南唐書・後主書第五》）

乾德五年（九六七），春，命兩省侍郎、諫議、給事中、中書舍人、集賢勤政殿學士，更直光政殿，召對、咨訪，率至夜分。①

〔考釋〕

①《新五代史・南唐世家・李煜傳》：「五年，命兩省侍郎、給事中、中書舍人、集賢勤政殿學士，分夕於光政殿宿直，煜引與談論。」馬令《南唐書・後主書第五》：「五年，春，命兩省侍郎、諫議大夫、給事中、中書舍人、集賢勤政殿學士，分夕於光政殿宿直，國主引與譚論，或至夜分。」《續通鑑長編》乾德五年三月：「三月，唐主命兩省侍郎、諫議大夫、給事中、中書舍人、集賢勤政殿學士分夕於光政殿宿直，與之劇談，或至夜分乃罷。」《皇宋通鑑長編紀事本末》三：「五年，唐主命兩省侍郎諫議大夫、給事中、中書舍人、集賢勤政殿學士，分夕於光政殿宿直，與之劇談，或至夜分乃罷。」《金陵通紀》卷七所敘略同。

〔史事補遺〕

一、月日不可考之事：

①唐主事佛甚謹，中書舍人張洎每見輒談佛法，由是驟有寵。初，唐主於宮苑造寺，僧尼常數百人，先代嬪嬙，悉度為尼。朝退，則僧服誦經，拜跪盡瘁，不厭。僧或犯姦，有司請論如律，唐主曰：「刑之，則縱其欲矣。」但令禮佛三百，赦其罪。有為塔像佛飾侈靡者，唐主尤之。僧曰：「階下不讀《華嚴經》，豈知佛富貴乎？」國人

化之，佛事逾熾。當時大臣亦多蔬食持戒以奉佛，中書舍人徐鉉獨否，然絕好鬼神之說。（《續通鑑長編》）

唐主事佛甚謹，中書舍人張洎每見，輒談佛法，由是驟有寵。初，唐主於宮苑造寺，僧尼常百數，先代嬪嬙悉度爲尼，朝退則僧服誦經，拜跪盡瘁不厭。僧或犯姦，有司請論如律，唐主曰：『刑之則縱其欲矣，但令禮佛三百拜，赦其罪。』當時大臣亦多蔬食，持戒以奉佛，中書舍人徐鉉獨否，然絕好鬼神之說。（《皇宋通鑑長編紀事本末》三略同《續通鑑長編》。）

②都城烽火使韓德霸怙權暴橫，國人畏之，出遇盧郢調笛不輟，使數卒捕郢，郢奮肱搏之，卒不能逼。後與黃夢錫自國學出，又遇德霸，不避其呵道，德霸叱收之。郢等投瓦石擊走其導從，毆德霸，傷面，德霸訴於國主。國主讓曰：「國子監，先帝育才之地，孤亦賴此等與之共治，汝鬥監前，是必凌辱士人也。」遂罷其職，明年，郢舉進士。（《金陵通紀》卷七）

開寶元年（九六八）。①
春，三月，戊申，以樞密使右僕射殷崇義②爲左僕射同平章事。境內旱，③太祖賜米、麥十萬石。
冬，十一月，立國后周氏。④

〔考釋〕

①宋釋文瑩《玉壺清話·李先主傳》曰：「主遣熙載入朝聘謝。熙載歸語主曰：『五星連珠於奎，奎主文章，仍在魯分。今晉王鎮兗、海，料非久必作太平中國之主，願記臣語。』時乾德丁卯之歲也。」

②殷崇義，即湯悅。馬令《南唐書·湯悅傳》曰：「湯悅，其先陳州西華人。父殷文圭，唐末有才名。悅本名崇義，仕南唐爲宰相。建

隆初，避宣祖廟諱，改姓湯。悅嘗撰《揚州孝先寺碑》，周世宗親
征淮南，駐蹕於寺，讀其文，賞歎之。及畫江請平，元宗使悅入貢，
世宗待之加禮。自淮上用兵，凡書檄教誥皆出於悅，特為典贍，切
於事情。世宗每覽江左章奏，形於嗟重。後仕皇朝，奉太宗皇帝敕，
撰《江南錄》十卷，自言有陳壽史體。」《南唐書注》引《天下名
勝志》曰：「文圭小字桂郎，卜居九華，潛心苦學，所用墨池，底
為之穿。赴舉時，途遇一叟，熟視之曰：『君口可容拳，如學道，
當沖舉；不爾，有大名於天下。』乾寧中及第，為裴樞宣諭判官，
成南殷村宅墓俱存，子行義，幼時見星墜水，掬而吞之，自是文思
日奇。仕南唐宰相，後隨李主歸宋，遷光祿卿，避諱，改姓名為湯
悅，奉敕撰《江南錄》十卷，今城東里相公墩，是其讀書處。」湯
悅為左僕射同平章事，《續通鑑長編》亦載於開寶元年三月，云：
「戊申，唐主以樞密使、右僕射湯悅為左僕射、兼門下侍郎、平章
事。悅素獎待清輝殿學士張洎。洎能伺人主顏色，善構同列短長，
以悅四子布列三省、樞密使，密表云「親切之地，魚貫其間」，又
言「悅非經綸才，不宜居相位。國主以悅文學舊臣，罷洎學士，俄
復故。」而馬令《南唐書·後主書第五》編於二年春，云：「以禮
部侍郎湯悅為門下侍郎平章事，知制誥。張洎上疏曰：『悅非經綸
之才，不宜處鈞衡之地。』國主以悅文學舊臣，特加獎用，乃罷洎
職。」馬《書》疑誤。

又諸書載悅之佚事，摘數則以見。《玉壺清話·李先主傳》曰：「主
有異見，人之休戚死生，皆先見之。湯悅仕吳為秘校，主受禪，用
為學士。一日，謂悅曰：『近覺卿神彩明煥，精芒中發，得非有異
遇乎？』悅不敢隱，曰：『臣數日前，夙興頮面，流星墜盆中，驚
異之際，將掬之，星飛入口，餘無他遇。』主曰：『卿之貴異，他
日無比者。』果事三朝，後歸朝為太子詹事，八十餘卒。」《春明

退朝錄》卷上：「太平興國元年，湯率更悅、徐騎省鉉直學士院，
王梓州克正、張侍郎泊直舍人院，四公皆江南文士也。」

③宋陶穀《清異錄》卷一：「李主在國時，自作祈雨文，曰：『尚乖
龍潤之祥』。」

④《續通鑑長編》開寶元年十一月，「唐主納后周氏，昭惠后之妹也。
美姿容，以姻戚往來，先得幸於唐主。昭惠疾甚，忽見后入，顧問：
『妹幾時至宮？』后幼，未有所知，乃以實對，曰：『數日矣。』
昭惠怒，遂轉鄉而臥，不復顧。既殂，后常出入禁中，至是，納以
為后。其夕宴群臣，韓熙載等皆賦詩以風，唐主亦不之譴也。初議
婚禮，詔中書舍人徐鉉、知制誥潘佑與禮官參定。婚禮古不用樂，
佑以為古今不相沿襲，固請用樂。又按《禮》，房中樂無鐘鼓，佑
謂鉉曰：『窈窕淑女，鐘鼓樂之。此非房中樂而何？』后初見帝，
北齊禮有『后先拜後起，帝後拜先起』之文，蓋冠禮所謂母答子奇
拜者也。鉉以為夫婦人倫之本，所以承祖宗，主祭祀，請答奇拜。
佑以為王者婚禮，不與庶人同，請不答拜。又車服之制，多所駁異，
議久不決。唐主命文安郡公徐游詳其是非，時佑方有寵，游希旨，
奏用佑議。游尋病殂，鉉戲謂人曰：『周、孔亦能為祟乎？』佑，
廣陵人也。唐主既納周后，頗留情樂府，監察御史張憲上疏，其略
曰：『大展教坊，廣開第宅，下條制則教人廉隅，處宮苑則多方奇
巧。道路皆言以戶部侍郎孟拱辰宅與教坊使袁承進，昔高祖欲拜舞
胡安叱奴為散騎侍郎，舉朝皆笑。今雖不拜承進為侍郎，而賜以侍
郎居宅，事亦相類矣。』唐主批諭再三，賜帛三十段，旌其敢言，
然終不能改也。」按：《江南別錄》亦載云：「王者婚禮，歷代少
有詔，中書舍人徐鉉知制誥，潘佑與禮官，參議互有矛楯，議久不
決，後令文安郡公徐遊評其是非。時佑方寵用，遊希旨，奏佑為長。
月餘遊病疽，鉉戲謂人曰：『周孔亦能為祟乎？』」又《南唐書補

注》云：「按：昭惠后好音律，能拊爲新聲，故唐《霓裳羽衣曲》，后得殘譜以琵琶奏之，復傳於世。後主因亦耽嗜。張憲切諫，賜帛三十匹詳。見《昭惠傳》。《續長編》誤屬小周后，當以是書爲正。」

《金陵通紀》卷七：「開寶元年冬十一月，國主納故后女弟周氏爲后，特舉親迎之禮，以校鵝代白雁，使銜書。民庶觀者如堵。后被寵過於昭惠后。國主嘗於群花中作小亭，冪以紅羅，與后酣飲其閒，柔儀殿有主香宮女，其焚香之器，凡數十種。璀璨奪目（原注：有把子蓮三，雲鳳折腰獅子，小三神山，互字金鳳口，玉太古、容華鼎等名。）又有秋水窅娘二宮人。秋水喜簪異花，常有蜻遶其上。窅娘纖麗善舞，國主爲作金蓮，高六尺，命窅娘以帛纏足，作新月形，素襪舞於其中，由是人多效之。」

## 〔史事補遺〕

一、月日可考之事：

①二月二十一日，煜請依乾德金年例納茶給錢，從之。（《景定建康志》卷十三《建康表九》）

②五月，唐主以勤政殿學士承旨、兵部尙書、修國史韓熙載爲中書侍郎、百勝節度使、兼中書令。熙載上疏論刑政之要，古今之勢，災異之變，及獻所撰格言。唐主手詔褒答，而有是命。（《續通鑑長編》，《宋史紀事本末》卷六《平江南》又曰：「熙載顯德中入朝歸國，唐主景問中國大臣，熙載曰：『趙點檢顧視不常，不可測也。』帝受禪，景益重之，欲以爲相，以帷薄不修而止。至是復用。」）

二、月日不可考之事：

①是歲北漢主鈞殂，養子繼恩立。漢亡。（《南唐書注》卷三）

②南唐後主割崇仁之仙桂、崇賢、待賢三鄉爲宜黃場，去崇仁甚遠，
　民苦之，胥仕隆倡首請於朝，欲陞場爲縣，而以其祖所遺基隴輸
　官，助建縣治，後主允之，實宋太祖開寶元年也。世代屢更，雖子
　孫莫知其故。洪武十七年，邑之顯德寺燬，人於佛像腹藏中得仕隆
　當日禱佛建縣請詞，始悉其事。仕隆，字世昌，其先長沙人，徙居
　黃墳鎮。」」（《南唐書補注》引《江西通志》）
③是歲，鄧王從鎰出鎮宣州，國主率近臣賦詩，餞之於綺霞閣。（《金
　陵通紀》卷七）

開寶二年（九六九），三月，以游簡言爲左僕射兼門下侍
郎同平章事。①
夏，五月，簡言卒。②
是歲，左僕射同平章事殷崇義罷爲潤州節度使同平章事。

〔考釋〕

①《續通鑑長編》開寶二年三月：「唐右僕射、判省游簡言躬親簿領，
　督責稽緩，僚吏畏之。然暗於大體，不爲士大夫所重，人有請託者，
　必故違戾，不復顧其是否。數以疾辭位，唐主不許。是月，命簡言
　兼門下侍郎、平章事。」
②《續通鑑長編》記此事於開寶二年閏五月，「是月，唐右僕射、兼
　門下侍郎、平章事游簡言卒。」

〔史事補遺〕

一、月日可考之事：

①六月，唐主遣其弟吉王從謙來貢，辛卯，見于祚城縣。唐水部員外
　郎查元方掌從謙牋奏，上命知制誥盧多遜燕從謙於館。多遜弈棋

次，謂元方曰：「江南竟如何？」元方斂衽對曰：「江南事大朝十餘年，極盡君臣之禮，不知其他。」多遜媿謝曰：「孰謂江南無人。」元方，文徵子也。（《皇宋通鑑長編紀事本末》三）開寶二年，上親征太原。六月，還次滑州，唐主遣其弟吉王從謙來貢。唐水部員外郎查元方掌從謙牋奏，上命知制誥盧多遜燕從謙於館，多遜弈棋次，謂元方曰：『江南竟如何？』元方斂衽對曰：『江南事大朝十餘年，極盡君臣之禮，不知其他。』多遜愧謝曰：『孰謂江南無人！』（《皇宋通鑑長編紀事本末》三，《景定建康志》卷十三《建康表九》同。）

②十一月，唐主校獵於青龍山，還至大理寺，親錄囚繫，多所原宥。中書侍郎韓熙載劾奏：「獄必由有司，囹圄之中非車駕所宜至，請省司罰內帑錢三百萬充軍儲。」（《續通鑑長編》）

冬，較獵于青龍山，還憩大理寸，親錄囚徒，原貸甚衆。韓熙載奏，獄訟有司之事，囹圄之中，非車駕所至，請捐內帑三百萬，充軍資庫用，國主從之，曰：「繩愆糾繆。其熙載之謂乎！」天子詔國主諭南漢稱臣，劉鋹怒，執我行人龔愼儀。（馬令《南唐書·後主書第五》）

冬，國主校獵於青龍山，還幸大理寺，錄囚，原貸甚衆。時諸郡斷死囚，必先期奏牘，遇齋日則於宮內然佛燈，達旦不滅則貸死，謂之命燈。（《金陵通紀》卷七）

中書侍郎韓熙載劾：「獄必由有司，囹圄之中非車駕所宜至，請省司罰內帑錢三百萬充軍儲。」（《續通鑑長編》）

按：太平興國三年，陸《書》綜後主一事，即述此事，詳該年考釋。

二、月日不可考之事：

①春，唐樞密使、左僕射、平章事湯悅罷爲鎮海節度使。悅不樂居藩，

上章求解，於是改授太子太傅、監修國史，仍領鎮海節度使。（《續通鑑長編》）

②夏，以禮部侍郎湯悅爲門下侍郎平章事，知製誥張洎上疏曰：「悅非經綸之才，不宜處鈞衡之地。」國主以悅文學舊臣，特加獎用，乃罷洎職。（馬令《南唐書·後主書第五》）

開寶三年（九七〇），夏，太白晝見。①二日相觸。

〔考釋〕

①《江南野史》曰：「至秋方沒。」

〔史事補遺〕

一、月日可考之事：

①六月，丙寅，唐中書侍郎韓熙載卒。初，唐主以熙載盡忠，能直言，欲用爲相，而熙載任情棄禮，後房妓妾數十人，多出外舍私侍賓客，唐主以此難之。俄被劾奏，左遷右庶子，分司南都，熙載盡斥諸妓，單車即路，且上表求哀，唐主喜，留之，尋復其位。已而諸妓稍稍復還，唐主曰：「吾無如之何矣。」及卒，唐主歎曰：「吾終不得熙載爲相也。」欲贈以平章事，問前世有此比否，近臣對曰：「昔劉穆之贈開府儀同三司。」乃手書贈熙載平章事。熙載家無餘財，棺槨衣衾，皆唐主賜之。（《續通鑑長編》，又注云：「據《徐鉉集》，熙載卒於此年七月二十七日丙寅也。《江南野錄》載熙載事跡尤詳，然極不雅馴，今止用《五代史》、《九國志》，稍增飾之。」）

煜嘗以熙載盡忠，能直言，欲用爲相，而熙載後房妓妾數十人，多出外舍私侍賓客，煜以此難之，左授熙載右庶子，分司南都。熙載

盡斥諸妓，單車上道，煜喜留之，復其位，已而諸妓稍稍復還，煜曰：「吾無如之何矣！」是歲，熙載卒，煜歎曰：「吾終不得熙載為相也。」欲以平章事贈之，問前世有此比否？群臣對曰：「昔劉穆之贈開府儀同三司。」（《新五代史·南唐世家·李煜傳》）

開寶三年，中書侍郎韓熙載卒，贈平章事。命境內崇修佛寺，又於禁中廣署僧尼精舍，多聚徒眾，國主與后頂僧伽帽，衣袈裟誦佛經，拜跪頓顙，至為瘤贅。由是建康城中僧徒迨至數千，給廩米絹帛以供之。（馬令《南唐書·後主書第五》）

②八月，唐主復令知制誥潘佑作書數千言諭南漢主以歸款於中國，遣給事中龔慎儀往使。南漢主得書，大怒，遂囚慎儀。驛書答唐主，甚不遜。唐主以其書來上，上始決意伐之。（《續通鑑長編》）

上命江南主煜招諭廣南主劉鋹，鋹不聽，囚其龔慎儀。（《稽古錄》宋太祖開寶三年七月後、九月前）


二、月日不可考之事：

①三年春，命境內崇修佛寺，改寶公院為開善道場。國主與后僧服，誦經拜跪終日，嘗創報慈院，令僧行言居之；創淨德院，令僧智筠居之。又有淮北僧，自言慕化遠來，善談禪，國主令於牛頭山大起蘭若，廣召僧徒人，謂之小長老。（《金陵通紀》卷七）

②三年，獻銀二萬兩、金銀龍鳳茶酒器數百事。（《宋史·南唐世家·李煜傳》）

③是冬，唐南都留守建安林仁肇密表言：「淮南諸州戍兵各不過千人，宋朝前年滅蜀，今又取嶺表，往返數千里，師旅罷敝。願假臣兵數萬，自壽春北渡，徑據正陽，因思舊之民，可復江北舊境。彼縱來援，臣據淮對壘而禦之，勢不能敵。兵起之日，請以臣舉兵外叛聞於宋朝，事成國家享其利，敗則族臣家，明陛下無二心。」唐主懼

無成功，徒速敗，不從。初，宜春人盧絳詣樞密使陳喬獻書，喬異之，擢爲本院承旨，遷沿江巡檢，召募亡命，習水戰，屢要吳越兵於海門，獲舟艦數百。嘗說唐主曰：「吳越，仇讎也。他日必爲北朝鄉導，掎角攻我，當先滅之。」唐主曰：「大朝附庸，安敢加兵？」絳曰：「臣請詐以宣、歙州叛，陛下聲言討伐，且乞兵於吳越，兵至拒擊，臣躡而攻之，其國必亡。」唐主亦不能用。（《續通鑑長編》）（《皇宋通鑑長編紀事本末》三同）

開寶四年（九七一）冬，十月，國主聞太祖滅南漢，屯兵於漢陽，大懼，遣太尉中書令鄭王從善朝貢。①稱江南國主，請罷詔書不名。②從之。有商人來告中朝造戰艦數千艘在荊南，請密往焚之，國主懼，不敢從。③

〔考釋〕

①《江南別錄》：「遣長弟從善入貢，因留質。後主天性友愛，自從善不還，歲時宴會皆罷，惟作《登高賦》以見意，曰：『原有鶺兮相從飛，嗟我季兮不來歸。』」明毛先舒《南唐拾遺記》所載略同。《新五代史·南唐世家·李煜傳》：「開寶四年，煜遣其弟韓王從善朝京師，遂留不遣。煜手疏求從善還國，太祖皇帝不許。煜嘗怏怏以國蹙爲憂，日與臣下酣宴，愁思悲歌不已。」馬令《南唐書·後主書第五》：「夏四月，……遣弟韓王從善入朝，留于京師，授泰寧軍節度使。國主表求從善還國，不許。自從善不還，四時宴會皆罷，登高賦文以見意，曰：『原有鶺兮相從飛，嗟嗟季兮不來歸，常怏怏以國蹙爲憂。』」又《宋史·南唐世家·李煜傳》曰：「太祖以從善爲泰寧軍節度，賜第留京師。」《金陵通紀》卷七：「南楚國公從善奉方物朝宋，爲宋所留。九月，國主作《卻登高》文以

懷焉。」

按：《景定建康志》卷十三《建康表九》以此事作十一月，云：「煜遣弟鄭王從善為郊禋來朝貢，始去唐號，改印文為江南國主印，賜詔乞呼名，從之。先是，煜以銀五百兩遺丞相趙普，普告于上，上曰：『此不可不受。』普叩頭辭讓。上曰：『大國之體，不可自為削弱，當使之勿測。』及從善入覷，常賜外密賚白金，如遺普數。江南君臣聞之，皆震駭服上偉度。」此事宋楊億《楊文公談苑》詳載，曰：「開寶中，趙普猶秉政，江南後主以銀五萬兩遺普，普白太祖，太祖曰：『此不可不受，但以書答謝，少賂其來使可也。』普叩頭辭讓，上曰：『大國之體，不可自為寢弱，當使之勿測。』既而後主遣其弟從善入貢，常賜外，密賚白金如遺普之數，江南君臣始震駭，服上之偉度。」又宋李燾《續資治通鑑長編》：「先是，國主以銀五萬兩遺宰相趙普，普告於上，上曰：『此不可不受，但以書答謝，少賂其使者可也。』普叩頭辭讓，上曰：『大國之體，不可自為削弱，當使之不測。』及從善入覲，常賜外，密賚白金如遺普之數。江南君臣聞之，皆震駭，服上偉度。」《皇宋通鑑長編紀事本末》三同。據是，則當時後主殆欲借贈遺以動宋室大臣，一則或借以暫緩攻南唐，二則如宋大臣貪瀆，而不使趙匡胤，則政治不清明，而江南庶幾可安，斯亦當時一法，惜趙匡胤大度，而後主不測其幾微，於是國用因是而虛耗。

② 《江南別錄》：「元宗稱臣於周，惟去尊號，用周正朔，其諸制度猶未全改。後主即位，始衣紫袍。王師屯漢陽、鄂州，楊守中以聞，人心大恼，乃下制貶損臺省名號，並皆改易，王皆降封公。」《續通鑑長編》開寶四年十一月癸巳朔，「江南國主煜遣其弟鄭王從善來朝貢。於是始去唐號，改印文為『江南國印』，賜詔乞呼名，從之。」宋陸游《老學庵筆記》卷六：「周世宗時，李景奉正朔，上

表自稱唐國主，而周稱之曰江南國主。國書之制曰「皇帝致書恭問江南國主。」又以「君」字易「卿」字。至藝祖，於李煜則逕賜詔如藩方矣。」《宋史·南唐世家·李煜傳》曰：「以將郊祀，又遣弟從善來貢。會嶺南平，煜懼，上表，遂改唐國主為江南國主，唐國印為江南國印。又上表請所賜詔呼名，許之。」又云：「遣弟從謙奉珍寶器用金帛為貢，其數皆倍於前。」

③馬令《南唐書·後主書第五》：「冬，有商人上密事，請往江陵竊燒皇朝戰艦，國主懼事泄，不聽，商人遁去。」

〔史事補遺〕

一、月日可考之事：

①四年，春，劉鋹俘于京師，國除。(馬令《南唐書·後主書第五》)

②四月，·唐主遣弟吉王從謙來朝貢，且買宴，珍寶器幣，其數皆倍於前。（《續通鑑長編》。）

四月，唐撫州元帥齊王景達卒。唐主緣烈祖之意，贈皇太弟，諡曰昭孝。（《續通鑑長編》）

夏四月，齊王景達卒。（馬令《南唐書·後主書第五》）

③秋，七月，中書侍郎韓熙載卒。熙載自去歲即臥疾戚家山，後葬梅岡謝安墓側，徐鉉為銘。（《金陵通紀》卷七）

④冬，有商人上密事，請往江陵竊燒皇朝戰艦，國主懼事泄，不聽，商人遁去。（馬令《南唐書·後主書第五》）

⑤十二月，江南國主以太子太傅、監修國史湯悅為司空、判三司、尚書都省。（《續通鑑長編》）

二、月日不可考之事：

①開寶四年，又以占城、闍婆、大食國所送禮物來上。（《宋史·南

唐世家·李煜傳》）

十二月，占城、闍婆、大食國皆遣使致方物於江南國主，國主不敢受，遣使來，上詔自今勿以爲獻。（《皇宋通鑑長編紀事本末》三。按：此事《景定建康志》卷十三《建康表九》編在建隆四年，詳之。）

開寶五年（九七二），春，二月，國主下令貶損儀制，改詔爲教，中書門下省爲左右內史府，①尚書省爲司會府，御史台爲司憲府，翰林院爲文館，樞密院爲光政院，大理寺爲詳刑院，客省爲延賓院。官號亦從改易，以避中朝。初，金陵殿闕皆設鴟吻，元宗雖臣於周，猶如故。乾德後，遇中朝使至則去之，使還復設，②至是，遂去不復用。降諸弟封王者皆爲公。從善楚國，從鎰江國，從謙鄂國。內史舍人張佖③知禮部貢舉，放進士楊遂等三人。清耀殿學士張洎言佖多遺才，國主命洎考覆遺不中第者，於是又放王倫等五人。④

閏月，癸巳，太祖命進奉使楚國公從善爲泰寧軍節度使，留京師，賜第汴陽坊，示欲召國主入朝也。⑤國主遣戶部尚書馮延魯謝從善爵，命延魯至京師，疾病，不能朝而歸。

〔考釋〕

①《新五代史·南唐世家·李煜傳》：「五年，煜下令貶損制度。下書稱教，改中書、門下省爲左、右內史府，尚書省爲司會府，御史臺爲司憲府，翰林爲文館，樞密院爲光政院，諸王皆爲國公，以尊朝廷。」馬令《南唐書·後主書第五》：「五年，春，皇朝屯師漢陽，鄂州楊守忠以聞，人心大恟，乃貶損制度，下書稱教，改中書門下省爲左右內史府，尚書省爲司會府，御史台爲司憲府，翰林院

爲文館，樞密院爲光政院，降封韓王從善爲楚國公，鄧王從益爲江國公，吉王從謙爲鄂國公，其餘官號多有改易。」《皇宋通鑑長編紀事本末》三云：「五年二月，上既平廣南，漸欲經理江南，因鄭王從善入貢，遂留之，國主大懼。是月，始損制度，下令稱教，改中書門下爲左右內史府，尚書省爲司會府，御史臺爲司憲府，翰林爲修文館，樞密院爲光政院。從善爲南楚國公，從鎰爲江國公，從謙爲鄂國公。宮殿悉除去鴟吻。」《宋史·南唐世家·李煜傳》：「煜又貶損制度，下書稱教；改中書門下省爲左右內史府，尚書省爲司會府，御史臺爲司憲府，翰林爲文館，樞密院爲光政院；降封諸王爲國公，官號多所改易。」《景定建康志》卷十三《建康表九》所述差同，不贅。

②馬令《南唐書·後主書第五》：「殿庭始去鴟吻，每遇皇朝使至，國主衣紫袍，備藩臣禮，使退，服御如初。」《景定建康志》卷十三《建康表九》同。

③《唐餘紀傳》卷十九《別傳·張佖傳》曰：「張佖，毗陵人，後主朝，仕爲考功員外郎，進中書舍人。開寶五年，貶損制度，改內史舍人，後主雅好文事，雖當末運，猶留意于科第，以佖有文，使知禮部貢舉……佖隨後主附宋，以故臣見敘。太宗朝，佖在史館，一日，問曰：『卿家每食多客，敘談何事？』佖曰：『臣之親舊多客，都下困窮乏貧，臣累輕俸優，常過臣飯，臣不得拒焉，然止菜羹而已！』明日，太宗遣快行者伺其饌客，即其坐取食以進，果止糝飯菜羹，仍皆陶器，上喜其不隱。遷官郎中，其第宅在故里，人稱菜羹張家。」《南唐書注》引《宋別史》曰：「佖官河南，每清明，親詣後主墓於北邙，哭甚哀。李氏子孫陵替者分俸贍之。」《宋史·李昉傳》曰：「昉雅厚張洎而薄張佖，及昉罷相，洎草制深攻詆之，而佖朔望必詣昉，或謂佖曰：『李公待君素薄，何數詣

之？』似曰：『我爲廷尉日，李公方秉政，未嘗一有請求，此吾所以重之也。』」按：似無學問，楊文公《談苑》即有是載，云：「淮南張似知舉進士，試『天雞弄和風』，似但以《文選》中詩句爲題，未嘗詳究也。有進士白試官云：『《爾雅》輪，天雞、鶾，天雞，天雞有二，未知孰是？』似大驚，不能對，亟取《爾雅》，檢《釋蟲》有：『輪，天雞，小蟲，黑身，赤頭，一名莎雞，一名樗雞。』《釋鳥》有『鶾，天雞，赤羽，《逸周書》曰：文鶾若彩雞，成王時蜀人獻之。』江東士人深於學問有如此者。」

④《南唐近事》曰：「程員舉進士，將逼試，夜夢烏衣吏及門告員曰：『君與王倫、廖衢、陳度、魏清並已及第。』員夢中驚喜，理服馳馬詣省門，見楊遂、張觀、曾覬立街中謂曰：『榜在雞行，何忽至此。』員悵然而覺。祕不敢言。其年考功員外郎張似權知貢舉，果放楊遂等三人，員輩卒無徵應。既夏，內降御札，尚慮遺賢，命張泊舍人取所試詩賦就中書重定，務在精選。泊果取員等五人附來春別榜及第，明年歲在癸酉也。」按：酉爲雞，故云。

⑤《景定建康志》卷十三《建康表九》同，《皇宋通鑑長編紀事本末》三：「閏二月癸巳，以江南進奉使李從善爲泰寧節度使，賜第京師。」《全宋文》卷六《宋太祖六》載《江南進奉使李從善泰寧軍節度使制》。

〔**史事補遺**〕

一、月日可考之事：

①閏二月……國主雖外示畏服，修藩臣之禮，而內實繕甲募兵，陰爲戰守計。上使從善致書諷國主入朝，國主不從，但增歲貢而已。南都留守兼侍中林仁肇有威名，朝廷忌之，賂其侍者，竊取仁肇畫像，懸之別室，引江南使者觀之，問何人。使者曰：「林仁肇也。」

曰：「仁肇將來降，先持此爲信。」又指空館曰：「將以賜仁肇。」
國主不知其間，鴆殺仁肇。（《皇宋通鑑長編紀事本末》三。《景
定建康志》卷十三《建康表九》所述差同。又《宋史紀事本末》卷
六《平江南》載曰：「五年二月，江南江都留守林仁肇密陳，淮南
戍兵少，宋前已滅蜀，今又取嶺南，道遠師疲，願假臣兵數萬，自
壽春徑渡，復江北舊境，彼縱來援，臣據淮禦之，勢不能敵，兵起
日，請以臣叛聞於北朝。事成，國享其利，敗則族臣家，明陛下無
二心。」江南主不聽。又沿江巡檢盧絳募亡命，習水戰，屢破吳越
兵於海門，亦嘗說江南主曰：『吳越，仇讎也，他日必爲北朝犄角，
臣請詐以宣歙叛，陛下聲言討臣，臣且乞兵吳越，室則躡而攻之，
其國可取。』江南主亦不用，帝忌仁肇威名，賂其侍者，竊取仁肇
畫像懸別室，引江南使者觀之，問：『何人？』使者曰：『林仁肇
也。』曰：『仁肇將來降，先持此爲信。』又指空館曰：『將以此
賜仁肇。』使者歸，白江南主，江南主不知其間，鴆殺仁肇。」）

二、月日不可考之事：
①是年長春節，別貢錢三十萬，遂以爲常。又貢米麥二十萬石。雖外
　示畏服，修藩臣之禮，而內實繕甲募兵，潛爲戰備。太祖慮其難制，
　令從善諭旨於煜，使來朝，煜但奉方物爲貢。（《宋史·南唐世家
　·李煜傳》）

開寶六年(九七三)，夏，太祖遣翰林院學士盧多遜來，①
國主聞太祖欲興師，②上表願受爵命，③不許。以司空殷
崇義知左右內史事。
冬，十月，內史舍人潘佑④上書切諫，佑素與戶部侍郎李
平交厚，國主以爲事皆由平始，先以平屬吏，遣使收佑。

佑自殺⑤，平縊死獄中，皆徙其家外郡。

〔考釋〕

①《江南別錄》：「天朝使中書舍人盧多遜來聘，南伐之謀，兆於此矣。後主微知之，遣使願受封策太祖不許。」馬令《南唐書・後主書第五》以盧多遜至南國為春時，云：「六年，春，皇朝使中書舍人盧多遜來聘，國主受封拜，不許。」《皇宋通鑑長編紀事本末》三編此事於四月，云：「六年四月，遣盧多遜為江南生辰國信使。多遜至江南，得其臣主歡心，及還，艤舟宣化口，使人白國主曰：『朝廷重修天下圖經，史館獨闕江東諸州，願各求一本以歸。』國主亟令繕寫，命中書舍人徐鍇等通夕讎對，送與之。多遜及發，於是江南十九州之形勢屯戍遠近，戶口多寡，多遜盡得之矣。歸即言江南衰弱可取狀，上嘉其謀，始有意大用。」〔按：宋王應麟《玉海》卷十四「地理」云：「四年正月戊午，命知制誥盧多遜、扈蒙等重修天下圖經，其書迄一火克成。六年四月辛丑，多遜使江南求江表諸州圖經，以備修書，於是十九州形勢盡得之。」〕《隆平集》四：「盧多遜，懷州人，父億，有操行，仕至少府監。周顯德末登進士第。開寶中，累擢參知政事。九年，拜相。多遜博涉經史，善伺人主意，太祖每遣取書，多遜伺知，即通夕閱視；詰朝，問書中事，應答無滯。上益寵，待為翰林學士，時屢於上前毀趙普，及在相位，普之子及其親屬多為所抑。普再相，廉知多遜嘗遣親吏交通秦王廷美，因發其事，追削官爵，并其家配崖州，卒於配所。初，王佑知制誥，多遜欲佑協力擠普，一日，佑以宇文融排張說事示之，怒，出佑知華州。及多遜敗，明識士大夫服佑有明識云。」

《南唐書注》引《宋別史》曰：「多遜艤舟宣化口，使白國主，以朝廷修天下圖經，獨缺江東為言。國主令錄一本送之，因得十九州

屯戎遠近戶口多寡，遂有用兵意。」宋王明清《玉照新志》一載盧多遜之佚事云：「（盧）多遜素與李孟雍穆厚善，多遜竄逐後，萬里相望，聲跡眇絕。時法禁嚴，邸報不至海外。一日，忽赦書至，後有參知政事李，多遜云：『此必孟雍，若登政府，吾必北轅。』戒舍人儵裝，已而果移容州團練副使。未渡，巨浸間忽見江南李後主衣冠如平生，問云：『相公何以至此？』多遜云：『屈。』後主斥之云：『汝屈，何如我屈！』由是感疾而殂。」可助談資。

②王應麟《玉海》：「乾德元年，鑿大池於京城之內，在玉津園，東抵宣化門外，引蔡水注之。其年六年，既成，名教船池造樓船百艘，選精卒，號水虎捷，習戰池中。開寶六年，三月，壬午，詔以教船池爲講武池。七年，將有事於江南。是歲，凡五臨幸，觀習水戰。」

③按：廣智書局本《南唐書·後主本紀》「願」作「類」。

④《楊文公談苑》：「太祖嘗諭旨江南，令遣使說嶺南歸順。後主令近臣數人作書，惟潘佑所作千餘言，詞理精當，雄富典麗，遂用之。江南莫不傳寫諷誦，中朝士人，多藏其本，甚重之，眞一時之名筆也。」

⑤《新五代史·南唐世家·李煜傳》：「六年，內史舍人潘佑上書極諫，煜收下獄，佑自縊死。」

馬令《南唐書·潘佑傳》：「潘佑，散騎常侍處常之子。氣宇孤峻，閉門讀書，不營貲產，文章贍逸，尤敏於議論，時譽靄然。中書舍人陳喬、戶部侍郎韓熙載薦之。以祕書省正字釋褐，俄直崇文館，輔後主於東宮。後主即位，遷虞部員外郎，史館修撰。後主納后，歷代久無其禮，開元禮亦多闕，博士陳致雍習知沿革，隨事補正。後主使徐鉉與佑參議，佑立論以沮之，文采可觀，後主奇其議，頗見施用。由是恩寵日洽，改知制誥。明年，居中用事，極論時政，無所迴避。後主手札敦喻，佑七表不止，因請休官遠去，乃徙佑專

知國史，悉罷其職。時江南衰削，國步多艱，佑所上諫疏，有家國陰陰，如日將暮之辭，後主惡之，又其所薦黜，與時輩不協，因誣以他事劾佑。佑自剄，母及妻子徙饒州。」據馬《書》所載，則潘佑之死爲冤，然諸書所載，則佑有致死之遠因。

《宋史·南唐世家·潘佑傳》：「有李平者，本嵩山道士楊訥，依河中帥李守貞。漢乾祐中，守貞反，遣訥與舒元乞師江南。守貞敗，訥遂易姓名，江南以爲員外郎，遷衛尉少卿、蘄州刺史、戶部侍郎。平好神仙修養之事，動作妖妄，自言常與神接。佑亦好神仙，遂相善。二家皆置淨室，圖神像，常被髮裸袒處室中，家人亦不得至。佑嘗建議復井田，及依《周禮》置牛籍，薦平判司農寺以督之。事行，百姓大撓，未幾而罷。佑自以爲衆所排，因憤怒，歷詆大臣與握兵者兩爲朋比，將謀反叛；又言國將亡，非己爲相不可救。江南政事多在尚省，因薦平知事事，又薦星官楊熙澄爲樞密使，小校侯英典禁兵，煜不納。佑益忿，抗疏請誅宰相湯悅等數十人，煜手書教戒之。佑不復朝謁，乃於家上書曰：『臣聞三軍可奪帥也，匹夫不可奪志也。近者連上表章指陳姦惡，何面目以見士人乎？』遂自縊死。」李平之事，爲佑致死之主因，馬《書》亦不能予粉飾。故於《南唐書·後主書第五》云：「冬，中書舍人潘佑薦衛尉卿李平判司農寺，又薦平知司會府，群情紛紛，以爲朋黨，佑上書極言事政，凡七章，不止，有『家國陰陰，如日將暮之時』。國主惡之，乃收平下大理，自縊，妻子徙饒州，次收佑，佑自剄，母及妻子徙虔州。」至於佑所上章，直忤後主，則爲致死之近因。

《續通鑑長編》開寶六年冬十月壬午：「佑上第七表曰：『臣聞三軍可奪帥也，匹夫不可奪志也。臣近者連貢封章，指陳姦宄，畫一其罪，將數萬言，皎若丹青，坦然明白，詞窮理當，忠邪洞分。皆陛下黨蔽姦回，曲容諂僞，受賊臣之佞媚，保賊臣如骨肉，使國家

悁悁，如日將暮。不顧億兆之患，不憂宗社之覆，以古觀之，則陛
下之爲君，無道深矣。古有桀、紂、孫皓，破國亡家，自己而作，
尚爲千古所笑。今陛下取則姦回，以敗亂其國家，是陛下爲君，不
及桀、紂、孫皓遠矣。臣必退之心，有死而已，終不能與姦臣雜處，
而事亡國之主，使一旦爲天下笑。陛下若以臣爲罪，願賜誅戮，以
謝中外。』國主大怒，推其狂悖謗訕，始由李平，乃先收平下大理
獄，後始收佑。佑即自殺，母及妻子徙饒州。平亦縊死獄中。國主
尋謂左右曰：『吾誅佑，思之踰旬不決，蓋不獲已也。』〔按：《江
南別錄》：「李平初與朱元自北來，元已叛去，平深厚難測，後主
慮其同構大姦，乃暴其罪而誅之。後謂左右曰：『吾誅佑平思之踰
月不決，蓋不獲已也。』」〕明年，皆宥其家，廩給之。佑初與張
洎爲忘形之交，其後俱爲中書舍人，不雙立，稍相持。佑嘗答洎書
云：『堂堂乎張也，難與並爲仁矣。』佑之死，洎頗有力焉。洎時
爲清輝殿學士，參預機密，恩寵莫二。清輝殿在後苑中，國主不欲
洎遠離左右，故授以此職。洎與太子太傅臨汝郡公徐遼、太子太保
文安郡公徐遊別居澄心堂，密畫中旨，多自澄心堂出，遊從子元楀
等出入宣行之。中書、密院，乃同散地。」《皇宋通鑑長編紀事本
末》三同載於十月，惟無記日。又《江南餘載》卷下：「張洎、潘
祐，俱爲忘形之交，其後俱爲中書舍人，乃相持。祐之死也，洎蓋
有力。」故《江南別錄》總此二端云：「佑既居親密，欲盡去舊人，
獨當國政，後主亦惡之，俄以本官專知國史，佑彌不樂，乃非詆公
卿。與戶部侍郎李平親狎，上表言左右皆姦邪，不誅，爲亂在即，
後主手書敦諭，七表不止，因請休官遠去。」


〔**史事補遺**〕

一、月日可考之事：

①春，洪州林仁肇卒。（馬令《南唐書·後主書第五》。按：《皇宋通鑑長編紀事本末》三編此事於去年閏二月，詳上年大事紀。）

②四月，先是，江南饑，詔諭國主借船漕湖南米麥以賑之。辛亥，國主遣使修貢謝恩。（《續通鑑長編》，《皇宋通鑑長編紀事本末》三同之。）

四月，江南國主以司空、判三司尚書都省湯悅知左右內史事。悅以身老國危固辭，不許。（《續通鑑長編》，《皇宋通鑑長編紀事本末》三同之。）

③九月，江南內史舍人潘佑與戶部侍郎李平最相親善。佑好神仙事。平頗知修鍊導養之術，言多妖妄，佑特信之。平自言與仙人通接，佑父處常今已為仙官，甚貴重，而己及佑亦仙官也。各於其家置淨室，圖像神怪，披髮裸袒而祭，人莫得窺。平語佑曰：「六朝大臣家中，多寶劍及寶鑑，得而佩之，可以辟鬼，去人仙矣。」佑求之甚切，不能得。會張洎亦好方士之說，乃共買雞籠山前古冢地數十頃，以為別墅，遇休沐，則相與聯騎，牽僕夫，具畚鍤而往。破一冢，得古器，必傳玩良久，吟嘯自若，曰：「未知此生發得幾家？」其怪誕類此。佑嘗言於國主曰：「富國之本，在厚農桑。」因請復井田之法，深抑兼并，有買貧者田，皆令歸之。又依《周禮》造民籍，復造牛籍，使盡闢曠土以種桑，薦平判司農寺以督之。符命行下，急於星火，百姓大擾，國主遽遣罷之。佑疑執政沮己，乃歷詆大臣與握兵者兩兩為朋，且夕將謀竊發，且言國將亡，非己為相不可救。江南政事，多在尚書省，因薦平可知省事，司天監楊熙澄可任樞密，軍校侯英可典禁衛。國主不納，佑益忿，抗疏請宰相湯悅等數十人。國主手書教誠之，佑遂不復朝謁，居家上表言：「陛下既不能彊，又不能弱，不如以兵十萬助收河東，因率官吏朝覲，此亦保國之良策也。」國主始恨之，不復答。佑復請致仕，入山避難，

國主以為狂，悉置不問。（《續通鑑長編》，《皇宋通鑑長編紀事本末》三同之。）

二、月日不可考之事：

①六年，賜米麥十萬斛，振其飢民。（《宋史·南唐世家·李煜傳》）
　六年江南饑。（《金陵通紀》卷七）
②宋屢徵朝，國主稱疾不行。（《金陵通紀》卷七）

甲戌歲（九七四），秋，國主上表求從善歸國，不許。太祖遣閤門使梁迥來使。①從容言曰：「天子今冬行柴燎之禮，國主宜往助祭。」國主不答。②

九月，丁卯，復遣知制誥李穆③為國信使，持詔來曰：「朕將以仲冬有事圜丘，思與卿同閱犧牲。」且諭以將出師，宜早入朝之意。國主辭以疾，且曰：『臣事大朝，冀全宗祀，不意如是，今有死而已。」④時太祖已遣潁州團練使曹翰⑤率師先出江陵，宣徽南院使曹彬、⑥待衛馬軍都虞候李漢瓊、⑦賀州刺史田欽祚⑧率舟師繼發。及是，又命山南東道節度使潘美、⑨侍衛步軍都虞候劉遇東、⑩上閤門使梁迥率師水陸并進，⑪與國信使李穆同日行。

冬，十月，國主遣江國公從鎰貢帛二十萬匹、白金二十萬斤，⑫又遣起居舍人潘慎修貢買宴帛萬匹、錢五百萬，⑬築城聚糧，大為守備。

閏十月，王師拔池州。⑭國主於是下令戒嚴，去開寶紀年，稱甲戌歲。⑮辛未，王師進拔蕪湖及雄遠軍。⑯吳越王亦大舉兵，遣將犯常、潤。⑰國主遺吳越王書曰：「今日無我，明日豈有君。一旦明天子易地賞功，王亦大梁一

布衣耳。」吳越王表其書於朝，⑱王師次采石磯，作浮橋成。⑲長驅渡江，遂至金陵。⑳

每歲，大江春夏暴漲，謂之黃花水。及王師至，而水皆縮小，㉑國人異之。國主以軍旅委皇甫繼勳，機事委陳喬、張洎，又以徐元瑀、刁衎爲內殿傳詔，而邊書警奏，日夜狎至，元瑀等輒屏不以聞。王師屯城南十里，閉門守陴，國主猶不知也。㉒

初，烈祖有國，凡民產二千以上出一卒，號義軍。㉓分籍者又出一卒，號生軍。㉔新置產亦出一卒，號新擬軍；客戶有三丁者出一卒，號拔出軍。㉕元宗時，許郡縣村社競渡，每歲重午日，官閱試之，勝者給綵帛銀碗。㉖皆籍姓名，至是盡取爲卒，號凌波軍。民奴及贅婿，號義勇軍。募豪民以私財招聚無賴亡命，號自在軍。至是又大蒐境內，自老弱外皆募爲卒，號排門軍。民間又有自相率拒敵，以紙爲甲，農器爲兵者，號白甲軍。㉗凡十三等，皆使捍禦，然實皆不可用，奔潰相踵。


〔考釋〕

①《江南別錄》：「甲戌歲，夏，梁迥來聘，從容謂後主曰：『今冬有柴之燎之禮，國主當來助祭。』後主唯唯不答。」《續通鑑長編》開寶七年秋七月，「盧多遜既還，江南國主知上有南伐意，遣使願受封策，上不許，于是復遣閤門使梁迥使焉。迥從容問國主曰：『朝廷今冬有柴燎之禮，國主盍來助祭？』國主唯唯不答。迥歸，上始決意伐之。」又注云：「梁迥以此歲夏出使，不知果何日也。今附此。」《皇宋通鑑長編紀事本末》三載同之。馬令《南唐書·後主書第五》：「七年，皇朝使閤門使梁迥來聘，從容謂國主曰：『今

歲國家有柴燎之禮，當入助祭。』國主唯唯不答。」

《宋史·梁迥傳》曰：「梁迥，博州聊城人，少為吏部小史。……開寶八年，奉使江南，迥素貪冒，外務矯飾，初若嚴毅不可犯，雖饋食亦不受，江南人頗憚之。既而奉以貲貨，殆值數萬緡，迥即大喜過望，登舟縱酒，繼日宴樂。及歸，戀戀不發，人多笑之。暨王師伐金陵，命迥與潘美、劉遇率步兵先赴荊南，且以迥護行營步兵及左廂戰櫂，與吳人戰采石，殺獲甚衆。江南平，以功領順州團練使。」

② 《江南別錄》：「秋初，中書舍人李穆齎詔來，曰：「朕以仲冬有事於圜丘，思與卿同閱犧牲。後主辭以大疾。時大兵已在荊湖，惟候穆之反命。後主既不赴召，遂決進取。」《江南野史》曰：「初，流言共謂北使竊伺後主，延餞至船，必載之北渡。自是後主懼，不敢登使者船。」《新五代史·南唐世家·李煜傳》：「七年，太祖皇帝遣使詔煜赴闕，煜稱疾不行，王師南征，煜遣徐鉉、周惟簡等奉表朝廷求緩師，不答。」《宋史·南唐世家·李煜傳》：「七年秋，遂詔煜赴闕，煜稱疾不奉詔。」

③ 《東都事略》三十五《李穆傳》：「李穆字孟雍，開封陽武人也。幼溫厚，寡言，好學。聞酸棗王昭素善《易》，往師之。昭素謂人曰：『觀李生材器，他日必為卿相。』昭素以著《易論》三十三篇授之。舉進士，調郢州判官。周世宗即位，博求文學之士。近臣薦其才，拜右拾遺。太祖登極，遷殿中侍御史。太祖既平蜀，以穆通判洋州，徙陝州，坐輸田租於西京失期，免官；又坐所舉吏有罪，去前任。久之，召為太子中允。尋以右拾遺知制誥。穆文學操履，為太祖所知。太祖嘗謂盧多遜曰：『李穆，士大夫之仁者也。』多遜曰：『穆臨事不以死生易節，所謂仁者必有勇也。』乃遣使李煜，諭令入朝。煜辭以疾，穆曰：『朝與不朝，惟自處之。朝廷繁富，

甲兵精銳，恐不易當耳。』太祖聞其言，以為要切。太宗即位，累遷中書舍人。宰相盧多遜得罪，穆坐與之同年，降司封員外郎。太宗惜其才，尋命之殿試考較，見其形容甚癯，憐之，謂曰：『憂畏所致耶！』穆流涕，太宗為之動容，命復故官。擢翰林學士、知開封府事。有能名，遂擢左諫議大夫、參知政事。穆至孝，母病累年，惡暑而畏風。穆身自扶持，起居能適其志，或通夕不寐，未嘗有倦惰之色。母卒，哀毀過人。朝命起復，固辭，不得已，視事，然終不飲酒、不食肉，未終喪而卒，年五十七。太宗深惜之，謂宰相曰：『李穆，國之良臣，奄爾淪謝，非穆之不幸，朕之不幸也！』贈工部尚書，謚曰文恭。穆子行簡，以父任為將作監丞，不樂仕進，家居二十餘年，真宗聞其賢行，即其家拜太子中允，致仕，遷太常丞而卒。」

《南唐書注》引羅延平《尊堯錄》曰：「太祖嘗擇官使江南，頗難其人。一日，謂盧多遜曰：『李穆士大夫之仁善者，詞學之外，他無所預。』多遜曰：『穆履行端直，臨事不以生死易節，所謂仁有勇者也。』帝曰：『若如爾言，使江南，無以易穆者。』遂遣之。」

《續通鑑長編》開寶七年九月：「上已部分諸將，而未有出師之名，欲先遣使召李煜入朝，擇群臣可遣者。先是，左拾遺、知制誥開封李穆與參知政事盧多遜同門生，上嘗謂多遜曰：『穆性仁善，文辭之外無所豫。』多遜曰：『穆操行端直，臨事不以生死易節，仁而有勇者也。』上曰：『誠如是，吾當試之。』丁卯，遂遣穆使江南。穆至，諭旨，國主將從之，光政使、門下侍郎陳喬曰：『臣與陛下俱受元宗顧命，今往，必見留，其若社稷何！臣雖死，無以見元宗于九泉矣。』清輝殿學士、右內史舍人張洎亦勸國主無入朝。時喬與洎俱掌機密，國主委信之，遂稱疾固辭，且言：『謹事大國者，蓋望全濟之恩。今若此，有死而已。』穆曰：『朝與否，國主自處

之。然朝廷兵甲精銳，物力雄富，恐不易當其鋒也，宜熟計慮，無自貽後悔。」使還，具言其狀，上以爲所論要切，江南亦謂穆言不欺己。」又注云：「使還，當在此月後，今並言之。」馬令《南唐書·後主書第五》：「秋，中書舍人李穆齎詔曰：『朕以仲冬有事圜丘，思與卿同閱犧牲。』國主辭以疾，穆反命，遂決進取。」《宋史·太祖本紀》開寶七年九月，「丁卯，以知制誥李穆爲江南國信使。」宋王應麟《玉海》卷九三上「兵捷」類云：「開寶七年九月十九日丙寅，命山南東道節度使潘美、潁州團練使曹翰、宣徽南院使、義成軍節度使曹彬、侍衛馬軍都虞候李漢瓊、賀州刺史田欽祚、步軍都虞候劉遇等，領軍同赴荊南。十月二十三日〔原注：丁酉〕，又以吳越國王錢俶爲昇州東南面行營招撫制置使。三十日〔原注：甲辰〕，以曹彬爲西南路行營馬軍戰棹都總管，潘美爲都監，曹翰爲先鋒都指揮使，以討之。閏十月〔原注：己酉〕曹彬收峽山寨，殺江南軍八百人。」

又《景定建康志》卷二載太祖諭李煜朝覲詔云：「敕李煜：爾事我大朝，素堅臣節。望日展傾輸之禮，頗盡恭虔；凝旒推待遇之恩，每從優異。金石之心誠雖固，丹青之懷抱未伸。將欲弭中外之閒言，莫若敦君臣之厚契。苟非會面，何以宣心？是用專遣廷臣，往諭朕旨，當體誠意，暫覿闕庭。佇俟來儀，以慰延望。今差左拾遺、知制誥李穆齎詔往彼，故茲示諭，想宜知悉。」

④《玉海》卷九三上「兵捷」類云：「先是，李煜外示恭儉，內懷觀望。太祖慮其難制，遣李穆諭旨召赴闕。果稱病不朝，而全葺城壘，教習戰棹，爲自固之計。帝怒，命彬等進討。」《江南野史》：「初，後主既違朝旨，拒命不行，嘗謂人曰：『他日王師見討，孤當躬擐戎服，親督士卒，背城一戰，以存社稷，如其不獲，乃聚室自焚，終不作他國之鬼。』太祖聞之，謂左右曰：『此措大兒語耳，

徒有其口，必無其志，渠能如是，孫皓叔寶不爲降虜矣。』至後果
然。」又宋阮閱《詩話總龜》卷一：「太祖問罪江南李後主用謀臣
計，欲拒王師，法眼禪師觀牡丹於大內，作偈諷曰：『擁毳對芳叢，
由來趣不同。髮從今日白，花是去年紅。豔麗隨朝露，馨香逐晚風。
何須待零落，然後始知空。』後主不省。王師渡江。」

⑤按：宋征南唐，《皇宋通鑑長編紀事本末》三載於九月癸亥，云：
「命潁州團練使曹翰領兵先赴荊南。丙辰，復命宣徽南院曹彬、
侍衛馬軍都虞候洛陽李漢瓊判四方館事，田欽祚同領兵繼之。」又
《宋史·太祖本紀》開寶七年：「九月癸亥，命宣徽南院使、義成
軍節度使曹彬爲西南路行營馬步軍戰櫂都部署，山南東道節度使潘
美爲都監，潁州團練使曹翰爲先鋒都指揮使，將兵十萬出荊南，以
伐江南。將行，召曹彬、潘美戒之曰：『城陷之日，愼無殺戮；設
若困鬥，則李煜一門，不可加害。』」「壬辰，曹彬等將舟師步騎
發江陵，水陸並進。」按：此或本自魏泰《東軒筆錄》卷一，云：
「太祖聖性至仁，雖用兵，亦戒殺戮。親征太原，道經潞州麻衣和
尚院，躬禱於佛前曰：『此行止以弔伐爲意，誓不殺一人。』開寶，
遣將平金陵，親召曹彬、潘美戒之曰：『城陷之日，愼無殺戮。設
若困鬥，則李煜一門，不可加害。』故彬於江南得王師弔伐之體，
由聖訓丁寧也。」《宋史·南唐世家·李煜傳》亦載此事於開寶七
年冬，云：「乃興師致討，以宣徽南院使、義成節度曹彬爲昇州西
南面行營都部署，山南東道節度使潘美爲都監。煜初聞大兵將舉，
甚惶懼，遣其弟從鎰及潘愼脩來買宴，貢絹二十萬匹、茶二十萬斤
及金銀器用、乘輿服物等。及至，遂留於別館。」

《隆平集》卷十七：「曹翰，魏郡人，少爲郡小吏。周祖鎮鄴，奇
之，以隸世宗幕下。……世宗征淮南，留鎧甲千數在正陽，既而遣
降卒八百來京師。翰遇於道，懼其過正陽，劫兵器叛，盡殺之。世

宗不加責。……曹彬平江南，翰獨下池陽，而煜將有胡則者，以江
州拒命，翰遂屠其城，得公私金帛億萬計。偽言欲致廬山羅漢鑄像
於闕下，詔從其請，因調巨艦十百，同載所得以歸。朝廷涵容，不
加詰問，錄其功，授桂州觀察使，判潁州。……卒，年六十五，贈
太尉。咸平初，賜諡武毅。翰天資殘忍，貪冒多智，喜誕妄，飲酒
至數斗不亂。對上奏事，雖數十條皆默記不少差。」按：曹翰屠城
事，《歷代小史》卷三十五載宋趙葵《行營雜錄》云：「南唐胡則
守江州，堅壁不下，曹翰攻之危急，忽有旋風，吹片紙墜城中，有
詩曰：『由來秉節世無雙，獨守孤城死不降。何似知機早回首，免
教流血滿長江。』後城陷，屠殺殆盡，謂之洗城。」

⑥《稽古錄》宋太祖開寶七年九月：「命曹彬等將舟師，自荊南沿江
　而下伐江南。」

《東都事略》二十七《曹彬傳》：「曹彬字國華，真定靈壽人也。
父芸，成德軍兵馬使。彬始生，周歲日，父母以百玩之具羅於席，
觀其所取。彬左手持干戈，右手取俎豆，斯須取一印，他無所視。
人皆異之。既長，氣質淳厚。漢乾祐中，為成德牙將。周太祖貴妃
張氏，彬之從母也。彬歸京師，得隸世宗帳下。補供奉官，累遷西
上閤門使。出使吳越，訖事即行，不受私覿。吳越人以輕舟遺之，
至於數四，彬猶不受，既而曰：『吾或終拒之，是近名也。』遂受
而歸，盡輸內帑。世宗強還之，欲辭，不獲，悉以分親舊，而一介
不取。遷引進使。宋興，遷客省使，與王全斌、郭進屢破北敵。太
祖伐蜀，以內客省使監歸州路行營劉光毅軍峽中，郡縣悉下，諸將
皆欲屠城殺降，彬獨仁恕而戢下，所至悅服。太祖降璽書褒之。蜀
平，王全斌等不恤軍事，蜀人苦其侵奪，彬屢請旋師，全斌等不從。
俄而全師、雄等作亂，擁眾十萬，彬復與光毅破之於新繁，卒平蜀
亂。時諸將多有子女玉帛，彬橐中惟圖書衣衾而已。太祖以全斌等

貪縱不法，屬吏，而謂彬清介廉謹，拜宣徽南院使義成軍節度使。彬辭曰：『伐蜀將士俱得罪，臣以無功獨蒙褒寵，恐無以勸天下。』太祖曰：『卿有茂功，加以不伐，設有微累，全斌等豈惜言哉！夫懲惡勸善，朕所以勵臣下也。』彬乃不敢辭。太祖將親征太原，為前軍都監，率兵至團柏谷，降賊將陳延山。太祖伐江南，以彬將行營之師，彬分軍由荊南順流而東，破峽石砦，進克池州，連克當塗、蕪湖二縣，駐軍采石磯，作浮梁，跨大江，以濟師。大破其軍於白鷺洲，〔《至正金陵新志》卷五下「白鷺洲在城之西，與城相望周迴十五里。」又注云：「酈道元《水經》云：『江寧之新林浦西對白鷺洲。』《丹陽記》曰：『白鷺洲在縣西三里，洲在大江中，多聚白鷺，因名。』宋曹彬等破南唐兵五千於白鷺洲，即此地。」〕師進次秦淮，江南水陸十萬，陳於城下，大敗之，俘斬數萬計。遂克潤州。進圍金陵。李煜危甚，遣其臣徐鉉奉表詣闕，乞緩師。彬亦緩攻取，冀煜歸服，使人諭曰：『事勢如此，所惜者一城生聚，若能歸命，策之上也。』城垂克，彬忽稱疾不視事，諸將皆來問安，彬曰：『余之病，非藥石所愈，惟須諸公誠心自誓，以克城之日，不妄殺一人，則自愈矣。』諸將許諾，共焚香為誓。明日，稱愈。遂克金陵，城中皆安堵如故。〔按：司馬光《涑水記聞》卷三云：「曹彬攻金陵，垂克，忽稱疾不視事，諸將皆來問疾，彬曰：『余之病，非藥石所能愈，惟須諸公共發誠心，自誓以克城之日，不妄殺一人，則自愈矣。』諸將許諾，共焚香為誓。明日稱愈。及克金陵，城中皆安堵如故。曹翰克江州，忿其久不下，屠戮無遺，諸彬之子孫貴盛，至今不絕，翰卒未至十年，子孫有乞丐於海上者矣。」〕李煜與其臣百餘人詣軍門請罪，彬慰安之，待以客禮，煜之君臣，賴以獲免。自出師至凱旋，士眾畏服，無輕肆者，其軍政如此。及入見，以牓子進，稱奉敕江南幹事回，其謙恭不伐又如此。〔按：

司馬光《涑水記聞》卷三云：「彬入金陵，李煜來見，彬給五百人，使為之運宮中珍寶金帛，惟意所取，曰：明日皆籍為官物，不可復得矣。」時煜方以亡國憂憤，無意于蓄財，所取不多，故比諸降王獨貧，彬克江南，入見，詣閤門進牓子云：『敕差往江南勾當公事回。時人美其不伐。」〕初，彬之總師也，太祖謂曰：『俟克李煜，當以卿為使相。』副帥潘美豫以為賀，彬曰：『不然，夫是行也，仗天威，遵廟謨，乃能成事，吾何功哉！況使相極品乎。』美曰：『何謂也？』彬曰：『太原未平爾。』已而還朝獻俘，太祖曰：『本除卿使相，然劉繼元未平，姑少待之。』既聞此語，美竊視彬微哂，太祖覺之，遽詰所以，美不敢隱，遂以前對。太祖亦大笑，乃賜彬錢二十萬。彬曰：『人生何必使相，好官亦不過多積金錢耳。』未幾，拜樞密使，忠武軍節度使。」司馬光《涑水記聞》卷一載此事云：「太祖遣曹彬伐江南，臨行謂之曰：『克之還，必以使相為賞。』彬平江南而還，上曰：『今方隅未平者尚多，汝為使相，品位極矣，豈肯復力戢耶！且徐之，更為我取太原。』因密賜錢五十萬，彬怏怏而退，至家，見布錢滿室，乃歎曰：『好官亦不過多得錢耳，何必使相也。』太祖重惜爵位，不肯妄與人如此，孔子稱惟器與名，不可以假人，君之所司也。」此與邵伯溫說差同。《邵氏聞見錄》曰：「遂定下江南之議。帝曰：『王全斌平蜀多殺人，吾今思之猶耿耿，不可用也。』普於是薦曹彬為將，以潘美副之。明日命帥，彬與美陛對，彬辭才力不逮，乞別選能臣。美盛言江南可取，帝大言諭彬曰：『所謂大將者，能斬出位犯分之副將，則不難矣。』美汗下，不敢仰視。將行，夜召彬入禁中，帝親酌酒，彬醉，宮人以水沃其面。既醒，帝撫其背以遣曰：『會取會取，他本無罪，只是自家著他不得。』蓋欲以恩德來之也。是故以彬之厚重，美之明銳，更相為助，令行禁止，未嘗妄戮一人，而江南平。皆帝仁聖

神武所以用之得其道云。」

《南唐書注》引《晉公談錄》曰:「太祖遣王全斌等平蜀,全斌殺降兵三千人。時曹彬不從,但收其文案,不署字。及師還,太祖傳宣送中書,取勘左右曰:『方克復西蜀回,雖殺降兵,亦不可便案劾,今后陛下如何用人!』太祖曰:「不然,河東江南皆未歸服,若不勘劾,恐今后委任者,轉亂殺人,但取令勘劾。」洎勘案成,宣令後殿見責問曰:『如何敢亂殺。』又曰:『曹彬但退,不干你事。』曹不退,但叩頭伏罪曰:『臣同商議,罪合誅戮。』太祖遂皆原之後,忽一日,宣曹并潘美曰:『命汝收江南。』又顧曹曰:『更不得似往時西川亂殺人。』曹徐奏曰:『臣若不奏,恐陛下未知。曩日西川殺降之事,臣曾商量,固執不下,臣見當日文案,元不著字。』太祖令取覽之,謂曰:『如此則當時何故堅執伏罪?』曰:『臣初與全斌等同委彼任,若全斌等獲罪,臣獨清雪,不為稱便,所以一同伏罪。』太祖曰:『卿既欲自當罪,又安留此文字?』曰:『臣初意陛下必行誅戮,故留此文,令老母進呈,乞全老母之命。』太祖尤器遇之。」《邵氏聞見錄》卷一:「太祖即位之初,數出微行,以偵伺人情,或過功臣之家,不可測。趙普每退朝,不敢脫衣冠。一日大雪,向夜,普謂帝不復出矣。久之,聞叩門聲,普出,帝立風雪中。普惶懼迎拜,帝曰:『已約晉王矣。』已而太宗至,共於普堂中設重裀地坐,熾炭燒肉。普妻行酒,帝以嫂呼之。普從容問曰:『夜久寒甚,陛下何以出?』帝曰:『吾睡不能著,一榻之外皆他人家也,故來見卿。』普曰:『陛下小天下耶?南征北伐,今其時也。願聞成算所向。』帝曰:『吾欲下太原。』普嘿然久之,曰:『非臣所知也。』帝問其故,普曰:『太原當西北二邊,使一舉而下,則二邊之患我獨當之。何不姑留以俟削平諸國,則彈丸黑誌之地,將無所逃。』帝笑曰:『吾意正如此,特試卿

耳。』遂定下江南之議。」

宋李心傳《舊聞證誤》：「上命曹彬、潘美、曹翰收江南，以沈倫為判官，臨行朝辭，赴小殿燕餞，酒半，出一黃帕文字，顧彬曰：『汝實儒將，潘美、曹翰桀悍，恐不能制。不用命者，望朕所在，焚香啓之，自有處置。』諸人惶恐汗下。沿路或欲攻劫，及江南城破，李主出降，二人皆欲面縛之，曹王以所授敕欲宣讀，事遂解。如此者數四。功成還朝，曹王面奏沿路及至軍前將佐皆用命一心，乞納所降特敕。後有旨宣赴後苑，酒半，諸人起納敕，上令潘美啓封，曹翰執讀，執政環立。展示，乃一張白紙，眾皆失色。上笑，再命飲，極歡而退，〔原注：出《建隆遺事》〕按：此一事諸雜記多言之，互有不同。然以史考之，有可疑者。《太祖實錄》，開寶七年九月癸亥，命潁州團練使曹翰率兵先赴荊南。丙寅，以宣徽南院使曹彬、馬軍都虞候李漢瓊、判四方館事田欽祚，同率軍赴荊南領戰，棹兵沿江而下。丁卯，以山南東道節度使潘美、步軍都虞候劉遇、東上閤門使梁迥，並領軍赴荊南。十月壬辰，彬等離荊南。甲辰，以彬為昇州西南面行營馬步軍戰棹都部署，美為都監，翰為先鋒都指揮使。當出軍時，曹、潘二公蓋先後受命。然武惠嘗平嶺南，為大將，恐太祖不應有是言。沈倫者，本名義倫，時已為集賢相，太宗即位，去義字。此云沈倫為判官，妄也。沈相乃伐西川時為轉運使耳。江南既平，曹翰攻江州，尚未下，九年五月屠之，六月賞功，為桂州觀察使，判潁州。蓋翰未嘗還朝。此云美啓封，翰執讀，亦誤矣。意者太祖此旨為曹翰、田欽祚輩設，而傳者失之，不可不辨。」

又云：「太祖遣曹彬取江南，潘美為副。太祖知美有謀難制，召二人升殿，謂曰：『但大使斬得副使，取得江南。』美震怖而出，由是迄無敗。（原注：出《祖宗獨斷》）按：《國史》，曹彬以宣徽

使行，潘美以山南東道節度使，美不過闕也。太祖所言，蓋翰、彬
之副田欽祚等爾。」按：宋世傳聞若王陶《談淵》亦載曹彬、潘美
事，見《歷代小史》卷三十八所錄，蓋傳言甚沸沸揚揚，故李心傳
辨之如上。

⑦《宋史·李漢瓊傳》曰：「李漢瓊，河南洛陽人。曾祖裕，祁州刺
　史。漢瓊體質魁岸，有膂力。……周顯德中，從征淮南。先登，遷
　龍旗直副都知，改左射指揮使。……王師征江南，命領行營騎軍兼
　戰櫂左廂都指揮使，自蘄春攻峽口砦，斬首數千級，獲樓船數百
　艘，沿流拔池州，破銅陵，取當塗，作浮梁於牛渚以濟大軍。分圍
　金陵，率所部渡秦淮，取巨艦，實葦其中，縱火攻其水砦，拔之。
　江南平，以功領振武軍節度。……六年，以病還京，賜白金萬兩。
　月餘卒，年五十五，贈中書令。」

⑧《宋史·田欽祚傳》曰：「田欽祚，潁州汝陰人。……周世宗征淮
　南，爲前軍都監，從征關南還，會塞澶淵決河，命欽祚領禁兵護役，
　因令督修澶州城。淮人寇高密，刺史王萬威求濟師，命欽祚領州兵
　援之。既至，圍解。宋初，遷閤門通事舍人。……朝廷將議討江表，
　遣欽祚覘之，還奏合旨。江南所得寶貨直三千萬，悉以賜欽祚。會
　興師，首命欽祚與曹彬、李漢瓊率騎軍先赴江陵，就命爲昇州西南
　路行營馬軍，兼左廂戰櫂都監。領兵敗吳軍萬餘於溧水，斬其主帥
　李雄等五人，擒裨將二人。進圍金陵，爲南面攻城部署。既平，以
　功加領汾州防禦使。」《唐餘紀傳》卷二「國紀第二」作「賓州刺
　史」，與陸《書》異。

⑨《宋史·潘美傳》曰：「潘美字仲詢，大名人。……七年，議征江
　南。九月，遣美與劉遇等率兵先赴江陵。十月，命美爲昇州道行營
　都監，與曹彬偕往。進次秦淮，時舟楫未具，美下令曰：『美受詔，
　提驍果數萬，期於必勝，豈限此一衣帶水而不徑渡乎！』遂麾以

涉，大軍隨之，吳師大敗。及采石磯浮梁成，吳人以戰艦二十餘鳴鼓沂流來趨利。美麾兵奮擊，奪其戰艦，擒其將鄭賓等七人，又破其城南水砦，分舟師守之。奏至，太祖遣使令亟徙置戰櫂，以防他變。美聞詔，即徙軍。是夜，吳人果來攻砦，不能克。進傅金陵，江南水陸十萬陳於城下，美率兵襲擊，大敗之。李煜危甚，遣徐鉉來乞緩師，上不之省，仍詔諸將促令歸附。煜遷延未能決，夜遣兵數千，持炬鼓譟來犯我師。美率精銳，以短兵接戰，因與大將曹彬率士，晨夜攻城，百道俱進。金陵平，以功拜宣徽北院使。」

⑩《宋史·劉遇傳》曰：「劉遇，滄州清池人。少魁梧有膂力。……征江南，領步軍戰擢都指揮使。時吳兵三萬屯皖口，遇會諸路兵破之．擒其將朱令贇、王暉等，獲戎器數萬，金陵以平，錄功加領大同軍節度使，車駕雩祀西洛，命率衛以從。」

⑪《玉海》卷九三上「兵捷」類云：「開寶七年九月十九日丙寅，命山南東道節度使潘美、潁州團練使曹翰、宣徽南院使、義成軍節度使曹彬、侍衛馬軍都虞候李漢瓊、賀州刺史田欽祚、步軍都虞候劉遇等，領軍同赴荊南。十月二十三日〔原注：丁酉〕，又以吳越國王錢俶為昇州東南面行營招撫制置使。三十日〔原注：甲辰〕，以曹彬為西南路行營馬軍戰棹都總管，潘美為都監，曹翰為先鋒都指揮使，以討之。」

⑫按：《宋史·南唐世家·李煜傳》作「茶二十萬斤」。又廣智書局本《南唐書·後主本紀》「白金」作「白銀」。《續通鑑長編》開寶七年十月，「江南國主復遣其弟江國公從鎰，水部郎中龔慎修重幣入貢，且買宴，上皆留之，不報。」《景定建康志》卷十三《建康表九》曰：「開寶七年十月九日，煜進絹二十萬匹、茶二十萬斤、買宴絹萬匹、錢五千貫、御衣金帶金銀器用數百事。聞將舉兵，故有是獻。」

⑬《景定建康志》卷十三《建康表九》謂於開寶七年十月十三日，「又貢銀五萬兩、絹五萬匹，以王師傅其城，懼而來告。」

⑭《玉海》卷九三上「兵捷」類云：「閏十月〔原注：己酉〕曹彬收峽山寨，殺江南軍八百人獲王仁震等，遂克池州。」《稽古錄》宋太祖開寶七年：「閏(十)月，己酉，破江南兵，丙辰，拔池州。」《宋史·南唐世家·李煜傳》開寶七年載：「王師克池州。」而《太祖本紀》載於閏十月己酉，「克池州」。與馬令《南唐書·後主書第五》月日異。馬令《南唐書·後主書第五》：「九月，王師自荊湖直趨池州，池州主將戈彥棄城走，遂克池州。」綜以上所載，宜據《稽古錄》及《宋史·太祖本紀》。《宋史·吳中復傳》曰：「吳中復字仲庶，興國永興人。父仲舉，仕李煜爲池陽令。曹彬平江南，仲舉嘗殺彬所招使者。城陷，彬執之，仲舉曰：『世祿李氏，國亡而死，職也。』彬義而不殺。」《南唐書注》引《都昌縣志》曰：「吳都官，名舉，南唐時爲彭澤主簿，殺曹彬使，爲李煜死守城。破主，將義釋之，入宋，爲都官員外郎。子即中，復爲龍圖閣學士。墓在都昌縣之長城里，其銘，歐陽修作，梅聖俞書。」陸游《入蜀記》：「到池州，泊稅務亭。於南唐，嘗置康化軍節度，今省。李太白往秋江東，此州所賦尤多。如《秋清歌》十七首，及《九華山》、《清谿》、《白笴陂》、《玉鏡潭》諸詩是也。初，王師平南唐，命曹彬分兵自荊州順流東下，以樊若冰爲鄉導，首克池州，然後能取蕪湖、當塗，駐軍采石，則池州實要地，不可不備也。」

⑮南唐去開寶年號，記載不一。陸《書》謂在十月，馬《書》謂在九月，見下，而《續通鑑長編》則謂在十二月，云：「十二月，金陵始戒嚴，下令去開寶之號，公私記籍但稱甲戌歲。益募民爲兵，民以財及粟獻者官爵之。」馬令《南唐書·後主書第五》：「九月，……下教去開寶年號，公私牘籍，稱甲戌歲。」馬令《南唐書·後

主書第五》：「江南自周世宗后，不復用兵僅二十年。老將已死，主兵者皆新進少年，以功名自負，輒抗王師，聞兵興，踊躍言利害者，日有十數。及遇，輒敗北。中外奪氣，戒嚴守城。國主遣徐鉉、周惟簡奉表乞緩師，不答。」按：徐鉉、周惟簡奉表乞緩師事在開寶八年十月，詳下年所載。

⑯《太平寰宇記》卷一百五「江南西道三」「太平州，理當塗縣，本宣州當塗縣，周世宗畫江爲界，之後僞唐改立新和州，又爲雄遠軍。皇朝開寶八年，江南改爲平南軍。太平興國二年，升爲太平州，割當圣、無湖、繁昌三縣以隸焉。」

《玉海》卷九三上「兵捷」類云：「又敗江南軍七千餘人於銅陵，生擒八百人，獲戰艦二百餘艘，連拔蕪湖、當塗二縣，駐軍於采石磯。」馬令《南唐書·後主書第五》：「將軍張溫、鄭彥華。杜眞相繼敗績。」《江南野史》曰：「六年冬，王師濟江，克池州，以天德軍都虞候杜眞率師禦之，敗績於當塗。」

宋羅願《新安志》卷六：「大魏太尉羽，字垂天，婺源人，唐鄭公之後。初仕江南，爲昭文館校書郎，出爲雄遠軍判官。今太平州是也。王師渡江，道出城下，羽歸款轅門，太祖聞而嘉之，特拜太子中舍。」

⑰《續通鑑長編》開寶七年十二月，「吳越王錢俶率兵圍常州，俘其軍二百五十人、馬八十匹于常州城下。癸亥，拔利城寨，破其軍三千餘，生擒六百餘人。」《玉海》卷九三上「兵捷」類云：「（開寶）八年正月甲戌朔，……吳越王錢俶拔常州利城寨，敗江南軍。」

《宋史·吳越世家·錢俶傳》曰：「開寶五年，……遣幕吏黃夷簡入貢，上謂之曰：『汝歸語元帥，常訓練兵甲，江南彊倔不朝，我將發師討之，元帥當助我，無惑人言云皮之不存，毛將安傅！』」

《吳越備史補遺》：「開寶二年……秋，九月，王遣元帥府掌書記

黃夷簡入貢，太祖謂夷簡曰：『汝歸語元帥，當訓練甲兵。江南倔強，不朝我，將討之。元帥當助我，無信人言脣亡齒寒。』王密表謝，且請師期。……次年七月，敕詔王取常州，詔曰：『敕錢俶，朕統御萬邦，撫臨兆庶，推至誠而待物期，率土以歸心，布惠行仁，是予本志；興師動衆，非我願爲。惟彼江南，言修臣禮，久被撫綏之化，頗傾依附之心，貢封章則，惟見恭勤，修外貌則多從減降，既云事大，每欲包荒甘言，嘗信其赤心內稔，豈疑其奸計，而又疊傾誠款，願降冊封，既禮分之未虧，故我心之無間。使人頻至，詞旨愈專，是以特降近臣，俾其略來赴闕，頒宣優厚，恩禮殊隆。何期終日包藏，一旦彰露，不惟多方托故，懇避來朝，而乃修茸城池，選練軍旅，教習戰陣，抽點鄉兵，爲捍拒之謀，作攻守之備。朝廷養寇，垂二十年，心狠貌恭，突然自敗。向展爲臣之禮，適滋觀釁之方。每云傾輸，動彰狡詐，既行問罪，須至興師。今者禁衛出軍，雲臺選將，尅期攻取，直抵昇州。卿任重統戎，心專蕩寇，況早者曾披章奏，具述事宜，今驗奸凶，果符陳請。聞茲討伐，必罄忠塵。今候丁德裕到彼住三五日，可部領兵士起發，且往攻取常州，毗倚之懷，寤寐未已，故茲詔示，想宜知悉。』（按：此詔又見《全宋文》卷七）是月，王密遣行軍司馬孫承祐入奏機事。九月，孫承祐自京齎密詔回，師期定矣，王即日命境內訓練士卒，揀閱兵甲。是月，敕遣內客使丁德裕賜王生辰禮物。冬十月，敕授王東南面招討制置使，仍賜御劍一口、御甲一副、金鞍御馬一匹·仍命丁德裕爲行營兵馬都監。　又以雲騎雄捷等指揮步兵，凡千人，　輔王進攻常州。是月庚申，王親率鎮國鎮武親從上直等，都指揮使王諤等五萬餘人，發自國城。丁德裕爲先鋒使，是日天氣晴和，風色便順。癸亥，次嘉禾，有氣黑色，形如覆舟，當行府之上，占者曰：『王氣也。』丙寅，王率諸軍入毗陵，前鋒所至，賊望風而遁，有獲巨龜

於旌門之下，占者曰：『玄武之應也。』戊辰，王次毗陵，遂克關城，常人以牙城自守，王命營於九偬墩，命親從指揮使凌超等分營四門，命鎮國指揮使王諤攻江陰鎮，武都指揮使金彥滔攻宜興，并率水艦，由吳興出太湖而進。十一月，詔遣弓箭庫使王文寶來宣諭，仍賜湯藥，以金盒盛封。至是月，王遷行府於賊城南門，金彥滔克宜興，獲其令尉等官士卒凡二百五十人、馬八十匹。王即命金彥滔獻於京師。十二月癸亥，王親率軍將攻拔城寨，殺賊軍二千餘人，生擒六百餘人。辛未，又殺賊萬餘人於城北，金陵大將盧絳宵遁。翌日，王命鈐轄使沈承禮等并告於京師。」《續通鑑長編》開寶七年七月，「先是，吳越王俶遣元帥府判官福人黃夷簡入貢，上謂之曰：『汝歸語元帥，當訓練兵甲。江南倔強不朝，我將發師討之。元帥當助我，無惑人言，云皮之不存，毛將安傅也。』特命有司造大第於薰風門外，連亙數坊，棟宇宏麗，儲偫什物，無不悉具。乃召進奏使錢文贄謂之曰：『朕數年前令學士承旨陶穀草詔，比於城南建離宮，今賜名禮賢宅，以待李煜及汝主先來朝者賜之。』且以草詔示文贄，遂遣文贄賜俶羊馬，諭旨於俶。戊寅，俶遣其行軍司馬孫承佑入貢。丁亥，辭歸，上厚賜俶器幣，且密告以師期。承佑，俶妃之兄，本伶人，以妃故，貴近用事，時謂之『孫總監』，言無所不領轄也。〔原注：《九國志》載錢文贄至自京師在開寶四年。《國史》並黃夷簡入貢，皆載于五年之後。《九國志》恐失之太早，然《國史》月日都不可。今且因承祐來朝先著之。《十國紀年》亦于開寶五年載夷簡入貢。當考。〕」「十月，丁酉，以吳越王俶為昇州東南面行營招撫制置使，仍賜戰馬二百匹，遣客省使丁德裕以禁兵步騎千人為俶前鋒，且監其軍。」馬令《南唐書·後主書第五》：「吳越圍常州，軍使余成禮劫刺史禹萬誠以降，吳越進圍京口，議者以京口要害之地，當得良將守之，乃拜親吏劉澄鎮海

軍節度使留後，以凌波軍都虞候盧絳爲援，澄已懷嚮背，因說絳還金陵，而自率將吏降越。袁州萍鄉制置使劉茂忠破潭師於境內，拜茂忠袁州刺史。」

⑱《續通鑑長編》開寶七年十一月，「戊子，吳越王錢俶遣使修貢，謝招撫制置之命也。並上江南國主所遺書，其略云：『今日無我，明日豈有君！明天子一旦易地酬勳，王亦大梁一布衣耳。』」張端義《貴耳集》卷下：「吳越錢王入朝，太祖時謀下江南，許以舉兵援助，歸語其臣沈倫，倫再三嗟歎。錢王叩之，倫曰：『江南是兩浙之藩籬，藩籬若撤，堂奧豈得而安乎！大王指日納土矣。』」《景定建康志》卷二《建隆以來詔令》載太祖答錢俶進李煜書詔云：「敕。錢俶省所奏不坼，重封進呈江南李煜送到書具悉。卿位冠師壇，心傾王室，銘鍾鏤鼎，迥高表率之勳，翼子貽孫，不墜忠貞之節。負上將縱橫之略，秉大朝征伐之權，得外境之來緘，具封函而上進，可明傾竭，深副倚毗，足觀久大之謀，永保山河之寄，其爲嘉賞，不捨寐興，故茲獎諭，想宜知悉。」

⑲《稽古錄》宋太祖開寶七年十一月丙子：「破江南兵於采石，作浮梁濟江。」與《續治通鑑長編》所載月日不同。《續通鑑長編》開寶七年十月丁卯，「曹彬等敗江南二萬餘眾于采石磯，生擒一千餘人及馬步軍副都部署楊收、兵馬都監孫震等，又獲戰馬三百餘匹。初，江南無戰馬，朝廷每歲賜與百匹，至是驅爲前鋒以拒王師，既獲之，驗其印記，皆朝廷所賜者也。」曾敏行《獨醒雜志》卷一：「李氏建國，國中無馬，歲與劉鋹市易。太祖既下嶺南，市易遂罷，馬益艱得。惟每歲入貢，得賜馬百餘匹耳。朝廷未悉其無也。王師南伐，煜遣兵出戰，騎兵才三百。至瓜州，盡爲曹彬之裨將所獲。驗其馬，尚有印文，然後知其爲朝廷所賜也。」
《南唐書注》引《金陵新志》曰：「閏十月，彬敗江南二萬餘眾於

采石磯，擒楊收、孫震等，獲戰馬三百匹。江南無戰馬，朝廷每年賜百匹，至是驅爲前鋒，郝守濬自荆南以大艦并黃黑船跨江爲浮梁，試於石簰口。」《江南別錄》：「樊若水，父保大末爲漢陽縣令。父卒，家池州，累舉進士不第，至汴京，上書太祖，謂之有才術。累遷資善大夫，平南之策，多所參預。」

《南唐書注》曰：「樊若水父，保大中爲漢陽令，父卒，家池州，屢舉進士不第，因謀歸宋，乃祝發爲僧，廬於采石山，鑿石爲竂。及建石浮屠，月明，緊繩於浮圖，乘小舟載繩其中，維南岸，疾棹抵北岸，凡十數往還，得其江之廣狹，因詣汴，上書言江南可取狀。請造浮梁以濟師。宋太祖然之。遣使往荆湖，造黃黑龍船數千艘，又以大艦載竹絚，自荆渚而下。或謂江闊水深，古未有浮梁而濟者，不聽。擢若水，右贊善大夫，平南之策，多所參預。或請誅其父母妻子，後主不敢，但羈置池州。若水又自陳母妻在江南。宋太祖命後主護送，後主雖憤，終不敢違。厚贈而遣之。及宋師南下，以若水爲先導，既克池州，即用爲知州已。若水請試舟，乃先試於石簰口，移至采石三日，成不差尺寸，潘美因率步兵渡江，如履平地。初，後主聞宋作浮梁，語張洎，洎對曰：『載籍以來，長江無爲梁之事。』後主曰：『吾亦以爲兒戲耳。』至是乃驚。若水尋奉太宗命，更名知古。」

《續通鑑長編》開寶七年七月，「初，江南人樊若冰舉進士不中第，上書言事，不報，遂謀北歸。先釣魚采石江上，以小舫載絲繩其中，維南岸而疾棹抵北岸，以度江之廣狹，凡數十往反，而得其丈尺之數，遂詣闕自言有策可取江南。上令學士院試，賜及第，授舒州團練推官。若冰告上以母及親屬皆在江南，恐爲李煜所害，願迎至治所。上即詔國主護送，國主聽命。戊辰，召若冰爲贊善大夫，且遣使詣荆湖，如若冰之策，造大艦及黃黑龍船數千艘，將浮江以濟師

也。」又注云：「若冰傳云若冰以開寶三年上書，《會要》亦云三年十一月。《大定錄》乃云在六年十一月，《登科記》云七年不貢舉，賜上書人樊若冰及第。疑若冰以去年冬來歸，今年冬授官，《大定錄》與《登科記》皆得其實也。今并書于此。」《宋史·太祖本紀》開寶七年閏十月壬戌，「彬等拔蕪湖、當塗兩縣，駐軍采石。……丁卯，彬敗江南軍于采石，擒兵馬部署楊收、都監孫震等千人，爲爲浮梁以濟。」

《玉壺清話》卷八：「太宗深惜民力，擢樊知古爲諫議、河北東西都轉運使，自樊始也。奏請修河北諸城，計木五百萬條，畚鍤什具七百萬事。上曰：『大河乃天設巨塹，以限夷夏，匈奴豈有違天限之勢乎？萬里長城，金湯之固，又奚爲哉？重困吾民，損和傷事，所陳過當，宜罷之。』詔有司量給材用修整。知古，江南人，無鄉里之愛，舉於鄉，不獲第，因謀北歸，獻伐於朝。以釣竿漁於采石江凡數年，橫長　量江水之廣深，　或中沈，陰有物波低助起，心知其國之亡，遂仗策謁太祖，奏曰：『可造舟爲梁，以濟王師，如履坦途。』送學士院，本科及第，遣湖南督匠造黃黑龍船於荊南，破竹爲索，數千艦由荊南而下。舟既集，就采石磯試焉，密若胼脅，不差尺寸。知古舊名若冰，太祖以其聲近『弱兵』之厭，故改之。江南平，爲侍御史，邦人怨之，累世丘木悉斬焉。」

《宋史·南唐世家·李煜傳》：「又破其衆二萬於采石磯，擒其龍驤都虞候楊收等，獲馬三百匹。江表無戰馬，朝廷歲賜之。及是所獲，觀其印文，皆歲賜之馬也。初，將有事江表，江南進士樊若水詣闕獻策，請造浮梁以濟師。太祖遣高品石全振往荊湖造黃黑龍船數千艘，又以大艦載巨竹絙，自荊渚而下。及命曹彬等出師，乃遣八作使郝守濬等率丁匠營之。議者以爲古未有作浮梁渡大江者，恐不能就。乃先試於石牌口，移置采石，三日而成，渡江若履平地。

煜初聞朝廷作浮梁，語其臣張洎，洎對曰：『載籍已來，長江無爲梁之事。』煜曰：『吾亦以爲兒戲耳。』」

宋吳曾《能改齋漫錄·紀事》：「樊若水，江南人。貧甚遊索，鄉人不爲禮。後北遊，建策置浮橋采石，以渡天兵。江南平，擢爲本路轉運使。」

《宋史·樊知古傳》曰：「樊知古，字仲師，其先京兆長安人。曾祖俏，濮州司戶參軍；祖知諭，事吳爲金壇令；父潛，事李景，任漢陽、石埭二縣令。因家池州。知古嘗舉進士不第，遂謀北歸，迺漁釣采石江上數月，乘小舟載絲繩，維南岸，疾棹抵北岸，以度江之廣狹。開寶三年，詣闕上書，言江南可取狀，以求進用，太祖令送學士院，賜本科及第，解褐舒州軍事推官。嘗啓於上，言老母親屬數十口在江南，恐爲李煜所害，願迎至治所。即詔煜令遣之，煜方聞命，即厚給齎裝護送至境上。七年，召拜太子右贊善大夫。會王師征江表，知古爲鄉導，下池州。八年，以知古領州事。先是，州民保險爲寇，知古擊之，連拔二砦，擒其魁以獻，餘皆潰敗。方議南征，命高品石全振往湖南造黃黑龍船，以大艦載巨竹絚自荊南而下，遣八作使郝守濬等率丁匠營之。議者以謂江濤險壯，恐不能就，乃于石牌口試造之，移置采石，三日橋成，不差尺寸，從知古之請也。」

陸放翁《入蜀記》：「（采石）磯即南唐樊若冰獻策，作浮梁，渡王師處。初，若冰不得志於李氏，詐祝髮爲僧，廬於采石山，鑿石爲竅，及建石浮圖，又月夜繫繩於浮圖，棹小舟急渡，引繩至江北，以度江面，既習知不謬，即亡走京師上書。其後王師南渡，浮梁果不差尺寸。」

又曰：「方若水之北走也，江南知其獻南征之策，或請誅其母妻，李煜不敢，但覉置池州而已。其後若水自陳母妻在江寧，朝廷命煜

護送。煜雖憤切，終不敢違，厚遺而遣之。然若水所鑿石竅及石浮圖，皆不毀。王師卒用以縶浮梁，則李氏君臣之暗且怠，亦可知矣。雖微若水，有不亡者乎！」

又曰：「初，王師平南唐，命曹彬分兵自荊州順流東下，以樊若冰爲鄉導，首克池州，然後能取蕪湖當塗，駐軍采石，而浮橋成，則池州今實要地，不可不備也。」

張耒《張耒集·平江南議》：「予聞諸故老言：『樊若水不得志于李氏，乃獻浮梁，自采石濟江，卒用其策取江南。』予嘗憾焉。若水，李煜之臣，叛其主而來，且不當受，況獻策以滅其國乎！是時藝祖西平巴蜀，南朝吳越，威德響振，而李氏自周以來國蹙民懼，亡可立待。朝廷使沿江諸郡大治舟師，順流而下，由歷陽趨金陵，李煜不足亡也，何患無策而用此姦人叛夫之計乎！晉文不以原易信，而諸人天服；漢高帝斬丁公，以正君臣之大義。予謂當縛若水送李煜，使甘心焉。不然，正其叛主之罪而誅之，以示天下，江南君臣當望風嚮義之不暇，豈不偉哉！惜乎當時在廷無爲此言者也。」

《續通鑑長編》開寶七年十一月「詔移石牌鎮浮梁于采石磯，繫纜三日而成，不差尺寸，王師過之，如履平地。」又注云：「移采石浮梁及新林寨之捷，據《實錄》皆以二十日奏到。度其事勢，當在初十或十一二間。奏既無的日，因附見於此，獨取新林寨之捷，仍以奏到日書之，示疑也。」又曰：「初爲浮梁，國主聞之，以語清輝殿學士張洎，洎對曰：『載籍以來，無有此事，此必不成。』國主曰：『吾亦謂此兒戲耳。』于是遣鎮海節度使、同平章事鄭彥華督水軍萬人，天德都虞候杜眞領步軍萬人，同逆王師。將行，國主誡之曰：『兩軍水陸相濟，無不捷矣。』」《玉海》卷九三上「兵捷」類云：「先是，樊若水嘗漁於采石磯，以小舟載絲繩維南岸，疾櫂至比岸，以度江之廣狹，遂詣闕獻策，請造舟爲梁以濟師，由

是大軍長驅，如履平地。」

⑳按：「及宋師至，水皆縮小，國人異之。」廣智書局本《南唐書·
後主本紀》作「及宋師至，而水皆縮小」。

《續通鑑長編》開寶七年十二月丙寅，「曹彬等破江南兵於新林港
口，〔按：《至正金陵新志》卷五下：「新林港，又曰新林浦，在
城西南二十里，闊三丈，深一丈，長十一二里，舊經云：三十里。」
原注：「宋開寶八年，曹彬等破南唐兵於新林港，即此地。」〕斬
首二千級，焚戰艦六百餘艘。」《江南野史》：「迫盧絳出水戰，
生獲裨將及甲士百人，其校身狀魁岸，容貌甚武，將見後主，或告
之曰：『若對官家，善為詞說，必免其禍。』校乃抗聲：『彼一國
主，何官家之有！』既見喏而不拜。後主喜而且懼，因問北師中似
汝輩者幾？對曰：『國主宜趣降，為一城生民延命，苟不如是，且
夕之中，適為魚肉，如吾輩者幾萬，何足問！』後主默然無斷，久
之，令出，為閹人所刺，校大呼曰：『吾恨死不得地矣。』餘甲士
皆重傷，後主哀之，給飲食藥餌治之，迫損引見，各給曰：『官家
如佛慈悲，然好生惡殺，臣者無以為報答，願踰城竊斬北師以謝生
成。』乃夜縱之，迫旦，皆割馘而至。後主喜之，賞賜有君，於是
再遣之而不復至矣。後主不知賊剄城外百姓耳獻焉，故城中虛實之
狀，皆被測之。」按：《金陵通紀》卷七云：「丙寅，江南兵又敗
於新林港口，時諸軍屢挫，惟凌波都虞候、沿江都部署盧絳守秦淮
水柵，戰屢勝，諸將忌之，說國主，使出援潤州。」則南唐之亡，
亦自致也。

馬令《南唐書·後主書第五》：「江南自周世宗後，不復用兵，僅
二十年，老將已死，主兵者皆新進少年，以功名自負，輒抗王師，
聞兵興，踊躍言利害者，日有十數，及遇輒敗北，中外奪氣，戒嚴
城守。國主遣徐鉉，周惟簡，奉表乞緩師，不答，王師進屯建業城

南十里，時雖下池州及姑熟，餘郡皆未奉命，糧道阻隔，樊若水請
於采石繫浮橋，以利轉輓，每歲大江春夏暴漲，謂之葬花水，及王
師至，水皆退小，故識者知其天命焉。」

㉑《江南別錄》：「時雖得池州及姑熟，餘郡皆未奉命，糧道艱阻，
若水請於采石繫橋以利輸輓。每歲大江，春夏暴漲，謂之黃花水，
及天兵至，水皆退小，識者知天命焉。」

㉒「徐瑀」，《宋史·南唐世家·李煜傳》作「徐榰」：「王師渡江，
煜委兵柄於皇甫繼勳，委機事於陳喬、張洎，又以徐溫諸孫元榰等
爲傳詔，每軍書告急，多不時通。」

㉓馬令《南唐書·後主書第五》：「自二緒以上，出一卒，號義師」。
《宋史·張齊賢傳》曰：『初，李氏據有江南，民戶稅錢三千已上
者，戶出丁一人，黥面自備器甲，輸官庫，出即給之，日支糧二升，
名爲義軍。既內附，皆放歸農。至是言者以爲此輩已在行伍，不樂
耕農，乞遣使選充軍伍，并其家屬送闕下。齊賢上言，江南義軍，
例皆良民，橫遭黔配，無所逃避。克復之後，便放歸農。久被皇風，
并皆樂業。若逐戶搜索，不無驚擾，法貴有常，政尚清淨，前敕既
放營農，不若且仍舊貫之爲善。」

㉔馬令《南唐書·後主書第五》：「中有別籍分居，又出一卒，號新
擬生軍。」

㉕馬令《南唐書·後主書第五》：「民有新置物產者，亦出一卒，號
新擬軍。又於客戶內有三丁者，抽一卒，謂之圍軍，後改拔山軍，
使物力戶爲帥以統之。」又按：廣智書局本《南唐書·後主本紀》
作「拔山軍」。

㉖《江南野錄》曰：「勝者加以銀盆。」馬令《南唐書·後主書第五》：
「保大中，許郡縣村社競渡，每歲端午，官給綵段，俾兩兩較其遲
速，勝者加以銀碗，謂之打標舟子。」

㉑馬令《南唐書·後主書第五》載此軍名於開寶八年，云：「八年，
　春，閱民爲師徒。昇元初，均量民田，以定科賦，自二緡以上，出
　一卒，號新擬生軍，民有新置物產者，亦出一卒，號新擬軍，又於
　客戶內有三丁者，抽一卒，謂之圍軍，後改爲拔出軍，使物力戶爲
　帥以統之。保大中，許郡縣村社競渡，每歲端午，官給綵段，俾兩
　兩較其遲速，勝者加以銀碗，謂之打標，舟子皆籍其名。至是盡蒐
　爲卒，謂之凌波軍。又率民間傭奴贅婿，謂之義勇軍。又募豪民能
　自備縜帛兵器，招集無賴亡命，謂之自在軍。又括百姓，自老弱外，
　能被堅執銳者，謂之排門軍，并屯田白甲之類，凡一十三等，皆使
　扞敵守把。」

〔史事補遺〕

一、月日可考之事：

①四月，李從善之入貢也，度支判宮、殿中侍御史李瑩實爲接伴，瑩
　私受從善之賂，人或告之。（《續通鑑長編》）
　七年四月己丑，宋太宗禁江南私鑄鉛錫惡錢詔：「江南諸州私鑄鉛
　錫惡錢及輕小錢，頗亂禁法。自今公私所用，每千錢須重四斤，人
　家先蓄者，許令所在納官。敢有私貯而不以聞，及違禁而擅以貿易
　者，并論如法；募告者差定其賞。」（《全宋文》卷六二）

②五月，戊申朔，瑩坐責爲右贊善大夫，分其賂賜鹽鐵判官劉兼、戶
　部判官辛仲甫各十萬錢。（《續通鑑長編》）

③五月，江南國主天性孝友。初，李從善與鍾謨親狎，嘗有奪宗之謀，
　及元宗殂于豫章，獨從善與諸弟扈從，因懷非望，就宰相徐遊求遺
　詔，遊正色不與，至建業，具以聞，國主不問，待之愈厚。從善既
　被留，國主悲戀不已。歲時宴會皆罷，爲《卻登高文》以見意。于
　是遣常州刺史陸昭符入貢，奉手疏求從善歸國，上不許，出其疏示

從善，慰撫之。（《續通鑑長編》，《皇宋通鑑長編紀事本末》三同之，又云：「昭符在江南，與張洎有隙，上雅知之，因從容謂召符曰：『爾國弄權者，結喉小兒張洎，何不入使，爾歸，可諭令一來，朕欲觀之。』昭符懼，遂不敢歸。」）

④六月，甲申，以從善掌書記江直木爲司門員外郎、同判兗州，僚佐悉推恩。尋又封從善母凌氏爲吳國太夫人。（《續通鑑長編》，又注云：「十一月庚辰，始封凌氏，今並書之。」《皇宋通鑑長編紀事本末》三同之。）

⑤先是，吳越王俶遣元帥府判官黃夷簡入貢，上謂之曰：「汝歸語元帥，當訓練甲兵，江南倔強不朝，我將發師討之。元帥當助我，無惑人言。」八月戊寅，俶遣其事軍司馬孫承佑入貢。丁亥，辭歸。上厚賜俶器幣，且密告以歸期。（《皇宋通鑑長編紀事本末》三）

⑥十月壬辰，曹彬等發荊南。（《皇宋通鑑長編紀事本末》三）
己亥，曹彬等自蘄陽過江，破峽口寨，殺守卒八百人，生擒二百七十人，獲池州牙校王仁震、王宴、錢興等三人。（《皇宋通鑑長編紀事本末》三）
甲辰，以曹彬爲昇州西南面行營馬步軍、戰櫂都部署，潘美爲都盛，曹翰爲先鋒都指揮使。初，王師直趨池州，緣江屯戍，皆謂每歲朝廷所遣巡兵，但閉壁自守，遣使奉牛酒來犒師，尋覺□於它日，池州守將戈彥遂棄城走。（《皇宋通鑑長編紀事本末》三）

⑦閏十月己酉，曹彬等入池州。先是，上遣八作使郝守濬率丁夫，自荊南以大船載巨竹絙并下朗州所造黃龍船於采石磯，跨江爲梁梁，或謂江闊水深，古未有浮梁而濟者，乃先試於石碑口，既成，命前汝州防禦使靈邱、陸萬友往守之。丁巳，曹彬等及江南兵戰於銅陵，敗之，獲戰船百餘艘，生擒八百餘人。（《皇宋通鑑長編紀事本末》三）

壬戌，曹彬至當塗雄遠軍判官魏羽以城降，雄遠即當塗也。王師先拔蕪湖，又克當塗，遂屯采石磯。（《皇宋通鑑長編紀事本末》三）丁卯，曹彬等敗江南二萬餘眾於采石，生擒一千餘人及馬步軍副都部署楊收兵馬都監孫震等，又獲戰馬三百餘匹，馬皆朝廷所賜者。（《皇宋通鑑長編紀事本末》三）

⑧十一月，敗江南軍二萬人於采石磯，生擒偽兵馬使王副總管龍驤將軍都虞候楊收等。甲申，大江浮梁成，大軍長驅，如履平地，又敗數千人於新林寨。（《玉海》）

十一月癸未，選泰寧節度使李從善麾下及江南水軍凡一千三百餘人為禁旅，號曰歸聖。詔移石碑鎮浮梁於采石磯繫纜三日而成，不差尺寸，王師過之，如履平地。初為浮梁，國主聞之，以語清輝殿學士張洎，洎對曰：「載籍以來，無有此事。此必不成。」國主曰：「吾亦謂兒戲耳。」於是遣鎮海節度使同平章事鄭彥華督水軍萬人，天德虞候杜真領步軍萬人同逆王師。（《皇宋通鑑長編紀事本末》三）己丑，知漢陽軍李恕敗江南鄂州水軍三千餘人，獲艦四十餘艘。（《皇宋通鑑長編紀事本末》三）

甲午，曹彬等言敗江南兵數千人於新寨，獲戰艦三十艘，鄭彥華、杜真與王師遇，真以所部先戰，彥華擁兵不救，真眾大敗。（《皇宋通鑑長編紀事本末》三）

⑨十二月，金陵始戒嚴，下令去開寶之號，公私記籍但稱甲戌歲，益募民為兵，民以財及粟獻者，官爵之。（《皇宋通鑑長編紀事本末》三）

丁未，漢陽兵馬監押寧光祚敗鄂州水軍三千餘人於江北岸。吳越王俶率兵圍常州，俘其軍二百五十人，馬八十匹於常州城下。（《皇宋通鑑長編紀事本末》三）癸亥，拔利城寨，破其軍三千餘眾，生擒六百餘人。（《皇宋通鑑長編紀事本末》三）

丙寅，曹彬等破江南兵於新林港口，斬首二千級，焚戰艦六千餘艘。（《皇宋通鑑長編紀事本末》三）

辛未，吳越王俶破江南兵萬餘眾於商州北境上。（《皇宋通鑑長編紀事本末》三）

十二月，又敗江南軍五千餘人於白鷺洲。（《玉海》卷九三上「兵捷」類，《景定建康志》卷十三《建康表九》同，又曰：「生擒一百三十人，金陵始下令戒嚴。」）


二、月日不可考之事：

①招諭淮南敕榜：「敕淮南管內州、縣、軍、鎮官吏軍人百姓等：朕自續承基構，統御寰瀛。方當恭己臨朝，誕修文德，豈欲興兵動眾，專耀武功？顧茲昏亂之邦，須舉弔伐之義。蠢爾淮甸，敢拒大邦。因唐室之陵遲，接黃寇之喪亂，飛揚跋扈，垂六十年。盜據一方，僭稱偽號。倖數朝之多事，與北敵以交通，厚啓戎心，誘為邊患。晉漢之化，寰海未寧，而乃招納叛亡，朋助凶慝。李金全之據安陸，李守貞之叛河中，大起師徒，來為應援，攻侵高密，殺掠吏民。迫奪閩越之封疆，塗炭湘潭之士庶。以至我朝啓運，東魯不庭，發兵而應接慕容，觀釁而憑陵徐。沭陽之役，曲直可知，尚示包荒，猶稽問罪。邇後維揚一境，連歲阻飢，我國家念彼災荒，大許糶易；前後擒獲將士，皆遣放還；自來禁戢邊兵，不今侵撓。我無所負，彼實多姦。勾誘契丹，至今未已，結連并寇，與我為讎。罪惡難名，人神共憤。今則推輪命將，鳴鼓出師。徵浙右之樓船，下朗陵之戈甲，東西合勢，水陸齊攻。吳孫皓之計窮，自當歸命；陳叔寶之數盡，何處偷生？應淮南將士、軍人、百姓等，久隔朝廷，莫聞聲教，雖從偽俗，應樂華風，必須善擇安危，早圖去就。如能投戈獻款，舉郡來降，具牛酒以犒師，納圭符而請命，重服玉帛，豈吝旌酬；

土地山河，誠無愛惜。刑賞之令，信若丹青，苟或執迷，寧免後悔。
王師所至，軍令甚明，不犯秋毫，有同時雨。百姓父老，各務安居，
剽擄焚燒，必令禁止。自茲兩地，永爲一家，凡爾蒸黎，各體誠
意。」（《景定建康志》卷二）

又答李煜奏峽口有舟船詔：「敕李煜：省所奏峽口有舟船到岸事，
具悉。朕思自爾守國，今十四年，睠言保護之心，著在久長之義。
然于近日，繼有間言，或云修茸城池，或云教習舟楫，在城則選練
軍伍，向外則抽點鄉兵。又于邊上收得文字進來，備見爾臣寮所行
意度，或言稟奉宣旨，或則自稱朝廷，向所傾輸，並云減降，如斯
機計，都自罔欺。惟朕心誠，素無疑間，驟茲聞達，深用驚嗟。而
又方務包容，是以別推恩旨，用修國信，專遣使臣，庶爾暫來，與
吾面會，定君臣之厚契，釋中外之疑懷。兼于沿江量差兵士，俾令
巡警，免爾憂虞。何期峽口經由，戍兵排布，既來邀截，須至殺傷。
兼封到弓箭進呈，足明事實。爾既未來朝覲，彼又先起鬥爭，向所
傳聞，茲乃證驗。今披所奏，全似執迷。豈衆臣蔽固而不知，使大
義倉皇而遽失。所言二弟，見在朝廷，從善則方領雄藩，舉家帖泰，
從鎰則見居公館，異禮接延，日令撫安，固無憂懼。朕若恩意減薄，
何以及斯，宜體朕懷，以保終始。今并收到文帖封往。故茲詔示，
想宜知悉。」（《景定建康志》卷二）

乙亥歲（九七五），春，二月，壬戌，朔，王師拔金陵關
城。

三月，丁巳，吳越攻我常州，權知州事禹萬誠以城降。①誅
神衛都指揮使皇甫繼勳。②彗出五車，色白，長五尺。③
夏，六月，轉見西方，犯太微，六十日滅。王師及吳越圍
潤州，留后劉澄以城降。④吳越遂會王師圍金陵，洪州節

度使朱令贇帥勝兵十五萬赴難，⑤旌旗戰艦甚盛，編木爲
筏，長百餘丈，大艦容千人。令贇所乘艦尤大，擁甲士，
建大將旗鼓，將斷采石浮橋，至皖口，與王師遇，傾火油
焚北船，適北風反焰自焚，我軍大潰。令贇及戰櫂都虞候
王暉皆被執，外援既絕，金陵益危蹙，王師百道攻城，⑥
晝夜不休，城中斗米萬錢，人病足弱，死者相枕藉。國主
兩遣徐鉉等厚貢方物，求緩兵，皆不報。⑦

冬，十一月，白虹貫日，晝晦。

乙未，城陷。⑧將軍咼彥、⑨馬承信及弟承俊帥壯士數百
力戰而死。⑩勤政殿學士鍾蒨朝服坐於家，亂兵至，舉族就
死不去。⑪光政使右內史侍郎陳喬請死，不許，自縊死。⑫
國主帥司空知左右內史事殷崇義等肉袒降於軍門。⑬

明年(九七六)正月，辛未，至京師。⑭乙亥，授右千牛衛
上將軍，封違命侯。⑮太宗即位，加特進，改封隴西公。⑯

〔考釋〕

①禹萬誠降宋事，《江南別錄》云：「錢唐悉兵來圍常州，主將禹萬
　誠固守，大將金成禮劫萬誠以降，而天兵已屯於建鄴城南十餘里，
　錢唐又進圍潤州。」無記年月。馬令《南唐書·後主書第五》於開
　寶七年載：「吳越圍常州，軍使余成禮劫刺史禹萬誠以降。」與陸
　《書》及《吳越備史》所載異。《吳越備史》曰：「八年春二月，
　詔遣內直使陳理來宣諭，仍以戎服五萬副賜王軍卒。又賜王將帥服
　帶器帛有差。是月，王親率大軍攻其壘，不克。夏四月，我師復大
　攻城壘，時僞知常州軍州事禹萬誠遣觀察推官鄭簡降，款於軍門，
　且請命焉。王從其請。禹萬誠等詣行府，待罪。王賜以衣冠器帛等，
　悉送於京師以請命。又命羊酒置其家以安慰之。江陰寧遠等軍，沿

江石橋等寨軍兵來降，王悉宥之。是月，敕遣使來宣諭，授王守太
師，加食邑六千戶，實封九百戶，仍賜湯藥，及沿身法物等。五月，
詔客省使丁德裕權知常州，仍又遣敕上侍禁李輝賜王襲衣玉帶、玉
鞍勒馬一事，金器二千兩、銀器一萬兩、錦綵一萬段。詔歸國。是
月，王遣兩浙諸軍都鈐轄使沈承禮等率兵會王師於金陵。」

按：《全宋文》卷七《宋太祖七》載《已降常州答錢俶詔》，謂在
開寶八月四月，云：「敕錢俶：省所差鎮東軍支使王通今月二十八
日走馬到闕，奏今日十五日偽命知常州禹萬誠等歸附，已安撫城中
事，具悉。卿位高王霸，天付將材，門傳衛社之勳，世著勤王之節。
一昨親提銳旅，取彼堅城，勢孤而既絕援兵，力盡而遂輸降款，遝
歷寒暄之候，終成收復之功，永增史冊之光輝，實副君親之任委，
其為嘉賞，不捨寐興，故茲獎諭，想宜知悉。」然則馬《書》編年
為誤也。《皇宋通鑑長編紀事本末》亦載於八年三月：「壬寅，遣
中使王繼恩領兵數千人赴江南。吳越兵圍常州，刺史禹萬成拒守，
大將金成禮劫萬成，以其城降。」俱可為證。

②《續通鑑長編》開寶八年五月，「初，陳喬、張洎為江南國主謀，
請所在堅壁以老王師。師入其境，國主弗憂也，日於後苑引僧及道
士誦經、講《易》，高談不卹政事。軍書告急，非徐元楀等皆莫得
通，師薄城下累月，國主猶不知。時宿將皆前死，神衛統軍都指揮
使皇甫繼勳者，暉之子也，年尚少，國主委以兵柄。繼勳素貴驕，
初無效死意，但欲國主速降而口不敢發。每與眾言，輒云：『北軍
強勁，誰能敵之！』聞兵敗，則喜見顏色曰：『吾固知其不能勝
也。』繼勳從子紹傑以繼勳故，亦為巡檢使，親近，繼勳嘗令紹杰
密陳歸命之計，國主不從。偏裨有募敢死士，欲夜營邀王師者，繼
勳必鞭其背，拘囚之，由是眾情憤怒。又託以軍中多務，罕入朝謁。
國主召之，亦不時至。是月，國主自出巡城，見王師列寨城外，旌

旗滿野，知爲左右所蔽，始驚懼。乃收繼勳付獄，責以流言惑衆及不用命之狀，并紹傑殺之。軍士爭鸞割其肉，頃刻都盡。繼勳既誅，凡兵機處分，皆自澄心堂宣出，實洎等專之也。於是，遣使召神衛都虞候朱令贇，以上江兵入援。令贇，業之子，擁十萬衆屯湖口，諸將請乘漲江速下，令贇曰：『我今進前，敵人必反據我後。戰而捷，可也。不捷，糧道且絕，其爲害益深矣。』乃以書召南都留守柴克貞使代鎮湖口，克貞先已病，遷延不行，令贇亦不敢進，國主屢促之，令贇不從。克貞，再用子也。」

《宋史·南唐世家·李煜傳》：「八年春，王師傅城下，煜猶不知。一日登城，見列柵於外，旌旗遍野，始大懼，知爲近習所蔽，遂殺繼勳，召朱令贇於上江，令連巨筏載甲士數萬人順流而下，將斷浮梁，未至，爲劉遇所破。又募勇士五千餘人謀襲官軍，皆素不習戰，以暮夜人秉一炬來攻襲北砦。宋師縱其至，擊之，殲焉，獲其將帥，悉佩印符。」

《宋史·南唐世家·皇甫繼勳傳》：「皇甫繼勳，江州節度使暉之子。幼以父蔭爲軍校，父死難於滁州，累遷將軍、池饒二州刺史，勤於吏事。入爲諸軍都虞候，遷神衛統軍都指揮使。諸老將相次皆死，而繼勳尚少，遂爲大將。貲產優贍，營第舍、車服、畜妓樂，潔飲食，極遊宴之好。及宋師至，諸軍多敗衄，繼勳欲煜之速降，每衆中流言，頗道國中蹙弱。姪紹傑亦以繼勳故，爲巡檢。常令紹傑入見煜，陳歸命之計。會有風電，繼勳又密陳滅亡之兆。偏裨或有募勇士欲夜出營邀宋師者，輒鞭而拘之。又因請出煜親兵千餘守闕城，爲宋師所掩。一日，煜躬自巡城，見宋師列柵城外，旌旗遍野，始驚懼，知爲左右所蔽。及巡城還，繼勳從至宮，煜乃責其流言惑衆及不用命之狀，收付大理。始出，軍士悉集，鸞割其肉，頃刻都盡。紹傑亦被誅，煜皆赦其妻子。」

③《南唐書補注》：「《補音釋》曰：『五車五星在畢東北，主天子五兵，見《星經》。』」

④《玉海》卷九三上「兵捷」類曰：「九月乙酉，降潤州。」按：劉澄降事，宋洪邁《容齋續筆》卷七載「王師圍金陵，李後主以劉澄為潤州節度使，澄開門降越。後主誅其家，澄女許嫁未適，欲活之。女曰：「叛逆之餘，義不求生。」遂就死。」澄有女如此，殊難能矣。

⑤《續通鑑長編》編此事於開寶八年十月，「朱令贇自湖口以衆入援，號十五萬，縛木為筏，長百餘丈，戰艦大者容千人，順流而下，將焚采石浮梁。王明率所部兵屯獨樹口，遣其子馳騎入奏，且請增造戰船三百，以襲令贇。上曰：『此非應急之策也。令贇朝夕至，金陵之圍解矣。』乃密遣使令明於洲浦間多立長木，若帆檣之狀。令贇望見，疑有伏，即稍逗遛。時江水淺涸，不利行舟，令贇獨乘大航，高十餘重，上建大將旗旛。至皖口，行營步軍都指揮使劉遇聚兵急攻之，令贇勢蹙，因縱火拒鬥。會北風甚，火反及之，其衆悉潰。己未，生擒令贇及戰棹都虞候王暉等，獲兵仗數萬。金陵獨恃此援，由是孤城愈危蹙矣。」《皇宋通鑑長編紀事本末》三同。

馬令《南唐書·後主書第五》：「秋，洪州節度使朱令贇將兵一十五萬屯潯陽、湖口，與諸將議曰：『今若前進，而王師反據我後，則上江阻隔，退乏糧道，亟為虜矣。』乃以書招南郡留守劉克貞，代鎮湖口。克貞以病留，令贇亦未進，國主累促之。令贇以長筏大艦，帥水陸諸軍，至虎蹲洲，與王師遇，舟筏俱焚，令贇死，餘衆皆潰。金陵受圍經歲，城中斗米萬錢，死者相枕藉。自潤州降後，不聞外信，或云令贇已敗，國主猶意其不實。」

陸游《入蜀記》三：「(七月)二十七日，……過雁翅夾，有稅場，居民二百許家，岸下泊船甚衆，遂經皖口至趙屯，未朝食，已行百

五十里，而風益大，乃泊夾中，皖口即王師破江南大將朱令贇水軍處，趙屯有戍兵，亦小市聚也。」

⑥《續通鑑長編》：「先是，曹彬等列三寨攻城，潘美居其北，以圖來上，上視之，指北寨謂使者曰：『此宜深溝自固，江南人必夜出兵來寇。爾亟去，語曹彬等併力速城之，不然，終為所乘矣！』賜使者食，且召樞密使楚昭輔草詔令徙置戰棹，以防他變。使者食已即行，彬等承命，自督丁夫掘塹，塹成，丙戌，江南人果夜出兵五千襲北寨，人持一炬，鼓譟而進。彬等縱其至，乃徐擊之，皆殲焉。其將帥佩符印者凡十餘人。」

《玉壺清話》卷二：「許仲宣，青社人，三為隨軍轉運使，心計精敏，無絲髮遺曠。征江南，軍中之須，當不備之際，曹武惠固欲試之，凡所索，則隨應給。王師將夜攻城，仲宣陰計之曰：『永夕運鋪，寧不食耶！既膳，無器，可乎？』預科陶器數十萬，夜半爨成食，兵將就食，果索其器，如數給之。」南宋胡仔《苕溪漁隱叢話前集》卷五十九：「《西清詩話》云：『南唐後主，圍城中作長短句，未就而城破：櫻桃落盡春歸去，蝶翻金粉雙飛，子規啼月小樓西。曲欄金箔，惆悵卷金泥。門巷寂寥人去後，望殘煙草低迷。余嘗見殘稿點染晦昧，心方危窘，不在書耳。藝祖云：李煜若以作詩工夫治國事，豈為吾虜也。』苕谿漁隱曰：余觀《太祖實錄》及《三朝正史》云：開寶七年十月，詔曹彬、潘美等率師伐江南。八年十一月，拔昇州。今後主詞乃詠春景，決非十一月城破時作。《西清詩話》云後主作長短句，未就而城破，其言非也。然王師圍金陵凡一年，後主於圍城中春間作此詩，則不可知，是時其心豈不危窘，於此言之乃可也。」

南宋陳鵠《西塘集耆舊續聞》卷三：「蔡絛《西清詩話》載江南李後主，《臨江仙》，云『圍城中書，其尾不全』。似余考之，殆不

然。余家藏李後主《七佛戒經》及雜書二本，皆作梵葉，中有《臨江仙》，塗注數字，未嘗不全。其後則書李太白詩數章，似平日學書也。本江南中書舍人王克正家物，後歸陳魏公之孫世功君懋，余陳氏婿也。其詞云：『櫻桃落盡春歸去，蝶翻輕粉雙飛，子規啼月小樓西。玉鉤羅幕，惆悵暮煙重。別巷寂寥人散後，望殘煙草低迷。爐香閒裊鳳凰兒。　空持羅帶，回首恨依依。』後有蘇子由題云：『淒涼怨慕，真亡國之聲也。』」

⑦表曰：『臣猥以弱孱，僻在幽疏，惟將一心，上結明主，比蒙號召，自取愆尤。王師四臨，無往不克，途窮道迫，天實為之。今一城生聚，吾君赤子也，微臣軀命，吾君外臣也。忍使一朝便忘覆露，號咷鬱咽，盍見舍乎！臣仰受獎，與首冠萬方，奈何一日自踵蜀漢不臣之子，同群合類，而為囚虜貽笑。天下取辱先臣，臣所以不忍也。豈獨臣不忍為，亦聖君不忍令臣為也。臣聞鳥獸微物，依人而又哀之，君臣大義，傾忠能無憐乎！儻令宗社之失，不在臣身，臣死生之願畢矣。皇天后土，實鑒斯言。』

《新五代史·南唐世家第二》：「予世家江南，其故老多能言李氏時事，云太祖皇帝之出師南征也，煜遣其臣徐鉉朝於京師。鉉居江南，以名臣自負，其來也，欲以口舌馳說存其國，其日夜計謀思慮言語應對之際詳矣。及其將見也，大臣亦先入請，言鉉博學有辯，宜有以待之。太祖笑曰：『第去，非爾所知也。』明日，鉉朝於廷，仰而言曰：『李煜無罪，陛下師出無名。』太祖徐召之升，使畢其說。鉉曰：『煜以小事大，如子事父，未有過失，奈何見伐？』其說累數百言，太祖曰：『爾謂父子者為兩家可乎？』鉉無以對而退。」此說又見《談淵》（《歷代小史》卷三十八錄），稍有異聞，曰：「既是父子，安得兩處喫飯？鉉無以對，識者無不服藝祖神雋矣。」

《宋史·南唐世家·李煜傳》：「初，彬之南征也，太祖親諭之曰：

『卿至彼慎勿暴略，可示以兵威，俾自歸順，不必急攻。』及彬軍圍城，又命左拾遺、知制誥李穆送從鎰還本國，諭以手詔，促其降。會潤州平，煜危迫甚，遣其臣徐鉉、周惟簡奉方物來貢，手書奏目以來，哀懇求罷兵，太祖不許。」

《宋史·文苑·徐鉉傳》曰：「宋師圍金陵，煜遣鉉求緩兵，時煜將朱令贇將兵十餘萬自上江來援，煜以鉉既行，欲止令贇勿令東下，鉉曰：『此行未保必能濟難，江南所恃者援兵爾，奈何止之！』煜曰：『方求和而復決戰，豈利於汝乎！』鉉曰：『要以社稷為計，豈顧一介之使，置之度外可也。』煜泣而遣之，及至，雖不能緩兵，而入見辭歸，禮遇皆與常時同。」

宋陳師道《后山詩話》云：「王師圍金陵，唐使徐鉉來朝。鉉伐其能，欲以口舌解圍，謂太祖不文，盛稱其主博學多藝，有聖人之能。使誦其詩，曰：《秋月》之篇，天下傳誦，其句云云。太祖大笑曰：『寒士語爾，我不道也！』鉉內不服，謂大言無實，可窮也。遂以請。殿上驚懼相目。太祖曰：『吾微時，自秦中歸，道華山下，醉臥田間，覺而月出，有句曰：未離海底千山黑，纔到天中萬國明。』鉉大驚服，殿上稱壽。」

《續通鑑長編》開寶八年十月：「己亥朔，曹彬等遣使送鉉及惟簡赴闕。鉉居江南，以名臣自負，其來也，將以口舌馳說存其國。其日夜計謀思慮，言語應對之際詳矣。於是大臣亦先白上，言鉉博學有才辨，宜有以待之。上笑曰：『第去，非爾所知也。』既而鉉朝于廷，仰而言曰：『李煜無罪，陛下師出無名。』上徐召之升殿，使畢其說。鉉曰：『李煜以小事大，如子事父，未有過失，奈何見伐？』其說累數百，上曰：『爾謂父子者為兩家可乎？』鉉不能對。惟簡尋以奏目進，上覽之，謂曰：『爾主所言，我一不曉也。』上雖不為緩兵，然所以待鉉等皆如未舉兵時。壬寅，鉉等辭歸江南。」

又注云：「按《實錄》，徐鉉、周惟簡凡兩至京師，故《五代史》及《談苑》，太祖對鉉辭有不同，今以《五代史》所載附之初見時，《談苑》所載附之後見時。上初答惟簡，但云不曉爾主所言，後遂詰責之，初猶以理折鉉，後乃直加威怒，其時勢或當然也。更須考詳。」

宋陳善《捫蝨新話》卷三：「帝王文章，自有一般富貴氣象。國朝江南遣徐鉉來朝，欲以下勝，至誦後主《風月詩》云云，太祖皇帝但笑曰：『此寒士語耳，吾不爲也。吾微時夜自華陰道逢月出，有句云：未離海底千山暗，纔到中天萬國明。』鉉聞，不覺駭然驚服。太祖雖無意爲文，然出語雄健如此，以予觀李氏據江南全盛時宮中詩曰：『簾日已高三丈透，金爐次第添香獸。紅錦地衣隨步皺，佳人舞滴金釵溜。酒惡時拈花蕊嗅。別院時聞簫鼓奏。』議者與『時挑野菜和根煮，旋斫生柴帶葉燒』者異矣。然太祖一日與朝士議論不合，歎曰：『安得桑維翰者與之謀事乎？』左右曰：『縱桑維翰愛錢。』太祖曰：『措大家眼孔小，賜與十萬貫，則塞破屋矣。』以此言之，不知彼所謂金爐香獸，紅錦地衣，當費錢萬貫，此語得無是措大家眼孔乎！」

《楊文公談苑》：「開寶中，王師圍金陵，李後主遣徐鉉入朝，對於便殿，懇述江南事大之禮甚恭，徒以被病未任朝謁，非敢拒詔。太祖曰：『不須多言，江南有何罪？但天下一家，臥榻之側，豈可許他人鼾睡？』鉉復命。未幾，城陷，隨後主歸朝。鉉性質直，見士大夫寒日多被褐，曰：『中朝自五胡猾亂，其風未改，荷氈被毳，實煩有徒。』一日，見其婿亦被毛裘，責曰：『吳郎上流，安得效此？』淑曰：『晨興苦寒，朝中服者甚衆。』鉉曰：『士君子有操者亦未嘗服。』蓋自謂也。」

《桯史》卷一論此事云：「國初三徐，名著江左，皆以博洽聞中朝，

而騎省鉉，又其白眉者也。會修述職之貢，騎省寔來，及境，例差官押伴。朝臣皆以辭令不及爲憚，宰相亦難其選，請于藝祖。玉音曰：『姑退朝，朕自擇之。』有頃，左璫傳宣殿前司，具殿侍中不識字者十人，以名入。宸筆點其中一人，曰：『此人可。』在廷皆驚，中書不敢請，趣使行，殿侍者慌不知所繇，薄弗獲已，竟往渡江。始燕，騎省詞鋒如雲，旁觀駭愕。其人不能答，徒唯唯，騎省叵測，強聒而與之言。居數日，既無與之酬復者，亦倦且默矣。余按當時陶、竇諸名儒，端委在朝，若使角辯騁詞，庸詎不若鉉？藝祖正以大國之體，不當如此耳，其亦不戰屈人，兵之上策歟！其後，王師征包茅于煜，騎省復將命請緩師，其言累數千言，上諭之曰：『不須多言，江南亦何罪？但天下一家，臥榻之側，豈容他人鼾睡耶！』大哉聖言，其視騎省之辯，正猶螢爝之擬羲舒也。」

《宋史·侯陟傳》曰：「時江表未拔，南土暑熾，軍卒疫死，方議休兵，以爲後圖。陟適從揚州來，知金陵危甚，上急變求見，時被病，令掖入，即大言曰：『南唐平在朝夕，陛下奈何欲班師！』上屏左右，召升殿問狀，遂寢前議。」

又按：「國主兩遣徐鉉等厚貢方物，求緩兵，皆不報。」廣智書局本《南唐書·後主本紀》作「國主兩遣徐鉉等厚貢方物，求緩兵，守祭祀，皆不報。」

⑧《隆平集》卷七：「李繼隆字霸圖，……從曹彬平江南，太祖謂曰：『昇州平，可持捷書來。』時內侍十數皆伺獻捷，有機事，密不願行，繼隆獨赴闕。太祖以城未下，頗怒其來。繼隆奏曰：『途遇大風，天地冥晦，城破之兆也。』翌日，捷書至。上語之曰：『如汝所料矣。』」

⑨《南唐書音釋》：「咼，字書：口戾也。俗作喎。不言是姓。姓書無咼姓，但有過渦二姓，並音戈。過，《風俗通》：『夏諸侯國氏

焉。』漢有兗州刺史詡，《急就章》有過說。《春秋》：『竈涊處
其子澆于過，謂之過澆。少康滅之，以封諸侯。』其地漢東萊掖縣
北過鄉是也。宋季有尚書郎咼望，出高平渦，楚大夫封渦，因氏焉。
《三輔決錄》：有扶風太守咼，或以咼即渦，非也。宋季有過咼，
或曰即過。……鄭樵《氏族略》，以古帝名爲氏者，女媧之後有媧
氏，媧與咼音同而字近，咼當是媧而去女文爾。案《秋浦志》載池
州牧守自唐康震蕭復，至南唐鄭彥華、咼彥，凡九十五人，惜彥事
績莫考也。」

⑩馬令《南唐書·後主書第五》開寶八年：「冬，百姓疫死，士卒乏
食。訛曰：『大軍決於十有一月乙未破城。』國主議遣其子清源公
仲寓出通降款，左右以謂堅壘如此，天象無變，豈可計日取降。是
日，城果陷。」馬承信死事，《吳越備史》卷四曰：「是日冬至，
軍中皆會飲，承禮謂諸將士曰：『城中以我節序，必有讌享，備我
怠矣，直出其不意以圖之。』乃召勇敢士卒，以火攻其城，及城陷，
其東門士卒鼓勇攀壘而上，我師睹之，遂復攻其南。而李煜危迫，
遂出降焉。」

⑪《南唐書音釋》：「鍾蒨字德林。案徐鉉《王夫人墓誌》，王，太
原人，家豫章，蒨父司徒，續戎是邦，因娶焉。二子，長懷建，繇
校書郎歷東府掾，以群從百口家豫章，辭祿公朝，因除洪州都督府
司馬。次，蒨也，以屬詞敦行，從事戚藩，累登臺郎，爲集賢殿學
士。會中令齊王遊親讓寵，授鉞臨川，朝廷慎選英僚，以光幕府。
徐撫州觀察判官檢校屯田郎中，既拜，而夫人疾亟，以交泰元年卒
于京師嘉瑞坊官舍。（按：徐鉉《徐公文集》十七《唐故鍾氏太夫
人太原縣君王夫人墓銘》：「夫人太原祁人也。因官徙籍，遂居豫
章。……二子：長曰懷建，由校書郎歷東府掾，以群從百口，家于
豫章，于是辭祿公朝，歸綜司政，因除洪州都督府司馬。次曰蒨，

以屬詞敦行，從事戚藩，累登台郎，爲集賢殿學士。會中令齊王避親讓寵，授鉞臨川，朝廷愼選英僚，以光幕府，除撫觀察判官、檢校屯田郎中。既拜，而夫人疾亟，交泰元年，卒於京師嘉瑞坊官舍，享年七十有五。」）鉉又有《保大九年，送德林員外、赴東府亞尹詩序》謂「鉉等餞于石頭城，分題爲詩，蒨有賦山別諸知己詩云：『暮景江亭上，靈山日望多。只悉辭輦轂，長恨隔嵯峨。有意圖功業，無心憶薜蘿。親朋將遠別，且共醉笙歌。』又克復揚州後，以蒨輅侍從，攝尹正東府 。 鉉等分韻賦詩，弟鍇亦與 ，有序，蒨有《得新鴻別諸同志詩》云：『隨陽來萬里，點點度遙空。影落長江水，聲悲半夜風。殘秋辭絕漠，無定似驚蓬。我有離群恨，飄飄類此鴻。』蒨之才譽，亦可見矣。但馬承信兄弟事未詳。舊嘉瑞坊在今城內東南隅。（又按《徐公集》卷三《送鍾員外詩序》云：「歲辛亥冬十月，天子命吾友德林爲東府亞尹，太弟諭德蕭君，泊諸客餞于石頭城。雲日蒼茫，園林搖落，樽酒將竭，征帆欲飛，處者眷眷而不能迴，行者遲遲而不忍去。煙生景夕，風靜江平。君子曰：『公足以滅私，子當促棹；詩匠以言志，我當分題。』故以風、月、松、竹、山、石寄情於贈別云爾。兵部員外郎知制誥徐鉉序。」錄鍾蒨之《賦山別諸知已》詩云：「暮景江亭上，雲山日望多。只悉辭輦轂，長恨隔嵯峨。有意圖功業，無心憶薜蘿。親朋將遠別，且共醉笙歌。」）

《唐餘紀傳》卷十五《忠節·鍾蒨傳》曰：「鍾蒨字德林，豫章人，屬詞敦行，綽有時譽。仕唐與二徐等游，初爲藩府從事，累登臺郎，遷集賢殿學士。」

⑫《續通鑑長編》開寶八年十一月，「乙未，城陷，初，陳喬、張洎同建不降之議，事急，又相要以同死社稷。然洎實無死志，於是攜妻子及囊裝入止宮中，引喬同見國主。喬曰：『陛下縱不殺臣，臣

亦何面目見國人乎。』遂縊。泪乃告國主曰：『臣與喬共掌樞務，
今國亡當俱死。又念陛下入朝，誰與陛下辨明此事，所以不死者，
將有待也。』」又注云：《國史·張泪傳》言泪約陳喬同升閣，喬
自縊，泪視喬氣絕乃下。而《談苑》載喬縊於視事廳，泪猶不知。
《國史》蓋因《九國志·陳喬傳》所云，恐《九國志》未可信也。
泪既已背約不死，亦何等喬氣絕，乃下閣乎？《談苑》又言國主求
喬不得，或告泪以爲已北降，明年乃得喬尸。按此，則所云同升閣
者，繆甚矣。今參酌修潤，庶免牴牾。大抵城破時，泪與喬猶同見
國主，請如前約，喬遂死，而泪不死耳。泪固不能死，所以同見國
主者，度國主必不許其死也。」按：司馬光《涑水記聞》卷三亦載
此事，云：「張泪與陳喬，皆爲江南相。金陵破，二人約效死于李
煜之前。喬既死，泪白煜曰：『若俱死，中國責陛下久不歸命之罪，
誰爲陛下辨之。臣請從陛下入朝。』遂不死。」又宋趙善璙《自警
篇·忠義》（見《歷代小史》卷六十八所錄）云：「陳喬仕江南，
爲門下侍郎，掌機密。後主之稱疾不朝，喬預其謀。及王師問罪，
誓以固守，時張泪爲喬之副，常言於後主，苟社稷失守，二臣死之。
城陷，喬將死，後主執其手曰：『當與我共北歸。』喬曰：『臣死
之，即陛下保無恙。但歸咎於臣，爲陛下建不朝之謀，斯計之上
也。』掣其手去，入視事廳內，語二親僕曰：『共縊殺我。』二僕
不忍，解所服金帶與之，遂自經。」

⑬《新五代史·南唐世家·李煜傳》：「八年十二月，王師克金陵。」
陸《書》雖載殷崇義降，然南唐亡，死事者雖不若宋明之代，然亦
有足爲矜式者。《唐餘紀傳》卷十五《忠節·廖澄傳》曰：「廖澄，
順昌人。少負忠義，後主時爲大理評事。宋太祖取江南，師圍金陵，
勢危急，校書郎林特勸與同降，澄不可，謂特曰：『吾父仕唐，君
臣之義，不可廢也。矢死不二。』乃預以身後屬蒼頭，遣之間道歸

報其家。城陷，遂從容更衣仰藥死。」至國亡而後主之遭遇，亦殊令人愴然。馬令《南唐書·後主書第五》：「彬遣健卒五百人爲津致輜重登舟，一卒負籠下道旋，彬立斬之，負擔者罔敢蹉跌。……煜舉族冒雨乘舟，百司官屬僅千艘。煜渡中江，望石城，泣下，自賦詩云：『江南江北舊家鄉，三十年來夢一場。吳苑宮闈今冷落，廣陵臺殿已荒涼。雲籠遠岫愁千片，雨打歸舟淚萬行。兄弟四人三百口，不堪閑坐細思量。』」《江表志》以此詩爲讓皇作，詳見烈祖紀昇元二年。《南唐書補注》引尤侗《西堂全集》：「後主詞云：『三十年餘家國，數千里地山河，幾曾慣干戈！一旦歸爲臣虜，沈腰潘鬢消磨，最是倉皇辭廟日，教坊猶奏別離歌，揮淚對宮娥。』東坡謂後主既爲樊若冰所賣，舉國與人，故當慟哭於九廟之外，謝其民而後行，何乃揮淚對宮娥，聽教坊離曲。然不獨後主然也，安祿山之亂，明皇將遷幸，當是時，漁陽鼙鼓，驚破霓裳，天子下殿走矣，猶戀戀於黎園一曲，何異揮淚對宮娥乎！後主嘗寄書舊宮人云：『此中日夕只以眼淚洗面。』而舊宮人入掖庭者，手寫佛經，爲李郎資冥福。此種情況，自是可憐。乃太宗以『小樓昨夜又東風』置之死地下，猶煬帝以『空汾落燕泥』殺薛道衡乎！」

又按：南唐亡，宋太祖聞訊，《續通鑑長編》載：「十二月，已亥，江南捷書至，群臣皆稱賀，上泣謂左右曰：『攻城之際，必有橫罹鋒刃者，此實可哀也。』即詔出米十萬石，以振城中飢民。」《文獻通考》卷二十六《國用四》亦載此事，云：「平江南，詔出米十萬石，振城中饑民。」

⑭《玉海》卷九三上「兵捷」類曰：「開寶八年十一月二十七日乙未，曹彬等拔昇州，擒李煜及其臣寮百餘人。江南平，得州十九、軍三、縣一百八、戶六十五萬。」《隆平集》卷十二所載數相同，疑《玉海》所本。

《續通鑑長編》開寶八年十一月，「王師圍金陵，自春徂冬，居民樵采路絕，兵又數敗，城中奪氣。曹彬終欲降之，故每緩攻，累遣人告國主曰：『此月二十七日，城必破矣，宜早爲之所。』國主不得已，約先令其子清源郡公仲寓入朝，既而久不出。前數日，彬日遣人督之，且告曰：『郎君不須遠適，若到寨，即四面罷攻矣。』國主終惑左右之言，以爲城堅如此，豈可剋日而破，但報云：『仲寓趣裝未辦，宮中宴餞未畢，二十七日乃可出也。』彬又遣人告曰：『若二十六日出，亦無及矣。』國主不聽。先是，上數因使者諭曹彬以勿傷城中人，若猶困鬥，李煜一門，切勿加害。〔原注：呂祖謙《宋朝大事記》：「自古平亂之主，其視降王不啻仇讎，而我太祖待之極其恩禮。劉鋹，卮酒飲之釋疑；李煜，一門戒無加害。故僭僞之豪，悉得保全，老死于牖下。自古攻取之主，其視生民殆若草菅，而我太祖待之曲加存撫。江南興師，不戮一人，平蜀多殺，每以爲恨。故新集之衆，不啻如赤子之仰父母。仁心仁聞，三代而下，即未之聞也。」〕於是，彬忽稱疾不視事，諸將皆來問疾，彬曰：『余之病非藥石所愈，須諸公共爲信誓，破城日不妄殺一人，則彬之疾愈矣。』諸將許諾，乃相與焚香約言。既畢，彬即稱愈。……彬整軍成列，至于宮城，國主乃奉表納降，與其群臣迎拜於門。即選精卒千人守其門外，令曰：『有欲入者，一切拒之。』始，國主令積薪宮中，自言若社稷失守，則盡室赴火死。及見彬，彬慰安之，且諭以歸朝俸賜有限，費用至廣，當厚自齎裝，既爲有司所籍，一物不可復得矣。因復遣煜入宮，惟意所欲取。行營右廂戰棹都監梁迥及田欽祚等皆諫曰：「苟有不虞，咎將誰執？」彬但笑不答。迥等力爭不已，彬曰：『煜素無斷，今已降，必不能自引決，可亡慮也。』又遣五百人爲輦載輜重。煜方憤歎國亡，無意蓄財，所操持極鮮，頗以黃金分賜近臣。獨右內史、學士張佖不受，詣彬

自陳，願奏其事，彬謂似邀名，不許，但取金輸之官。彬既入金陵，申嚴禁暴之令，士大夫賴彬保全，各得其所。親屬爲軍士所掠者，即時遣還之。因大蒐于軍，無得匿人妻女。倉廩府庫，委轉運使許仲規按籍檢視，彬一不問。師旋，舟中惟圖籍衣衾而已。」「十二月己亥朔，江南捷書至，凡得州十九，軍三，縣一百有八，戶六十五萬五千六十有五。群臣皆稱賀。上泣謂左右曰：『宇縣分割，民受其禍，思布聲教以撫養之。攻城之際，必有橫罹鋒刃者，此實可哀也。』即詔出米十萬石，賑城中饑民。」《宋史·太祖本紀》開寶八年：「十一月甲申，曹彬夜敗江南軍於城下。乙未，曹彬克昇州，俘其國主煜，江南平，凡得州十九、軍三、縣一百八十、戶六十五萬五千六十。」

《宋史·南唐世家·李煜傳》：「八年冬，城陷，曹彬等駐兵于宮門，煜率其近臣迎拜于門。彬等上露布，以煜并其宰相湯悅等四十于人上獻。太祖御明德樓，以煜嘗奉正朔，詔有司勿宣露布，止令煜等白衣紗帽至樓下待罪。詔並釋之，賜冠帶、器幣、鞍馬有差。」

《楊文公談苑》：「曹彬事太祖，時將討金陵，責後主稱疾不朝之罪。以彬長者，令爲統帥，將終全其城。彬累遣言城中，大軍決取，十一月廿七日破賊，宜早爲之圖。後主遣其愛子清源郡公仲寓入覲，至仲冬下旬，日日克期仲寓將出，彬屢遣督之，言郎君到寨，四面即罷攻。終惑左右之言，以爲堅壘如此，天象無變，豈可計日而取？蓋敵人之言，豈足爲信？但報言行李之物未備，宮中之宴餞未畢，將以二十七日出。彬又令懇，言至二十六日亦無及矣，果以是日城陷。整軍成列，至其宮城門，後主方開門奉表納降，彬答拜，爲之盡禮。先是，宮中預積薪，後主誓言，若社稷失守，當攜血屬以赴火。既見彬，彬諭以歸朝，俸賜有限，費用至廣，當厚自齎裝，既歸有司之籍，則無及矣。遣後主入治裝，裨將梁逈、田欽祚皆力

爭，以爲苟有不虞，咎將誰執！彬但笑而不答。迴等切諫，彬曰：『非爾所知。觀煜神色，懦夫女子之不若，豈能自引決哉！』煜果無他。彬遣五百人爲伴，致輜重登舟。有一卒負籠下道旋，彬立命斬之，負擔者罔敢蹉跎。後主既失國，殊無心問家計，既升舟，隨軍官吏入覯宮屏幃几硯什器，皆設不動，所齎特鮮矣。」

宋佚名《儒林公議》上：「太祖天表神偉，……見者不敢正視。李煜據江南，有寫御容至僞國，煜見之，日益憂懼，知眞人之在御也。」

宋陸游《老學庵筆記》：「李後主《落花詩》云：『鶯狂應有限，蝶舞已無多。』未幾亡國。」

《江南別錄》曰：「城陷，後主欲自殺，左右泣涕固諫得止。」

馬令《南唐書·後主書第五》：「昇元寺閣崇構，因山爲基，高可十丈。平旦閣影半江，梁時爲瓦官閣，至南唐，民俗猶因其名。士大夫暨豪民富商之家美女少婦，避難於其上，迨數百人。越兵舉火焚之，哭聲動天，一旦而燼。大將曹彬整軍成列，至宮門，門開，後主跪拜納降。彬答拜，爲之盡禮。先是，宮中預積薪，煜誓言社稷失守，當攜血屬赴火，〔原注：既降，無國主之號，故書名。〕既見彬，彬諭以歸朝俸錄有限，費用日廣，當厚自齎裝，一歸有司之籍，即無及矣。遣煜入治裝，裨將梁迴、田欽祚力爭，以謂苟有不虞，咎將誰執。彬笑而不答。迴等固諫，彬曰：『彼能出降，安能死乎？』翌日，治舟，彬遣健卒五百人爲津致輜重登舟，一卒負籠下道旋，彬立斬之，負擔者罔敢蹉跌。」

宋王陶《談淵》曰：「曹彬、潘美平江南，後主白紗衫帽見。彬美先見，美設拜。美答之次，見彬設拜，彬使人附語曰：『介胄在身，拜不及答。』識者善其得禮。彬美先登舟，召後主飲茶，船前設一獨木板道，後主登舟，徘徊不能進。彬命左右翼登，既一啜，謂李郎辦裝，詰旦會此同赴京。來曉，如期至。始美甚惑之，彬曰：『舟

邊獨木板，尙不能進，畏死甚也。焉能取死！』」

宋陳后山《後山談叢》卷二：「曹武惠王既下金陵，降後主，復遣還內治行，潘公憂其死，不能生致也止之。王曰：『吾適受降，見其臨渠，猶顧左右扶而後過，必不然也。且彼有烈心，自當君臣同盡，必不生降，既降，亦必不死也。』」馬令《南唐書·後主書第五》：「煜以藏中黃金分遣近臣辦裝，張洎得金二百兩，詣彬白陳不受，請奏其事。彬以金輸官而不以聞。」

《至正金陵新志》卷十四引《皇朝類苑》曰：「南唐將亡數年前，修昇元寺殿，掘得石記，視之，詩也。其辭曰：『莫問江南事，江南事可憑，抱雞昇寶位，趨犬出金陵。子建居南極，安仁秉夜燈，東鄰嬌小女，騎虎踏河水。』宋師以甲戌渡江，後主實以丁酉生，曹彬爲大將，列柵城南，爲子建也。潘美爲副將，城陷，恐有伏兵，命卒縱火，即安仁也。錢俶以戊寅年入朝，盡獻浙右之地。」（按：宋祝穆《方輿勝覽》卷十四「昇元寺」：「南唐將歸我宋數年前，昇元寺殿墓掘得古記，乃詩讖，其辭曰：『若問江南事，江南自有憑，抱雞昇寶位〔原注：謂李煜丁酉生也。石函銘事，《金陵通紀》卷七繫於保大十五年十二月。〕先犬出金陵。〔原注：謂王師甲戌渡江也。〕子建居南極，〔原注：曹彬列兵城南，乃子建也。〕安仁秉夜燈。〔原注：謂潘美恐有伏兵，命燃火也。〕東陵驕小女，騎虎渡河水。〔原注：後主李煜是年入朝，蓋浙西之北，騎虎之謂也。〕」）又曰：「開寶中，新修營一石記，凡數百字，隸書，從頭云：『從他痛，從他痛』，如此連寫至末，云：『不爲石子盡，更書千萬個從他痛，從他痛』，不知其讖也。未幾宋師渡江云。」又曰：「開寶七年，金陵苑中鹿忽一旦人語，牧者叱之，鹿亦叱牧曰：『明年今日，汝等作鬼物。』又云：『苑囿荒涼，焉能拘我！』明年，宋師渡江，牧者俱死鬥敵，苑囿亦廢矣。」又曰：「裴長史，

新羅國人，忘其名。後主朝行建州長史。開寶八年，宋師攻金陵，未下建州，守查元，方知長史善伎術，遣赴金陵。五月，路由歙州，長史託疾不行，密告刺史龔慎儀、監軍軫鎬曰：『有狀託以附奏。』言金陵事者五：一、金陵立春節後出災，寧謐無事；二、潤州城九月當陷；三、朱令贇舟師氣候不過池州；四、江州血氣覆城，明年春末夏初，血塗原野；五、大朝明年十月有大喪。後皆如其言。」如是之怪異事，不一一而足。《江南別錄》亦記異事云：「後主初即位，中使趙希操自建鄴奉使江西，夜宿姑熟，中宵，忽聞二人相語曰：『君自金陵來，新主何以爲理？』一曰：『吾聞新王以仁孝爲理』，又曰：『如是，則明主也。』久之，又聞一人曰：『然則水木之歲，當至汴梁。』希操心喜，以後主終得中原，果以乙亥歲國除。……甲戌歲，有衛兵秦福自毀其鞋，跣足升正殿御座，論者以鞋者，履也，履與李同，言李氏將敗，此殿爲秦人所得也。秦、趙，古同姓。」陸《書》俱不載，蓋子部談叢，不得以爲史乘也。《宋史·南唐世家·李煜傳》曰：「先是，江南自後漢以來，民間有服玩侈靡者，人詢之，必對曰：『此物屬趙寶子。』又煜之妓妾嘗染碧，經夕未收，會露下，其色愈鮮明，煜愛之。自是宮中競收露水，染碧以衣之，謂之『天水碧』。〔按：《宋史·五行志三》云：「江南李煜末年，有衛士秦友登壽昌堂榻，覆其鞋而坐，訊之，風狂不寤。識者云：『鞋，履也，李氏將覆於此地而爲秦所有乎？』履與李、友與有同音，趙與秦，同祖也。又煜宮中盛雨水染淺碧爲亡，號『天水碧』。未幾，爲王師所克，士女至京師猶有服之者。天水，國之姓望也。」《六朝事跡編類》卷八《讖記門》亦載「天水碧」之事。明毛先舒《南唐拾遺記》云：「江南李重光，染帛多爲天水碧，天水，宋國姓也。是時藝祖方授命，言天水碧者，時謂逼迫之兆，已宋師果下建業。及政和末，復爲天水碧，時爭襲慕江

南風流，有識者甚惡之，未幾，犬戎寒盟，亦逼迫之兆也。」〕及
江南滅，方悟趙，國姓也；寶，年號也；天水，趙之望也。」據宋
蔡絛《鐵圍山叢談》卷三所載：「昔江南李重光，染帛多爲天水碧。
天水，國姓也。當是時，藝祖方受命，言天子碧者，世謂逼迫之兆。
未幾，王師果下建鄴。」

《江表志》三：「開寶中，將興兵革，吉州城頭有一大面，方三丈，
睨目，多鬚，狀如方相。自旦至申酉，時郡人觀睹甚衆，所謂兆民
顯顯之像。」

《江南野史》多載不經之說，以見南唐之亡，云：「初，北朝兵將
與吉州子城上，有神見，頭如車輪，額上有珠，光燦如月，其軍民
皆看，數日而沒，今俗呼爲天王樓。又建康城外，沿江排大樓船，
皆有將軍之封，忽一艘，且吼如人，聞於十數里，後主乃降杖決之。
又見梟雁自北飛，迨近千群，至城側叫嘯悲鳴，遺糞於城屋及女牆
上，皆白而臭，月餘乃止。城中士庶衣碧服染時，須經宿露，則愈
鮮，時呼之爲天水碧。廬陵曾氏將娶婦，忽化爲女，後嫁之，生子
焉。又有海酋，形如大堤，長數十丈，至於潯陽，值冬水涸不能旋，
每每噞喁，水自腦出。或云海神取其珠矣，迨死人食其肉多者，至
卒以脅骨爲橋銷骨爲白酋者，鯉之類也。既死則國亡：其怪讖多若
是。煜之君臣皆顓蒙不悟其妖。」

《春明退朝錄》卷上：「開寶八年十一月，江南平，留汴水以待李
國主舟行。盛寒，河流淺涸，詔所在爲壩閘，潴水以過舟。官吏擊
凍督役稍稽，則皆何校，甚者劾罪，以次被罰，州縣官降敕而杖之
者，凡十餘人。」

《五國故事》上謂「煜善音律，造《念家山》及《振金鈴曲破》，
言者取要而言，念家山破，其聲焦殺振陵，其詞不祥。」又《江南
別錄》：「後主妙於音律，樂曲有《念家山》，親演，其聲爲《念

家山破》，識者知其不祥。」

⑮《玉海》卷九三上「兵捷」類云：「開寶九年（按：即太宗太平興
國元年，十二月改元，九七六）正月四日辛未，曹彬奉露布，以李
煜及其子弟僞官四十五人來獻，御明德門受獻，有司言李煜獻俘之
禮，請如劉鋹，帝以煜常奉正朔，非鋹之比，不欲暴其罪，寢露布
而勿宣，降敕文：『李煜不量分力，每縱奸險詐，爲事大之恭勤，
每欲欺天而觀望，修茸城壘彌年，爲固守之方。招誘豪強，終日有
包藏之志。顯然彰露，達於聽聞。朕欲推以異恩，許其入覲，堅心
背順，稱疾不朝。』」《景定建康志》卷三十六《文籍志四》載曹
彬平李煜露布云：「行營馬步軍戰棹都總管宣徽南院使義成軍節度
使臣曹彬等上尙書兵部：臣等聞天道之生成庶類，不無雷電之威，
聖君之統制萬邦，必有干戈之役，所以表陰慘陽舒之義，彰弔民伐
罪之功。我國家啓萬世之基，應千年之運，四海盡歸於臨照，八紘
皆入於提封。西定巴邛，復五千里升平之地；南收嶺表，除七十年
僭僞之邦。巍巍而帝道彌光，赫赫而皇威遠被。頃者因緣喪亂，分
列土疆，累朝皆遇於暗君，莫能開拓；中夏今逢於英主，無不埽除，
惟彼江南，言修臣禮，外示恭勤之貌，內懷奸詐之謀。況李煜比是
騃童，固無遠略，負君親之煦育，信左右之姦邪，曾乖量力之心，
但貯欺天之意。修茸城壘，欲爲固守之謀；招納叛亡，潛萌抵拒之
計。我皇帝義深含垢，志在包荒，輟青鎖之近臣，降紫泥之丹詔，
曲示推恩之道，俾修入覲之儀。期暫詣於闕庭，庶盡銷於疑間。示
信特開於生路，執迷自履於危途，托疾不朝，堅心背順，士庶咸懷
於憤激，君親曲爲於優容。但矜孤孽豎之愚蒙，慮陷人民於塗炭，
屢宣明旨，庶俾自新。略無悛悟之心，轉恣陸梁之性，事不獲已，
至於用兵，大江特刜於長橋，銳旅尋圍其逆壘。皇帝陛下尙垂恩
宥，終欲保全，遣親弟從鎰歸，迴降天書，委曲撫諭，務從庇護，

無所關焉。終懷蛇豕之心，不體乾坤之造，送蠟書則勾連逆寇，肆凶徒則劫掠王民，勞我大軍，駐踰周歲，既人神之共怒，復飛走以無門。貔狖竟效其先登，蟣蝨自悲於相弔。臣等於十一月二十七日，齊驅戰士，直取孤城。奸臣無漏於網中，李煜生擒於麾下。千里之氛霾頓息，萬家之生聚尋安，其在城，官吏僧道軍人百姓等，久在偏方，困於虐政，喜逢盪定，皆遂舒蘇，望天朝而無不涕洟，樂皇化而惟知鼓舞，有以見穹旻助順，海嶽知歸，當聖明臨御之期，是文軌混同之日。卷甲而兵鋒永戢，垂衣而帝祚無窮。臣等俱乏將材，謬司戎律，遙稟一人之睿略，幸成九伐之微勞。其江南國主煜，并偽命臣僚，既就生擒，合將獻捷。臣等無任歌時樂聖，慶快懽呼之至。謹奉露布以聞。」

《新五代史·南唐世家·李煜傳》：「九年，煜俘至京師，太祖赦之，封煜違命侯，拜左千牛衛將軍。」《稽古錄》太宗太平興國元年正月：「辛未，曹彬遣使獻李煜，太祖釋以為違命侯。」宋袁文《甕牖閒評》：「太祖取南唐，年餘始得之，怒其不歸朝，及來降，則命為違命侯，蓋惡號也。後二年，方改封為隴西郡公，及歿，乃贈太師，謚吳王。夫歐陽公吉州人，政屬南唐，其祖父皆南唐之臣，則後主其故主也。歐陽公作《五代史》及《集古錄》，至說後主處，每指為違命侯，寧忍稱其惡號乎！且陳壽作《三國志》，其于孫權直以名呼之，至蜀則必曰先主、後主，蓋壽本蜀人，以父母之邦，其言不得不爾。豈謂歐陽公識鑒如此，而獨不為之諱，何也？」

按：違命侯之封詔，見《景定建康志》卷二《建隆以來詔令》所錄《除李煜官制》，云：「孫皓降晉，叔寶入陳，咸膺列爵之封，悉赦後時之罪，茲惟故事，可舉而行。李煜承累世之遺基，據六朝之故地，朕奄有天下，底定域中，苞茅雖貢於王庭，輯瑞不趨於朝會。洎偏師問罪，銳旅傅城，猶冀懷來，頗聞固拒，爾自貽於悔吝，予

豈忘於哀矜！是用盡滌瑕疵，併推恩渥，升帝傅之秩，列環衛之班，兼啓侯封，式隆寵數，勉膺休命，宜保令圖，可光祿大夫、檢校太傅、右千牛衛上將軍，封違命侯，食邑三百戶。」

《東都事略》二十一《郭守文傳》曰：「郭守文，字國華，太原人也。……從曹彬等平金陵，守文護送李煜歸闕。煜無生意，守文語之曰：『國家開拓境土，復禹舊跡，豈責防風之後至乎！。』煜心遂安。」

《宋史紀事本末》卷六《平江南》：「九年春正月乙亥，曹彬俘後主還汴，帝御明德門，以煜嘗奉正朔，命勿宣露布，止令煜君臣白衣紗帽至樓下待罪。詔并釋之，賜冠帶、器幣、鞍馬有差。」

《燕翼貽謀錄》四：「江南初下，李後主朝京師，其群臣隨才任使公卿將相，多爲小官，惟任州縣官者仍舊。至於服色，例令服綠，不問其官品高下，以示別於中國也。」

⑯《宋史·南唐世家·李煜傳》開寶八年冬，宋太祖下詔曰：「上天之德，本於好生；爲君之心，貴乎含垢。自亂離之云瘼，致跨據之相承，諭文告而弗賓，申弔伐而斯在。慶茲混一，加以寵綏。江南僞主李煜，承奕世之遺基，據偏方而竊號。惟乃先父早荷朝恩，當爾襲位之初，未嘗稟命。朕方示以寬大，每爲含容。雖陳內附之言，罔效駿奔之禮。聚兵峻壘，包蓄日彰。朕欲全彼始終，去其疑間。雖頒召節，亦冀來朝。庶成玉帛之儀，豈願干戈之役！蹇然弗顧，潛蓄陰謀。勞銳旅以徂征，傅孤城而問罪。洎聞危迫，屢示招攜，何迷復之不悛，果覆亡之自掇。昔者唐堯光宅，非無丹浦之師；夏禹泣辜，不赦防風之罪。稽諸古典，諒有明刑。朕以道在包荒，恩推惡殺，在昔驛車出蜀，青蓋辭吳，彼皆閏位之降君，不預中朝之正朔。及頒爵命，方列公侯。爾實爲外臣，戾我恩德，比禪與皓，又非其倫。特升拱極之班，賜以列侯之號，式優待遇，盡捨尤違，

可光祿大夫檢校太傅、右千牛衛上將軍，仍封違命侯。」

《歷代小史》卷三十八載王陶《談淵》曰：「太祖一日小宴，顧江南國主李煜曰：『聞卿能詩，可舉一聯。』煜思久之，乃舉《詠扇詩》云：『揖讓月在手，動握風滿懷。』太祖曰：『滿懷之風何足尚。』從官無不歎服。」

葉夢得《石林燕語》曰：「江南李煜既降，太祖嘗因曲燕問：『聞卿在國中好作詩』，因使舉其得意者一聯。煜沈吟之之，誦其詠扇云：『揖讓月在手，動搖風滿懷。』上曰：『滿懷之風，卻有多少？』他日復宴煜，顧近臣曰：『好一個翰林學士。』」按：明毛先舒《南唐拾遺記》載此事，疑本於此。

〔**史事補遺**〕

一、月日可考之事：

①正月丙子，權知池州樊若冰敗江南兵四千人於州界。初，曹彬等師未出，上命韶州刺史王明為黃州刺史，面授方略。明既視事，亟修葺城壘，訓練士卒，眾莫諭其意。及彬等出師，即以明為池州至岳州江路巡檢、戰棹都部署。

辛巳，明遣兵馬都監武守謙等領兵渡江，敗江南兵萬餘人於武昌，殺七百人，拔樊山寨。是日，行營左廂戰棹都監田欽祚領兵敗江南兵萬餘人於溧水，斬其都統使李雄。

甲申，王明言敗鄂州兵三百餘人於江南岸。（《續通鑑長編》，《皇宋通鑑長編紀事本末》三同。）

八年春丙子，知池州樊若水敗江南軍於州界；田欽祚敗江南軍於溧水，斬其都統使李雄。（《宋史·太祖本紀》）

正月丙戌，樊若冰遣兵馬監押王侁領兵敗江南四千餘眾於宣州界。侁，朴子也。（《續通鑑長編》，《皇宋通鑑長編紀事本末》三同。）

庚寅，曹彬等進攻金陵，行營馬軍都指揮使李漢瓊率所部渡秦淮南，取巨艦實以葭葦，順風縱火，攻其水寨，拔之，斬首數千級。初次秦淮，江南兵水陸十餘萬，背城而陣，時舟楫未具，潘美下令曰：「美提驍果數萬人，戰必勝，攻必取，豈限此一衣帶水而不徑度乎？」遂率所部先濟，王師隨之，江南兵大敗。江南復出兵，將沂流奪采石浮梁，美旋擊破之，擒其神衛都軍頭鄭賓等七人。（《續通鑑長編》，又注云：「潘美秦淮之捷，當在正月，而《實錄》與《本紀》載二月末，亦不得其日，蓋因《曹彬傳》所載二月次秦淮故也。彬及美傳，載拔水寨捷於秦淮之後，然拔水寨，《實錄》具載其日，乃正月十七日也。據此，則當先載秦淮之捷。疑不敢決，仍附見于後。彬傳稱既捷於秦淮，浮梁始成，按美先率所部涉水，則秦淮蓋不設浮梁，浮梁當在采石磯也。美傳又於秦淮之後，始言采石浮梁成，事愈顛倒然亦可見秦淮未嘗設浮梁，而鄭賓等沂流，實欲奪采石浮梁耳。今略加刪潤，更俟考求。」《皇宋通鑑長編紀事本末》三載同《續通鑑長編》）

癸巳，命京西轉運使李符益調荊湖軍食赴金陵城下。（《皇宋通鑑長編紀事本末》三）

甲戌朔，破江南兵於新林港。（《稽古錄》開寶八年，又《玉海》卷九三上「兵捷」云：「甲戌朔，又敗江南軍於新林港口，斬首三千級。田欽祚又敗江南軍萬餘人於溧水，斬偽都統使李雄等。曹彬等又敗其眾二萬餘於白鷺洲，拔昇州關城。《景定建康志》卷十三《建康表九》所載略同《玉海》，又云：「正月，彬又敗江南軍於新林港口，斬首三千級，獲船六十餘艘。吳越王錢俶拔常州利城寨，敗江南軍，生擒二百五十人、馬八十匹來獻。又遣田欽祚敗江南萬餘眾於溧水，斬偽都統使李雄等十七人。初，李景之割江也，雄為江南義軍首領，拒周師有功，歷袁、汀二州刺史，至是為統軍

使，戒子曰：『吾必死於國難，爾曹勉之。』是役也，雄父子八人
偕死，凡同行者亦歿。曹彬等敗其眾數千人於白鷺洲，拔昇州關
城，江南軍千餘人溺死，守陴者遁入城。」又卷十九云：「新林港，
又曰新林浦，在城西南二十里，闊三丈，深一丈，長一十二里。宋
朝開寶八年，王師收復江南，曹彬等破偽唐兵於新林港，即此地。
《金陵通紀》卷七載李雄死事，較略，不贅。）

②二月癸丑，曹彬等敗江南兵萬餘眾於白鷺洲，斬首五千餘級，擒百
餘人，獲戰艦五十艘。（《續通鑑長編》，《皇宋通鑑長編紀事本
末》三同。）

癸丑，彬敗江南軍於白鷺洲。乙卯，拔昇州關城。甲子，知揚州侯
陟敗江南軍於宣化鎮。（《宋史・太祖本紀》）

壬戌，曹彬奏：拔昇州關城。（《稽古錄》開寶八年）

癸亥，權知揚州侯陟，以所部兵敗江南千餘眾於宣化鎮。（《續通
鑑長編》）

二月，權知潭州朱洞遣兵馬鈐轄石曦領眾兵敗江南兵二千餘人於袁
州西界。（《皇宋通鑑長編紀事本末》三）

乙卯，拔昇州關城守陣者，皆遁入其城內，殺千餘眾，溺死者又千
計。（《皇宋通鑑長編紀事本末》三）

是月，江南知貢舉伍喬進士張確等三十人。（《皇宋通鑑長編紀事
本末》三。又按語云：「王師已至城下，而貢舉猶不廢，可見李煜
誠不知務者。」）

③三月，乙亥，知盧州邢琪領兵渡江至宣州界，攻拔義安寨，斬首十
餘級。（《皇宋通鑑長編紀事本末》三）

庚寅，曹彬等敗江南兵三千餘眾於江中，擒五百人。（《續通鑑長
編》，《景定建康志》卷十三《建康表九》無載日。）

庚寅，彬敗江南軍於江中。（《宋史・太祖本紀》）

三月，又敗其眾於江中。（王應麟《玉海》卷九三上「兵捷」類）

辛未，吳越王俶拔江南常州。（《稽古錄》開寶八年）

壬戌，幸都亭驛臨汴，觀飛江兵乘刀魚船習水戰。曹彬等言敗江南兵千餘人於秦淮北。（《皇宋通鑑長編紀事本末》三）

④四月，王明言敗江南兵於江州界，斬首二千餘級。（《續通鑑長編》又注云：「據《十國紀年》，此乃三月事，既無的日，因奏到書之。」）

乙巳，王明破江南兵於江州。（《稽古錄》開寶八年）

四月，曹彬等言敗江南兵二千餘人秦淮北。（《續通鑑長編》，又注云：「《實錄》不載其發奏之日，奏以二十日到，因書之。《本紀》又言克昇州關城，蓋誤也。克關城，乃二月十二日矣。」按：《玉海》卷九三上「兵捷」類、《景定建康志》卷十三《建康表九》同，《宋史·太祖本紀》則謂在四月壬戌日。）

夏，誅神衛統軍諸軍都虞候皇甫繼勳。（馬令《南唐書·後主書第五》）

⑤五月甲申，吳越王俶言江陰寧遠軍及緣江諸寨皆降。（《續通鑑長編》，《皇宋通鑑長編紀事本末》三同）

五月甲申，江南寧遠軍及沿江砦並降。（《宋史·太祖本紀》）

丁酉，王明言破江南萬餘眾於武昌，奪戰艦五百艘。（《續通鑑長編》，《皇宋通鑑長編紀事本末》三同。）

⑥六月癸卯，曹彬等言敗江南兵二萬餘眾於其城下，奪戰艦數千艘。（《續通鑑長編》，《皇宋通鑑長編紀事本末》三及《景定建康志》卷十三《建康表九》同。按：《宋史·太祖本紀》則謂六月壬寅，云：「六月壬寅，曹彬等遣使言，敗江南軍於其城下。）

六月，曹彬又敗其眾數千人於昇州城下。（《玉海》卷九三上「兵捷」類）

⑦秋七月，初，江南捷書累至，邸吏督李從鎰入賀，潘慎修以國「國
且亡，當待罪，何賀也！」自是群臣稱慶，從鎰即奉表請罪。上嘉
其得體，遣中使慰撫，供帳牢餼，悉從優給。（《續通鑑長編》。
按：《皇宋通鑑長編紀事本末》三編此事於六月。）

壬午，復命李穆送從鎰還其國，手詔促國主來降，且令諸將緩攻以
待之。（《續通鑑長編》。《景定建康志》卷二載招諭李煜詔云：
「敕李煜：朕法天臨人，開懷恕物，每以愛民爲念，未嘗黷武肆情；
而況待爾之恩，素爲殊異，比期會面，深欲宣心。豈謂未體睠懷，
惑于疑間，致此嬰城之役，應知失策之由。或以爲困在危途，且無
外援，攻之則必取，守之則必亡，朕心未然，良有以也。但念滿城
生聚，萬旅攻圍，偶誤計于一人，致罹殃于兆庶。矧惟終始，素欲
保全，邇來雖有差違，朕亦爲爾體悉。卻慮方茲隔越，未得悔陳，
許乃自新，特頒明旨，惟爾衷抱，當用沈思。豈不知先君墳塋，每
令保護，在京骨肉，盡禮接延。爾雖疑迷，朕無渝變，由爾未能開
悟，致令困彼蒸。今者覽將帥之上言，讀梯轀之速進，師徒之勢，
迅若風驅，旬月之間，必見瓦解，將兪所奏，寧不軫懷？失路之人，
所宜指示，逆流之水，用使開通，闢茲效順之門，協以好生之義。
失于此際，悔亦難追。朕既不能愛彼生靈，爾亦何路全其家國？若
日度一日，謀無定謀，久長之間，如何了奪！從鎰等先因貢奉，來
至京師，久茲駐泊郵亭，盡當體認朝旨，俾令歸復，用達誠懷。儻
蔽固之能除，斯憂危之頓釋，君臣之分，可保如初。禍福兩途，爾
當審擇。故茲詔示，想宜知悉。」）

⑧八月，癸亥，丁德裕言敗江南兵五千餘人於潤州城下，時德裕與吳
越兵圍潤州也。（《皇宋通鑑長編紀事本末》三）

王師初起，江南以京口要害，當得良將，侍衛都虞候劉澄，舊事藩
邸，國主尤親任之，乃擇爲潤州留後，臨行，謂曰：「卿大未合離

孤，孤亦難與卿別，但此非卿不可副孤心。」澄乃泣涕奉辭歸家，盡以金玉以往，謂人曰：「此皆前後所賜，今國家有難，當散此以圖勳業。」國主聞之喜。及吳越兵初至，營壘未成，左右請出兵掩之，時澄已懷向背，堅曰：「兵勝則可，不勝則立為擄矣。救至而後圖，戰未晚也。」國主尋命凌波都虞候盧絳，自金陵引所部舟師八千，突長圍來救，絳至京口，舍舟登岸，與吳越兵戰。吳越兵少卻，絳方入城，圍復合，固守踰月，自相猜忌，澄已通降款，慮為絳所謀，徐謂絳曰：「間者言都城受圍日急，若都城不守，守此亦何為？」絳亦知城終陷，乃曰：「君為守將，不可棄城而去，宜赴難者，唯絳可耳。」澄偽為難色，久之，曰：「君言是也。」絳遂潰圍而出。絳已去，澄遍召諸將卒告曰：「澄城守數旬，志不負國，事勢如此，須為生計，諸君以為何如？且有父母在都城，寧不知忠孝乎？但力不能抗耳，諸君不聞楚州耶？」初，周世宗圍楚州，久不下，既克，盡屠之，故澄以此脅眾。（《皇宋通鑑長編紀事本末》三）〔按：《江南別錄》亦詳載此事，云：「兵初興，議者以京口要害，當得良將侍衛，廂虞候劉澄舊事藩邸，後主尤親任之，乃擢為潤州留後。臨行，謂曰：『卿本末合離孤，孤亦難與卿別，但此非卿不可。勉副孤心。』澄泣涕奉別，歸家盡鬻金玉以往，謂人曰：『此皆前後所賜，今國家有難，當散此以圖勳業。』後主聞之益喜。及錢唐兵初至，營構未成，左右請出兵掩之，時澄已懷向背，堅曰：『兵出勝則可，不勝則立為虜矣。救至然後圖戰。』後主又命盧絳為援，絳至。錢唐兵少退，絳方入城，圍又合矣。固守累月，自相猜忌。初，絳怒一裨將，將議殺之未決，澄私謂曰：『盧公怒爾，爾不生矣！』裨將泣涕請命，澄因曰：『吾有一言告爾，非後免死，且富貴。』因諭以降事，今先出導意。裨將曰：『奈緣某家在都城何？』澄曰：『事急矣，當且為身謀，我家百口，亦不暇顧

矣。』是夜，裨將赴城而出，明日，澄遍召將卒，告曰：『澄守數旬，志不負國，事勢如此，須爲生計。諸君以爲何如？」將卒皆發聲大哭，澄懼有變，亦泣曰：『澄受恩固深於諸君，且有父母在都城，寧不知忠孝乎？但力不能抗耳。』於是率將吏開門請降。」〕

⑨九月，乙酉，江南潤州降。（《稽古錄》開寶八年、《玉海》卷九三上「兵捷」類同，《景定建康志》卷十三《建康表九》且曰：「就命行營都監丁德裕爲常潤等州經略巡檢使。）

戊寅，(劉)澄帥將吏等請降，潤州平。絳聞金陵危甚，乃趨宣州，日久酣飲爲樂，或勸赴難，不答。（《皇宋通鑑長編紀事本末》三）

⑩十月，丁巳，江南國主復遣使入貢求緩師。（《皇宋通鑑長編紀事本末》三，《宋史·太祖本紀》作「冬十月己亥朔，江南主遣徐鉉、周惟簡來乞緩師。」）

丁巳，江南主貢銀五萬兩、絹五萬匹，乞緩師。（《宋史·太祖本紀》）

戊午，改潤州鎮江軍朱令贇自湖口以衆入援，號十五萬，縛木爲筏。己未，曹彬遣都虞候劉遇破江南軍於皖口，擒其將朱令贇、王暉。（《宋史·太祖本紀》，《玉海》卷九三上「兵捷」類但作「十月，劉遇破江南軍三萬餘衆於皖口。）

⑪十一月，辛未，江南遣其臣徐鉉入見。（《稽古錄》開寶八年）

乙未，曹彬克金陵，禽江南主煜。江南悉平，得州十九，爲江南路。（《稽古錄》開寶八年。

按：《文獻通考》卷二十六《國用四》曰：「開寶八年，平江南，詔出米十萬石，賑城中飢民。」

十一月，徐鉉及周惟簡還江南，未幾，國主復遣入奏，辛未，對於便殿。鉉言李煜事大之禮甚恭，徒以被病，未任朝謁，非敢拒詔也，乞緩兵以全一邦之命。其言甚切至，上與反覆數四，鉉聲氣愈屬。

上怒，因按劍謂鉉曰：「不須多言，江南亦有何罪，但天下一家，臥榻之側，豈容他人鼾睡乎？」鉉皇恐而退。上復詰責惟簡，惟簡益懼，乃言：「臣本居山野，非有仕進意，李煜強遣臣來耳。臣素聞終南山多靈藥，它日願得棲隱。」上憐而許之，仍各厚賜遣還。（《續通鑑長編》，《皇宋通鑑長編紀事本末》三同。）

宋師圍金陵，煜求能使交兵者，張洎薦惟簡有遠略，可以談笑和解之。召為給事中，與徐鉉奉使至京。太祖召見詰責，惟簡惶恐，反言曰：『臣本居山野，無仕進之意，李煜強遣來耳。臣素聞終南山多靈藥，事寧後，願得栖隱。』太祖許之。（《宋史·南唐世家·周惟簡傳》）

庚辰，王明言敗江南兵萬餘人於湖口，獲戰艦五百艘，兵仗稱是。（《皇宋通鑑長編紀事本末》三）

辛未，江南主遣徐鉉等再奉表乞緩師，不報。（《宋史·太祖本紀》）

甲申，曹彬夜敗江南軍於城下。（《宋史·太祖本紀》）

乙未，曹彬克昇州，俘其國主煜，江南平。（《宋史·太祖本紀》）

己亥朔，江南捷書至。凡得州十九，軍三，縣一百有八，戶六十五萬五千六十有五。群臣皆稱賀。上泣謂左右曰：「宇縣分割，民受其禍，思布聲教以撫養之。攻城之際，必有橫罹鋒刃者，此實可哀也。」即詔出米十萬石，賑城中饑民。（《皇宋通鑑長編紀事本末》三）

十一月，又敗其軍五千人於城下。先是，彬等遣使，以三寨攻城圖來上，帝視之，指潘美北寨，謂其使曰：『此宜深溝自固，吳人必夜寇其壘爾！』既去，令曹彬自督其役，并力速城，人不能為其所乘矣。彬等承命，晝夜濬之。才畢，吳人果來寇，美等抉新溝以拒之，吳人大敗，悉如帝所料焉。」（《玉海》卷九三上「兵捷」類）

二、月日不可考之事：

①吳越兵焚昇元閣，士大夫及豪民富商避難其上者殆數百人，皆死。
（《金陵通紀》卷七）

②宋諸將置酒會飲，召伶工奏樂，伶工大痛，諸將怒，殺而瘞之於江
上。（《金陵通紀》卷七，又注云：「後人名其地爲樂官山。」）

③江南令呂龜祥詣金陵，藉其圖書赴闕，得六萬餘卷。（《金陵通紀》
卷八上）

#### 〔史事補遺〕

一、開寶九年（即太宗太平興國元年）月日可考之事：

①九年正月，辛未，曹彬遣翰林副使郭守文奉露布，以江南國主李煜
及其子弟官屬等四十五人來獻，上御明德門受獻。煜等素服待罪，
詔並釋之，各賜冠帶幣器鞍馬有差。有司議獻俘之禮如劉鋹，上
曰：「煜嘗奉正朔朔，非鋹可比也。」寢露布不宣。煜初以拒命，
頗懷憂志，不欲生見上，守文察知之，因謂煜曰：「國家止務恢復
疆土，以致太平，豈復有後至之責耶？」煜心始安。（《皇宋通鑑
長編紀事本末》三）

春正月，辛未，御明德門，見李煜于樓下，不用獻俘儀。乙亥，封
李煜爲違命侯，子弟臣僚班爵有差。（《宋史·太祖本紀》）

乙亥，以李煜爲右千牛衛上將軍，封違命侯，其子弟皆授諸衛大將
軍。（《皇宋通鑑長編紀事本末》三）

丙子，以煜司空，知左右內史事，湯悅爲太子少詹事、太子太保，
徐遊左內史侍郎，徐鉉爲太子率更令、右內史舍人，張洎、王克貞
爲太子中允。（《皇宋通鑑長編紀事本末》三）

②初，李煜既降，曹彬令煜作書諭江南諸城守皆相繼歸順，獨江州軍
校胡與則、牙將宋德明殺刺史據城不降，詔都指揮使曹翰爲招安巡

檢使，率兵討焉。江州城險固，翰攻之不克。自冬訖夏，死者甚衆。
四月丁丑，始拔之，衆猶巷鬥，時與則病甚，臥床上，翰執縛責其
拒命，對曰：「犬吠非其主，公何怪也！」翰腰斬之，并殺德明。
（《皇宋通鑑長編紀事本末》三）

③六月己亥，以潁州團練使曹翰爲桂州觀察使，仍判潁州，賞平江南
之功也。（《皇宋通鑑長編紀事本末》三）

④十月，太宗即位，煜封隴西郡公，去違命之號。（《皇宋通鑑長編
紀事本末》三）


二、月日不可考之事：

①冬，百姓疫死，士卒乏食，訛云：「大軍決以十有一月乙未破城。」
國主議遣其子清源公仲出通降款。左右以謂堅壘如此，天象無變，
豈可計日取降。是日，城果陷，宮中圖籍萬卷，尤多鍾王墨蹟，國
主嘗謂所幸保儀黃氏曰：「此皆累世保惜，城若不守，爾可焚之，
無使散逸。」及城陷，文籍盡煬，光政使陳喬曰：「吾當大政，使
國家致此，非死無以謝。」乃自縊死。諸將戰沒者，猶數十人。
（馬令《南唐書·後主書第五》）

②冬，以唐興龍寺爲太平興國寺，取蔣山大鐘置其中。（《金陵通紀》
卷八上）


### 〔史事補遺〕

一、太平興國二年月日可考之事：

①太平興國二年二月，己未，詔李煜常俸外，增以它給。（《皇宋通
鑑長編紀事本末》三）

二年春二月，以賈黃中化楊克讓知昇州事。州舍有一室，封記具
全，黃中至，啓之，得李氏珠寶數十櫝，皆未著籍者，即表上之。

帝嘉之，賜錢三十萬。黃中又於治所建觀風亭。（《金陵通紀》卷八上）

②太平興國二年十二月庚午，車駕畋於近郊〔原注：一云：上親狩於西郊。〕親王宰相、翰學、節察、防團、刺史及劉鋹、李煜、渤海泥國使皆從。上親馳射中走兔。（宋王應麟《玉海》卷四十五「兵制」類。）

二、月日不可考之事：

①江南轉運使樊若水建策於昇州出銅處，置官鑄錢，歲得三十萬緡，即改鑄鐵錢爲農器，以給流民之歸附者。（《金陵通紀》卷八上）

②以呂蒙正通判昇州民事不便者，許騎置以聞。（《金陵通紀》卷八上）

③太平興國二年，右千牛衛上將軍李煜自言其貧，詔賜錢三百萬。煜雖貧，張洎猶丑麥之，煜以白金沫面器與洎，洎意歉然。時潘謹修掌煜書記室，洎疑謹修教煜，素與謹修善，自是亦稍疏焉。（《皇宋通鑑長編紀事本末》三，又《宋史・南唐世家・李煜傳》：「太平興國二年，煜自言其貧，詔增給月奉，仍賜錢三百萬。太宗嘗幸崇文院觀書，召煜及劉鋹，令縱觀，謂煜曰：『聞卿在江南好讀書，此簡策多卿之舊物，歸朝來頗讀書否？』煜頓首謝。」王銍《默記》曰：「李王歸朝後，與金陵舊宮人書云：『此中日夕，只以眼淚洗面。』」又《宋史・南唐世家・李煜傳》：「太平興國二年，煜自言其貧，詔增給月奉，仍賜錢三百萬。太宗嘗幸崇文院觀書，召煜及劉鋹，令縱觀，謂煜曰：『聞卿在江南好讀書，此簡策多卿之舊物，歸朝來頗讀書否？』煜頓首謝。」

太平興國三年（九七八），七月辛卯，殂。①年四十二。

是日，七夕也，後主蓋以是日生。②贈太師，追封吳王。葬洛陽北邙山。③

後主天資純孝，事元宗，盡子道。居喪哀毀，杖而後起。嗣位初，屬保大軍興之後，國勢削弱，帑庾空竭，專以愛民爲急，蠲賦息役，以裕民力。④尊事中原，不憚卑屈，境內賴以少安者十有五年。憲司章疏，有繩糾過許，皆寢不下。論決死刑，多從末減。⑤有司固爭，乃得少正。猶垂泣而後許之。常獵於青山，還，如大理寺，親錄繫囚，多所原釋。⑥中書侍郎韓熙載奏⑦獄訟有司之事，囹圄非車駕所宜臨幸，請罰內庫錢三百萬，以資國用，雖不聽，亦不怒也。殂問至，江南父老有巷哭者。⑧然酷好浮屠，⑨崇塔廟。⑩度僧尼不可勝算。罷朝，輒造佛屋，易服膜拜，以故頗廢政事。又置澄心堂於內苑，引能文士及徐元機、元榆、元樞兄弟居其間。中旨由之而出，中書、密院，乃同散地。兵興之際，降御札，移易將帥，大臣無知者。皇甫繼勳誅死之後，夜出萬人斫營，招討使但署牒遣兵，竟不知何往：皆澄心堂直承宣命也。長圍既合，內外隔絕，城中人惶怖無死所，後主方幸淨居室，聽沙門德明雲眞義倫崇節講《楞嚴圓覺經》。用鄱陽隱士周惟簡爲文館《詩》《易》侍講學士，延入後苑，講《易·否卦》，賜惟簡金紫，群臣皆知國亡在旦暮，而張洎猶謂北師已老將遁。後主益甘其言，晏然自安。命戶部員外郎伍喬於圍城中，放進士孫確等三十八人及第，⑪其施爲大抵類此。故雖仁愛，足感遺民，⑫而卒不能保社稷云。⑬

〔考釋〕

①馬令《南唐書·後主書第五》：「命翰林醫官視疾，中使慰諭者數四。翌日薨。」《皇宋通鑑長編紀事本末》云：「太平興國三年七月，壬辰，贈太常吳王李煜卒，上爲輟朝三日。」《宋史·南唐世家·李煜傳》：「太宗即位，始去違命侯，加特進，封隴西郡公。太平興國二年，煜自言其貧，詔增給月奉，仍賜錢三百萬。太宗嘗幸崇文院觀書，召煜及劉鋹，令縱觀，謂煜曰：『聞卿在江南好讀書，此簡策多卿之舊物，歸朝來頗讀書否？』煜頓首謝。三年七月，卒，年四十二。廢朝三日，贈太師，追封吳王。」

後主之卒，宋世有異聞。趙葵《行營雜錄》曰：「李後主歸朝後，每懷故國，且念嬪妾散落，鬱鬱不自聊。嘗作長短句：『簾外雨潺潺，春意將闌。羅衾不奈五更寒，夢裏不知身是客。一餉貪歡。獨自莫憑闌。無限關山，別時容易見時難。流水落花春去也，天上人間。』意思凄惋，不久下世。」然《默記》曰：「徐鉉歸朝，爲左散騎常待，遷給事中。太宗一日問：『曾見李煜否？』鉉對曰：『臣安敢私見之！』上曰：『卿第往，但言朕令卿往相見可矣。』鉉遂徑往其居，望門下馬，但一老卒守門。徐言：『願見太尉。』卒言：『有旨不得與人接，豈可見也！』鉉曰：『我乃奉旨來見。』老卒往報，徐入立庭下久之。老卒遂入取舊椅子相對。鉉遙望見，謂卒曰：『但正衙一椅足矣。』頃間，李主紗帽道服而出。鉉方拜，而李主遽下階，引其手以上。鉉告辭賓主之禮，主曰：『今日豈有此禮？』徐引椅少偏乃敢坐。後主相持大哭，乃坐默不言，忽長吁歎曰：『當時悔殺了潘佑、李平。』鉉既去，乃有旨再對，詢後主何言。鉉不敢隱，遂有秦王賜牽機藥之事。牽機藥者，服之前卻數十回，頭足相就如牽機狀也。又後主在賜第，因七夕命故妓作樂，聲聞於外，太宗聞之大怒。又傳『小樓昨夜又東風』及『一江春水向東流』之句，并坐之，遂被禍云。」陸游《避暑漫鈔》引《嘷藝集》

則云：「李煜歸朝後，鬱鬱不樂，見於詞語，在賜第七夕命故妓作樂聞於外，太宗怒。又傳『小樓昨夜又東風』，併坐之。遂被禍。龍袞《江南錄》云：『李國主小周后隨後主歸朝，封鄭國夫人，例隨命婦入宮，每一入，輒數日出，必大泣，罵後主聲聞于後，後主多宛轉避之。』又韓玉汝家，有李國主歸朝後與金陵舊宮人書云：『此中日夕，只以眼淚洗面。』」

② 《五國故事》上謂煜「每七夕延巧，必取紅白羅百匹，以為月宮天河之狀。一夕而罷，乃歌之。」《邵氏聞見後錄》卷二十二：「李王煜以太平興國三年七月七日生日，錢王俶以雍熙四年八月二十四日生日，皆與賜器幣，中使燕罷暴死。並見《國史》。」按：《徐公文集·大宋左千牛衛上將軍追封吳王隴西公墓誌銘》作「太平興國三年秋七月八日遘疾，薨于京師里第，享年四十有二。」

③ 《江南別錄》：「後主至汴京二歲殂。」馬令《南唐書·後主書第五》：「在僞位十有五年，年四十二，追封吳王，以王禮葬洛京之北邙山。」《東軒筆錄》一：「太平興國中，吳王李煜薨，太宗詔侍臣撰吳王神道碑。時有與徐鉉爭名而欲中傷之者，面奏曰：『知吳王事跡，莫若徐鉉為詳。』太宗未悟，遂詔鉉撰碑，鉉遽請對而泣曰：『臣舊侍李煜，陛下容臣存故主之義，乃敢奉詔。』太宗始悟讓者之意，許之。故鉉之為碑，但推言歷數有盡，天命有歸而已。其警句云：『東鄰搆禍，南箕扇疑。投杼致慈親之惑，乞火無里婦之辭。始勞固壘之師，終後塗山之會。』又有偃王仁義之比，太宗覽讀稱歎。異日復得鉉所撰《吳王挽詞》三首，尤加歎賞，每對宰臣，稱鉉之忠義。《吳王挽詞》，今記者二首，曰：『倏忽千齡盡，冥茫萬事空。青松洛陽陌，芳草建康宮。道德遺文在，興衰自古同。受恩無補報，反袂泣途窮。』又曰：『土德承餘烈，江南廣舊恩。一朝人事變，千古信書存。哀挽周原道，銘旌鄭國門。此生雖未死，

寂寞已消魂。」李王葬北邙，《江南錄》乃鉉與湯悅奉詔撰，故有
鄰國信書之句。東鄰謂錢俶也。」徐鉉哀弔後主之文，茲據《全宋
文》卷三三所載《大宋左千牛衛上將軍追封吳王隴西公墓志銘并序》
錄出，曰：「盛德百世，善繼者所以主其祀；聖人無外，善守者不
能固其存，蓋運曆之所推，亦古今之一貫。其有享蕃錫之寵，保克
終之美，殊恩飾壤，懿範流光，傳之金石，斯不誣矣！王諱煜，字
重光，隴西人也。昔庭堅贊九德，伯陽恢至道，皇天眷祐，錫祚于
唐。祖文宗武，世有顯德，載祀三百，龜玉淪胥。宗子維城，蕃衍
萬國。江淮之地，獨奉長安。故我顯祖，用膺推戴，淳耀之烈，載
光舊吳。二世承基，克廣其業。皇宋將啓，玄覛冥符。有周開先，
太祖歷試，威德所及，寧宇將同。故我舊邦，祗畏天命，貶大號以
稟朔，獻地圖以請吏。故得義動元后，風行域中，恩禮有加，綏懷
不世。魯用天王之禮，自越常鈞；鄅存紀侯之國，曾何足貴！王以
世嫡嗣服，以古道馭民，欽若彝倫，率循先志，奉蒸嘗、恭色養必
以孝；賓大臣、事耆老必以禮，居處服御必以節，言動施舍必以時。
至於荷全濟之功，謹藩國之度，勤修九貢，府無虛月，祗奉百役，
知無不為。十五年間，天眷彌渥，然而果於自信，怠於周防，西鄰
起釁，南箕搆禍。投杼致慈親之惑，乞火無里婦之辭。始勞因壘之
師，終後塗山之會。太祖至仁之舉，大賚為懷，錄勤王之前效，恢
焚謗之廣度，位以上將，爵為通侯。待遇如初，寵錫斯厚。今上宣
猷大麓，敷惠萬方，每侍論思，常存開釋。及飛天存運，麗澤推恩，
擢進上公之封，仍加掌武之秩，侍從親禮，勉諭優容，方將度越等
彝，登崇名數。嗚呼，閬川無捨，景命不融，太平興國三年秋七月
八日遘疾，薨於京師之里第，享年四十有二。皇上撫几興悼，投瓜
軫悲，痛生之不逮，俾歿而加飾。特詔輟朝三日，贈太師，追封吳
王。命中使蒞葬。凡喪葬所須，皆從官給。即其年冬十月日，葬於

河南府某縣某鄉某里，禮也。夫人鄭國夫人周氏，勳舊之族，是生邦媛，肅雍之美，流詠國風，才實女師，言成閫則。子左千牛衛大將軍某，襟神俊茂，識度淹通，孝悌自表於天資，才略靡由於師訓。日出之學，未易可量；惟王天骨秀異，神氣清精，言動有則，容指可觀。精究六經，旁綜百氏，常以周孔之道，不可暫離，經國化民，發號施令，造次于是，終始不渝。酷好文辭，多所述作。一游一豫，必以宣尼；載笑載言，不忘經義。洞曉音律，精別雅鄭。窮先王制作之義，審風俗淳薄之原，爲文論之，以續《樂記》。所著文集三十卷，雜說百篇，味其文知其道矣，至于弧矢之善，筆札之工，天縱多能，必造精絕。本以惻隱之性，仍好竺乾之教。草木不殺，禽魚咸遂。賞人之善，常若不及；掩人之過，惟恐其聞。以至法不勝奸，威不克愛，以厭兵之俗，當用武之世。孔明罕應變之略，不成近功；偃王躬仁義之行，終於亡國。道有所在，復何媿歟！嗚呼哀哉。二室南峙，三川東注，瞻上陽之宮闕，望北邙之靈樹。旁寂寂兮迥野，下冥冥兮長暮，寄不朽於金石，庶有傳於竹素。其銘曰：天鑒九德，錫我唐祚。綿綿瓜瓞，茫茫商土。裔孫有慶，萬物重睹。開國承家，疆吳跨楚。喪亂孔棘，我恤疇依？聖人既作，我知所歸。終日靡俟，先天不違。惟藩惟輔，永言固之。道或汙隆，時有險易。蠅止於棘，虎游於市。明明大君，寬仁以濟。嘉爾前哲，釋茲後至。亦覿亦見，乃侯乃公。沐浴玄澤，徊翔景風。如松之茂，如山之崇。奈何不淑，運極化窮。舊國疏封，新阡啓室。人謀之謀，卜云其吉。龍章驥德，蘭言玉質。邈爾何往？此言終畢。儼青蓋兮徘徊，驅素虯兮遲遲。即隧路兮徒返，望君門兮永辭。庶九原之可作，與緱嶺兮相期。垂斯文於億載，將樂石兮無虧。」
《南唐書注》：「《湖廣總志》：『李後主墓在通山縣翠屏山北』，且言『李煜卒，以五十二棺同日出葬，爲疑冢。』此志之誤。」

④宋人於後主者，或言其奢侈者，若《宋史·南唐世家·李煜傳》曰：「先是，江南自後漢以來，民間有服玩侈靡者，人詢之，必對曰：『此物屬趙寶子。』又煜之妓妾嘗染碧，經夕未收，會露卜，其色愈鮮明，煜愛之。自是宮中競收露水，染碧以衣之，謂之『天水碧』。及江南滅，方悟『趙』，國姓也；『寶』，年號也；『天水』，趙之望也。」陸《書》殆所以辨其誣也。即《邵氏聞見錄》亦曰：「李主國用不足，民間鵝生雙子，柳條結絮，皆稅之。此亦傳言者過也。」

⑤《江南志》曰：「國中至冤者，多立於御橋下，謂之拜橋。甚者操長釘，攜巨斧而釘腳。又有闌入立於殿庭之下者，為拜殿。進士會覬南省下第，乃釘足。謝泌下第，立殿稱冤，舉人之風埽地矣。」馬令《南唐書·後主書第五》：「徐鉉曰：『嗣主諸子皆孝，而後主特甚，敦睦親族，亦無不至，唯以好生富民為務，常欲群臣和于朝，不欲聞人過，章疏有糾謫稍訐者，皆十不報。酷好古道，而國削勢弱，群臣多守常充位，不克如意，歎曰：『天下無周公仲尼，吾道不可行也已。』刑法大寬，亦無過此。及大兵之際，上下感恩，故人無異志，威令不素著，故莫盡死力，蓋亦天授大宋，非人謀所及也。』」

⑥《南唐書音釋》：「案郡志，後主獵青龍山，一牝狙觸網，淚下稽顙，屢顧其腹，後主命虞人守之，其夕生二子，還幸大理寺，親錄囚，一大辟婦以孕在獄，適產二子，因得減死。山在城東三十五里，然城南四十里亦有青山，但郡志所傳，若頗悉爾。」按：校獵於青山事，《續通鑑長編》及馬《書》繫於開寶二年，見前所引。《景定建康志》卷十七：「青龍山，在城東南三十五里，周迴二十里，高九十丈。南唐後主嘗校獵於此。」《江南通志》卷十一：「青龍山，在府東南三十五里，山趾石堅而色青，郡人多取為碑礎。唐李

白詩：『白鷺映春洲，青龍見朝暾。』指此。又《南唐書》後主獵
青山，戚光《音釋》引郡志曰：青龍山，是青龍亦名青山也。」

⑦《江南野史》曰：「給事中蕭儼與熙載同彈奏。」《十國春秋》曰：
「國主從之，曰：『繩愆糾謬，熙載有焉。』」

⑧《江南別錄》：「南人聞之（按：指後主殂）巷哭，設齋。」馬令
《南唐書·後主書第五》探之云：「江南人聞之，巷哭，設齋。」

⑨《江南餘載》下：「後主篤信佛法，於宮中建永慕宮，又於苑中建
靜德僧寺，鍾山亦建精舍，御筆題為報慈道場，日供千僧，所費皆
二宮玩用。」《江表志》三：「後主奉竺乾之教，多不茹葷，嘗買
禽魚，謂之放生。」《燕翼詒謀錄》卷三：「江南李主佞佛，度人
為僧，不可數計。太祖既下江南，重行沙汰，其數尚多。太宗乃為
之禁，至道元年六月己丑，詔：江南、兩浙、福建等處諸州，僧三
百人歲度一人，尼百人歲度一人。」然則後主佞佛之為非虛。又陸
游責後主佞佛者，又於《入蜀記》四見之，云：「與統紓同遊頭陀
寺。寺在州城之東隅石城山，……藏殿後有南王簡棲碑，唐開元六
年建。蘇州刺史張庭圭溫玉書，韓熙載撰碑陰，徐鍇題額。最後云：
『唐歲在己巳，武昌軍節度觀察留後知軍州事楊守忠重立，前鄂州
唐年縣主簿祕書省正字韓夔書。』碑陰云：『乃命猶子夔，正其舊
本，而刊寫之。』以是知夔為熙載兄弟之子也。碑字前後一手，又
作溫字不全，蓋南唐尊溫為義祖，而避其名，則此碑蓋夔重書也。
碑陰又云：『皇上鼎新文物，教被華夷，如來妙旨，悉已遍窮，百
代文章，罔不備舉，故是寺之碑，不言而興。』按此碑立於己巳歲，
當皇朝之開寶二年，南唐危蹙日甚，距其亡六年爾。熙載大臣，不
以覆亡為懼，方且言其主鼎新文物，教被華夷，固已可怪；又以窮
佛旨，舉遺文，及興是碑為盛，誇誕妄謬，真可為後世發笑。然熙
載死，李主猶恨不及相之。君臣之惑如此，雖欲久存，得乎？」

按：後主佞佛，當時亦有冒死諫者，當著諸篇籍，《容齋續筆》卷十六：「古今忠臣義士，其名載於史策者，萬世不朽，然而不幸而泯沒無傳者。南唐後主，淫於浮圖氏，二人繼踵而諫，一獲徒，一獲流。歙人汪煥為第三諫，極言請死，云：『梁武事佛，刺血寫佛經，散髮與僧踐，捨身為佛奴，屈膝禮和尚，及其終也，餓死於臺城。今陛下事佛，未見刺血、踐髮、捨身、屈膝，臣恐他日猶不得如梁武之事。』後主覽書，赦而官之。又有淮人李雄，當王師弔伐，出守西偏，不遇其敵。雄以國城重圍，不忍端坐，遂東下以救之，陣於溧陽，與王師遇，父子俱沒，諸子不從行者亦死他所，死者凡八人。李氏訖忘，不霑褒贈，其事僅見於《吳唐拾遺錄》。頃嘗有旨合九朝國史為一書，他日史官為列於《李煜傳》，庶足以慰三人於泉下。歐陽公作《吳某墓誌》云：』李煜時，為彭澤主簿，曹彬破池陽，遣使者招降郡縣，其令欲以城降，某曰：吾能為李氏死爾。乃殺使者，為煜守。煜已降，某為游兵執送軍中，主將責以殺使者，曰：固當如是。主將義而釋之。』其事雖粗見，而集中只云『諱某』，為可惜也。如靖康之難，朱昭等數人死於震武城之類，予得朱弁所作《忠義錄》於其子枀，乃為作傳於四朝史中，蓋惜其無傳也。」《至正金陵新志》引洪容齋言，復按曰：「《宋史》李雄作張雄。」汪渙之諫書，今《全唐文》卷八七○有載，疑本諸《續筆》。

⑩《南唐書注》引周必大《西山游記》曰：「翠崖廣化院，棟宇弘壯。保大間，澄源禪師無殷住此。李主甚敬之，及卒，自祭以文，令韓熙為塔銘。寺內有後主所畫羅漢及南唐經文，與徐鉉碑，後主賜無殷詔，皆用澄心堂紙畫日後，即押字，印文如髮絲。予跋其後，云：『李氏世敬沙門，其賜書偏江左諸剎。至於不失舊物，如翠崖者，亦鮮矣。』」

宋曾敏行《獨醒雜志》卷一：「廬山圓通寺在馬耳峰下，江左之名

刹也。南唐時，賜田千頃，其徒數百衆，養之極其豐厚。王師渡江，寺僧相率爲前鋒以抗。未幾，金陵城陷，其衆乃遁去。使李煜愛民如僧，則其民亦皆知報國矣。」又宋范成大《吳郡志》卷四十二「浮屠」云：「後唐廬山僧紹宗，姑蘇人，性朴野，不群流俗，江南李國主造寺居之，又躬入請謁甚加禮重。」

《默記》卷中：「李後主手書金字《心經》一卷，賜其宮人喬氏。喬氏後入太宗禁中，聞後主薨，自內廷出其《經》，捨在相國寺西塔以資薦，且自書於後曰：『故李氏國主宮人喬氏，伏遇國主百日，謹捨昔時賜妾所書《般若心經》一卷在相國寺西塔院。伏願彌勒尊前，持一花而見佛』云云。其後，江南僧持歸故國，置之天禧寺塔相輪中。寺後失火，相輪自火中墮落，而《經》不損，爲金陵守王君玉所得。君玉卒，子孫不能保之，以歸寧鳳子儀家。喬氏所書在《經》後，字極整潔，而詞甚悽惋，所記止此。《徐鍇集》南唐制誥，有宮人喬氏出家誥，豈斯人也？」

又按：煜之書翰、文詞，皆名重當時，譽流後嗣。《澠水燕談錄》卷八：「南唐後主留心筆札，所用澄心堂紙、李廷珪墨、龍尾石硯三物爲天下之冠。」佚名《宣和書譜》卷十二：「江南僞後主李煜，字重光，早慧，精敏審音律，善書畫。其作大字，不事筆卷帛而書之，皆能如意，世謂撮襟書。復喜作顫掣勢，人又目其狀爲金錯刀；尤喜作行書，落筆瘦硬，而風神溢出，然殊乏姿媚，如窮谷道人、酸寒書生，鶉衣而鳶肩，略無富貴之氣，要是當我祖宗應運之初，揭雲漢奎壁，昭回在上，彼竊據方郡者，皆奄奄無氣，不復英偉，故見於書畫者如此。煜歸本朝，我藝祖嘗曰：『煜雖有文，只一翰林學士才耳』乃知筆力縱或可尚，方之雄才大略之君，亦幾何哉！今御府所藏行書二十有四。行書：淮南子、春草賦、義天秤尺記、浩歌行、克己處分、批元奏狀、禮三寶衆聖賢儀、八師經、宮相詩、

李璟草堂等詩、高秋等詩、牡丹等詩、古風詩二、論道帖、招賢詩帖、樂章羅帖、樂府三、臨江仙、雜文稿。」又宋郭若虛《圖畫見聞誌》卷三云：「江南後主李煜，才識清贍書畫兼精，〔原注：書名金錯刀。〕嘗觀所畫林石飛鳥，遠過常流，高出意外。金陵王相家有雜禽花木，李忠武家有竹枝圖，皆稀世之玩。」又佚名《宣和畫譜》卷十七云：「江南僞主李煜，字重光，政事之暇，寓意于丹青，頗到妙處。自稱鍾峰隱居，又略其言曰鍾隱。後人遂與鍾隱畫溷淆稱之。然李氏能文，善書畫，書作顫肇樛曲之狀，遒勁如寒松霜竹，謂之金錯刀。畫亦清爽不凡，別爲一格，然書畫同體，故唐希雅初學李氏之錯刀筆，後畫竹，乃如書顫掣之狀，而李氏又復能爲墨竹，此互相取備也。其畫雖傳於世者不多，然推類可以想見，至於畫風虎雲龍圖者，便見有霸者之略，異於常畫。蓋不期至是，而志之所之，有不能遏者。自非吾宋以德服海內而率土歸心者，其孰能制之哉！今御府所藏九：自在觀音像一、雲龍風虎圖一、柘竹雙禽圖一、柘枝寒禽圖一、秋枝披霜圖一、寫生鵪鶉圖一、竹禽圖一、棘雀圖一、色竹圖一。」又《避暑漫鈔》引《鐵圍山叢談》云：「李後主嘗買一硯山，徑長纔踰尺，前聳三十六峰，皆大猶手指，左右則引兩阜坡陀，而中鑿爲硯。及江南國破，硯山因流傳數十人家，爲米老元章得。後米老之歸丹陽也，念將卜宅，久未就，而蘇仲恭學士之弟，號稱好學，有甘露寺下并江一古基，多群木，唐晉人所居，時米欲得宅，而蘇覬得硯，於是王彥昭侍郎兄弟與登北固，共爲之和會，蘇米竟相易。米後號海嶽庵者是也。硯山藏蘇氏，未幾索入九禁矣。」

⑪《續通鑑長編》載此事於開寶八年二月，云：「是月，江南知貢舉、戶部員外郎伍喬放進士張確等三十人。自保大十年開貢舉，訖於是歲，凡十七牓，放進士及第者九十三人，《九經》一人。」又注云：

「此據《十國紀年》。王師已至城下,而貢舉猶不廢,李煜誠不知務者,故特書之。」

《南唐書補注》曰:「南唐自保大十年開貢舉,迄乎是歲,凡十七榜,放進士及第者九十三人。《江南通志》載南　唐進士十人。盧邳、舒雅、呂文仲、查道、胡昌翼、邱旭、伍喬、湯悅、湯淨、楊文郁。《江西通志》載七人,何蒙、王子邵、李徵古、鄧及、張翊、羅穎、伍喬。內除盧邳、邱旭、伍喬、湯悅、李徵古已見馬、陸《書》列傳外,湯悅則於烈祖時已為學士,其進尚未設科。胡昌翼、楊文郁,仕履俱無可考。又《宋史》:『何蒙因獻書授官,查道於端拱初舉進士。』,是二人在南唐未嘗舉進士第也。」

⑫《南唐書注》引《金陵新志》曰:「金陵有李王廟,在城東南十里。里俗呼為李帝廟。」

⑬《南唐書注》引《江南錄》曰:「嗣主諸子皆孝,後主特甚。兼睦親族,唯以好生富民為務。欲群臣和於朝,不欲聞人過。章疏有糾謫稍訐者,皆寢不報。上下感恩,故人無異志。威令不素著,故莫盡死力。」

《釣磯立談》曰:「後主天性喜學問,嘗命兩省丞郎,給諫詞掖,集賢勤殿學士,分夕於光政殿,賜之對坐,與相劇談,至夜分乃罷。其論國事,每以富民為務。好生戒殺,本其天性。承蹙國之後,群臣又皆尋常充位之人,議論率不如旨。嘗一日歎曰:『周公、仲尼,忽去人遠,吾道蕪塞,其誰與明?』乃著為《雜說》數千萬言,曰:『特垂此空文,庶幾百世之下,有以知吾心耳。』」

《唐餘紀傳》卷三「國紀第三」:「論曰:後主於宋,頻煩朝貢,事大之禮,不為不勤;請免不名,居下之職,不為不恭;願受封冊,求延宗祀,乞哀之誠,不為不切,使周世宗處此,將必恢弘君度,憐其盡禮而諒其無罪。雖未必竟全其國,亦未必斷滅其祀。嗚呼,

何李氏所丁之不辰也。自古帝王正統，傳之三代之後，惟漢晉唐宋得全稱焉·餘則皆閏也。宋雖繼周，然正統之紹，在李唐之全而不在郭周之閏，江南之唐，則長安之唐之餘也。紹其統而殄其世，其視殷周之存杞宋，霄壤懸矣。且楚子入陳而不縣，元魏氏滅梁而封殖江陵，天下後世，與其存亡，許其執義。宋於此曾不顧念，豈天下義舉，獨夷狄能知哉！借曰臥榻之側，難容鼾睡，然當其哀鳴之頃，豈不能捐海濱一州，裂數百里無用之地，徙爲庸城，建爲方國，使之事守，少延官使，粗備存神堯一脈，備有宋之三恪，三載則王馬來朝，比年則王帛登貢，與宋無窮，儷古不忝，顧亦何遽妨其大而害其統也。乃視均僭僞，罔論其胄，薙而滅之，惟恐不亟，繼則錮之于私第，殞之以非命，如是滅國，不其甚哉？世謂三代而下，仁厚爲國者莫宋氏，若觀此舉措，去仁厚遠矣。厥後天水運窮，胡馬飲渭皋亭，進師之際，遣十臣于虜庭，求封小國，哀鳴雖勤，而虜卒不許。崖山帝屍，竟葬魚腹，天之報之，足稱其施，曾何爽也。嗚呼，後之滅人國者，視宋可爲監矣。

《宋史紀事本末》卷六《平江南》引張溥曰：「江南李景困於四戰，稟周正朔，宋初入貢，號爲順臣，子煜繼立，貶損制台，小心益謹，明天子在上，可以憐而赦矣，亟鼓朝氣務盪平者，時當一統，地處必爭也。李景之世，杜著、薛良奔宋，獻平江南策，藝祖詬辱境上，王者無私，二心之臣，其知懼乎！迺樊若水懷憤不第，詣汴上書，圖造浮，梁帝復延之廟堂，遇以國士，謀吳之心，又何嘗一日忘也。煜喜讀書屬文，工書畫，知音律，兼信浮渚法，度其才能，亦梁簡文、陳後主類爾。林仁肇忠謀被間，皇甫繼勳驕貴握兵，用舍乖方，噬臍何悔。李牧誅而趙亡，范增死而楚滅，強大且然，況闇弱哉！五代風靡，置君如弈，太祖平荊楚，取巴蜀，俘劉鋹，太宗削吳越，伐太原，其臣死事者寥寥也。南唐之亡，李雄父子戰死，鍾倩舉族

畢命，陳喬善柔亦憤而自經，疾風勁草，吳猶有人乎！」

《南唐書注》引《歷代小史》曰：「神宗幸祕書省，閱江南李主像，見其人物儼雅，再三歎訝。而徽宗生時，夢李主來謁，然其文采風流，過李主百倍。及北狩女眞，亦用江南國主見藝祖故事。」

### 〔史事補遺〕

**一、月日可考之事：**

①太平興國三年七月，壬辰，贈太常吳王李煜卒，上為輟朝三日。初，鄭彥華之子文寶仕煜為校書郎，歸朝不復敍故官，煜時在環衛，文寶欲一見，慮守者難之，乃被蓑荷笠為漁者。既得入，因說煜以聖主寬宥之意，宜謹節奉上，勿以它慮，議者咨其忠。（《皇宋通鑑長編紀事本末》三）

**二、月日不可考之事：**

①上幸崇文院觀書，召李煜等令縱觀，上謂煜曰：「聞卿在江南好讀書，此中簡策，多卿舊物，近猶讀書否？」煜頓首謝，因賜飲中堂，盡醉而罷。（《皇宋通鑑長編紀事本末》三）

# 參考及引用書目

清畢沅《續資治通鑑》，北京，中華書局，1979年6月上海第4次印刷

宋蔡絛《鐵圍山叢談》，北京，中華書局，1983

宋陳彭年《江南別錄》，《四庫全書》，上海，上海古籍出版社，1991

宋陳師道《後山詩話》，清何文煥《歷代詩話》本，北京，中華書局，
　　1981

宋陳善《捫蝨新話》，上海，商務印書館，民國 9 年

明陳霆《唐餘紀傳》，台北，臺灣學生書局，民國58年12月初版

清陳鱣《續唐書》，《叢書集成初編》，北京，中華書局，無出版年月

清陳作霖編輯《江蘇省金陵通紀》，台北，成文出版社，民國59年 8
　　月台一版

宋范成大《吳郡志》，《宋元方志叢刊》，北京，中華書局，1990

宋郭若虛《圖畫見聞誌》，《學津討原》，揚州，江蘇廣陵古籍刻印
　　社影印出版，1990

宋洪邁《容齋隨筆》，上海，上海古籍出版社，1978

宋胡仔《茗溪漁隱叢話》，香港，中華書局，1976

宋黃朝英《靖康緗素雜記》，上海，上海古籍出版社，1986

宋黃庭堅《山谷集》，《四庫全書》，上海，上海古籍出版社，1991

明焦竑《焦氏筆乘》，上海，上海古籍出版社，1986

明郎瑛《七修續稿》，上海，中華書局，1961

唐李吉甫《元和郡縣圖志》，台北，臺灣商務印書館，民國57年12月
　　臺一版

宋李昉等撰《太平御覽》，北京，中華書局，1985

宋李心傳《舊聞證誤》，北京，中華書局，1981

宋李燾《續資治通鑑長編》第二冊，北京，中華書局，1982

清練恕《五代地理考》，《二十五史補編》，北京，中華書局，1956
年4月上海第二次印刷

清梁廷楠著、今人林梓宗校點《南漢書》，（無出版地），廣東人民出
版社，1981

後晉劉昫《舊唐書》，北京，中華書局，1975

清劉承幹《南唐書補注》，吳興劉氏嘉業堂刊，無出版地及年月

宋羅願《新安志》，《四庫全書》，上海，上海古籍出版社，1991

宋龍袞《江南野史》，《叢書集成續編》，上海，上海書店出版社，
無出版年月

宋陸游《南唐書》，《四庫全書》，上海，上海古籍出版社，1991

宋陸游《南唐書》，香港，廣智書局，無出版年月

宋陸游《避暑漫鈔》，上海，商務印書館，叢書集成初編，1959

宋陸游《老學庵筆記》，北京，中華書局，1979

宋陸游《入蜀記》，香港，廣智書局，無出版年月

宋樂史《太平寰宇記》，《四庫全書》，上海，上海古籍出版社，1991

宋馬令《南唐書》，《四庫全書》，上海，上海古籍出版社，1991

宋馬光祖修、周應合纂《景定建康志》，《宋元方志叢刊》，北京，
中華書局，1990

元馬端臨《文獻通考》，台北，新興書局，民國49年11月再版

明毛先舒《南唐拾遺記》，《叢書集成初編》，北京，中華書局，1985
年北京新一版

宋歐陽修《新五代史》，北京，中華書局，1974

宋歐陽修《新唐書》，北京，中華書局，1975

宋歐陽修《歐陽修全集》，香港，廣智書局，（無出版月）

宋歐陽忞《輿地廣記》，《四庫全書》，上海，上海古籍出版社，1991

宋龐元英《文昌雜錄》，《叢書集成初編》，北京，中華書局，1985

清平步青《霞步捫屑》，上海，中華書局，1959）

元戚光《南唐書音釋》，見廣智書局版陸游《南唐書》。

宋錢儼《吳越備史》，《四庫全書》，上海，上海古籍出版社，1991

宋錢儼《吳越備史拾遺》，《四庫全書》，上海，上海古籍出版社，
　　1991

宋邵伯溫《邵氏聞見錄》，北京，中華，1983

宋邵博《邵氏聞見後錄》，北京，中華，1983

漢司馬遷《史記》，北京，中華書局，1972

宋司馬光等《資治通鑑》，北京，中華書局，1971

宋司馬光《稽古錄》，北京，中華友誼公司，1987

宋司馬光《涑水記聞》，《叢書集成初編》，北京，中華書局，1985

宋宋敏求《春明退朝錄》，北京，中華書局，1980

宋陶岳《五代史補》，《叢書集成續編》，上海，上海書店出版社，
　　無出版年月

宋王存等撰《元豐九域志》，北京，中華書局，1984

宋王稱《東都事略》，《四庫全書》，上海，上海古籍出版社，1991

宋王君玉《國老談苑》，《四庫全書》，上海，上海古籍出版社，1991

宋王楙《野客叢書》，《四庫全書》，上海，上海古籍出版社，1991

宋王明清《揮麈錄》，上海，中華書局，1964年第 3 次版

宋王闢之《澠水燕談錄》，北京，中華書局，1981

宋王欽若等編《冊府元龜》，北京，中華書局，1982年11月北京第 2
　　次印刷

宋王栐《燕翼詒謀錄》，北京，中華書局，1981

宋王應麟《玉海》，《四庫全書》，上海，上海古籍出版社，1991

宋王銍《默記》，北京，中華書局，1981

宋王銍《四六話》，《叢書集成初編》，北京，中華書局，1985

明王士性《廣志繹》，北京，中華書局，1981

清王士禛《香祖筆記》，上海，古籍，1982

宋釋惠洪《冷齋夜話》，北京，中華書局，1988

宋魏泰《東軒筆錄》，北京，中華書局，1983

宋吳處厚《青箱雜記》，北京，中華，1985

清吳蘭修撰、今人王甫校注《南漢紀》，廣東高等教育出版社，1993

清吳任臣《十國春秋》，北京，中華書局，1983

宋吳曾《能改齋漫錄》，上海，上海古籍出版社，1979

清吳非《三唐傳國編年》，《叢書集成續編》，上海，上海書店出版
　　社，無出版年月

宋薛居正《舊五代史》，北京，中華書局，1976

清謝旻等監修《江西通志》，《四庫全書》，上海，上海古籍出版社，
　　1991

唐許嵩《建康實錄》，上海，上海古籍出版社，1987

宋徐鉉《徐公文集》，《全宋文》，(無出版地)，巴蜀書社，1988

宋徐鉉《稽神錄》，《四庫全書》，上海，上海古籍出版社，1991

宋楊億《楊文公談苑》，上海，上海古籍出版社，1993

宋楊仲良《皇宋通鑑長編紀事本末》，《宛委別藏》本，台北，臺灣
　　商務印書館，1981

宋葉隆禮《契丹國志》，上海，上海古籍出版社，1985

宋葉夢得《石林燕語》，北京，中華書局，1984

宋岳珂《桯史》，北京，中華書局，1981

宋佚名《江南餘載》，《叢書集成初編本》，北京，中華書局，1985

年新一版

宋佚名《釣磯立談》，《四庫全書》，上海，上海古籍出版社，1991

宋佚名《五國故事》，《四庫全書》，上海，上海古籍出版社，1991

宋佚名《宣和書譜》，《學津討原》，揚州，江蘇廣陵古籍刻印社影
　　印出版，1990

宋佚名《宣和畫譜》，《學津討原》，揚州，江蘇廣陵古籍刻印社影
　　印出版，1990

宋尹洙《五代春秋》，見所著《河南集》，《四庫全書》，上海，上
　　海古籍出版社，1991

宋袁文《甕牖閒評》，上海，上海古籍出版社，1985

宋袁□《楓窗小牘》，《叢書集成初編》，北京，中華，1985

宋阮閱《詩話總龜》，台北，商務印書館，民56年

宋岳珂《桯史》，北京，中華書局，1981

宋曾敏行《獨醒雜志》，上海，上海古籍出版社，1986

宋曾鞏《隆平集》，《四庫全書》，上海，上海古籍出版社，1991

今人曾棗莊、劉琳主編《全宋文》，（無出版地），巴蜀書社，1988

宋張端義《貴耳集》，上海，中華書局，1958

宋張耒《張耒集》，北京，中華書局，1990

元張鉉《至正金陵新志》，《宋元方志叢刊》，北京，中華書局，1990

明張敦頤《六朝事跡編類》，上海，上海古籍出版社，1995

宋趙葵《行營雜錄》，見《歷代小史》，台北，臺灣商務印書館，民
　　國58年三月

宋趙善督《自警篇》，見《歷代小史》，台北，臺灣商務印書館，民
　　國58年3月台一版

清趙弘恩等監修、黃之雋等編纂《江南通志》，《四庫全書》，上海，
　　上海古籍出版社，1991

宋鄭文寶《江表志》，《四庫全書》，上海，上海古籍出版社，1991

清周在浚《南唐書注》，北京，文物出版社，1982

宋祝穆《方輿勝覽》，《四庫全書》，上海，上海古籍出版社，1991

今人諸葛計《南唐先主李㠇年譜》，(無出版地)，江蘇古籍出版社，
　　1987